Research on the
Theory of Moral Recompense

道德报偿理论研究

费尚军 著

中国社会科学出版社

图书在版编目(CIP)数据

道德报偿理论研究 / 费尚军著. —北京：中国社会科学出版社，2019.6

ISBN 978-7-5203-4599-6

Ⅰ.①道… Ⅱ.①费… Ⅲ.①伦理学—研究 Ⅳ.①B82

中国版本图书馆CIP数据核字(2019)第122356号

出版人	赵剑英
责任编辑	韩国茹 刘亚楠
责任校对	张爱华
责任印制	张雪娇

出　　版	中国社会科学出版社
社　　址	北京鼓楼西大街甲158号
邮　　编	100720
网　　址	http://www.csspw.cn
发 行 部	010-84083685
门 市 部	010-84029450
经　　销	新华书店及其他书店
印刷装订	环球东方（北京）印务有限公司
版　　次	2019年6月第1版
印　　次	2019年6月第1次印刷
开　　本	710×1000 1/16
印　　张	20.25
插　　页	2
字　　数	320千字
定　　价	118.00元

凡购买中国社会科学出版社图书，如有质量问题请与本社营销中心联系调换
电话：010-84083683

版权所有　侵权必究

目 录

第一章 导论 …………………………………………………… （1）
  第一节 问题的缘起 ………………………………………… （1）
  第二节 研究意义 …………………………………………… （5）
第二章 道德报偿的实质及其伦理内涵 ……………………… （10）
  第一节 道德报偿：概念的辩护及其难题 ………………… （10）
    一 批评与辩护的难题：《高尔吉亚篇》的解释范例 … （11）
    二 辩护的主题与进路：一种伦理学的分析 ………… （23）
  第二节 道德报偿的解释维度及其伦理内涵 ……………… （42）
    一 理性抑或情感的解释之维 ………………………… （43）
    二 道德报偿的伦理之维 ……………………………… （51）
  第三节 道德报偿："思想实验"与现实意义 ……………… （61）
    一 "思想实验"及其道德测试 ……………………… （62）
    二 "傻子"困境与实践难题 ………………………… （69）
第三章 道德报偿的理论类型与叙述图式 …………………… （78）
  第一节 "赏"与"罚"的理论逻辑 ………………………… （78）
    一 惩罚正当性的难题与歧见 ………………………… （79）
    二 奖赏与分配正义的理论嬗变 ……………………… （90）
  第二节 "德"与"福"的一致 ……………………………… （100）
    一 德性的报偿：亚里士多德的范式 ………………… （101）
    二 德性与至善：康德的"悬设" …………………… （109）
  第三节 "德"与"利"的相容 ……………………………… （118）
    一 道德是"有利的"？劝诫的难题与确证 ………… （119）

二　行为类型的重构与一种乐观主义的可能性 …………… (129)
第四章　道德报偿的"不规则性"及其原因 ………………… (139)
　第一节　运气之网与"好生活"的脆弱性 …………………… (139)
　　一　运气之网：命运悲剧与哲学反思 ………………………… (140)
　　二　善的脆弱性："好人"与"好生活"的距离 …………… (148)
　第二节　情感的"不规则性"与功过判断的"偏见" ………… (156)
　　一　运气对人类情感所产生的影响 …………………………… (156)
　　二　"结果运气"与功过判断的"偏见" …………………… (165)
　第三节　"不规则性"产生的原因及其社会效用 …………… (172)
　　一　动机与效果及其"不一致性"的难题 ………………… (172)
　　二　"苦涩"的真理与"幸福"的真理 …………………… (179)

第五章　道德报偿的实践逻辑与伦理有效性 …………………… (188)
　第一节　法律正义及其伦理有效性 …………………………… (188)
　　一　法律正义及其报偿的自然基础 ………………………… (189)
　　二　公正报偿的社会结构条件 ……………………………… (198)
　第二节　"内在法庭"与良知的权威 ………………………… (208)
　　一　内在赏罚与良知的有效性 ……………………………… (209)
　　二　良知的报偿方式与弱点 ………………………………… (219)
　第三节　"不可放弃"的要求与道德信仰 …………………… (228)
　　一　"不完美的生灵"与完美的道德信念 ………………… (229)
　　二　道德报偿与理性信仰 …………………………………… (239)

第六章　道德报偿与公民伦理建构的秩序图景 ……………… (251)
　第一节　伦理建构与"作为一个公民"的伦理 …………… (252)
　　一　伦理嬗变与理性建构 …………………………………… (252)
　　二　"作为一个公民"的道德需求与报偿观念 …………… (260)
　第二节　陌生化社会的报偿困境与道德激励 ………………… (269)
　　一　"好人不敢做"：报偿的现实境遇及其难题 ………… (269)
　　二　走出冷漠的困境：约束与激励相容的伦理效力 ……… (276)
　第三节　一种新的秩序图景：从正义社会到幸福社会 ……… (283)
　　一　公民美德与市场秩序：自由秩序图景的内在批评与

镜鉴 …………………………………………………………（284）
　二　当代中国的道德图景：幸福社会如何可能 …………（294）
结语 ……………………………………………………………（304）
参考文献 ……………………………………………………（307）
后记 …………………………………………………………（316）

第一章 导 论

第一节 问题的缘起

任何道德哲学的思考，都缘起于人们在社会性存在境遇中的"实践焦虑"，以及作为规范性秩序存在者所伴随着的思辨热忱和理论兴趣。诚然，这种缘起于实践焦虑的思辨兴趣，也最终指向了人类社会的交往实践和生活秩序，从而期望实现这样一种有益的目的，引导人们以一种体现自身存在本性的方式，以一种"反思"的态度来"认识人自己"，在彰显人类本性卓越的同时，因其追求美德，成就人类自身和社会生活的完美秩序，从而体现人类自身的尊严和高贵。因此，如果说道德作为人类存在的方式而成为一种本质属性，那么当任何具有健全理智的个体融入这种社会性存在境遇之中时，就必须且应当运用道德上善与恶"两分"的情感、意识和手段，去审视他人、自我与社会，并习惯于养成前者，而自觉地规避后者。而"道德报偿"这一命题的提出和概括，旨在阐发人类在这种社会性存在境遇的交互作用中，在道德上的"反应"或"还报"关系的实然与应然状态，并在确认其合理性和有效性的同时，使之确证为自为的道德律令和生活秩序的原理。因此，这既是力图回应在当下社会生活境遇中所凸显出来的诸如"好人不敢做""诚实等于无用"等实践性焦虑和现实的道德困境，同时，作为承继传统道德哲学思辨的主题性命题的理论努力，同样也期望达到这样一种理论目的，亦如休谟所言："一切道德思辨的目的都是教给我们以我们的义务，并通过对于恶行的丑和德性的美的适当描绘而培养我们以相应的习惯，使我们规避前者、接受后者。"[①]

---

① ［英］休谟：《道德原则研究》，曾晓平译，商务印书馆2002年版，第23页。

道德报偿的命题，同样也缘起于对这样一种人们在日常生活世界中道德信念和社会良性秩序的理论确证，亦即善良的人活得好，邪恶的人活得糟。而这也正如伦理学家包尔生所言的，它是"人们通过自己对道德的思考都会达到第一个伟大和基本的真理"①。然而，正是这样一个看起来符合经验世界的生活逻辑，却同样成为一个在不同的文化价值体系，不同的社会境遇和时代条件下，需要人们不断去进行理论确证，并使之"现实化"的理论和实践难题。就人类社会交往实践的历时性变迁而言，原始的思考者在对自然保持敬畏的同时，也把自然现象及其变化看作是各种隐蔽的神秘力量的体现。当他们习惯于用超自然的力量来解释人类的道德意识和社会生活秩序时，他们也容易想象出存在着无所不能、无所不知的超越性的主宰者，来主持人世间的善恶分配，以神秘化的手段来实现赏善罚恶的目的。正因为如此，古希腊人最确实的信仰，就在于相信人们的命运由赏善罚恶的严厉的正义所控制，"通俗信仰的神灵本质上依然是正义和道德的保卫者。他们惩罚破坏他的誓约、违反虔诚或好客的法则的作恶者，他们追逐谋杀者直到他的罪恶遭到报复为止"。即使由于各种机运的影响，这种惩罚不能在现世及时地实现，因而"这一复仇有时要到来世才追上该受报应者。但是没有一个作恶者能逃脱惩罚"。与之相反，善良的人则终将得到神佑，"他们保护他、使他免遭灾祸、让他幸福和纯洁地度过自己的一生"②。而这种善人受赏、恶人受罚的报应观念在我国的传统文化中，同样有着丰富的思想资源和多样性的表达方式。在《尚书·伊训》中就有言："惟上帝不常，作善降之百祥，作不善降之百殃。尔惟德罔小，万邦惟庆；尔惟不德罔大，坠厥宗。"因而，"天"是有意志的，"商罪贯盈，天命诛之。予弗顺天，厥罪惟钧。"（《尚书·泰誓》）天意，也必然是奖善惩恶的，而即使尚有罪恶因未盈，抑或有罪恶尚未诛亡，那也不是人们不畏惧惩罚而期望侥幸避免的理由。因为积"恶"必报，这既是"天意"使然，同时也成为圣人对世人的告诫："积善之家，必有余庆；积不善之家，必有余殃。"（《易经·坤卦》）而这种善恶应得报应

---

① [德] 包尔生：《伦理学体系》，何怀宏、廖申白译，中国社会科学出版社1988年版，第341页。

② 同上书，第341—342页。

的道德观念，有的学者甚至认为早在我国的春秋时期就得到了人们的普遍信仰，并为后世所承继。

实际上，也正如亚当·斯密所言："在每一种宗教和世人见过的每一种迷信中，都有一个地狱和一个天堂，前者是为惩罚邪恶者而提供的地方，后者是为报答正义者而提供的地方。"① 即使在不同的社会结构和文化语境中，人们基于社会生活的经验似乎都毫无例外地保有着这样一种信念，美德应得报答，恶行应得惩罚，无辜的伤害和痛苦应得同情和补偿。在神话世界观占支配地位的生活境遇中，自然的恐惧和希望，使人们普遍叙述且相信神灵将会报答善良和仁慈，惩罚罪恶和不义。这样，原始的宗教及其义务感的神秘化，在确保了这种报偿观念的绝对有效性的同时，也维系着人们对于善恶因果，以及德性与幸福之间联系的有效信念和基本理解。而随着社会的历史变迁，当古希腊人的城邦生活这一孕生和承担各种德性的社会结构和生活秩序趋于崩塌时，这种社会普遍的混乱也必然引起了道德的败坏，使德性又失去了在生活世界中某种为人们所确信的与现实幸福的关联，同样也使人们失去了培育公民德性的勇气和动机，因为，"当你的一切储蓄明天就会一干二净的时候，勤勉就似乎是无用的了；当你对别人诚实而别人却必然要欺骗你的时候，诚实就似乎是无益的了；当没有一种原则是重要的或者能有稳固的胜利机会时，就不需要坚持一种原则了"②。然而，当人们不再寻求怎样才能创造一个好国家，而是去追问在一个混乱与无序的社会境遇中，人怎样才能够有德，或人怎样才能够实现幸福，这时，对启示宗教中获得救赎的需要，使人们又开始习惯于在对来世的思慕和渴望中，重新发现德性和个人幸福之间的某种关联。"上帝具有力量这一概念的用处在于，在德性和幸福之间的任何联系都显得是偶然的社会条件下，它也许有助于维持对这种联系的有效信念和基本的理解。"③ 相信上帝的力量使幸福和德性合一，即使它们的实现或许总是不会在此岸，而终将在彼岸合一，使人们对道德规则的意义充满了疑惑，然

---

① ［英］亚当·斯密：《道德情操论》，蒋自强、钦北愚等译，商务印书馆1997年版，第113页。

② ［英］罗素：《西方哲学史》上卷，何兆武、李约瑟译，商务印书馆1982年版，第290页。

③ ［美］麦金太尔：《伦理学简史》，龚群译，商务印书馆2003年版，第162页。

而，相信上帝的意志及其力量在德性与幸福之间所重新确立起来的联系，毫无疑义地为人们在一个混乱和绝望的生活世界中，提供了一种对现实生活中道德绝望的一种有效的补偿。

然而，如果说人类社会历史的发展总会有某些惊人的相似之处，那么人类观念世界的变迁又何尝不是如此。当人们又一次站在社会转型的峰口，当伴随着经济生活和社会交往的发展而确立起世俗世界观的支配性地位时，显然，对来世的思慕又被人们所激活起来的世俗欲望，被人们对此岸世界中的财富的炽热追求所窒息了。由此，一方面，在渐趋于"祛魅"的时代洪流中，面对着一个时代的思想感情和生活方式都日益"还俗"了的社会，国家职能和公民生活取代了教会的权力和循规蹈矩的修道院式生活，当上帝的无上威权和人们对来世探究的热情逐渐消减，当人们走出修道院，将修道院的大门关上而大步跨入市场社会，越来越热衷于使自己沉浸在尘世的事务之中时，如何基于世俗的人性的事实来阐明赏善罚恶的应得原则，并重新确立起在德性和俗世的成功、繁荣及幸福之间的一种普遍性的现实关联，进而叙述在思想启蒙、政治自由、经济富裕和个人与社会道德之间和谐的秩序图景，成为摆在人们面前所迫切需要解释和解决的现实难题。显然，面对着被极大地释放了自利冲动的"真实的人"，那种为人们所提供的道德劝诫的既有模式，亦即单纯地希望仅仅劝诫人们无限扩展对他人的仁慈之心，也难以产生原有的约束和效力了；另一方面，深深扎根于尘世的世俗化的社会后果，也使经济的冲动成为社会主宰性的强大力量，"物质产品对人类的生存就开始获得了一种前所未有的控制力量，这力量不断增长，且不屈不挠"[①]，并开始渗透到社会生活的一切领域之中。然而，与这种财富的过度溢出效应所带来的社会"风险"相伴随的是，当人们对财富的追求逐渐被剥除了其原有的宗教和伦理的涵义，而变得只是趋于与纯粹世俗的物欲和情欲相关联时，那么人们在沉浸于享受物质生活的丰裕和便利的同时，生活的意义就只会剩下赤裸裸的利益争夺和对当下的满足。而这种韦伯式的"伦理隐忧"所显性化的生活状态就是，人们的德行似乎除了纯粹的现世计较以外，也就再没别的根源来

[①] ［德］马克斯·韦伯：《新教伦理与资本主义精神》，于晓、陈维纲等译，生活·读书·新知三联书店 1987 年版，第 142 页。

作为持续的动机和动力。这种社会后果，无疑也强化了人们在道德上这样一种焦虑和悲观：不正义的人活得好，而善良的人活得糟。勤勉无用，诚实无益，而唯有狡诈背信和非义，才符合自我的利益。

在当下中国的社会境遇中，似乎也同样正在呈现出这样一种道德窘境和焦虑。有调研结果显示，诚实守信作为在经济生活和社会交往中最重要的道德准则，不仅未得到人们的肯定，反而沦为了"吃亏"的代名词，甚至在相当一部分人的心目中，可能是"无用的别名"。正是这样一种"偏见"在社会成员之间持续的交流，甚至也使民众形成了这样一种普遍意识：谎言和欺骗反倒有利可图，背信和不义反倒占便宜，不正义的人的似乎比正义的人生活得要好。毋庸置疑，这样一种倒置心理和焦虑的恶性循环所导致的社会氛围，无疑也成为社会发展和一种良性社会秩序的形成的最大的阻滞。由此，我们亦可断言，一旦善恶的因果失去了在现实生活中某种"应然"的关联，正义也只是成为社会的"幻象"，这对当下社会而言，尤其是当"好人难做"而得不到公正的还报，抑或总是作为牺牲品，而受到那些虚伪狡诈和忘恩负义者的作弄，甚至频频走上了被告席时，那么"好人"也就沦为了现实生活中的"傻瓜"。如果像人们所感慨的，我们千百年来自诩为"道德"的东西，在当下的境遇中演变为甚至都扶不起摔倒的老人，那么我们也可以预期，这种道德焦虑的蔓延，将不仅使人们践行仁慈的意愿受挫，也会使人们逐渐失去追求高尚和美德的热忱。因而一旦当社会中的背德行为比道德行为获利更多，无须太多的成本，且没有付出代价而得到应得的惩戒；当龌龊和不义的行为甚至能够得到社会成员的容忍，抑或是制度的纵容，也总能够获得某种"侥幸"的慰藉时，那么人们都将会竞相效仿而突破社会的底线，采取欺骗和"伪装"的行为倾向，这也必将导致普遍的公民诚信的丧失和社会道德的严重失序。因此，在不同的社会结构和文化语境的视域中，深入分析这一道德困境并寻求化解现实的焦虑，就成为道德报偿这一命题力图实现的理论意图和实践旨归。

第二节　研究意义

道德哲学的本务，本就在于阐明美德与罪恶的区别，在确证其所

"应然"存在的某种因果性关联,及其在人类心灵和现实社会生活中产生作用的同时,为创造相应的社会条件提供合理性的证明,以引导人们实践正义和美德,抑制不义和罪恶。应当说,道德报偿这一代表着人类经验的信念,既根深蒂固地存在于人们的精神世界中,规约着人们的日常生活与交往实践,同时,也在不同的伦理文化传统与理论叙述中体现出来。因此,这一概念的提出,既是一种对人们日常道德意识和伦理事实的理论概括,而对其进行理论化、系统化的论证,也有助于深化对伦理学性质及其实践价值的理解。这一论题的理论确证,既是延续和拓展传统伦理学研究论域的一种理论努力,而对当下社会道德建设和良性社会秩序的建构而言,亦具有重要的理论意义和实践价值。

显然,当人们相信人类社会及其命运是由严厉的正义所控制,进而保有着在德性与幸福联系上的乐观和信念时,却并没有在一开始就把这种道德和社会秩序的实现,寄托在精于推理的哲学思辨和理论研究上。然而,随着人类自我意识的萌发和发展,那种对人类自身和生活的"内向观察"倾向也变得越加显著。"人的天生的好奇心慢慢地开始改变了它的方向。我们几乎可以在人的文化生活的一切形式中看到这种过程。"[1] 而基于理性推理的哲学思辨,也开始去反思或确证人们在日常生活中那些自然的情感和信念。当人们开始追问"正义是否有益于人",抑或"正义者是否比不正义者过得更好更快乐"的问题时,也意识到,这一问题的提出不仅只是满足了我们理论上的"好奇心",同时,也是因为"这并不是一件小事,而是一个人该怎样采取正当的方式来生活的大事"[2]。应当说,道德报偿理论正是延续和承接了这一道德思辨的主题,也是在社会结构的历时性变迁的基础上,特别是立足于当下社会发展的境遇特征,来"接着讲"的一种理论呈现。因此,它在涵括了传统主题论域及其论争的前提下,尤以阐释在当下社会公民道德生活中所体现的聚集点,从而具有重要的理论意义。

从道德报偿命题所涵涉的德性与幸福的关系的理论叙述而言,一直以来,这一论题作为道德哲学的核心理论,即使通过理性的思辨和推理,而

---

[1] [德] 卡西尔:《人论》,甘阳译,上海译文出版社 1985 年版,第 5 页。
[2] [古希腊] 柏拉图:《理想国》,郭斌和、张竹明译,商务印书馆 1986 年版,第 39 页。

摆脱掉了依靠通过神灵的中介作用而确立两者联系的条件，然而，在确认它们的同一性而获得的一致性时，它们或者强调德性只是获得幸福的合理手段，或者强调幸福就在于对德性的拥有。而面对着现实生活中二者的相互背离的现象，大多数理论也只能通过祈灵于使幸福概念"内在化"的方式，来避免外在幸福的某种"不一致性"给人们带来的理论纷扰。也有在强调道德价值与幸福原则的"两分"的同时，感喟"德行的准则和自身幸福的准则在它们的至上实践原则方面是完全不同性质的，而且尽管它们都属于一个至善以便使至善成为可能，但它们是远非一致的，在同一个主体中极力相互限制、相互拆台"，所以，"不论迄今已作了怎样多的联合尝试，还仍然是一个未解决的课题"[①]。然而，如果德行（德性）与幸福的关系就如同康德所言的，应当被设想为原因和结果的联结，那么这种理性思辨所获得的应有的价值判断，与现实生活中二者却往往"相悖"的现实，就依然存在着看似难以逾越的沟壑。而在当下社会发展的境遇中，如果说，我们不能够仅仅寄望于通过延伸到来世的信念和信仰，来保持对德性和幸福的一致性的道德确信，那么，如何从现实的社会结构和文化传统出发，为这一"应然"秩序的建构和实现创造相应的社会条件，也就成为一个关涉到文明社会发展的方向和前途的重要理论课题。

从不同社会结构和文化语境相比较的视角而言，由于不同的社会结构孕生出不同的道德观念和伦理秩序的实现方式，因此，在典型对照的理论分析和论证中，分厘出不同文化语境下人们在报偿观念上的差异和共性，也不失为一种创造性的理论努力。显然，尽管因为社会结构和文化的差异性，造就了人们在道德观念及其表达上的不同。然而，不管是孔孟为代表的儒家传统，还是自柏拉图以"正义是否有益于人"的论题所开启的理论延传，都毫无例外地呈现出了在道德报偿问题上的理论确信和共性特征。同时，在社会结构的历时性变迁中，也都面临着如何使道德报偿从神秘主义和启示传统中"祛魅"，而获得一种理性的理论证明的挑战，这也使之成为理论家们所矢志追求的目标。因而这种社会历时性变迁所带来的难题就体现为，如果说追求德性而避免邪恶，恰恰且仅因为是人们对未知力量的恐惧，或是畏惧启示性的惩罚，那么，在摆脱了世界观上的教条主

---

① [德] 康德：《实践理性批判》，邓晓芒译，人民出版社2003年版，第154页。

义和宗教蒙昧与束缚的生活世界中,当美德的最后报偿不再在宗教与神学背景下加以承诺和兑现时,在一个以利益导向为主的世俗生活世界中,美德又能否在现实中兑现其幸福,同时,基于世俗的道德所提出的劝诫和义务,是否也能确证为行为者的真正利益,又不至于使之仅仅沦陷为实现自我利益的工具和伪装,这也成为又一个迫切需要解决的理论关切点。

如果说,"捍卫正义"是伦理学的必然使命,那么如何基于个体的行为和品质所具有的善恶属性而诠释其道德上的应得,以及其应得与正义的关系,也就成为道德报偿这一命题的应有之义。显然,不管正义观念在理论演变中呈现出各种外观,从而具有某种"普洛透斯似的特性"[①],然而,"给予每个人以其所应得",却始终是正义概念的一个重要和普遍有效的组成部分。因此,我们既需要直面在应得与正义的关系上,那似乎看来"令人纠结的历史"。[②] 同时,也更需要立足于当下的社会生活境遇及其特征,来确立起社会生活中合于功过是非而所应得赏罚的正义原则,以惩恶而劝善。由此,这不仅需要从理论思辨视角来分析应得与正义所呈现的某种"复杂性",而辨析出其"不一致性"存在的原因,及其所导致的客观的社会效用,同时,也需要揭示出在社会结构的变迁中,特别是在从"身份"到"契约"社会的转变过程中,人们的报偿观念及其基础的历时性嬗变的特征,进而阐述道德报偿与公正之实现的情感、心理和社会机制。由此,公正的道德报偿的实现,不仅仅体现的是一种人类精神的价值取向,一种生活的态度和信念,同时,也必须通过旨在实现正义和良性社会秩序的目标,而采取相应的社会安排和制度性的措施,使之在生活世界中获得其现实性和有效性,从而成为一种具有普遍性的伦理事实。正因为如此,如何诠释这种人们在日常生活中的道德意识和信念在理论上的合理性,又如何使这种理论上的思辨,变为一种对现实生活状态进行反思的"批判的武器",以建构当下社会道德的实践逻辑和"应然"秩序,亦成为本论题将要实现的理论任务而具有重要的实践价值。

由于伦理秩序的获得,在一定程度上取决于道德报偿的合理性和有效

---

① [美]博登海默:《法理学:法律哲学与法律方法》,邓正来译,中国政法大学版社1998年版,第268页。

② Serena Olsaretti (ed.), *Desert and Justice*, Oxford University Press, 2003, p.1.

性的实现程度，因此，如何有效克服当下社会中人们对道德的乏力和失落感，解决人们在交往中的道德焦虑和冷漠的困境，重建人们在世俗生活中对应得报偿的确信和信仰，以解决人们在确认自身价值和实现生活计划中"如何获得"的问题，又不致使道德德性仅仅成为一种获得既得利益的工具和"伪装"，也成为确证当下良性社会秩序获得的重要命题与实践难题。显然，本论题的研究，不仅对于如何有效缓解当下社会生活领域中的伦理紧张与无序，提供了有益的理论镜鉴和实践导向，同时，也可以用来指导我国当下的公民道德建设与实践，就某些领域、某些特定群体的"道德滑坡"，以及一些公民道德缺失、见危不救，甚至以怨报德等现象，促使人们加强自律而提升社会的道德水平，并在社会宏观层面和公共生活领域，通过相应的制度安排与伦理设计，激励人们形成更高的动机而成就美德，从而改善人们对社会道德状况的悲观与消极情绪。因此，本论题所致力追求和确证的伦理价值旨向，亦在于为实现社会和谐有序的发展目标，提供有力的理论支持和伦理动力，从而具有重要的实践导向意义。

第二章 道德报偿的实质及其伦理内涵

人们基于日常生活经验而倾向于产生这样的道德确信：善者应得幸福，而恶者应得惩罚，无辜的伤害应得同情和补偿。然而，正是这一人们通过对自身道德思考所获得的"第一原理"，却由于现实生活中二者往往相互背离的现象和事实，以及在不同社会条件下的生活状态，与应然的价值判断之间所产生的距离和对立的程度，使之成为理论家们需要不断辩护和确证的主题。因此，如果说，道德报偿命题的核心，在于确证善恶的因果性关联及其现实有效性的要求，并期待这一生活秩序的"原理"，能够为推理和哲理所证实而得到进一步的强化，那么在理论思辨的历史延续中，分厘出这一问题的实质及其所包含的伦理学意蕴，就具有前提性的意义。

第一节　道德报偿：概念的辩护及其难题

道德报偿概念的提出，在确认赏善罚恶的伦理规律及其社会效用的同时，却同样也面对着诸多不可否认的解释难题。这不仅有来自于悲观论者的质疑：善良的人表面上并不总是过得很好，不正义的人也似乎比正义的人生活得要好。同时，也有来自于这样一种人类情感的偏爱所带来的挑战，亦即，我们既希望诸如财富和一般生活中美好的事物，都应该按照道德上的应得来比配，同时，也常常偏爱于把"适合于回报其他一些品质的荣誉和酬报归于这些美德"①。与此同时，在面对这些矛盾而确认善恶

---

① ［英］亚当·斯密：《道德情操论》，蒋自强、钦北愚等译，商务印书馆1997年版，第204页。

与应得、德性与幸福之间的因果性联结时,既期望我们能给予一个肯定性答案,却似乎又充满了一种康德式的纠结,一方面,我们既"不可能指望在现世通过严格遵守道德律而对幸福和德行有任何必然的和足以达到至善的联结"①;另一方面,我们却又必须要"给予指望",去探究这种联结在实践上是如何可能的问题。应当说,在伦理学理论的历史演变中,古希腊伦理学的经典文献,就已经为我们提供了道德报偿命题的解释范例。然而,随着社会结构的变迁以及人们道德观念的变化,如果说,古代的伦理学在至善目的的实现中寻求德性与幸福的一致性,那么,在现代"正当"优先于"善"的社会语境下,如何求解和实现"正当与善"的契合,并以获得德性与幸福的一致,同样也成为一个需要辩护和解释的伦理"难题"。

一 批评与辩护的难题:《高尔吉亚篇》的解释范例

正如尼古拉斯·怀特所言,"历史上迈出第一步的总是柏拉图"②。就道德报偿观念的批评与辩护而言,在我们看来,也同样能够在其论著中找到最为直接和经典的理论起点,而就在这种理论延续的分析中,我们能够辨析出这种理论辩护的主题线索及其所呈现的进路。众所周知,《高尔吉亚篇》作为柏拉图早期对话的著作,涵盖了其在伦理学方面的大部分主要的问题,也"使得它永远是所有爱好伟大的伦理学文献的人最喜爱的一篇论著"③。因此,我们首先聚焦于在这篇对话中,基于对权力意志与自由、正义与幸福的主题论辩,其所阐明的唯有正义和良善之人才是幸福的,而作恶者必将受到惩罚的报偿观念,从中我们既能够理出其为正义与幸福的一致性所提供辩护的论证逻辑,也可以获得道德报偿命题的经典分析范例。这篇对话录分为三个部分,"苏格拉底"作为柏拉图的代言人,在每个部分中,都有一个不同的对话者出现,来表明一个明确的观点。诚然,不管这部作品的表面的具体论题如何变化,这"却并不应当使我们去忽视这一对话的统一性这一至关重要的问题:什么把这三个部分联系在

---

① [德]康德:《实践理性批判》,邓晓芒译,人民出版社2003年版,第156页。
② [美]怀特:《幸福简史》,杨百朋、郭之恩译,中央编译出版社2011年版,第10页。
③ [英]泰勒:《柏拉图:生平及其著作》,谢随知等译,山东人民出版社1991年版,第151页。

一起?"① 而当我们仔细考虑这一辩论的总体结构和结局，就如泰勒所言："人生和应该度过它的方式，而非辩术的价值，才是真正的主题。"② 正是在这种关涉"应然"的生活方式的论辩中，我们同样也能够洞察到道德报偿命题的要义，以及其对于人性完善与良序社会获得的重要意义。

对话由"问他是谁"的提问切入，在苏格拉底与高尔吉亚的交锋中，首先引向了对修辞学的性质和范围的界定。而在苏格拉底的诘难中，当高尔吉亚得出这一结论，认为修辞术是处理"人类最伟大、最高尚的事物"的技艺，因而产生"那的确是某种最伟大的幸福，因为它给全人类带来自由，也给每个人带来控制他自己国家的其他人的自由"时，③ 就开始意味着对话在这一主题之下，暗示着所追问的"什么是人类所追求的至善或幸福"的伦理学问题。而在苏格拉底的举证中，当人们"把我们的幸福一样样唱出来"时，也体现出了人们在这一目的上的见解和分歧，因为诸如健康、美丽、财富、荣誉和权力等，都被人们视作是此生最大的幸福。那么，幸福是什么？人类生活本身的复杂性催生出"幸福"的多样性，在对这一概念进行哲理化的思辨之前，古希腊人也确实有着各种不同的大众化的见解。亦如亚里士多德在《尼各马可伦理学》中所指出的："实践所能达到的那种善又是什么。就其名称来说，大多数人有一致意见。无论是一般大众，还是那些出众的人，都会说这是幸福，并且会把它理解为生活得好或做得好。但是关于什么是幸福，人们就有争论，一般人的意见与爱智慧者的意见就不一样了。因为一般人把它等同于明显的、可见的东西，如快乐、财富或荣誉。不同的人对于它有不同的看法，甚至同一个人在不同时间也把它说成不同的东西。"④ 由于某种生活所关联的构成终极目的的善不同，就有了不同的"生活方式之争"。显然，在一开始

---

① Devin Stauffer, *The Unity of Plato's Gorgias*, Cambridge University Press, 2006, p. 15.

② [英]泰勒：《柏拉图：生平及其著作》，谢随知等译，山东人民出版社 1991 年版，第 156 页。

③ [古希腊]柏拉图：《柏拉图全集》第 1 卷，王晓朝译，人民出版社 2002 年版，第 326 页。

④ [古希腊]亚里士多德：《尼各马可伦理学》，廖申白译注，商务印书馆 2003 年版，第 9 页。

关涉修辞学的论辩话语中，其实就暗含并延伸出了对大众化幸福观的批评，而旨在寻求关于人类幸福的真理。

在修辞学是否具有正义之维的论辩中，随着高尔吉亚陷入了自相矛盾的困境，① 在此场景下过渡的论题，也同样体现了不同的生活方式之争，而涉及对正义与人类幸福的理解。在苏格拉底看来，修辞学"它根本不是技艺"，而只是"一种产生满足和快乐的程序"，② 作为与人打交道时生而具有的一种技巧或奉承活动的一部分。因此，真正的技艺是照料人的身体和灵魂的健康的，"总是关注最好的"；而奉承则只是使人的身体和灵魂处于"一种貌似健康而实际上并不真正健康的状态"，给人造成一种虚假的印象，它"分别伪装和假冒成这些技艺。由于不知道什么是最好的，它通常使用快乐作诱饵进行捕捉，使人相信它具有至高无上的价值"。③ 因此，修辞与正义尽管都与人的灵魂相关，然而，前者作为假冒正义或奉承的技巧，假装关注最好的东西，其目的却旨在于快乐，而非真正的好或善。同时，我们也需要好的灵魂来控制和照料身体，而不是任由身体依据它们所提供的身体快乐来裁决。这里"快乐"和"好"抑或"虚假的健康"和"真正的健康"之间的对立，显然也隐含着我们需要审查我们所选择的生活方式，并认识到何者为真正的正义和幸福的问题。而接下来关于"作恶是否比受恶更坏（更不幸）"和"逃避惩罚是否比接受惩罚更坏（更不幸）"的论辩，则更为显见地指向了这一中心主题。

正如苏格拉底断言："我们当前争论的问题决非微不足道，而是一个关于知识最高尚、无知最可耻的问题，这就是有知识的人还是无知的人是

---

① 因为他一方面肯定，"修辞学家有能力谈论任何主题，反对任何人，可以在民众面前就他所希望谈论的每个论题上证明自己比其他人更有说服力"，同时，"它不需要知道事情的真相，而只要发现一种说服的技巧，这样他在无知者中出现时就能显得比专家更有知识"，那么，修辞家也完全能够凭借这种权力而行不义，并可能借助这种能力而逃脱不义的惩罚；而另一方面，面对苏格拉底这样的质疑："修辞学家是否不知道对与错、高尚与卑劣、正义与非正义，但却发明了一种就这些事情说服听众的技艺"，而如果承认修辞家应该学会正义，而具有正义的知识，那么他就不可能行任何不义。[古希腊] 柏拉图：《柏拉图全集》第 1 卷，王晓朝译，人民出版社 2002 年版，第 331—334 页。

② 同上书，第 338 页。
③ 同上书，第 341 页。

幸福的这个问题的总和与本质。"① 应该说，作为反例和受批评的对象，波卢斯那令人惊骇的观点尤值得引人注意。他不仅认为，当看到一个人在那里杀人、剥夺财产，无论是正义还是不正义的事情，都会值得有人羡慕，甚而推崇那些能够自由地在城邦里做任何喜欢做的事情——杀人、放逐，在一切事情上都能随心所欲的人。同时，他也断言，无须"去请教古代历史，昨天或前天发生的事件就足够了，可以用来证明有许多做了坏事的人是幸福的"②。在他看来，杀父弑兄的阿凯劳斯是幸福的，因为他作恶后不仅未受惩罚，却反而成为马其顿人的"最幸福的"统治者。"如果一个人在罪恶地实施使自己成为僭主的阴谋……假如他能逃脱，后来成功地做了僭主，掌握了城邦的大权，可以随心所欲，成了本城公民和异邦人羡慕的对象，他的福气为人们所称道，那么他不会比先前那种状况幸福些吗？"③ 由此，如果大多数的人都认为，某人是恶的，且他的行动是邪恶的，但却仍旧是幸福的，在现实生活中，行不义之实而又能逃避惩罚之人却成为人们钦羡的对象，这不仅使哲人意识到这些观念所提出的挑战，也认识到必须要捍卫正义，去确认正义与真正的幸福的统一性的迫切要求。"凡人的生活必须颠倒过来，我们显然到处都在做我们不该做的事。"④ 这不只是智者的嘲讽，还是一种社会生活状态的现实表征。

何谓正义、何为幸福？这里的苏格拉底尽管没有给出正义的精确界定，却首先肯定了何者更为不义和不幸。因为"作恶是最大的恶"，所以宁愿受恶，也不去作恶。而当所有人都追求幸福，却又把幸福理解为它取决于诸如身体上的善、财富和权力等时，苏格拉底则断言，幸福完全依赖于"他的教育状况和他是否正义"。因此，他也"把那些高尚、善良的男男女女称作幸福的，把那些邪恶、卑贱的人称作不幸的"⑤，因而，"恶人和作恶者在任何情况下都是不幸福的，如果他没有遇上正义和接受惩罚，

---

① ［古希腊］柏拉图：《柏拉图全集》第 1 卷，王晓朝译，人民出版社 2002 年版，第 352 页。

② 同上书，第 350 页。在这里，波卢斯虽然并没有说现实例证了"所有的"做了坏事的人是幸福的，然而，如果"许多人"做了坏事却能得到"幸福"，这种现状也体现一部分人的报偿与幸福观念。

③ 同上书，第 354 页。

④ 同上书，第 367 页。

⑤ 同上书，第 350 页。

那么他就更加不幸福,如果他付出了代价,从诸神和凡人那里受到惩罚,那么他就要好些了"①。为什么作恶比受恶更坏(更不幸)?苏格拉底的论证逻辑体现为:美丑有别,而丑意味着痛苦和恶,如果承认作恶比受恶更丑,那么作恶就意味着需要在痛苦和恶方面超越受恶,然而常识说明作恶不会比受恶更痛苦,所以,只能是通过在恶方面的超越,因而也就推论出了作恶比受恶更恶(坏)、也更可耻的结论。诚然,如果我们还需要证明作恶者是不幸的,那么也需依赖于对幸福的知识。因为如果像大多数人那样,把幸福定义为对诸如财富和权力的获取和占有,将其视作是行不义者的"幸福"的同时,那么"不幸"也容易被理解为,可能也只是这些外在物的缺乏或丧失,而不是仅仅因为"行不义"所导致的"不幸"。

什么是最大的恶?如果说财富、健康和智慧是善,那么与之相对应的三种恶就分别是:贫穷、疾病和不义。而在这些恶之中,不义和一个人灵魂整体上的堕落是最可耻、同时也是最坏的,因为它会产生最大的痛苦、伤害,或成为同时产生两者的根源。然而,不义、不节制、胆怯和无知,是否一定就比贫穷或疾病更为痛苦?如果一个人灵魂的堕落或恶不是在痛苦方面超越其他的恶,那么一定是在更大的伤害和一种令人震惊的恶劣状态上超过其他的恶。由此,在引起的伤害超过其他恶的情况下,不义、缺乏自制和所有其他形式的灵魂的堕落,在一切可能的恶中必定是最大的恶。然而,什么技艺能使我们摆脱灵魂的堕落和不义?苏格拉底认为,正义使我们摆脱不节制和不义。而这也就能够解释"为什么逃避惩罚比接受惩罚更坏(更不幸)"的论题。无论是对于身体上还是灵魂上的恶而言,更为不幸的,是那些总是逃避治疗而保持恶的人,而不是那些接受治疗而摆脱了恶的人。显然,接受公正的惩罚,意味着付出了应得的代价而摆脱最大的恶,使人从灵魂的堕落状态中获得改善。"公正的惩罚可以规范我们,使我们更加正义,治疗我们的恶。"同时,由于"幸福不仅是对恶的摆脱,而且是从来不染上恶"②,因此,就人之幸与不幸的程度而言,

---

① [古希腊]柏拉图:《柏拉图全集》第 1 卷,王晓朝译,人民出版社 2002 年版,第 353 页。在这里,苏格拉底区分了行不义者和不义者得到其"应得"。一个人如果没有得到因为他所犯下的罪行而得到应得的惩罚,是更不幸的,反之,如果他付出了代价而在神和人那里得其所"应得",则较少不幸。这种区分是否也有其深意?

② 同上书,第 363 页。

首先，最幸福的人，是灵魂中没有恶的人，因为灵魂上的恶，是最大的恶；其次，是接受了公正惩罚的人，那些受到告诫、责难和得到应得惩罚的人，他们的灵魂摆脱了恶；最后，是那些作恶者和逃避惩罚的人，他们的生活是最不幸的。因为他们用各种不义的手段，犯下了严重的罪行，而又成功逃避了告诫、矫正或惩罚而不能摆脱恶。这不仅表明，有一个不健康的灵魂，比有一个不健康的身体更加不幸，同时，这实际上也从反向证明，越是不义和灵魂上恶的人，越是不幸。

人应当追求良善，也要避免作恶。一旦有了恶行，也要自愿地接受正义的惩罚，"就像去看医生一样，他要尽快防止邪恶蔓延，以免在灵魂上留下无法治愈的溃烂的疮口"①。也正因为如此，人需要时刻"照看好自己的灵魂"。因为人可能知晓身体上的某些疾患，然而，却往往不能自省自己灵魂上的缺陷，特别是人往往容易受本能的快乐和欲望所支配。就如亚里士多德所告诫的："在所有事情上，最要警惕那些令人愉悦的事物或快乐。因为对于快乐，我们不是公正的判断者。"② 不过，一个学会节制自己欲望的人，会是幸福的人吗？因为在卡利克勒看来恰恰相反——"每个正义地活着的人都应当让他的欲望生长到最大程度，而不应当限制它们，凭着勇敢和理智，应当能够让他的各种欲望都得到最大满足，这是他的欲望所渴求的。"③ 因而自然的正义，就是能够凭借自己的强大和权力而满足自身欲望的人。而人们之所以称颂节制和正义，只是因为对于大多数人来说，自己没有能力来满足快乐的欲望，出于胆怯并掩盖自己的无能，才会去赞扬节制和正义，而宣扬无节制的无耻。因而对卡利克勒来说，他的理想就是培养权力意志而能够成为自由地满足欲望的强者，认为一个人其"应当"所是的，就是不应当约束他的欲望，且允许它们尽可能地生长，从任何资源中为它们寻求满足。因此，自由、奢侈和放纵，这才是"优越"和幸福的体现。显然，要防止让人的生命堕入权力和欲望

---

① ［古希腊］柏拉图：《柏拉图全集》第1卷，王晓朝译，人民出版社2002年版，第365页。
② ［古希腊］亚里士多德：《尼各马可伦理学》，廖申白译注，商务印书馆2003年版，第56页。
③ ［古希腊］柏拉图：《柏拉图全集》第1卷，王晓朝译，人民出版社2002年版，第379页。

的无止境的悲哀中，真正弄清人应当如何生活，我们需要理解正义和幸福的真义。

人应当如何生活，什么样的生活才是幸福的生活？是过着一种有节制的、正义的生活，还是放纵自己的欲望而过着不受任何约束的生活？如果说，作为灵魂的一个部分，欲望就像"一个有裂缝的水罐"，尽管欲无止境而永远也无法填满，却仍有很多人，他们乐此不疲地把在不断寻求欲望的满足中所获得的更大的快乐，看作是此生幸福的体现，并认为节制的人才是"傻子"。然而，幸福既不是"饿了就吃，渴了就喝"，也不是说，不管何种快乐，"无论它具有什么样的性质，都是通向幸福的关键。"① 在苏格拉底看来，快乐并不等同于善。首先，是因为善或幸福和恶或不幸，就像健康和疾病的对立一样，一个人不可两者同时拥有，也不可能同时摆脱和消除，然而一个人却能像喝水一样，在感到口渴痛苦的同时，也享受着喝水的快乐，因此，"当一个人生活得很好时，对他来说不可能同时又生活得很坏。……快乐与生活得好不是一回事，痛苦与生活得坏也不是一回事，因此快乐不同于好"②；其次，如果快乐是好，痛苦是坏，那么就会得出这样的推理：那些感受到快乐（好事情）的人就是好人，那些感受到痛苦（坏事情）的人就是坏人，并且因为感受到快乐或痛苦的程度不同，而变得更好或更坏，然而由于好人与坏人都会同等程度地感受到快乐和痛苦，坏人的体验甚至更加强烈，由此，如果坚持把快乐等同于善，就会得出这样的结果："坏人会变得和好人一样坏和一样好，甚至比好人更好。"③ 诚然，快乐或痛苦也应有好坏之分，而不应当不做任何区分，而就其有益或有害的性质而言，就应当选择实施"好"的快乐和痛苦。正因为如此，我们的一切行为，都应当以"好"或"善"为目的，在快乐的事情上亦是如此。快乐也和其他事物一样，应当以善为目的，而不是相反的，善以快乐为目的。当我们每个人在对好的快乐或坏的快乐做出选择时，也就意味着我们将选择什么样的生活方式。对道德哲学家而言，这是一个没有什么其他论题能比它更为严肃的主题。

---

① ［古希腊］柏拉图：《柏拉图全集》第1卷，王晓朝译，人民出版社2002年版，第382页。
② 同上书，第386页。
③ 同上书，第391页。

然而，什么是真正的善？善生之人又能否获得幸福？如果说灵魂上的善是真正的善，那么操心于灵魂并致力于其完善的"技艺"，就需要去考察快乐的性质和原因，而不像那些只是关心如何使这些快乐得到满足的程序和奉承，而从来不管其是好还是坏。在苏格拉底看来，灵魂的和谐与秩序的状态是指什么？就是守法的和法律，后者的范导使人们成为守法的和有序的，而这也就意味着正义和节制。正因为如此，我们需要通过那些使人高尚的"技艺"与活动，来给我们的灵魂打上这样的印记："使正义在公民的灵魂中扎根，从灵魂中消除不义。""使一般的善在公民的灵魂中生长，从灵魂中驱除邪恶。"同时，对于那些处于恶和败坏状态的灵魂，则需要强制性的惩罚和约束。"只要灵魂是邪恶的、愚蠢的、无纪律的、不正义的、不虔诚的，它的欲望就应当受到约束，它什么都不能做，而只能做有益于改善它的事。"① 一个习惯于控制自己的快乐和欲望的自制之人，其健全的心灵使之实践着关乎人与神的合宜之事。履行人与他人相关的适宜之责，实践着正义，完成与诸神相关的适宜之责，则实践着虔敬，因而做正义和虔敬之事，则成为正义和虔敬之人。"好人无论做什么事都必定是好的和恰当的，他做好事必定是快乐的、幸福的，而做坏事的坏人必定是不幸的。""幸福的人似乎必须追求和实践节制，我们中的每个人都必须尽快努力摆脱不守纪律的状况。他也许不需要受纪律约束，但若他或他的任何朋友，无论是个人还是城邦，有这种需要，那么他必须接受惩罚，成为守纪律的人，这是他幸福的保证。我把这一点当作一个人应当终生寻求的目标，他应当把他自身和他的城邦的全部努力用于这个目标的实现，使正义和节制在他身上永驻，这样才能真正地获得幸福。"② 因此，我们不是让自己听凭不受约束的欲望所宰制，让自己堕入无止境的悲哀之中，而是要追求和实践节制和正义诸种美德，这也是能真正地获得幸福的条件。

众所周知，真实的苏格拉底作为"哲学的圣徒和殉道者"，也许只要他稍微变通一下就可能保全自己性命，但他放弃了"保命"的选择。他

---

① [古希腊]柏拉图：《柏拉图全集》第 1 卷，王晓朝译，人民出版社 2002 年版，第 398—399 页。

② 同上书，第 402 页。

坚信自己的使命，就是像牛虻一样去唤醒自己的同胞，引导他们去思索生活的意义和观照他们自身灵魂的完善。因而他劝导世人："使你们首要的、第一位的关注不是你们的身体或职业，而是你们灵魂的最高幸福。我每到一处便告诉人们，财富不会带来美德（善），但是美德（善）会带来财富和其他各种幸福，既有个人的幸福，又有国家的幸福。"① 他也以直面死亡的勇气，始终践行着自己的生活信条，即使身陷囹圄，也拒绝从监牢中逃跑以逃避法律，即便法律本身是不公正的，却依然选择宁可受不义而死，也不去做不正义之事。他在临终之时宣称："我一点儿都不怨恨那些控告我和判我死刑的人。"② 他们抱着以为能伤害到他的目的，而应受到谴责，但是他自己却坚信，任何事情都不能伤害一个好人，对一个正直的人来讲，是没有什么不幸的，因为诸神不会完全弃置他于不顾，而对他的命运无动于衷。然而不可否认的是，苏格拉底的死，也确实留给了作为学生的柏拉图几多深深的忧虑，"这一灾难向人们提出了一系列尖锐的问题：在一个做出如此荒唐事的社会里究竟存在什么罪恶？苏格拉底为什么不能提高其同胞公民（包括他的一些同伴）的德行？苏格拉底的死对雅典究竟有无影响？有多大的影响？所有这类问题将成为柏拉图哲学的核心"③。显然，这也留下了一个亟须解释和辩护的难题，一个正直的、守法的和虔诚的人，却被法律判处了死刑，这在大多数人看来，会认为是最大的不幸，同时，一个公正的人受到不公正的对待，又何以自处，其又能否最终得到公正的偿报和确信的慰藉，而正义与幸福又何以一致，这需要什么样的社会条件？

为此，《高尔吉亚篇》中的"苏格拉底"再次开始了自己的"申辩"。"我至少对这一点有清醒的认识，如果我被拉上法庭，面对你提到的危险，那么一定有个恶人在控告我，因为好人是不会把一个无罪的人拉上法庭的，如果我被处死，那也没有什么可大惊小怪的。"④ 就作恶与受恶的

---

① ［古希腊］柏拉图：《柏拉图全集》第1卷，王晓朝译，人民出版社2002年版，第18页。
② 同上书，第31页。
③ ［英］雷·蒙克、弗雷德里克·拉斐尔等：《大哲学家》，韩震、王成兵等译，海南出版社、内蒙古人民出版社2004年版，第56页。
④ ［古希腊］柏拉图：《柏拉图全集》第1卷，王晓朝译，人民出版社2002年版，第419页。

不幸而言，在他看来，已经用"铁和钻石一般"的坚强论证，证明了作恶者要比受恶者更可耻、也更坏。因而问题在于，如果说要获得某种自我保护，能够在避免作恶（行不义）的同时，也要避免受恶（遭受不义），那么就需要追问，一个人如果要从这两方面获益，他应当为自己提供什么样的东西来帮助自己，是只需要那种康德式的"善良意愿"，还是更需要拥有"权力"和力量？显然，人们往往都会认为，既不希望承受恶或不义，也必须要获得力量，以用来对抗不义行为的发生。而对作恶（行不义）而言，只是有意愿还不是充分的，"他也必须要用某种力量和以这种力量为基础的技艺来武装自己，如果他不学习和实践这种技艺，他就会去作恶"①。在一种极端的政制体系中，对于那些希望通过拥有权力而避免受恶的人，实际上，也会做好作恶的准备尽最大可能去作恶，并逃避因作恶而受到的惩罚，这样，也会因为他拥有的权力，而导致其灵魂的堕落和毁灭。那么，为了使自己"保住性命"或活得更长久点，是否就意味着要去实施那些能够将我们从死亡危险中解救出来的"技艺"？在苏格拉底看来，由于灵魂比身体更珍贵，所以，如果有人在灵魂上得了许多难以治愈的疾病，那么这样的人的生命是没有价值的。因此，一个人是否高贵和善，远不止于保命或仅仅只是"活着"。"真正的人也许应当谩视能活多久这个问题，他不应当如此迷恋活命，……没有人能够逃脱他的命运，他应当把诸如此类的事留给神，而去考虑其他问题，一个人应当以什么方式度过他的一生才是最好的？"②

正因为如此，苏格拉底讥讽地表示："我的受审就像一名医生受到一名厨师的指控，而那个法官是一名儿童。"③ 而现实的社会生活，显然也是处于令人忧虑的"颠倒"状态的。因为人们不仅热衷于赞扬那些只是专注于鼓励和刺激人们的欲望和满足的人，也没有意识到，正是由于不节制和不正义，正逐渐使人和城邦变得腐败和溃烂，相反，却对那寻求改善人们的灵魂，为使人们能够真正地变得"更好"和更高尚而提供建议的人，加以责难、污辱和伤害。因此，"好人"被迫走上了法庭，成为"被

---

① ［古希腊］柏拉图：《柏拉图全集》第 1 卷，王晓朝译，人民出版社 2002 年版，第 404 页。
② 同上书，第 408 页。
③ 同上书，第 419 页。

告",而这也必然会导致作为后继者的哲人,去反思和探究正义与幸福能够相一致的社会结构条件。应当说,真实的苏格拉底之所以选择坦然而冷静地面对死亡,而不是选择保命和逃亡,也是因为,在他看来,只有作恶者才害怕死亡。死亡或是意味着湮灭,或许是"一种真正的转变",灵魂从一处移居到另一处,也只有在那里才会见到"真正的法官"。因此,灵魂所移居的"另一个世界",也是一个比眼前的世界更为公正的世界,在那里,相信神最终会根据他的实际行动和灵魂状态,而给予其应得的报答和补偿,在使美德最终得到报答和惩罚不义的同时,也给予那些清白无辜和蒙受不义的人唯一有效的安慰。为此,在《高尔吉亚篇》中,苏格拉底亦以"神话"叙述的方式来解释死后终极性的正义审判。

  哲学家都必须面对着自己的文化和解释传统,对真实的苏格拉底而言,他内心一直为神的使命所激励,谨守着敬畏之心,在人群之中寻求真理和至善。然而不可否认的是,这样一种理性的追寻,也正是在他所面对着的历史、文化和信仰的根基之中所建立起来的。柏拉图自然也无例外,一样面对着自荷马以来的解释传统。荷马史诗既被广泛阅读而成为社会教育的基础,那么它也必定对所有古希腊的作者都产生了深远的影响。应该说,正是在这种文化传统中,对"两个世界"——现实和来世的想象和描述,也一直存在。如在《奥德赛》中,对奥德修斯的地狱之旅的描述,就让人们感受到对死亡的那种"彻骨的恐惧"[①],同时,也隐喻着一种对人的灵魂的本质的认识。然而,与诗人笔下缺乏光明的幽暗地狱相比,哲人所转述和解释的"地狱",则成为最终实现正义与幸福统一性的一个支撑性的"理由"。值得注意的是,也许人们认为这只是一种"虚构",但是,苏格拉底却也意愿把他所叙述的故事,当作是一种事实和"真理"。在这同样取材于荷马的神话中,他转述了自克洛诺斯时代在诸神中一直保留下来的一条关于人类的法律:虔诚和正义的人,死后要去天堂,过着完美幸福的生活;而不虔诚、不正义的人,死后要去一个受到报复和惩罚的监狱,亦即地狱。然而政权更迭之际的宙斯,却发现了由于审判方式的错误所导致的不公正现象:好人没有得到好报,而恶人却反而升入了天堂。由于人"活着"时的灵魂审判,被诸如身体、财富、权力和地位等诸多

---

① [古希腊] 荷马:《奥德赛》,陈中梅译注,译林出版社 2012 年版,第 273 页。

外在因素所遮蔽和干扰，同时，由于活着的人可以预知死亡，也会导致预谋，使用某些诡计来迷惑法官。因此，宙斯的改制措施就是：首先，停止人们预测他们死亡的能力；其次，是死后审判，且必须赤裸进行，法官用他自己的灵魂去扫视那些刚死去的人的灵魂，以得到公正的审判结果。正因为苏格拉底相信这是真的，也就从中得到如此推论：死亡是灵魂与肉体的分离，"它们分离以后仍旧各自保持着它们活着时的状况。身体保持着它自己的性质，有着明显可见的各种痕迹或印记"①。因此，灵魂一旦褪去遮蔽的外衣，就能够透视灵魂，并审查出各种恶行在灵魂上所留下的标记。对于那些充满了畸形和丑恶的灵魂，"就把它们径直送往监狱受辱，到了那里以后这些灵魂都会受到与它们的罪行相应的惩罚"②。从而使人们因其行为和灵魂的善恶属性之不同，而最终实现"给予其所应得"。

　　诚然，《高尔吉亚篇》中的苏格拉底，通过修辞与正义、信念与知识、快乐与善的区分，力图来奠定正义美德与人类幸福的理性根基，消解内在幸福（自足的内心宁静）和外在幸福（成功和繁荣）之间的紧张和对立，③ 然而最终仍然走向了天堂和地狱的"两分"，来强调来世审判的道德意义。也许对他自己而言，"那些处在具体、独特的情况之下的事情是不能全由正确的思维来处理的，这时便需要借助于神的帮助了。这一帮助有一个界限，那就是要服从而无须认识"④。因此，神不能认识，而只能信仰。而对于实现完美的正义与幸福而言，同样也需要这样的信仰。如果说，《高尔吉亚篇》中的苏格拉底，在理论对辩中着重回答正义"怎么样"，而没有正面回答和解决"正义是什么"的问题，却也为道德报偿

---

① ［古希腊］柏拉图：《柏拉图全集》第 1 卷，王晓朝译，人民出版社 2002 年版，第 422 页。

② 同上书，第 423 页。

③ 卡利克勒认为，"幸福需要外在的成功和繁荣。因为它需要有利的外部条件，我们需要大量的资源来保障这些有利条件，由于公认的美德阻止我们获得幸福所需的巨大的资源和外在的成功，我们不能认为它们是幸福的手段"。而苏格拉底认为，没有任何需要的人幸福，强调幸福的完美自足性。"对外在繁荣的需求支持卡利克勒的幸福观，但是它不能和（在苏格拉底看来）对于自足和安全的压倒性的需求和解。" Terence Irwin, *Plato's Ethics*, Oxford University Press, 1995, p.106.

④ ［德］卡尔·雅斯贝尔斯：《大哲学家》，李雪涛译，社会科学文献出版社 2005 年版，第 71 页。

命题提供了一个作为理论诠释的起始点和研究的范例,在辩护和解释诸如"作恶比受恶更坏""正义的人总比不正义的人要好"等论题的同时,也衍生出了道德报偿命题的解释维度,从而具有一种解释"范型"的意义。然而,对实现道德报偿命题的研究任务而言,这也只是作为理论的起点,我们需要在更为广泛的文化语境和理论延伸的背景中,充分展现这一论题在不同的社会存在变迁和伦理学理论演变中,更为完整的理论含义。

二 辩护的主题与进路:一种伦理学的分析

道德报偿观念深深植根于人们的日常道德意识之中,相信美德应得幸福,恶行应得惩罚,而"给予每一个人以其所应得的",就是"正义"。然而,要将这一原理建立在人类理性认识的基础之上,并自觉来规范人们自己的生活,却成了一个理论与实践难题。应当说,道德哲学家们都需要直面和探讨这一"棘手"的难题,而从那些"最杰出的心灵"的探求中,我们既能够去追寻他们解决这一问题的理论线索,也能够发现他们所打上的时代印记,以及其所赋予的理论个性。就伦理学自身理论的发展而言,如果我们非要从整体和宏观上,去辨识出一个明显的具有解释性的"差异点",那么,就如伦理学家西季维克所断言的,我们还是能够发现,"古代伦理学讨论区别于现代伦理学讨论的主要特点,是它表达关于行为的常识道德判断时使用的是一般概念而不是特殊概念。德性或正当的行为常常只是被看作一种善,因而,按照这种道德直觉的观点,当我们试图使自己的行为系统化时,首先碰到的问题就是如何确定这种善同其他种类的善的关系。希腊思想家们所争论的从始至终就是这个问题"[①]。同时,罗尔斯在谈到这种"差异"时,对此亦解释为:"我们承认,在古代道德哲学和现代道德哲学之间存在着这个差异。因此,我们可以得出这样的结论:古代人探讨着达到真正幸福或至善的最合理途径,他们探索着合乎德性的行为、作为美德之品格的诸方面——勇敢和节制、智慧和正义,这些本身就是善的美德——如何与那个至善发生着关系,无论它们是作为手

[①] [英]亨利·西季维克:《伦理学方法》,廖申白译,中国社会科学出版社1993年版,第127页。

段,是作为组成部分,或者两者都是。而现代人首先问的问题是,至少在第一种情况下,现代人首先问的问题是,他们视什么为正当理性的权威规定,关于理性的这些规定导致了权利、职责和责任。只是在此之后,他们的注意力才转向这些规定允许我们去追求和珍视的善。"①

因此,我们可以看到,古代道德哲学家们关注的是"至善"作为诱人的理想,而难题就在于如何去鉴别这种至善的性质,以及指出获得它的途径。由于至善存在于一定的生活形式之中,并且这种生活形式本身作为实现至善的手段,因此,他们采取了"德性论"的形式,并寻求德性与至善或幸福的统一性。而在这种解释体系下,也使他们从是否有利至善目标的实现,来判定行为的正当性,服务于善的目的的实现的行为就是正当的,而不是要求以牺牲善去满足行为正当性的要求,由此去确证善与正当性的统一。然而,对现代道德哲学而言,当"正当"优先于"善"时,人们首先提出和关注的就是:什么是正当的?从而去追寻人们的权利、责任和义务的来源,在此之后,才去确证正当性的要求,以及是否也有助于人们的善的目标的实现,以求实现正当与善的统一。显然,对道德报偿命题的诠释而言,之所以也选择以认同这种"差异性",来作为理论分析的概念框架,也在于这既能为我们辨识出在不同的社会条件下,对道德报偿命题的解释所呈现的变化,以凸显出其共性和差异性的特征,同时,也隐示着在当下"正当优先于善"的社会境况和文化语境下,如何来辩护和求解正当与善的契合、正义与幸福的一致性的难题。因而正如罗尔斯所求证的:"我们最后将不得不考虑这样一个问题:做一个好人对于这个人是不是一种善,如果不是普遍地,那么在哪些条件下是一种善。我相信,至少在一定的环境中,例如在一个良序社会的环境或在一种近于正义的状态中,做一个好人的确是一种善。"②

显然,古希腊人的道德哲学思考发轫于这个问题:什么是所有追求的最终目的?或者说什么是至善?对苏格拉底而言,可以说,这项理论任务也使其忙碌了一生,而他最终却选择了"宁愿受不义而死,也不愿行不义而生",来作为自己恪守的信条。如果我们说,《高尔吉亚篇》作为诠

---

① [美]罗尔斯:《道德哲学史讲义》,张国清译,上海三联书店2002年版,第4—5页。
② [美]罗尔斯:《正义论》,何怀宏等译,中国社会科学出版社2009年版,第313页。

释道德报偿命题的一个范例而提出了问题，那么，柏拉图继而在《国家篇》中，就对于那些在《高尔吉亚篇》中所提出的问题做出了解答。由此，充分诠释这一"解答"的含义，既可以看作是这一主题的延续，也无疑将是一个新的理论解释的起点。在《理想国》中，同样作为代言人的苏格拉底，明确指出了他所要解答的问题就是："因为我既然不知道什么是正义，也就无法知道正义是不是一种德性，也就无法知道正义者是痛苦还是快乐。"① 换言之，也就是这样两个问题：其一，什么是正义？它是不是一种德性？其二，正义的人是否幸福？是正义之人幸福，还是不义之人幸福？而这一问题，从逻辑上，就包含着"正向"维度的正义与幸福的关系，以及"反向"维度的不义与惩罚的论证这两个维度。而在他看来，这是关系到"人应当如何生活"的重大问题，因此，"如果正义遭人诽谤，而我一息尚存有口能辩，却袖手旁观不上来帮助，这对我来说，恐怕是一种罪恶，是奇耻大辱。看起来，我挺身而起保卫正义才是上策"②。而从《理想国》中，我们也可以窥见柏拉图的解答方式所做出的重要启示，那就是：人应当如何生活，显然也是与社会结构条件相关的，不仅城邦的正义取决于政制形式，正义的心灵抑或"好人"，也最有可能在正义的城邦当中才能得到培育和激励。因此，个人的正义与幸福的实现，同时也就需要到"城邦共同体"中去寻觅。

正如麦金太尔所指出的："因为希腊之所以常常像现代中产阶级的父亲那样，教育他们的孩子追求德性而逃避罪恶，恰恰而且仅仅是因为今世和来世，德性带来奖赏而罪恶带来不幸的结果。但假如仅仅由于这种理由而赞扬德性，那么正义本身脱离了任何奖赏，能比不正义更为有用吗？"③ 而柏拉图的解决路径和回答就是，有个人的正义，也有整个城邦的正义。如果我们能探究在城邦里正义是什么，然后在个别人身上考察它，那么，我们就能够通过想象一个城邦的成长，在那里看到正义和不正义的成长，进而由大见小，就能获得我们所需要追寻的正义。因此，就第一个问题的解答而言，正义是什么？首先是在国家中，何处可以找到正义和不正

---

① [古希腊] 柏拉图：《理想国》，郭斌和、张竹明译，商务印书馆1986年版，第43页。
② 同上书，第57页。
③ [美] 麦金太尔：《伦理学简史》，龚群译，商务印书馆2003年版，第67页。

呢？基于社会分层及其合理性论证的理论，他认为，正义就是，"每个人必须在国家里执行一种最适合他天性的职务。……正义就是只做自己的事而不兼做别人的事。……即每个人都作为一个人干他自己分内的事而不干涉别人分内的事"①。当不同的阶层在国家里各做各的事而不相互干扰时，便有了正义，从而也就使国家成为正义的国家。因此，正义既不属于这个阶层，也不属于那个阶层，不属于各个阶层之间的特殊关系，而是与社会整体的和谐和秩序相关，只有在不同的阶层都实现了他们各自的功能，而又能和谐有序时，才是正义的，它是一种整体的德性。而通过与三种社会阶层功能的类比，将之运用于个人的正义的描述，那么，与灵魂的三个部分，亦即理性、激情与欲望相对应，当这三个部分都各自实现了它们的功能时，也就获得了三种德性：智慧、勇敢和节制。当各个部分实现了自身的功能，而不相互僭越，各得其所，各尽其职，就是个人的正义。"正义的人不许可自己灵魂里的各个部分相互干涉，起别的部分的作用。他应当安排好真正自己的事情，首先达到自己主宰自己，自身内秩序井然，对自己友善。""不正义应该就是三种部分之间的争斗不和、相互间管闲事和相互干涉，灵魂的一个部分起而反对整个灵魂，企图在内部取得领导地位，……总之，一切的邪恶，正就是三者的混淆与迷失。"②

因此，正义作为个人美德，是灵魂的所有部分实现了它们最完美的功能的状态，正义的人之所以能够做正确的事，也是因为他的内在灵魂处在良好的秩序状态之下。而对于第二个问题，亦即对"正义的人是否幸福"的解答，实际上，在反驳色拉叙马霍斯时，对于"正义者是否比不正义者生活过得更好更快乐"的问题，苏格拉底就指出，"答案是显而易见的""不过我们应该慎重考虑，这并不是一件小事，而是一个人该怎样采取正当的方式来生活的大事"③。如果说，在大众化的对幸福概念的理解中，对不同的人在不同的境遇中，把诸如健康、财富、权力和荣誉等对象的获得和拥有，看作是人生幸福的体现，而一般人也许会对这些看法表现出些许宽容，那么，一旦智者们断言并宣扬，唯有"不正义"才是通达

---

① ［古希腊］柏拉图：《理想国》，郭斌和、张竹明译，商务印书馆1986年版，第154页。
② 同上书，第172—173页。
③ 同上书，第39页。

此生幸福的有效途径，这无疑会让苏格拉底和柏拉图这样的哲人们，体验到前所未有的捍卫正义与幸福的道德紧迫性。就如包尔生指出的："随着希腊人进入启蒙时期，原来的旧的公民的体面和道德飞快地崩塌了。一些较年轻的智者（如柏拉图在《高尔吉亚篇》和《理想国》中通过卡里克勒斯和特拉西马库斯所描绘的）把事实概括为这样一个理论：即在善与恶之间没有任何客观的区别，它们并不来自事物的本性，而仅仅是一种惯例和怪想的事情。"[1] 显然，面对着这一挑战，柏拉图需要在"非善即恶"的二元对立的思维模式中做出回应，为正义与幸福提供正向维度的"道德解"。

之所以探究正义之德，而不是灵魂的其他诸如勇敢的德性与幸福的关系，并成为最引人注目的聚焦点，也正是因为，在他们看来，正义是他人的利益，为他人的利益而服务，就如后来亚里士多德所说的，"正是由于公正是相关于他人的德性这一原因"[2]。而柏拉图通过城邦正义所找寻到的个人正义，却以"健康之喻"来说明，"美德似乎是一种心灵的健康，美和坚强有力，而邪恶则似乎是心灵的一种疾病，丑和软弱无力"[3]。因此，正义的人是灵魂处于和谐有序的健康状态的人，也是幸福的，反之，不正义的人则是不幸的。同时，对于柏拉图而言，一个与正义国家有同样的性质和教养的个人，我们相信，这种人如果把钱财交给他保管，他不会鲸吞盗用，也决不会渎神、偷窃；不会在私人关系中出卖朋友，不会在政治生活中叛国；既不会不信守誓言或协约，也不会染上通奸、不尊敬父母、不履行宗教义务的罪恶，尽管有别人犯这种罪恶。而这一切的原因就在于"他心灵的各个部分各起各的作用，领导的领导着，被领导的被领导着"[4]，"若身体的本质已坏，虽拥有一切食物和饮料，拥有一切财富和权力，它也被认为是死了。若我们赖以活着的生命要素的本质已遭破坏和灭亡，活着也没有价值了。正义已坏的人尽管可以做任何别的他想做的

---

[1] ［德］包尔生：《伦理学体系》，何怀宏、廖申白译，中国社会科学出版社1988年版，第40页。

[2] ［古希腊］亚里士多德：《尼各马可伦理学》，廖申白译注，商务印书馆2003年版，第130页。

[3] ［古希腊］柏拉图：《理想国》，郭斌和、张竹明译，商务印书馆1986年版，第174页。

[4] 同上书，第171页。

事,只是不能摆脱不正义和邪恶,不能赢得正义和美德了"①。然而,对于这种个人心灵的正义是否真正回答了第二个问题,许多学者却仍存有疑惑。如大卫·塞克斯就指出:"很少人就柏拉图关于正义和幸福的关系,亦即正义的人比不正义的人幸福,一个人越不正义将越不幸福的结论作出评价,同样很少人去批评性地考察柏拉图借以达到这些结论的论证。"②他认为,柏拉图的结论与他开始设定的目标是不相关的,因而存在着一个"不相关的谬误",也就是认为,柏拉图这里的心灵正义,并不能完全对应并解答正义只是他人的利益、不正义的人比正义的人生活得要好的论题。

对柏拉图自己而言,正义的课题乃是最大的课题。因此,他也强调对正义这类美德本身的探究,就不能只是满足于"观其草图",而是必须注意其"最后的成品"。就正义之德性与幸福的关系的确证而言,如何才能确保和谐秩序心灵之理性的方向的正确性?由于善的理念是最大的知识问题,关于正义等的知识也只有从它演绎出来,才是有用和有益的,如果不知道善的理念,虽拥有一切而不拥有其善者,那么再多的别的知识,对我们而言也无任何益处。如果不充分了解"善"究竟是什么,就不能确立起对善的稳固的信念,不知道正义怎样才是善的,也就不能真正捍卫正义和做出正确的选择。而在他看来,只有灵魂摆脱掉感官欲望的负累而实现转向,从可见世界上升到可知世界中,并努力看得见"善的理念",那才是真理和理性的决定性源泉。因此,"任何人凡能在私人生活或公共生活中行事合乎理性的,必定是看见了善的理念"③。那么,如何实现转向,从而把灵魂拖离可见世界进入可知世界?柏拉图指出:"这的确不是件容易事:相信每个人的灵魂里有一个知识的器官,它能够在被习惯毁坏了迷茫了之后重新被建议的这些学习除去尘垢,恢复明亮。(维护这个器官比维护一万只眼睛还重要,因为它是唯一能看得见真理的器官。)"④ 因而一

---

① [古希腊]柏拉图:《理想国》,郭斌和、张竹明译,商务印书馆1986年版,第174—175页。
② David Sachs, "A Fallacy in Plato's Republic," *The Philosophical Review*, Vol. 72, No. 2, 1963, p. 141.
③ [古希腊]柏拉图:《理想国》,郭斌和、张竹明译,商务印书馆1986年版,第276页。
④ [古希腊]柏拉图:《理想国》,郭斌和、张竹明译,商务印书馆1986年版,第292页。

方面，需要灵魂中的理性来管理、控制和考虑，以使灵魂的三个部分处于和谐有序的优秀状态；另一方面也需要发挥灵魂中这一"知识器官"的作用，使之能够通过学习去冲破习惯和意见的束缚，认识真正的善的理念。由此可以推论出，一个人如果在社会境遇和实践中，能够通过理性的自我控制使灵魂整体处于和谐的优秀状态，这样的人是心灵正义之人，因为享有内心的平静和安宁，因而是幸福的。而通过理性的学习和思辨能力认识到最高的善的理念，也就能够在确保理性正确方向的同时，获得完全的正义和最高的幸福。

柏拉图在《理想国》中所接受的挑战和任务，就在于首先抛开正义的后果的考量，探究人们是否意愿去践行正义，它对人的心灵产生什么样的作用，而他也证明，美德一定会促进拥有者自身的幸福。因此，他认为："我们没有祈求正义的报酬和美名，……但是我们已经证明了，正义本身就是最有益于灵魂自身的。为人应当正义，无论他有没有古各斯的戒指，以及哈得斯的隐身帽。"[①] 不过，对于回应正义是否是"三种善"之中"最好的一种善"，亦即这种善我们之所以爱它，既是为了它本身，也是为了它的后果，显然，他也给予了相应的解答。在第十卷论及给予美德的最大报答和奖赏时，他认为，既然正义与不正义的善恶已经判明，那么，我们也就不能再反对把所有各种各样的报酬，给予正义和其他美德，"我要求你把正义从人神处得来的荣誉归还给正义，我要求我们一致同意它被这样认为，以便相信它能够把因被认为正义而赢得的奖品搜集起来交给有正义的人，既然我们的讨论已经证明它能把来自善的利益赠给那些真正探求并得到了它的人而不欺骗他们"。因此，"我们必须深信，一个正义的人无论陷入贫困、疾病，还是遭到别的什么不幸，最后都将证明，所有这些不幸对他（无论活着的时候还是死后）都是好事。因为一个愿意并且热切地追求正义的人，在人力所及的范围内实践神一般的美德，这样的人是神一定永远不会忽视的"[②]。这样，正义的人，也就将与神的神圣赐福的观念联系在一起。人生就像参加一场竞赛活动，对于那些狡猾而不正义的人来说，他可能一开始"显得"跑得快，然而却最终难逃失败的

[①] ［古希腊］柏拉图：《理想国》，郭斌和、张竹明译，商务印书馆1986年版，第415页。
[②] 同上书，第415—416页。

结局，不仅得不到奖赏，还必将沦为遭人嘲笑的对象。对不正义的人而言，即使年轻时勤于伪装，而没有被人看破，但大多数到了人生的终点，也终将会露出尾巴而被人抓住，不仅处境悲惨或遭人唾骂，也将受到其应得的惩罚；而正义之人，就像是真正的运动员，将最终赢得终点，拿到属于自己的奖品和花冠。因此，对愿意践行正义的人而言，除正义本身赐予的福利以外，正义者在活着的时候，也将从人和神处得到的奖品、薪俸和馈赠。"正义者的结局不也总是这样吗：他的每个行动、他和别人的交往，以及他的一生，到最后他总是能从人们那里得到光荣取得奖品的？"[①]由此可见，一个人是否正义，也并非真正的为人、神所不知。正义之人，除了享有内心的宁静和内在的幸福之外，他们大多也能够在俗世之中，获得一些"美好的可靠的报酬"。当然，在柏拉图看来，与那些外在的荣誉和其他报酬相比，更重要的，是人们将在来世最终得到所有的其所应得的东西。为此，选择以理性确立正义与幸福之根基而开始的柏拉图，最终也同样选择了以在"厄尔神话"中的来世对美德的承诺和对罪恶的惩罚的叙述，完整地勾画了正义（德性）与幸福统一性的图景。

　　从接受"正义的行为是否是自己的利益"这一问题的挑战时起，柏拉图就成功地把辩护的主题，转变为确证"作为正义之主体的人是否幸福"。因此，也使古代的伦理学整体上以关于人的德性和幸福的一致性作为中心命题。然而，哲学化的幸福概念是如何反思性地批评大众流俗的幸福观念，并与德性联结起来的呢？在《修辞学》中，亚里士多德就这样指出："幸福的定义可以这样下：与美德结合在一起的顺境，或自足的生活；或与安全结合在一起的最愉快生活；或财产丰富，奴隶众多，并能加以保护和利用。如果幸福的性质是这样的，那么它的组成部分必然是：高贵出身、多朋友、贤朋友、财富、好儿女、多儿女、快乐的老年；还有身体上的优点，如健康、漂亮、强壮、高大、参加竞技的能力；名声、荣誉、幸运；还有美德。一个人具有这些内在的和外在的好东西，就算完全自足。内在的好东西指身心方面的好东西；外在的好东西指出身高贵、朋友、钱财和荣誉。还要加上权势和好运，这样，他的生活才能完全有保

　　[①] ［古希腊］柏拉图：《理想国》，郭斌和、张竹明译，商务印书馆1986年版，第417页。

障。"① 从这一界定中，我们难以说它给出对幸福的精确定义。从分析幸福的一些构成性要素和形式化的特征出发，在整体上而言，可以说幸福既是一种主观状态的表达，同时也是一种客观的生活方式和事实。亦如包尔生所言的："我们已经习惯以'幸福'翻译'Eudaimonra'这个希腊词，从而使它表示一种感情状态，这个词并不意味着一种主观的感情状态，而宁可说是意味着一种客观的生活方式。"② 因此，我们不能只是在现代语境下，仅仅把幸福理解为一种快乐的情感体验和个人感受，而这就意味着，感觉到幸福的人，事实上也确实是"活得好"。而从构成性要素来说，幸福又包含了内在的善和外在的善这两个层面的区分，包含着对多种善的事物的追求。显然，要说清这个复杂的概念，确实不是一件容易的事情。因为关键在于，这些多元性的构成性要素，同时也存在着某种冲突性的要求，而将之"简化"为其中的任何一项，又都不能令人满意。亦如怀特所言："要想正确阐释幸福，首先就得承认这样一个事实：人有多元追求（目标），而各种追求（目标）之间存在着冲突。在我看来，人们探索幸福概念的历程，就是从这种认识开始的。"③ 因此，如果说，人生就是要在对多元且有冲突性要求的善事物的追求中去获得幸福，那么是调节性地放弃某些善事物，还是寻求某种原则，来协调对这些冲突性的善事物的追求，抑或能够获得一种形式化的标准去选择和权衡？

在希望摆脱命运宰制的时代精神氛围中，面对这一难题，亚里士多德也做出了自己的努力。他认为，在不同的生活方式和幸福观念的对立中，要回答"什么是幸福"的主题，首先，需要确定的是人的活动方式，抑或人之为人的功能活动的特殊性，并以此来确定幸福的性质。正如柏拉图的功能论证一样，通过去除与其他生命形式所共有的功能，就能够发现，人的功能就是灵魂遵循或包含着理性的实现活动，而一个人的"善"或"好"，就存在于这种功能活动的实现之中。因此，人的幸福作为属人之善，指的是灵魂的一种合于德性的实现活动；其次，就确定幸福作为至善的标准而言，他肯定了幸福的"完善性"和"自足性"这两个标准。这

---

① [古希腊] 亚理斯多德：《修辞学》，罗念生译，上海人民出版社2005年版，第33页。
② [德] 包尔生：《伦理学体系》，何怀宏、廖申白译，中国社会科学出版社1988年版，第36页。
③ [美] 怀特：《幸福简史》，杨百朋、郭之恩译，中央编译出版社2011年版，第6页。

是因为，人的每一种技艺和行动都以"某种善"为目的，而在这种多样性的目的体系中，如果我们不能发现某种层级秩序的话，那么当所有这些目的一起构成着实践之善，却又只是毫无蕴含性的无限循环，那人类行为和生活也将陷入无意义。因此，也就必须寻求和论证存在着某个终极性的善。而这种最高的善的"完善性"，就体现在我们永远只是因它自身，而从不因他物而选择它。与因为他物而被选择的目的相比，因其自身之故而被选择的目的，显然更完善，但是，只有永不因他物而被选择的那个目的，才具有最完善的终极性。而与所有其他可欲的事物相比，幸福似乎最会被视为这样一种事物而满足这个标准。由此，这也就排除了诸如财富、荣誉、快乐、努斯和每种德性等，这是因为，"我们固然因它们自身故而选择它们（因为即使它们不带有进一步的好处我们也会选择它们），但是我们也为幸福之故而选择它们。然而，却没有一个人是为着这些事物或其他别的什么而追求幸福"①。就"自足性"的标准而言，完美的善也应当是自足的。不过，这种"自足"却并不意味着一个人孤独的生活，因为人天生是社会性的，作为个人的生活，也必定是处在与家庭、朋友和同胞公民的联系之中。只不过与最终目的的欲求之链一样，这种"关系"的序列也必须有所限定，所以，当亚里士多德在止于同胞公民的关系时，似乎隐示着，只有城邦完善的共同体才达到自足的限度。正因为如此，幸福既过滤掉其他诸多善事物，也成为所有善事物中最值得欲求的，且无所缺乏，因为不能给它增加任何对象能够使它更完善。

在排斥运气至上论的同时，亚里士多德也承认，在"好品质"与"好生活"之间，由于运气影响而存在一个事实上的"裂缝"。不过，虽认同"善的脆弱性"，他却并不否认人类理性灵魂和德性的力量和价值，因为，即使"在厄运中高尚［高贵］也闪烁着光辉"②。应当说，对柏拉图而言，正义与幸福是不可分离的，从论证"什么是正义"出发，确证了正义的拥有者是幸福的，不义者将遭受惩罚和报应。而对亚里士多德来说，幸福与德性是不可分离的，从回答"幸福是什么"开始，他诠释了

---

① ［古希腊］亚里士多德：《尼各马可伦理学》，廖申白译注，商务印书馆2003年版，第18页。

② 同上书，第29页。

幸福就在于人的灵魂的合于德性的实现活动。由此，我们也得以观照古代伦理学这两种范例，在诠释正义（德性）与幸福关系上的进路与逻辑。从总体意义上来说，古希腊道德哲学家在道德报偿问题上辩护的主题和核心，就在于使德性与幸福紧密相连，通过与人的自由和理性灵魂的能力相联系，在对两者进行界定的基础上，力图去摆脱严酷的命运对人的无情摆布，从而减少人生中充满的不确定性的悲剧和不幸，使幸福能够掌控在人自己的手中。同时，也使人们确信，人类的幸福是人们可以通过自己的德性努力来获得的，而它就来源于我们的理性的灵魂引导的行为所产生的结果，而不是纯粹依靠运气和机运来实现。这也就意味着，那些能够自由地决定自己的所思所想所行的人，是能够掌控自己的命运的。在这一意义上，一个人的性格和道德品性，实际上就决定着他的"命运"。

柏拉图认为，美德确保着人生的幸福，既有此世的荣誉和报酬，也有伴随着灵魂不朽而来的来世的报应。在"厄尔神话"中，甚至于叙述了这样的告诫：如果一个人生前对别人做过坏事，死后"他必须为每一件罪恶受十倍的苦难作为报应。同样，如果一个人做过好事，为了公正、虔诚，他也会得到十倍的报酬"①。而对亚里士多德来说，尽管并不意味着他一定相信，人的生命将延伸到来世而得到报答，也承认属人之善受偶然厄运的侵袭，而体现某种程度的"脆弱性"，以至于有时会毁坏一个人的幸福生活，但是，他也暗示这样的失败将会确实是非常罕见的，因而更多的"常规"是，人们能够通过实践智慧成就美德而获得属于自身的幸福。"因为德性的报偿或结局必定是最好的，必定是某种神圣的福祉。"② 因此，对柏拉图和亚里士多德来说，"虽然德性和幸福的关系也许是个问题，可是有待阐明的两者之间的联系是一个基本的假定。除非德性以某种方式导致幸福，否则它就缺乏目标，就变得毫无意义；除非幸福以某种方式与德性的实践密切相关，否则它就不是人这类存在者的幸福，就不能满足道德化了的人类本性"③。而对于后来的伊壁鸠鲁和斯多亚派而言，尽管伊壁鸠鲁强调，快乐是幸福生活的开始和目的，因而使德性或美德的地位发

---

① ［古希腊］柏拉图：《理想国》，郭斌和、张竹明译，商务印书馆1986年版，第419页。
② ［古希腊］亚里士多德：《尼各马可伦理学》，廖申白译注，商务印书馆2003年版，第25页。
③ ［美］麦金太尔：《伦理学简史》，龚群译，商务印书馆2003年版，第147页。

生了变化,成为只是求得快乐的艺术,然而,他却又告诉人们:"快乐地活着而不谨慎地、不正大光明地、不正直地活着,是不可能的;谨慎地、正大光明地、正直地活着而不快乐地活着,也是不可能的,那没有谨慎地、正大光明地、正直地活着的人,也不可能快乐地活着。"① 由此,也达到了德性和幸福不可分离的观念。而对斯多亚派而言,幸福就存在于德性之中,按照自然和理性而生活,才是有德性和幸福之人,然而,他们强调内心的宁静和安宁,抛却那外在的善的诱惑,以及由于它们的得失、占有和缺乏在人的灵魂中所引起的情感。当人们在混乱和无序的生活氛围中选择退守内心时,也使得幸福的概念越来越内在化。

正如麦金太尔指出的:"希腊哲学伦理学在某些方面不同于后来的道德哲学,这反映的是希腊社会不同于现代社会。现代意义的职责和责任的概念在这里显得微不足道;善、德性和审慎等概念才是中心。一般而言,希腊伦理学问,假如我要过好日子,我应做什么?现代伦理学问,假如我要正当地行动,我应当做什么?"② 因此,社会发生变化,道德概念也会发生变化。如果我们认同古代道德哲学与现代道德哲学的这种差异,那么,实际上这种差异性,也是由于社会结构的变化和不同的生活秩序所形成的结果。当古代希腊的城邦生活方式从内外两个方面都崩塌之后,公民德性也随之失去了赖以滋长的土壤。由于这种道德环境的变化,人们也不再去追问正义以何种方式在城邦共同体中呈现。正是因为社会生活方式的变化,使德性和幸福联结的可能性也发生了相应的改变。在传统的城邦共同体中,德性和幸福如此紧密地相连,前者作为实践的准则,有益于作为人生目的的幸福的实现。而在漫长的希腊化时期,由于混乱、不安和绝望成为生活的主要特征,不仅使哲学成为救赎的哲学,而且由于德性和幸福的分离,如果行其义而总是不得其利,人们也只能在培养内心宁静态度的同时,摆脱掉因外物得失所产生的痛苦和忧虑,并由此越来越表现出了一种对使人生获得救赎的宗教的思慕和渴望。而在对神圣诫命的绝对服从中,其在道德领域上的作用就体现在:"相信上帝的力量将孕育出这样一

---

① 周辅成编:《西方伦理学名著选辑》上册,商务印书馆1996年版,第97页。
② [美]麦金太尔:《伦理学简史》,龚群译,商务印书馆2003年版,第126页。

种信念：德性与幸福的联系仅仅在天国，并不是在地上。这种信念在贫困和混乱的社会中至多是对道德的绝望补偿；但这不应该掩盖这一事实：它提供了这种补偿。"① 因此，恪守德性的要求和准则，也只是为了在来世的幸福中找到生活的最终目的。如果说，西方社会从古代世界向基督教的转变，意味着一种人生观和价值观的彻底的转换，那么随着社会的发展而跨入现代的门槛，以及一种新的生活方式和世界观的形成，在逐渐摆脱了宗教教条主义的蒙昧和束缚之后，面对着时代精神和生活类型都日渐还俗了的社会境遇，如何基于现实的社会条件和自然人性的基础，去探究这种新的社会秩序的可能性和持续力，进而在新的社会秩序框架中，去辨明道德上区分善恶的人性根基和原则，寻求德性与幸福联结的新的可能性，就成了一个不可避免的时代课题。

现代性的社会结构和生活方式，既构成了人们道德生活的背景条件，也造就了整个新的时代的文化氛围和精神气质，同时，也决定了"正当优先"的现代道德哲学的特质，以及人们在德性与幸福联结关系上致思的路径和方向。而在这些背景性条件中，首先，就是宗教改革对塑造世俗生活的意义及其伴随性的社会后果。在韦伯看来，"至少有一点无疑是新的：个人道德活动所能采取的最高形式，应是对其履行世俗事务的义务进行评价。……这种对世俗活动的道德辩护是宗教改革最重要的后果之一"②。由于没有了对世俗功利的刻骨仇恨，也不要人们以苦修的禁欲主义来超越世俗道德，这既释放了人们的利益冲动和激情，打破了对获利冲动的束缚，也使人们对利益的追求获得了道德上的正当性，由此也开始强调德性所具有的世俗功用的品性。同时，这种理性的"祛魅"的后果，既意味着神圣世界观的崩塌，也导致发现了"个人"，使个人成为自己精神的主宰，在精神生活走向世俗化的同时，人们的价值关怀和生活的意义，都将从世俗生活本身的自我中产生。当然，它所产生的最为严重的后果，就是对于多元价值之间所存在的歧义，就像韦伯所言："我也不知道

---

① ［美］麦金太尔：《伦理学简史》，龚群译，商务印书馆2003年版，第162页。
② ［德］马克斯·韦伯：《新教伦理与资本主义精神》，于晓、陈维纲等译，生活·读书·新知三联书店1987年版，第59—60页。

如何去'科学地'做出判定。这里也有不同的神在无休止地相互争斗。"①而这种"诸神之争",实际上也就意味着现代性社会的多元价值冲突和立场,人们自然地对个人的"好生活"和善观念也会提出自己的不同要求;其次,坚定扎根于世俗世界的现代性国家的发展,使之成为生活世界的支配性力量。由此,弄清楚国家的合法性基础、服从的理由以及其真正独特的权力和作用,就显得尤为重要,而哲学家们也旨在寻求构造一个完善的国家和社会秩序的理想图景。从现实的人性出发,霍布斯作为现代国家学说的阐释者,以"自然状态"的思想实验告诉人们,要么选择无政府状态而堕入残忍和短命的悲惨境地,要么选择完全的政治服从。因此,如果不再借助神圣诫命对有原罪的人性的改良,那么就只有选择国家威权这种外在性的强制和力量,对人的行为设置权利和自由的界限。"国家的职能并非创造或促进一种有德性的生活,而是要保护每个人的自然权利。国家的权力是在自然权利而不是别的道德事实中看到其不可逾越的界限的。"② 因而首先强调的是保护或维护个人的权利,以此来界定在社会合作框架内,个人行动的界限和正当性,并作为普遍社会成员追求个人自身幸福和俗世成功的制度性前提。"在国家之外,我们只有靠自己的力量来保护自己;而在国家中,我们受所有人的力量的保护。在国家之外,没有人能确定他的勤劳会有什么结果;而在国家中,所有人都可以确定这点。总之,在国家之外,是激情、战争、恐惧、贫穷、龌龊、孤独、野蛮、无知和残暴的王国;而在国家中,是理性、和平、安全、财富、光彩、交往、高雅、科学和仁厚的王国。"③ 由此,权利和正当优先,也成为整个现代语境下占绝对支配地位的政治和伦理话语;最后,就是新的生活方式和新的世界观随之发展,使对个人利益追求的激情和冲动,达到了前所未有的强度。"新社会变得越来越渴望征服整个地球并夺取它的财富,对来

---

① [德]马克斯·韦伯:《学术与政治》,冯克利译,生活·读书·新知三联书店1998年版,第40页。

② [美]施特劳斯:《自然权利和历史》,彭刚译,生活·读书·新知三联书店2003年版,第185页。

③ [英]霍布斯:《论公民》,应星、冯克利译,贵州人民出版社2003年版,第102—103页。

世的思慕则在这种对此世事物的疯狂追逐中被窒息了。"① 因此，当商业和经济活动在遭受几个世纪的谴责或被贬斥为贪欲、爱财之后，到了现代，在某种程度上却反而变得受人尊敬起来，这时问题就在于，如何"寻找约束人类欲望的新方法"，② 使之既能摆脱对神圣宗教戒律效力的依赖，又不是沿袭旧有的道德说教和罚入地狱的方式，在驯服和引导人类的欲望和利益冲动的同时，解释道德（德性）和幸福联结的新的可能性。

可以说，在现代性的社会结构背景和精神氛围中，叙述人性的欲望而解释德性与幸福的联结的可能性，在我们看来，尽管德性和幸福的概念已经发生了变化，区别于以人的品质判断为中心的古希腊范式，大体上仍然可以辨识出几种不同的路径和解释范式。以关注人的行为的善恶属性和判断准则为中心，一种是仍寻求以幸福（功利或快乐）来定义道德行为；另一种则在强调道德行为的绝对价值的同时，以道德（德性）作为前提去规定和制约幸福。应该说，就前一种路径而言，我们似乎可以在伊壁鸠鲁那里找到源头，而在休谟那里，也得出了德性的唯一目的就是使人快乐和幸福的结论："关于义务的界线的争论，不论发生在哲学中或日常生活中，决没有什么手段能比全面弄清人类的真正利益更可靠地解决这个问题。"③ 由此，之所以需要"人为的正义"，只是由于对这一德性的社会性有益后果和公共效用的反思。而人们之所以选择正义的约束，那也是因为，"比起通过放纵可以更好地得到满足"④。因此，我们也依据是否对自己或他人有用，或对自己或他人带来快乐，来给予德性以道德上的赞许。而每一个关心自己幸福和福利的人，从对每一项道德义务的践履中到底是否得到了好处和利益？如果说，对自己直接有用的或愉快的德性拥有者而言，德性符合自我利益而无须明证，那么休谟也确断，尽管人们对正义等这种社会性德性的践行，存在着"傻子"困境和"伪装"的难题，然而，对那些珍视它并感到愉悦和满足的人，必将是他们幸福的不可或缺的因素。

---

① ［德］包尔生：《伦理学体系》，何怀宏、廖申白译，中国社会科学出版社1988年版，第111—112页。

② ［美］赫希曼：《欲望与利益》，李新华、朱进东译，上海文艺出版社2003年版，第10页。

③ ［英］休谟：《道德原则研究》，曾晓平译，商务印书馆2002年版，第32页。

④ ［英］休谟：《人性论》下册，关文运译，商务印书馆1997年版，第533页。

而从趋乐避苦的人性出发概括出一种"简化"的道德原则，无疑在边沁那里达到了一个高峰。因为他断言，快乐是善，痛苦是恶，所以这一原则就是，"它按照看来势必增大或减小利益有关者之幸福的倾向，亦即促进或妨碍此种幸福的倾向，来赞成或非难任何一项行动。"① 由此也就赋予了任何行为以应当和对错的含义。而穆勒在赋予这一原则以"功利主义"之名的同时，试图以修正的方式来消除对功利主义的误解，并阐明其所面对的所有难题。而其中最重要的内容，首先，就是在强调人所能享受到高级快乐的内在优越性的同时，把对获得一种属人的"尊严感"的偏好，看作是构成幸福的一个不可或缺的部分。快乐和幸福是生活的终极目的，但是，这种幸福却不是短暂的狂欢式的生活，而是在"期望于生活的不多于生活中能得到的"前提下的一种适度②，因而幸福对于那些积极敏锐的心灵来说，也是可求的；其次，用于判断行为对错标准的幸福，不是行为者本人的幸福，而是所有相关者的幸福。因此，我们可以怀疑一个高尚的人是否会因其高尚而永远比他人幸福，但却毫不怀疑因增益于他人而会更加幸福。而在高尚的自我牺牲的人身上所呈现的美德，其目的也是因为增进了他人和社会幸福的总量，而成为我们所崇敬的原因。当然，也正是因为如此，在个人的幸福和他人的幸福之间，我们需要有一个"不偏不倚的公正旁观者"的存在，来做出正确的权衡，同时，也需要诉诸法律和社会制度的安排，"应当使每一个人的幸福或（实际上也就是所谓的）利益尽可能地与社会整体的利益和谐一致"，并借助于教育和舆论，来唤起人们的公益品性，"尤其要把他自己的幸福，与践行公众幸福所要求的各种积极的和消极的行为方式牢不可破地联系在一起"③，使之成为一种习惯性的动机；再次，功利原理所确立的是行为的正当性规则，只是考虑行为的社会性后果，而无关于行为者的品质和动机。因为毫无疑问的是，任何已知的伦理标准都不是根据"行为者"的善恶来判定行为的善恶，"正确的行为并不必然表示有德的品格，需要谴责的行为也常常来自值得赞扬的品质"。④ 应该说，这种只考虑后果的伦理标准，也因

---

① ［英］边沁：《道德与立法原理导论》，时殷弘译，商务印书馆2002年版，第58页。
② ［英］穆勒：《功利主义》，徐大建译，上海世纪出版集团2008年版，第13页。
③ 同上书，第17—18页。
④ 同上书，第20页。

其对社会利益的考量，而更多消极地体现在对不道德行为的严格限制上；最后，就德性与幸福的关系而言，由于幸福是唯一值得欲求的目的，美德也只是在一切有利于达到幸福这一终极目的的手段中被列为首要的善。"根据功利主义学说，美德原本不是目的的一部分，但它能够成为目的的一部分；它在那些无私地热爱它的人中间，已成了目的的一部分，并且不是作为达到幸福的一种手段，而是作为他们幸福的组成部分，被欲求并被珍惜。"① 因而正如金钱原本只是达到幸福的一种手段，自身却变成了个人幸福观念的主要成分一样，美德曾经作为达到幸福的一种工具，现在也作为幸福的一部分而成为被人们所欲求的对象。而美德之善，就在于它有利于产生快乐而抵御痛苦，所以，唤起人们的道德意志来成就美德的唯一的办法，就是，"我们唯有将行善与快乐相联结，将作恶与痛苦相联结，指明行善中自然含有的快乐以及作恶中自然含有的痛苦，并把这一点灌输到这种人的经验中，使他彻底了解这一点，才能够使他的意志向善"②。显然，这种解释路径沿袭了传统快乐主义的说法，以是否导致幸福的后果来解释道德（德性），在对幸福的词汇含义重新界说的基础上，试图在一个个人主义兴起和多元利益冲突的时代，使两者重新勾连起来。

而另一种探究德性与幸福联结可能性的路径，以道德（德性）去制约幸福，则是康德的义务论在这一论题上辩护的体现。显然，就如伊壁鸠鲁和斯多亚派表面上的对立一样，当前者沉溺于以感知快乐和痛苦的本性，来决定人所欲求的对象和手段的价值时；后者则宣扬道德是与快乐无关的对德性的追求。而同样对于休谟的断言，认为如果我们"熄灭一切对德性的火热的情和爱、抑制一切对恶行的憎和恶"，而完全以理性的淡漠和无情去对待这些区别，那么，"道德性则不再是一种实践性的修行，也不再具有任何规范我们生活和行动的趋向"③。显然，康德既不满意休谟的"理性在行动领域无能为力"的断语，也对休谟的经验主义的幸福论发起了挑战。他认为："如果找不到主导的线索，找不到正确评价的最高标准，那么道德自身就会受到各式各样的败坏。"④ 由此，他拒绝幸福

---

① [英] 穆勒：《功利主义》，徐大建译，上海世纪出版集团2008年版，第37页。
② 同上书，第41页。
③ [英] 休谟：《道德原则研究》，曾晓平译，商务印书馆2002年版，第24页。
④ [德] 康德：《道德形而上学原理》，苗力田译，上海人民出版社2002年版，第4页。

或功利原则为道德提供动机。"幸福的规范往往夹杂着一些爱好的杂质，所以，人们不能从称之为幸福的满足的总体中，制订出明确无误的概念来。"① 而唯有善的意志才是唯一无条件的善，而之所以是善的，也并不在于它所预期的效果或所要达到的目的，而是体现为出于对义务的绝对尊重，恪守真正的道德命令亦即绝对命令的要求，这也就意味着人作为理性的存在者为自身立法。正是因为拒绝了意志和动机中任何利益和爱好的考虑，保持了这种纯粹性和普遍性的同时，也就为克服休谟论域中的正义德性与服从问题中的"条件性"难题，提供了一种解决方法。因为康德的绝对命令，显然与这样的劝诫形成了鲜明的对比，那就是：假如这使你快乐，或对你有利或带来某种你想要的结果，你就应当这样做。而只要这种条件性存在，纯粹依靠自我利益制衡的方式来维系合作和正义，就始终会产生稳定性问题。

同时，由于不再需要借助上帝来保证道德命令的正确性，也不需要在幸福或满足快乐和欲望的对象的概念中，来寻求道德判断的标准，只要理性自我立法告诉我们"应当做什么"，使个人具有道德的自主权，这也迎合了自由与启蒙时代的精神需要。这种源于理性命令的"应当"概念，既脱离了传统社会角色的要求，也拒绝了任何外在的启示权威，更适应了正在兴起的个人主义的自由社会对于某种普遍性道德的需要。然而对康德而言，更值得注意的，就是其对德性与幸福的关系的处理方法。他认为，德性本身是无条件的至上之善，却不是作为有限的理性存在者的欲求能力之对象的完满的善。"因为要成为这样一种善，还要求有幸福。""因为需要幸福，也配得上幸福，但却没有分享幸福，这是与一个有理性的同时拥有一切强制力的存在——哪怕我们只是为了试验设想一下这样一个存在者——的完善意愿根本不能共存的。"② 因此，与古希腊按照同一性原则来寻求二者的联结关系不同，康德强调善的意志和德性构成了配享幸福的不可或缺的条件，以德性来制约幸福。因而一方面，幸福概念作为爱好和满足的表征，和神的戒律一样与人的理性相悖，也于道德价值无益；另一方面，它却又把幸福作为德性的报偿引入进来，即使德性和幸福在今生并

---

① [德] 康德：《道德形而上学原理》，苗力田译，上海人民出版社2002年版，第15页。
② [德] 康德：《实践理性批判》，邓晓芒译，人民出版社2003年版，第152页。

不总是一致，得不到报偿的德性尽管依然高贵，但是，伴随着应得幸福的德性却是最为理想，而我们也需要确信，"上帝"也终将会给德性戴上幸福的桂冠。因此，尽管在道德价值与幸福原则的"两分"中，奠定了道德的理性根基，然而却仍然也在援引"结果"的同时，强调了幸福作为德性的报偿。也许，就如麦金太尔所言："没有这种报偿，整个道德事业就会毫无意义。这等于是默认，没有某种幸福观念，康德对道德的解说——不是道德本身——就毫无意义。"① 即使在现世中没有得到偿报，就需要"悬设"上帝的存在，在"另一个世界"中把两者关联起来，以确信绝对公正的德福果报。

在某种意义上，任何哲学家都偏好于用某种"简化"的方法，来实现自身理论的自洽和完满，也许，这也是为什么任何理论都会留下解释性分歧和辩驳的余地的原因。而就对人性以及行为（情感和理性、动机和效果）的"简化"而言，当然也都不会消解"现实的"人性的丰满。当道德哲学家们在摇摆于以导致幸福的后果来界说道德，又或试图根本不依据后果或幸福来界说道德这两者之间，既体现了现代语境下对行为的"正当"及其优先性的关注，也更为清晰地呈现出了道德报偿命题的"复杂性"及其难题。当以功利原则来确立行为正当（对与错）的依据时，就排斥了对于人及其品质和动机的考虑，一方面，"必须确保自己不会为了有关个人的利益损害其他任何人的权利或合法期望"②；另一方面，除了这一原则本身蕴含的理论"风险"（如以集体利益之名而对个人的权利和利益的损害等）之外，又呈现了只是关注行为结果的"正当"，与行为动机和品质之善的"不一致性"问题。相反，以断然拒绝后果的考量来诠释道德的论证，以依据善良意志和合乎义务原则（履行义务本身），来作为判断"正当"的根据，却也同样面对着最终必须要援引某种后果的"嫌疑"。作为个人行为的准则，它不仅面对是否存在作为后果的幸福的报偿的难题，同时，这种理想的判断标准，也总是面对着现实境遇中基于后果判断的"差异性"所带来的挑战，理想的动机判断原则和现实的后果判断标准，在实际境遇中似乎都会使现实的道德报偿存在着一定的

---

① ［美］麦金太尔：《伦理学简史》，龚群译，商务印书馆2003年版，第260页。
② ［英］穆勒：《功利主义》，徐大建译，上海世纪出版集团2008年版，第19页。

"偏见"。

如果说,不同于传统的同质性社会的特征,在现代多元异质和人类合作秩序得到极大扩展的境遇下,必然要求诉求于以确立"正当"优先的现代性社会结构,那么,就如罗尔斯所言的,这种社会成为了"一种为了相互利益的合作探索"。[①] 而对于道德报偿命题的主题辩护而言,问题就在于,其一,如何确立一个正义的以界定行为正当的规则体系,使人们能够在正义限制的范围内,来确定他们的生活计划和目标,同时,作为为所有社会成员提供权利、机会和满足个人欲求目标手段的结构体系,在确立起合乎功过是非的赏罚分配原则的同时,使人们既能利用自己的能力,来公平地追求个人目标的实现,也不会使任何不义和恶行得到制度的容许和社会的纵容,从而也使"正当"与个人"好生活"的观念得以有效调和与契合,以合于德性与幸福相一致的价值目标的追求;其二,倘若公民美德在良序社会中作为彼此可以合理要求和相互期待的品质,如何充分实现其所"应得"的有效性要求。在既定的社会结构中,在以否定的方式有效限制"坏人不好"的同时,也在一种肯定的意义上激励和实现"好人不坏",以防止功过判断的"偏见"和报偿的"异常"的普遍化,而衍变为社会道德的普遍焦虑和悲观主义。由此,如果说正义的制度和良善的公民,成为一个"良序社会"的支柱,那么,在普遍"喻于利"的社会氛围中,道德报偿命题的要义就在于,在诠释正当与善契合的可能性和现实性的同时,给予道德和美德以支持的力量,而这也正是"幸福社会"的真谛。

第二节 道德报偿的解释维度及其伦理内涵

在伦理学史上,人们从不同的维度和理论立场出发来诠释道德报偿的命题。他们或从人的理性功能出发,从人的特殊活动及其功能实现中来论证人的完善性,并解释德性与幸福的关系;或者从人的存在境遇及其情感"反应性态度"出发,来探究人的行为因其所具有的功过性质,而应得报答或惩罚的心理和社会机制;或者从人的理性本质的维度,来理解德性与

---

① [美] 罗尔斯:《正义论》,何怀宏等译,中国社会科学出版社 2009 年版,第 97 页。

幸福之间联结所存在的实践难题；或者从人的社会性的要求的立场，把美德及其偿报看作是在一个良性社会中社会成员可以彼此合理要求的性质。凡此种种，无不力图从人的存在本质出发，来揭示道德报偿的应有之维。在我们看来，从人的存在的"关系性"及其合理性的论述中，我们得以掘发这一命题的实质，以及其所呈现出来的解释维度和伦理含义。

一　理性抑或情感的解释之维

为了探究正义（德性）和幸福的关系，实际上，柏拉图的《理想国》和亚里士多德的《尼各马可伦理学》分享了同一种研究的视角，亦即，两者都是通过探究人的本质及其特有的活动方式，来分析两者相联结的关系。在《理想国》中，当苏格拉底在反驳色拉叙马霍斯"正义者是否比不正义者幸福"的问题时，就以人所特有的"功能"来做出回应，其论证逻辑表述如下：（1）任何事物都有自己的功能，"就是非它不能做，非它做不好的一种特有的能力。"[①] 因而就如"听"和"看"分别是耳朵和眼睛的特有的功能，而不能任用身体的其他部位来代替这一功能；（2）一事物的功能就是那个事物特有的能力。每一事物凡有一种功能，必有一种特定的德性，而事物之所以能发挥它的功能，也在于它特有的德性；（3）人的灵魂也有一种非它不行的特有功能，譬如管理、控制和考虑等，失去了它的正确的德性，灵魂就不能完成它的工作。而正义就是灵魂的德性，这意味着灵魂的美好状态，而不义就是它的恶；（4）一个正义的灵魂和一个正义的人将生活得好，而不正义的人将生活得坏。一个正义的人是幸福和快乐的，而不正义的人是不幸的。因此，如果要说"有利"的话，也只会是幸福和快乐，而不是不幸。由此得出的结论就是：当灵魂的功能发挥到优秀的状态，就是正义的，也是幸福的。因此，在《理想国》第一卷的论辩中，柏拉图通过这种人的功能的论证，把灵魂、正义（德性）与幸福这些概念联系在了一起，尽管随着对正义的界定和论证的深入，才使它们之间的联结变得更为充分，然而却是通过定义人的这种特有的功能活动，才揭示出正义（德性）与幸福的必然关联。

显然，作为学生的亚里士多德也分享了这种"功能论证"的兴趣和

[①] ［古希腊］柏拉图：《理想国》，郭斌和、张竹明译，商务印书馆1986年版，第40页。

路径,用以诠释德性与幸福的内在关联性。在《尼各马可伦理学》中,他认为,人的幸福就在于人的特有的功能活动的实现。"说最高善就是幸福似乎是老生常谈。我们还需要更清楚地说出它是什么。如果我们先弄清楚人的活动,这一点就会明了。"① 这也就是说,只要弄清了人的功能是什么,就能更清楚地说出幸福是什么。亚里士多德以追问"人的幸福是什么"开始,并作为其伦理学的核心论题,而他又毫不犹豫地将之奠基于人的功能这一基石之上,其所论证的逻辑为:(1)如果某物有某种功能,那么它的"善"或者"好"就在于那种功能之中,正如木匠、鞋匠有其特有的功能,人身体的各个部分有其特有功能,那么人也有一种特有的功能;(2)人的"善"就在于人之为人的功能,而且人的功能包含着一种特有的能力的实现(这是通过去除与其他生命存在物所共享的功能来发现的),这种能力就是理性;(3)如果某物有其特有的功能,它的善就在于:实现这个功能(而不仅仅是具有实现这个功能的能力),而且把这种功能实现得好或完善;(4)属于人的善就是灵魂的理性部分的实现活动,也就是一种合乎卓越(德性)的灵魂的实现活动。如若德性有多种,就是合乎那种最美好、最完善的德性的实现活动。

由此,亚里士多德也把人的本质看作是人的灵魂的实现活动,通过功能论证把人的德性与幸福联结起来。同时,通过对幸福的"自足性"的解释,他也强调在人的"社会性"的基础上来追求良善而获得幸福。"因为人在本性上是社会性的"②,因此,人并非孤独的独处的存在,注定要在社会之中,而总是处在与他人的社会关系的境遇之中,来获得德性而追求自己的幸福。在《政治学》中,亚里士多德断言:"人类自然是趋向于城邦生活的动物(人类在本性上,也正是一个政治动物)。凡人由于本性或由于偶然而不归属于任何城邦的,他如果不是一个鄙夫,那就是一位超人。""每一个隔离的个人都不足以自给其生活,必须共同集合于城邦这个整体[才能大家满足其需要]。"正是通过强调人类这种生来"合群的性情",他基于相互依存和需要的事实,论述了人类生活方式和社会关系扩展的次序。然而,如果说人的存在,只有在其发展到"城邦"这种结

---

① [古希腊]亚里士多德:《尼各马可伦理学》,廖申白译注,商务印书馆2003年版,第19页。
② 同上。

合形式中，才得以见其"本性"，也只有在这种存在形式中，才能获得他们的幸福或事业的繁荣，那么，人们也必然诉求这种社会联合形式的"合理性"，亦即对城邦正义的要求。因为城邦社会不能任由失德与不义之人淫凶纵肆，贪婪妄为而溺于罪恶，为此，"由正义衍生的礼法，可凭以判断［人间的］是非曲直"①，这样以正义为社会基石，才会有良性的社会秩序和"优良生活"。

而对同样把论证德性与幸福的联结关系作为己任的康德来说，同样强调的是人的理性本质的作用。不过，他虽凸显了与亚里士多德传统路径上的区别，但是却并没有专门针对亚里士多德，而是把理论的焦点放在了伊壁鸠鲁派和斯多亚派的典型上，批判了传统的"幸福论"，同时也努力以其自身的理论逻辑，来重新建立德行（德性）与幸福两者之间的关联。在论及理性的作用时，康德指出，人之所以区别于其他自然存在或动物的特殊性，也在于人是自由地"实践"着的。不过，我们却需要区分两种不同的实践，亦即日常的、实用的实践和道德的实践，从而也需要明确人类理性在其中所起的不同作用。就前者而言，体现的是我们的"自由的任意"的、有着经验和感性的条件所局限的实践活动，在其中，理性的作用就在于体现着一种"调节性的运用"，以用于产生经验性的规律统一性，并利用各种手段和经验性的规律，来达到我们作为人所欲求实现的目的。"例如在教人明智的训导中，把我们的爱好向我们提出的一切目的都在一个惟一的目的、也就是幸福里面结合起来，并使达到幸福的手段协调一致，这构成了理性的全部工作。"② 因此，在康德看来，在这种体现了人的自由、但仍受感性因素所支配的实践活动中，理性只能提供自由行为的"实用的规律"，以达到感官向我们推荐的那些目的，因而不能提供完全先天规定的纯粹规律。而在后一种实践中，由于体现的是人的"自由的意志"："纯粹实践规律的目的是理性完全先天地给出的，这些规律不以经验性的东西为条件，而是绝对地命令着的，它们将是纯粹理性的产物。但这样一些规律就是道德的规律。"③

---

① ［古希腊］亚里士多德：《政治学》，吴寿彭译，商务印书馆1983年版，第7—9页。
② ［德］康德：《纯粹理性批判》，邓晓芒译，人民出版社2004年版，第609页。
③ 同上。

因此，虽然同样着眼于人的理性本质，但康德强调的，是这种理性本身与外在感觉世界的对立性，而理性的使命就在于，"我们终究被赋予了理性，作为实践能力，亦即作为一种能够给予意志以影响的能力，所以它的真正使命，并不是去产生完成其他意图的工具，而是去产生在其自身就是善良的意志"①。由此，基于经验的幸福原则与基于理性的道德法则是直接对立的，一切基于经验的爱好、偏好和情感要素，都不能成为善之意志的决定根据，而唯有服从理性的绝对命令。同时，对扎根于现实生活的亚里士多德而言，基于人的理性功能的实现，人的幸福是对每一个没有丧失接近德性能力的正常人来说，都是可以获得的，虽然成就德性不易，"做好人不是轻松的事"②。因而尽管合于德性的实现活动有遭受厄运的侵扰的可能，却也并不必然需要"悬设"上帝或来世，来提供一种道德上的补偿。然而对康德而言，一方面，由于对至善的促进是我们意志的一个先天必然的客体，因此，实现德性与幸福的必然的关联，是纯粹理性的实践任务；但另一方面，我们却又不可能指望在现世通过对道德法则的严格遵守，而使德性与幸福达到任何必然的和足够的联结，必须"悬设"灵魂不朽和上帝存在，来弥补理性在实现这一任务上的"无能"。

然而，与基于人的理性存在本质来解释德性与幸福之间的联结关系不同的是，有的道德哲学家却正是从社会存在境遇中人的情感及其"反应性态度"，来诠释道德报偿的问题。就这一理论立场而言，休谟在《人性论》中就如此断言："理性是、并且也应该是情感的奴隶，除了服务和服从情感之外，再不能有任何其他的职务。"③ 可以说，这既是休谟伦理学的核心命题，也是其行为理论的核心。他认为，道德上的善恶区别并不是从理性得来的，"道德准则刺激情感，产生或制止行为。理性自身在这一点上是完全无力的，因此，道德规则并不是我们理性的结论"④。同时，在解释正义产生的环境时，他指出："人只有依赖社会，才能弥补他的缺陷，……社会使个人的这些弱点都得到了补偿；在社会状态中，他的欲望

---

① [德]康德：《道德形而上学原理》，苗力田译，上海人民出版社2002年版，第11页。
② [古希腊]亚里士多德：《尼各马可伦理学》，廖申白译注，商务印书馆2003年版，第55页。
③ [英]休谟：《人性论》下册，关文运译，商务印书馆1997年版，第453页。
④ 同上书，第497页。

虽然时刻在增多，可是他的才能却也更加增长，使他在各个方面都比他在野蛮和孤立状态中所能达到的境地更加满意，更加幸福。"[1] 而在确立起社会正义的规则体系之后，也就有了正义与非义的观念。它们的区分有两个不同的基础，即利益和道德。最初的是利益的约束力，它使人们"共感"到，不以规则约束偏狭的自利，就不可能在社会中生活。而道德的约束力就在于，正义有功而不义有过，对于其所带来的公共效用的"同感"，成为引起人们道德上赞许或责难的来源，同时，伴随着各种人为的措施，特别是通过执行正义，使遵守正义法则成为人们最切近的利益，使不义成为我们最辽远的利益。因此，虽然改变不了人性的弱点，然而利益的诱导，教育和舆论的作用，以及惩罚正义的强制和威慑，无疑都会进一步强化人们的义务感。休谟认为，正义这一德性的用途和趋向，就是通过维护社会的秩序而达致幸福和安全，由此，"有用性"这个因素最完全地控制着我们的情感，人们也正是通过对正义于社会公共利益的效用的反思，来给予它敬重和道德上的赞许。

不过，同样基于人类情感来解释道德赞许和责难，与休谟通过对社会公共利益和效用的反思，来确立执行正义而惩罚非义的正当性不同，斯密却表示了他对休谟这位好朋友的异议，而他也正是基于人类的情感"反应性态度"，来解释人之德性与幸福、应得报答或惩罚的哲理。他认为："事实就是如此：人只能存在于社会之中，天性使人适应他由以生长的那种环境。"[2] 当一个人处在没有任何交往而与世隔绝的孤独境遇中，"正如他不可能想到自己面貌的美或丑一样，也不可能想到自己的品质，不可能想到自己情感和行为的合宜性或缺点，也不可能想到自己心灵的美或丑。"[3] 因而孤独的可能性存在，是不会引发任何情感互动和回应，并使之成为自我关注和思考的对象的。然而人一旦处在社会境遇中，就立刻有了一面"他人之镜"，这面镜子，就存在于与他相处的那些人的表情和行为之中。当人们对行为者的原始激情表示理解或不赞同时，总是会表现自己的情感反应，而正是从对他人的情感的尊重中，我们也会觉察到自己情

---

[1] ［英］休谟：《人性论》下册，关文运译，商务印书馆1997年版，第525—526页。

[2] ［英］亚当·斯密：《道德情操论》，蒋自强、钦北愚等译，商务印书馆1997年版，第105页。

[3] 同上书，第138页。

感和行为的合宜与否,也会看到自己心灵的美丑。"他将看到人们赞成什么,讨厌什么。在前一场合,他将受到鼓舞,在后一场合,他将感到沮丧。他的愿望和嫌恶,他的快乐和悲伤,现在常常会引起新的愿望和嫌恶,新的快乐和悲伤;因此,现在这些感情将使他深感兴趣,并且时常引起他最为专心的思考。"① 人们从最初对他人的情感和行为合宜性的关注,继而反观和审察自己情感和行为的合宜与否,从对他人的评价而进入到自我评价之中,通过对自身情感与行为的合宜性的热切关注,以成就美德,并获得精神上的自我满足和幸福。"和蔼可亲和值得赞扬的,即值得热爱和回报的,都是美德的高贵品质,而令人讨厌和可加惩罚的却是邪恶的品质。但是,所有这些品质都会直接涉及别人的感情。"② 倘若某一行为能得到每一个公正的旁观者的充分同情而作为合宜感激的对象,显然就应该得到报答,而每个了解他的人,都希望并乐于见到这种报答。相反,若是作为合宜的愤恨对象,那种行为显然就应该得到惩罚。由此,斯密也把"恶有恶报"这样并非如此值得称许的原则,建立在合宜的愤恨之情的基础上,而把"善有善报"的原则,建立在对特定善行的受益者的感激的同情这一基础之上。正如斯特劳森所言:"当谈到道德的语言,论及应得、责任、内疚、谴责和正义时,只有关注这类态度,我们才能从我们所体验到的事实中悟出,我们究竟指的是什么。"③ 显然,无论是"感激"还是"愤恨"之情,都是人际互动境遇中真实的"反应性态度",从人作为感性存在物的维度,去理解这些情感之间的内在关联,使我们能够更好地了解报答和惩罚的心理和情感机制的同时,也能更充分地理解和把握人类道德及其评价发生作用的方式和原理。

在罗尔斯看来,康德学说的真正力量就在于,强调人的本质就是作为一个自由而平等的有理性的存在,且以最能体现这一人之本性的方式去选择自己的行为准则,"他所遵循的原则之所以被选择,不是因为他的社会地位或自然禀赋,也不能用他生活在其中的特殊社会以及他恰好需要的特

---

① [英]亚当·斯密:《道德情操论》,蒋自强、钦北愚等译,商务印书馆1997年版,第138页。

② 同上书,第140页。

③ P. F. Strawson, *Freedom and Resentment and other Essays*, Routledge, 2008, p. 24.

定事物来解释。"① 因而体现了严格的道德自律而非他律。正是借助于这种康德式的解释，罗尔斯在构建理性选择的原初状态模式中，确立起正义的道德原则，并认为，这也是有理性的人们为了调节相互冲突的要求而选择的，它既体现了人作为自由平等的理性存在物的本性，也由此而规定了人们追求各自生活计划和目的，以及实现他们利益的行为方式和共同规则。不过，他同时也强调，我们也需要理性的道德原则进入到人们的情感之中，以发展出一种有效的正义感。"由于这样做是他们的善，正义感甚至是直接地指向人们的幸福。它支持那些使每一个人能表达他们的共同本性的安排。事实上，假如没有共同的或相互重叠的正义感。公民的友谊就不可能存在。因此，做正义的事的欲望并不是对与合理目标无关的专断原则的一种盲目服从。"② 这样，一个公正的原则和社会的理想，就是有理性的人在对这一原则的内容充分地了解和经验后，能激发出一种按照它们去行动的欲望，从而确立与正义原则相适合的美德，而这也是在一个井然有序的社会中，社会成员彼此期待并可以向对方合理要求的属性。"道德德性是人的美德和特性，它们或者因其自身原因，或者在人们的相互的活动中作为因它们自身的缘故得到欣赏的东西，或者作为展示在令人赏心悦目的活动中的东西，而值得人去追求。现在，显而易见，这些美德也表现在一个良序社会的公共生活中。"③ 人们在对这些特性的彼此欣赏和肯定中得到快乐，相反，因为恶则给每一个人带来的是损害，因而也不是人们相互要求的特性。由此，我们既通过对正义原则的选择和维护而确认自己的自尊，同时也在与他人的关系中，会因为没有珍视自己的义务和责任而感到内疚和负罪。

也正因为如此，在罗尔斯看来，对一个良序社会而言，我们也需要理解"人的社会性"的真正的含义，从而对人的社会性不能做一种浅薄的理解。"社会性不简单地意味社会对于人的生活是必要的，或者，由于在一个共同体中，人们获得了需要和利益，这些需要和利益推动他们以他们的制度所允许和鼓励的某种方式为互利而一起工作。社会性也不是这样一

---

① [美] 罗尔斯：《正义论》，何怀宏等译，中国社会科学出版社2009年版，第198页。
② 同上书，第377页。
③ 同上书，第418页。

种老生常谈：社会生活是我们发展语言和思考能力，以及参加社会公共活动和文化的条件。"① 为此，要充分了解人的社会性，在于要认识到人的这一特性，亦即由于没有任何人可能去做他可以做的一切，因此需要通过社会联合的方式，使具有类似能力或互补的不同的人，可以携手合作，以实现他们共同的或相称的本性。在这种约定的共同的生活方式中，我们彼此也都能够从正义制度所激发的美德和它所鼓励的个性中得到享受和发展，从而在这种联合形式中，他人的成功和快乐，对我们自己的善和生活计划目标的实现来说，也是一种必不可少和弥足称道的东西。因此，只有在一个受正义原则调节的良序的社会共同体中，每一个人才会都有自由和机会，去选择他希望发展的那些能力和可能的兴趣，选择合理的生活计划目标，在充分展现自身的优点、实现作为道德的人的本性的同时，又有益于合作性共同体的目的的实现而创造人类繁荣。而罗尔斯也认为，在一定的社会条件下，在正当和正义原则的约束中，如果个人的合理生活计划正在成功地付诸实施，并能合理确信通过自己的努力能够实现时，他同时也就是幸福的。

纵观上述传统伦理学理论，无论是从人的理性本质，抑或是从人类情感的"反应性态度"的维度，去诠释善与恶的殊分原则，继而解释德福果报、善恶应得的某种因果性关联，无疑都是从人的存在本质出发，去理解德性（德行）的含义，也都是在涉及生活世界中的自我、他人与社会的关系的维度中，来把握获取幸福的条件和原则。作为"属人之善"的德性和幸福，也都是在人之存在境遇中，在自我、他人与社会的关系这一生活背景中而得到实现和肯定的。即使是对康德而言，"人是有理性的存在，是因为他是社会的存在。康德极其强调的判断的普遍性，产生于下述事实：我们采取了整个共同体的态度、一切有理性的存在的态度。我们通过与他人的关系而成为我们自己"②。而亚当·斯密更是强调，人们正是从社会境遇的"他人之镜"中，得以审察自己情感和行为的合宜性而成就美德。因此，从这一解释维度来看，对人之存在的本质的确定，也确实

---

① [美] 罗尔斯：《正义论》，何怀宏等译，中国社会科学出版社2009年版，第413页。

② [美] 乔治·H.米德：《心灵、自我与社会》，赵月瑟译，上海译文出版社1992年版，第328页。

成为了解读人之德性以及与幸福之关系的前提，从而具有某种本源意义上的优先性。

二　道德报偿的伦理之维

诚如卡西尔所言："认识自我乃是哲学探究的最高目标——这看来是众所公认的。在各种不同哲学流派之间的一切争论中，这个目标始终未被改变和动摇过，它已被证明是阿基米德点，是一切思潮的牢固而不可动摇的中心。"① 因而对这一论题矢志不渝的探求，不只是满足了哲学家们的好奇心或思辨的兴趣，甚至可以被宣称为"人的职责"。在神话世界观支配下人们开始萌生自我意识，到产生心灵转向，从对外部世界的关注，开始转向为自觉审查人自身存在的意义和价值。最开始站在这一分界线上的赫拉克利特，就如此断言："最美丽的猴子，与人比起来，也是丑陋的。最智慧的人，和神比起来，无论在智慧、美丽和其他方面，都像一只猴子。"② 从这一断言中，我们或许就能窥见其深意，那就是：人既能以自身的理智与动物区别开来而彰显出高贵，也能内省到自身并非完美的存在，从而需要不断地完善自身而趋近于完美。而对苏格拉底而言，唯一的问题是"人是什么？"而他选择的方法，就是在与真实的人的直接交往中，去洞察人性的特征，并由此获得的新的答案就是，"人被宣称为应当是不断探究他自身的存在物——一个在他生存的每时每刻都必须查问和审视他的生存状况的存在物。人类生活的真正价值，恰恰就存在于这种审视中，存在于这种对人类生活的批判态度中"③。而人也是唯一对理性问题能够给予理性回答的存在物，"正是依靠这种基本的能力——对自己和他人作出回答的能力，人成为一个'有责任的'存在物，成为一个道德主体"④。继而柏拉图在《理想国》中追问的正义是否有益于人，其实在对辩中蕴涵着的，也是在回答正义（道德）与人自身存在的关系问题。如果说，苏格拉底对"人是什么？"这个问题的回答，正是通过柏拉图的对话和思想的媒介，使它在人类文明的全部未来发展中留下了思想的标记，

---

① ［德］卡西尔：《人论》，甘阳译，上海译文出版社1985年版，第3页。
② 周辅成编：《西方伦理学名著选辑》上册，商务印书馆1996年版，第13页。
③ ［德］卡西尔：《人论》，甘阳译，上海译文出版社1985年版，第8页。
④ 同上书，第9页。

那么在我们看来，这种标记意味着在对人的本质问题上，既认识到了人的本质在于人所给予他自身的价值，却在摆脱了所有外在影响要素和偶然性的同时，也取消了对人的存在本质认识的历史含义。

人的存在本质不只是一种抽象的理性的存在，更在于人总是处在一定的"关系性"中，去运用和实现这种特有的理性能力。诚然，仅仅指出人之存在所具有的社会性"关系"特质，还不足以完整地展示出人的存在的本质特征，对人的本质做出全面的解释，还要看到人不是抽象的、孤立的存在物，而是生活在一定的历史条件下，与自然、他人和社会发生着实际的联系，具有特定的历史内容的"现实的人"。只有在这一意义上，我们也才能从逻辑和历史的视角，去诠释道德作为人的存在方式所具有的真正内涵，同时，也赋予了道德概念和伦理学理论以一种历史性的品格。而这也正是为什么麦金太尔会质疑这样一种态度的原因。"这种态度似乎是这样一种信念的产物：道德概念可以离开它们的历史来进行考察和理解。"[①] 应该说，认识到人在这个世界的生存所具有的道德和评价的色彩，哲学家们也都熟悉于从人禽之别中，去认识人的理性及优越性，并以阐发道德对于人之存在的意义。这不仅对西方的哲人是如此，中国古代的贤哲也同样如此判别。"鸟兽不可与同群，吾非斯人之徒与而谁与？"（《论语·微子》）这不仅区分出人的道德属性，也指出人具有与他人"共在"的关系性特征。"仁也者，人也。"（《孟子·尽心下》）仁是人之所以为人的属性，而"仁"之德，也就意味着作为总是处在与他人关系中的"自我"所应遵循的义理，因此，正是对这种"关系"原理的思考，构成了传统社会的伦理秩序，并进而阐述其合理性的思想前提。

而马克思、恩格斯在人和动物的比较中，也解释了人之存在的这种"关系性"的本质特征。"凡是有某种关系存在的地方，这种关系都是为我而存在的；动物不对什么东西发生'关系'，而且根本没有'关系'；对于动物来说，它对他物的关系不是作为关系存在的。因而，意识一开始就是社会的产物，而且只要人们存在着，它就仍然是这种产物。"[②] 因此，唯有人作为具有自我意识的"自为"的存在，才能在其存在的过程中建

---

① [美]麦金太尔：《伦理学简史》，龚群译，商务印书馆2014年版，第23页。
② 《马克思恩格斯选集》第1卷，人民出版社1995年版，第81页。

立多方面的"关系",而这种历史性的社会交往关系作为人的存在境遇,既构成了人的意识及其发展的前提,同时,也对人的存在而言具有本体论的意义。因此,人也总是在这种"关系性"中实现自我,人们怎样表现自己的生活,他们自己就是怎么样的;而他们是什么样的,也总是由交往关系决定的。"人的本质不是单个人所固有的抽象物,在其现实性上,它是一切社会关系的总和。"① 正因为如此,也揭示了这种"关系"的历史特征。应当说,人类的"关系"扩展的次序以及结合方式,都受到了不同的社会历史条件的制约,这也就呈现出了不同的样式和合理性的论证。因此,在承认人具有对于认识自身的自觉意识的同时,认识到人所具有的这种"意识",一开始就是受到了物质条件"纠缠",这才是认识人自己的一个最基本的事实和前提。由此,如果我们把伦理诠释为这种人在"关系性"中,所呈现出来的合理性和秩序,那么,从这一视角就能辨识到这种合理性在不同的社会结构和历史条件下,所具有的不同的含义,也才能够理解人之"德性"所具有的某种"历史性"的特征。

对人的本质规定的"关系性"的存在论解读,从逻辑上就能分厘出伦理学所要诠释的这种"关系"所呈现出的道德之维,也就能更好地理解道德对于人之存在的意义。正是因为在这种"关系性"中所存在的对抗性和紧张,使伦理学的使命,就在于去叙述它们和谐的必要性和可能性,在确认存在关系性的"张力"的同时,为人的这种关系性的存在提供一种协调性的原理。从关系本体论的立场,布伯从"他者"的工具性和目的性价值的维度,区分了两种主要的关系模式,即"我—它"关系和"我—你"关系,并作为批判社会和传统思维模式的方法论基础。同时,他也认为:"人具有三重充满活力的关系。如果所有充满活力的关系都变为本质关系,那么他可以使其性质及其状况在其生命中进入完满的实在。""人的三重有活力的关系是:首先,人对世界及众物之关系;其次,人对人们(即是个体的又是众多的)之关系;最后,人对存在之秘密的关系。"② 应当说,从人之存在的关系性的逻辑区分而言,这"三重关系"也展现了人之存在的"道德之维"。因此,这些关系也正是道德的"适用

---

① 《马克思恩格斯选集》第 1 卷,人民出版社 1995 年版,第 56 页。
② [德] 马丁·布伯:《人与人》,张健、韦海英译,作家出版社 1992 年版,第 243—244 页。

对象"。而在这些"关系"维度中，尤其以涉及个人和他人与社会的关系，成为传统的伦理学论域中最重要的方面。因为人类在结成社会联合形式的同时，对彼此冲突的利益有要求，这也使最重要的道德问题随之产生，即使是宗教的戒律，也都体现了其善待他人的社会要旨，甚至是作为爱上帝的前提。

就如马克思所言："一般地说，人对自身的任何关系，只有通过人对其他人的关系才得到实现和表现。"① 因此，在这一意义上，一个人对自我的关系，首先是以对"他人"的关系的存在为前提的，在自我本身意识到其存在的特殊性的同时，也意识到是与他者"共在"，也就产生了道德价值对于自我本身的必要性问题。为此，从人作为"关系性"存在的本质出发，我们不仅需要认识到在不同的社会条件下所赋予其历史性的内涵。同时从逻辑的层面上，在辨析出其所呈现的不同维度时，我们通过思辨性的反思，从道德和价值的层面去追问不同的关系维度所呈现的合理性及其实现的原理。因而首先，如何赋予作为人的存在境遇的各种社会关系以合理的形式，这涉及的是社会层面的生活秩序的问题，在这一维度上所追问的，也是特定的社会结构和存在形态的价值合理性基础。从某种意义上来说，柏拉图从"大写"的城邦正义出发，来寻求"小写"的心灵正义，这两者的关系也不只是简单的"映射"和类比，而是也在于认识到社会结构的合理性和秩序，对个人的正义抑或德性的前提性意义和作用。尽管这种合理性因为不同的社会结构的差异和社会的历时性变迁，而被赋予了不同的含义和历史性特征；其次，在既定的社会的结构形式中，就产生了与这种社会结构相适应的规范体系。在型构某种社会道德秩序的同时，也就产生了相应的道德观念，以及体现价值判断的道德规范和行为准则，并以此来调节社会成员之间的互动关系而满足社会存在的需要。在界定社会成员彼此之间关系的合理性和正当性的同时，赋予与之匹配的相应的道德义务和责任；再次，正是个体性的自我在既定的社会联合结构形式，和与"他者"共在的关系之维的参照中，产生了作为个体的自我与自我本身的反身关系。人们总是在既定社会结构的评价体系中，获得相应的自我赞许和满足，抑或贬抑和责难，甚或以延伸到来世的信仰，来确认

---

① 《马克思恩格斯选集》第 1 卷，人民出版社 1995 年版，第 48 页。

人自身存在的意义和价值。

正是基于对人之存在的"关系性"本质及其特征的确认为前提，使道德报偿作为社会和个人的生活的秩序原理而呈现出相应的特征，也被赋予了不同维度的伦理含义。首先，这种逻辑上所呈现的不同的维度的关系，总是在不同的社会条件和历史发展来获得其"现实性"的，因而既具有共性的特征，也被打上了"历时性"的印记，并与不同的社会结构和文化传承相结合而呈现出"差异性"，并以此而区别开来。从历时性的角度而言，在神话世界观占支配地位的生活世界中，原始宗教、禁忌与义务感的神秘化，促成了报偿观念及其秩序的实现。"原始道德的有效作用，依靠着群体内部利益的一致以及群体在赞同或不赞同的态度上的一致。""在这里，任何一种不履行义务的行动都会立刻引人注目，立刻被人抓住。"[1] 而随着自然力量的人格化和神秘化，"人们普遍地讲述和相信众神会报答善良和仁慈，惩罚不忠和不义。因此，早在精于推论和哲理的时代到来之前，宗教，即使还处于非常原始的状态，就已对各种道德准则表示认可"[2]。而在启示宗教的世界观支配下，上帝的命令是神圣的。在相信上帝的力量的同时，它也消除了信徒在德性与幸福之间联系上的任何焦虑。亦如麦金太尔所说："若我们探究一个社会的关键问题，即对这个社会而言，什么是神圣的，则我们将揭示出展现社会生活的不同规则。"[3] 因此，在一个崇尚欲望表达和个人利益至上的世俗世界观支配下的现代性社会中，多元化、隐匿性和流动性的复杂社会关系，也使人们越来越相信普遍规则的约束力而具有"制度依赖性"，以实现依据于"合法期望"所应得的报偿。而就社会结构的差异所引起的人们报偿观念的殊异而言，中西不同的社会结构特征，也意味着不同社会结构和文化语境下，人们的报偿观念和秩序实现方式，也确实存在不同程度的差异性。

其次，基于人之"关系性"存在的道德之维，道德报偿作为因人们行为的善恶属性所引起的道德上的"反应"和"回报"，其在社会结构和

---

[1] [美] 弗吉利亚斯·弗姆：《道德百科全书》，戴扬毅等译，湖南人民出版社1988年版，第371页。

[2] [英] 亚当·斯密：《道德情操论》，蒋自强、钦北愚等译，商务印书馆1997年版，第200页。

[3] [美] 麦金太尔：《伦理学简史》，龚群译，商务印书馆2003年版，第157页。

生活秩序的维度上，所体现的价值合理性和合目的性就是社会的正义和公正。如果说，"善有善报，恶有恶报"的观念，是任何理论都不能超越的一种人类心灵的直观，那么从这一意义上来说，伦理学理论对这种最初出于本性的一种直观观念的任何思辨和推理，也都是旨在确证和强化这一结构在人类生活世界中的价值合理性，并反思其在现实生活秩序中的有效性。因此，如果说人类生活世界中的这种合乎人类本性和心灵直观的"果报结构"（repay/retribution）①，体现的是一种具有普遍性、稳定性和传递性秩序的社会关系，并为既定社会秩序的实现提供一种道德上的"担保"的话，那么这种观念上的"善"，就必须融合于社会结构与制度之中，并在社会生活中获得一定的现实性，而成为生活实践中的具体的"善"。伦理的本性，就在于通过善恶的区分来规范和引导人类的生活与行为，而一旦行为的善恶属性与社会生活相分离，甚或是完全的背离，这也就成了人们道德生活紊乱和道德败坏、进而引起道德焦虑和悲观的根源。在古代赫西俄德那具有悲观色彩的诗歌中，就如此慨叹："他们不爱信守誓言者，主持正义者和行善者，而是赞美和崇拜作恶者以及他的蛮横行为。在他们看来，力量就是正义，虔诚不是美德。恶人用恶语中伤和谎言欺骗高尚者。……人类将陷入深重的悲哀之中，面对罪恶而无处求助。"② 正因为如此，就需要社会正义来纠正这种现状，而这也使苏格拉底和柏拉图认识到，必须要捍卫正义，这是一个重大而严肃的课题。而在现代社会这个崇尚个体和"欲望着"的逐利的时代，如果人们谋求财富和个人生活目标的道路总是背离了美德，而又能得到社会和制度的"容忍"，从而失去了与道德和美德的现实关联，同样会使社会陷入某种无序的状态，也成为导致普遍的道德败坏的明显表征。"除非天然存在着'疏而不漏'的天网使得作恶必有报应，就像自然的因果关系那样必然，否则就必须由人类自己来建立一个人为的'报应系统'。正因为不存在天然的报应关系，所以人为的报应系统就是必要的。"③ 当公正的报偿观念融合于社会结构和制度之中，首先要求的是从消极意义的最低限度要求上，

---

① 赵汀阳：《论可能生活》，中国人民大学出版社2010年版，第159页。
② ［古希腊］赫西俄德：《工作与时日神谱》，张竹明、蒋平译，商务印书馆1991年版，第7页。
③ 赵汀阳：《论可能生活》，中国人民大学出版社2010年版，第160页。

第二章 道德报偿的实质及其伦理内涵

依据社会的正当性的规则系统，确立起主要以行为结果为判断依据的制裁和惩罚正义的回报方式，这也是形成社会生活秩序的必要前提，并在此基础上以制度激励的方式，从积极的意义上来鼓励人们相互报答善意的回报方式。

其次，道德报偿作为作用于个人的秩序原理，它所要实现的是个人的至善（完善），亦即善的行为与善的自我的统一。这不仅是作为"关系性"存在的自我反思的维度，体现着从他律向自律的内在化转向的要求，也是个体行为效果与相应的责任承当的统一，而对道德生活中从现实行为到动机的善的追溯，也是道德报偿的实践逻辑的必然要求。应当说，就道德行为主体因其行为的善恶属性而应得"偿报"的判别依据而言，在这一点上，康德学说将之演绎到了一种极致。因为在他看来，善之意志是唯一至上的无条件的善。"任何为了满足一种爱好而产生的东西，甚至所有爱好的总和，都不能望其项背。如果由于生不逢时，或者由于无情自然的苛待，这样的意志完全丧失了实现其意图的能力。如果他竭尽自己最大的力量，仍然还是一无所得，所剩下的只是善良意志……它仍然如一颗宝石一样，自身就发射着耀目的光芒，自身之内就具有价值。"① 为此，一种行为只有是完全出于责任或义务，而不是此行为将可能导致的结果，才真正具有道德的性质。不过，即使体现了人为自身立法的理性能力和道德自觉，人的善性的充分"显现"，也仍然需要在现实的"伦理关系"和公正的社会结构条件下得以实现。

因此，在人之"关系性"的存在境遇中所呈现的"反应"和回报，也使道德报偿需要实现行为动机和结果的统一。显然，康德在纯粹的理性的抽象概括中所获得的这一形式化的普遍性准则，从动机来判定行为的道德属性，有其不言而喻的正确性的一面，然而，却也面临着一定的难题。其一，是作为纯粹理性规定的道德律令确保了其形式上的普遍性，却也使义务和责任剥离掉了所有现实的社会伦理关系，从而缺乏某种现实性的品格。当我们肯定人的"关系性"存在的现实与历史性，也就承认以在现实的社会关系中来获得义务的具体的规定性。因此，这就隐含着作为具体的社会关系和实践境遇中的义务规定，和作为普遍性的原则判断之间存在着某种

---

① [德]康德：《道德形而上学原理》，苗力田译，上海人民出版社2002年版，第9页。

程度上的冲突；其二，尽管我们能够通过抽象的反思，来确认动机判断准则的正确性，然而在现实的特定境遇中，人们往往总是从某一行为正好产生的实际后果来判定该行为，并对人们的道德情感和判断施加了客观影响的。因此，就行为的善恶属性而应得的报偿，或是确立"善"与"恶"的某种现实的因果性关联而言，社会关系境遇中实践的逻辑所要求的是，人们首先必须在行为后果的意义上，来承担自己相应的道德责任。同时，这种责任也总是在既定的社会结构和伦理关系中，呈现其客观实在性而具体化的。从社会人与人之间的"关系"的谐和性而言，对基于客观的行为后果与现实利益所体现的"还报"和相应责任的承担，是社会秩序之所以可能的前提。因为，如若单凭人们行为的动机和意愿，来要求彼此承担责任或实施惩罚，只会使社会陷入相互猜忌和混乱的境地，当然，这也避免了人们或以单纯的动机纯洁来为罪行辩护，由此而对相互侵害和伤害的现实恶行的严格禁止，树立起正义的树篱，以确立社会正义的底线。

　　从行为结果而启动的道德报偿，却又必须要追溯行为的动机。这也是个体从他律走向自律，从而获得自我道德上完善的要求。我们在客观的行为后果和现实利益中承担责任，却不能仅仅凭借良善的意愿来索取回报，这要求人们以良善意愿和具体现实的善行相结合，来要求并实现相应的报答。就如黑格尔所坚持的："主体就等于它的一连串的行为。如果这些行为是一连串无价值的作品，那末他的意志的主观性也同样是无价值的；反之，如果他的一连串的行为是具有实体性质的，那末个人的内部意志也是具有实体性质的。"① 因此，"人们还要能成大事，否则这种志向就等于零。单纯志向的桂冠就等于从不发绿的枯叶"②。从这一意义上而言，道德报偿的实践逻辑，在客观上要促成或要求人们实现行为动机和结果的一致性。这不仅是作为社会成员和具体的社会关系中的义务承担者，有对行为所产生的客观的"恶"的后果承担相应的责任的能力，同时，也要把成就现实的"善"行，看作是个体反观自身而实现自身价值的"自己的"义务。当人们不满足于消极的善行，对于出于良善意愿而做出"善"的行为，就如斯密所指出，仁慈的意愿和善行的结合，"他的行为看来需要

---

① ［德］黑格尔：《法哲学原理》，范扬、张启泰译，商务印书馆1961年版，第126页。
② 同上书，第128页。

和极力要求——如果我可以这样说的话——一个相应的报答"①。因此，在这一意义上，人们也就有追求相应的"得"而获得回报的权利，而道德的报偿在这种行为责任和权利要求所获得的统一性的伦理含蕴，也在于它促成了个人至善目的的实现。

然而，道德报偿的现实的实践逻辑，尽管旨在促成行为动机和效果的一致而实现个体至善，但却并不能够总是一致，这种"差异性"的存在，以及对人性和社会秩序完善性的需要，也产生了在道德报偿上实现"完美的"一致性的希望和要求。实际上，在《高尔吉亚篇》中，苏格拉底在连续区分了行不义者和不义者得到其"应得"的同时，就意识到，就不义之行与不义者所"应得"的报偿而言，或许存在着某种"复杂性"。因为行为动机（意愿）和结果的不一致性，现实的"人"基于现实客观的行为结果所做出的判断，却往往难以追溯其动机上的良善。因此，这种判断"偏见"的矫正和两者的完美性的统一，也只有在"神"那里才能最终做出最公正的裁决。这也就能够理解，为什么在《高尔吉亚篇》和《理想国》的结尾，都需要通过叙述神话中"天堂"和"地狱"的两分，来做出终极性的公正裁决。应当说，不同于神学家们的各种论证，道德哲学家们也力图从人性和道德秩序的完善性原则出发，来论证道德信仰的理由，而这其中最著名的当属康德的论证，而站在这种"普鲁士的视角"来看，"在斯密那里，这种首先把宗教作为一种道德的功能和延续的观念是如此的引人注目，因此似乎有理由将他的观点称为道德神学。而这是出于对康德的恰当尊重"②。对于康德而言，"试图说明对于任何一个希望成为具有优秀道德的人来说，信仰上帝都是理性上的必然。这个结论是一种对上帝存在的道德论证，它的目标与其说是要证明上帝存在是一种知识（比如等同于我们的科学信念），不如说是要证明上帝存在是我们关于世界的道德观的一个必然特征"③。因此，为使善能得到奖赏，恶能受到惩罚，以伸张正义而最终实现惩恶扬善的公正报偿，就必须要"悬设"全

---

① ［英］亚当·斯密：《道德情操论》，蒋自强、钦北愚等译，商务印书馆1997年版，第90页。
② ［丹］努德·哈孔森：《立法者的科学》，赵立岩译，浙江大学出版社2010年版，第96页。
③ ［美］所罗门：《大问题：简明哲学导论》，张卜天译，广西师范大学出版社2004年版，第109页。

智全能的上帝的存在，而康德把这种对于上帝的信念称为信仰。

不过，与康德用纯粹理性的理由论证和辩护的立场所不同的是，斯密却更多地从人类情感的角度，把这种信仰看作是道德情感的一种延续和完成的观念。出于人类的自然本性和情感，当人们看到暴虐和诡计居然胜过真诚和正义，从而对阻止不义的力量丧失信心时，就会变得希望并相信有来世，并能根据每个人在今世的所作所为给予报答。"这不仅是由于我们的弱点，不仅是出于人类天性的希望和担心，而且也是出于人类天性中最高尚和最真诚的本性，出于对美德的热爱，对罪恶和非正义的憎恶。"[①]因此，从这种意义上来说，正是因为人类社会生活世界和人性的某种"不完美性"的存在，成为人们在道德报偿的观念上为信仰"留下地盘"的原因。在马克思看来，是人创造了宗教，"它的狂热，它的道德约束，它的庄严补充，它借以求得慰藉和辩护的总根据"[②]。它虽然能够减轻我们的痛苦，但是，却也妨碍了我们发现真正能够改善我们这个世界的途径。由此他也指责，之所以强调神的正义和来世，只是对我们所处的世界上的非正义的一种合理化和补偿。然而，马克思对宗教的批判也是对现实社会的批判，其实在这一意义上，也反向确证了，正是因为生活世界存在着某种不公正性，以及人性的不完美性，使宗教性的信仰"历时性"地成为人们暂时不可避免的"需要"和精神慰藉。而这也提示我们，如何反思并创造出一个更为公正的，能实现个人的自由、自我发展与完善的现实生活世界，成为道德报偿的现实性和迫切性的课题。

因此，道德报偿所要确证的伦理的价值目标，也必然呈现其"应然"的理想性与"实然"的现实性之间的张力。在"应然"的价值指向上，是实现行为的善恶属性与其所应得的"还报"，或者"应当"存在与某种人生际遇之间的因果性的关联。如果把这种人生际遇看作是幸福或不幸的话，那么，这种"善善恶恶"的"果报结构"，也就是去确证德性与幸福之间的某种必然的关联，其终极性的价值目标就是完满的

---

① [英]亚当·斯密：《道德情操论》，蒋自强、钦北愚等译，商务印书馆1997年版，第206页。

② 《马克思恩格斯选集》第1卷，人民出版社1995年版，第1页。

至善，亦即德性与幸福的统一。然而，这两者统一在实践上如何可能，在现实生活世界中能否达到或建立起两者之间的联系？在康德那里，我们既看到了这一难题，也得到了相应的启示。最重要的就是，我们首先要有"配享幸福"的道德"资格"。这意味着作为道德的主体，我们首要关注的，是自身是否具有"善的"道德属性，在此前提下去用道德引导和制约幸福。因为，"幸福始终是这种东西，它虽然使占有它的人感到快适，但却并不单独就是绝对善的和从一切方面考虑都是善的，而是任何时候都以道德的合乎法则的行为作为前提条件的"①。因此，作为至善之构成要素的幸福，也就不只是感官欲望的满足和放纵，而是以对人的尊严和道德本性的确认为前提，以指向人自身的发展与完善。如果说，康德通过诉诸道德"悬设"来解决德福配称的实践难题，那么这也从另一个方面提示我们，在现世生活世界中，既需要有文化和信仰的力量，同时，也需要通过公正的社会制度与人之德性的良性互动，来使道德报偿的秩序原理获得不断趋近于"应然"程度的现实性和有效性，进而成为一种普遍性的伦理事实。也就是说，至少要使德性与成功、繁荣和幸福的普遍的联系，以及恶行与不幸之间的普遍的联系，成为一种社会生活的"常规"，因为人类生活的复杂性，不能否认有"例外"的存在，而排斥其所有的可能。

第三节 道德报偿："思想实验"与现实意义

正义（道德）是否有益于人？实际上也提出了道德和利益、正义和功利的关系问题。当人们普遍认为，正义（道德）只是"他人的善"或利益，那么就提出了"我为什么要道德？"这一问题。而这也成为道德报偿理论的应有之义，因而对这一论题的诠释，也就意味着在实践生活中，正义（道德）能否在某种程度上获得与自我利益的"和解"，抑或能否使之确证为自我的真实利益。从《理想国》中格劳孔的"思想实验"，到现代哲学家们对"自然状态"和"原初状态"的描述和论证，也无不凸显了这一主题。而正是在道德和利益的看似"悖论性"的联系中，揭示了

---

① ［德］康德：《实践理性批判》，邓晓芒译，人民出版社2003年版，第152页。

道德报偿在这一问题上所呈现的实践困境和难题。因此,分析这些"思想实验"及其道德测试的伦理含义,也有助于我们理解道德报偿论题对于解决实践困惑的现实意义。

一 "思想实验"及其道德测试

究竟谁从美德中获得了好处？这对柏拉图和亚里士多德来说,都承受着一定的解释压力,因为,"在公元前5世纪的雅典,似乎所有道德讨论都预设了一种形式或另一种形式的利己主义,即认为所有行为的动机都是自身利益的观点。因此,在希腊人看来,假如要获得道德必须为了他人的利益牺牲一个人自己的利益,那么我们就不能不问,我要道德做什么？"[①]对此,《理想国》中也就提出了"为人是否要正义""正义对行正义的人是否是有利的"问题。在色拉叙马霍斯看来,答案却是否定的。他继而提出了两个观点,即:"正义就是强者的利益"以及"正义只是他人的利益"。[②]其论证的逻辑就是:(1)统治者都制定了城邦的法律;(2)统治者的法律只是出于维护自身利益的目的;(3)这种法律明告:谁不遵守就有违法之罪而得到惩罚,又有不正义之名。因此,结论就是:任何城邦都一样,正义只是对规则的制定者有利,谁强谁有权,就可以根据自身利益来定义正义,民众服从统治者所制定的法律,也只是服务于统治者亦即强者的利益。由此也就推出:行正义的人只是服务于强者的利益的,对行正义的人自身却并没有利益和好处。因此,色拉叙马霍斯大胆地断言:"正义也好,正义的人也好,反正谁是强者,谁统治,它就为谁效劳,而不是为那些吃苦受罪的老百姓,和受使唤的人效劳。不正义正相反,专为管束那些老实正义的好人。老百姓给当官的效劳,用自己的效劳来使当官的快活,他们自己却一无所得。……正义的人跟不正义的人相比,总是处处吃亏。"因此,"不正义的事只要干得大,是比正义更有力,更如意,更气派"。所以,"正义是为强者的利益服务的,而不正义对一个人自己有好

---

① [美]帕尔玛:《为什么做个好人很难？伦理学导论》,黄少婷译,上海社会科学院出版社2010年版,第253页。

② [古希腊]柏拉图:《理想国》,郭斌和、张竹明译,商务印书馆1986年版,第19页。对于这两个观点,人们有着不同的理解,亦即这是两个不同的观点还是同一个观点。

处、有利益。"①

与此同时，从现实中的各种"颠倒"的现象出发，色拉叙马霍斯更是抛出一个有违常理的论点，那就是：不正义是美德、精明和智慧，而正义则是愚蠢。对此，应当说，《理想国》是力图通过再现各种具有不同的个性和信念的人，给"正义"和"善"下定义。但苏格拉底也仍感叹和惊讶于色拉叙马霍斯的论题："如果你在断言不正义有利的同时，能象别人一样承认它是一种恶一种不道德，我们按照常理还能往下谈；但是现在很清楚，你想主张不正义是美好和坚强有力；我们一向归之于正义的所有属性你要将它们归之于不正义。你胆大包天，竟然把不正义归到道德和智慧一类了。"② 然而，如果说《理想国》的第一卷并没有真正地解决问题，那么第二卷中格劳孔的挑战，则重新提出了要确证"人为什么要正义（道德）"，抑或"正义是否有益于人"的理论任务。在某种意义上，伦理学理论也都必须要回应这一问题所提出的挑战。如果正义（道德）只是他人的利益，如果不正义比正义的人总是更为有利，正义的人却往往处于尴尬和不利的困境而沦为"傻子"，那么，我们又有什么理由要成为有道德的人，去选择成为正义之人或服从正义（道德）的约束？格劳孔指出，我们能够区分三种善：第一种善，"我们乐意要它，只是要它本身，而不是要它的后果"；第二种善，"我们之所以爱它既为了它本身，又为了它的后果"；第三种善，"我们爱它们并不是为了它们本身，而是为了报酬和其他种种随之而来的利益"③。在苏格拉底看来，最好的自然是第二种善，而正义应该就是这种善。然而，格劳孔却指出，大多数人却并不是这么想的。因为他们都会认为，"正义是一件苦事。他们拼着命去干，图的是它的名和利。至于正义本身，人们是害怕的，是想尽量回避的"。而且，"从来没有听见有人象样地为正义说句好话，证明正义比不正义好，能让我满意的"。即使是苏格拉底自己，也坦承自己也知道一般人是这样想的，有如色拉叙马霍斯都在贬低正义而赞颂不正义，只是"恨自己太愚蠢，要想学他学不起来"④。正因为如此，对这一问题的回应和解答，

---

① ［古希腊］柏拉图：《理想国》，郭斌和、张竹明译，商务印书馆1986年版，第26—27页。
② 同上书，第33页。
③ 同上书，第44页。
④ 同上书，第45—46页。

也成为道德哲学必须慎重考虑而加以捍卫和辩护的"第一命题"。而格劳孔暂时仍对关于正义与不正义的论证还不满意并深感困惑,如果我们"暂时"不考虑正义和不正义的报酬和后果,那么,到底什么是正义,什么是不正义,它们在心灵里各产生什么样的力量?他因此也就把希望寄托在苏格拉底的身上,来求解这一"难题"。而他们采取的论证方式,就是由格劳孔重述问题,来论证不正义比正义好,而苏格拉底则需要正面来回答:正义的人总是比不正义的人要好。

为此,格劳孔重述了正义问题,并通过他所构想的"思想实验"来论证:不正义的人的生活要比正义的人的生活要好。实际上,格劳孔的重述提出了三个问题,而这三个问题显然都具有共同的论题指向性,并作为其"思想实验"的前提。其一,是一般人所认为的关于正义的本质和起源。正义(道德)规则是如何产生的?对自私自利的人性而言,选择施加于自身的道德约束,对自己来说是可欲的且是有利的吗?是什么理由让人们选择服从约束,并接受这种规则系统和秩序而意愿生活于其中,选择这种约束能够持久地通过其自利的理性的测试吗?显然,对一个合作性群体而言,这是所有参与者都必须面对的且不得不审慎考虑的问题。人天性喜爱自由而不受约束,且易于侵犯他人,对这样的人性而言,"最优"的选择,就是能自由地保障自己利益的最大化,在侵犯他人的同时又不需要承担任何不义行为的后果。而人们之所以退而"求其次",原因就在于,"作不正义事是利,遭受不正义是害。遭受不正义所得的害超过干不正义所得的利。所以人们在彼此交往中既尝到过干不正义的甜头,又尝到过遭受不正义的苦头。两种味道都尝到了之后,那些不能专尝甜头不吃苦头的人,觉得最好大家成立契约:既不要得不正义之惠,也不要吃不正义之亏。打这时候起,他们中间才开始订法律立契约"。因此,人们之所以选择了相互之间的妥协,也在于没有任何人能够凭借自己的力量随意地凌驾于他人之上,而只有被迫选择了"最好"与"最坏"的境况之间的折中:"所谓最好,就是干了坏事而不受罚;所谓最坏,就是受了罪而没法报复。"[①] 人们也由此把守法践约,称作是合法的、正义的。由此也就推出,人们之所以选择正义(道德),并不是因为喜爱正义(道德)本身,而仅

---

① [古希腊]柏拉图:《理想国》,郭斌和、张竹明译,商务印书馆1986年版,第46页。

仅只是对自身的生存境况和不义行为所将遭受的惩罚性后果的审慎权衡和考虑。既不是因为正义自身价值之故而选择它，也不是在最初就被选择，而是基于后果的考虑，人们在得利与受害的持久性的相互博弈中相互妥协的结果，这种"约定的"正义（道德），以禁止人们相互侵害的方式，维系着人类合作性秩序的存在和延续。显然，这里的论点似乎与《高尔吉亚篇》中所指出的，正义是弱者没有权力和力量满足欲望而提出的观点类似，同时，也说明了正义是强者的利益的观点，因为一旦有人有了凌驾于他人之上的权力而成为"强者"，可以利用自己力量和权力在行不正义的同时而不受惩罚，也就不会选择主动加入以利益妥协为基础的订约程序。因此，这也就说明了这种约定正义观的社会条件和人性基础。

其二，是说明"做正义事的人并不是出于心甘情愿，而仅仅是因为没有本事作恶"。为此，格劳孔的"思想实验"表述为："假定我们这样设想：眼前有两个人，一个正义，一个不正义，我们给他们各自随心所欲做事的权力，然后冷眼旁观，看看各人的欲望把他们引到哪里去？我们当场就能发现，正义的人也在那儿干不正义的事。"[①] 他选择引入"古各斯指环"的故事来作为实验的佐证：人们之所以作正义之事，成为有道德之人，并不是因为正义（道德）自身之故，而只是因为其后果，一旦去掉后果的考量，人们具有了行不义而不受惩罚的机会和能力，那么，也就不会愿意选择做正义（道德）之人。对古格斯而言，正是因为有了那神奇的魔戒，具有那种人人都想拥有的强大的隐身能力，能够掩盖所有的不义和罪恶，凭借这种力量，他能作恶杀人而窃取他人的王位，使他能够恣意任为而又不会担心被抓住或受惩罚。因此，我们可以做这样的"试验"："假定有两只这样的戒指，正义的人和不正义的人各戴一只，在这种情况下，可以想象，没有一个人能坚定不移，继续做正义的事，也不会有一个人能克制住不拿别人的财物，如果他能在市场里不用害怕，要什么就随便拿什么，能随意穿门越户，能随意调戏妇女，能随意杀人劫狱，总之能象全能的神一样，随心所欲行动的话，到这时候，两个人的行为就会一模一样。因此我们可以说，这是一个有力的证据，证明没有人把正义当成是对自己的好事，心甘情愿去实行，做正义事是勉强的。在任何场合之

---

① ［古希腊］柏拉图：《理想国》，郭斌和、张竹明译，商务印书馆1986年版，第46—47页。

下，一个人只要能干坏事，他总会去干的。大家一目了然，从不正义那里比从正义那里个人能得到更多的利益。"① 由此，格劳孔的这一"试验"就直指自私的人性，认为人们做正义之事，都不是出于意愿的，而是被迫的。一旦人有了能力和机会干坏事，那么就会撕去那层伪善的道德面纱，而显露出自己的丑陋和邪恶的本性。

其三，把正义的生活跟不正义的生活作一番对照，我们就能够对这两种生活方式做出正确的抉择，看到何种生活更为有利和幸福。如何对照？方法就是："我们不从不正义者身上减少不正义，也不从正义者身上减少正义，而让他们各行其事，各尽其能。"② 也就是说，如果我们把不正义之人由于不正义所带来的坏名声及其后果都去除，甚至让他博得最好的名声，成为"假好人真坏人"；相反，把正义之人由于正义带来的好名声及其后果去除，甚至让他明明没做任何坏事，却背负不义之名。由此，把正义和不正义推向极端所树立起来的两种形象，让他们的生活境况展示出来两相对照：前者并不缺乏精明和生活能力，他能辨别行动的可能性，即使偶尔出了差错，也能及时地补救。他会把坏事做得不露一点马脚，谁也不能发觉。即使出了些许破绽，也能运用自己所拥有的权力、财势和朋党关系来掩盖，甚至凭借这些资源而获得最正义的好名声。因此，这种人更加实际，他们是真正的不正义之人，却不想被人认为不正义，甚至能够享受到好名声带来的诸多便利：他能加官晋爵，获得权力；网罗势力，建立关系；在经营中捞取种种好处，在讼事中立于不败之地。总之，"不论敬神待人，只要他愿意，总比正义的人搞得高明得多。这样神明理所当然对他要比对正义者多加照顾"③。而反观后者，去除了外在的好名声，没有了应有的尊重，没有财富而穷得只剩下了正义本身，没有作恶，却蒙受最不正义之名，蒙冤受辱而承受不义之名的后果，尽管他自己是正义的，也始终坚持正义，却沦为了千夫所指的最不正义者。"正义的人在那种情况下，将受到拷打折磨，戴着镣铐，烧瞎眼睛，受尽各种痛苦，最后他将被钉在十字架上。死到临头他才体会到一个人不应该做真正义的人，而应该

---

① [古希腊]柏拉图：《理想国》，郭斌和、张竹明译，商务印书馆1986年版，第48页。
② 同上。
③ 同上书，第50页。

做一个假正义的人。"① 对于这样两种人的生活，究竟人们会选择那不正义之人的生活，还是选择正义之人的生活？在格劳孔看来，"傻子"才不会去选择前者。由此，这一"思想实验"旨在证成的结论就是：人们之所以正义（道德），并不是因为其本身，而只是因为正义（道德）的后果，而与此伴随着的是，不正义者的生活显然要比正义者的生活要好。

而与格劳孔的"思想实验"的观点相对应，阿得曼托斯补充性的长论，也意在说明这一结论：人们之所以要正义，考虑的也只是正义所带来的后果，而并非正义本身。而从生活世界中就对正义和美德、不正义和罪恶给予的赞扬和责难而言，也让人吃惊而令人沮丧。他指出，一切负有教育责任的人们都谆谆告诫，为人必须正义，但是，这种告诫也并非颂扬正义本身，而只颂扬正义带来的好名声和荣誉，并从中获得各种好处。诗人们歌颂诸神的正义，也只是因为这会给人们带来好运和福气，似乎美德的最好"酬报"，就是能够享乐生活，萌佑后代。因此，节制和正义固然是好事，但是却不快乐和辛苦，而纵欲和不正义则容易与令人愉悦。因此，不正义通常也比正义有利。人们总是喜欢赞颂和尊敬那些有钱有势的坏人，并对他们的福气表示出钦羡，而对于贫穷和弱者，则总是表示欺辱和蔑视。最叫人吃惊的，是他们对于诸神与美德的看法，认为，诸神显然给许多好人以不幸的遭遇和多灾多难的一生，而给许多坏人以种种的幸福。同时，他们大多信奉"钱"能通神，既能赎罪消灾，又能掩盖不义和罪恶。显然，在这样的言传身教和生活氛围中，我们难以想象人们会有追求真正的正义和美德的热忱，也难以想象，这些言论和不正常现象的出现，对那些聪慧受教者的灵魂和对他们选择自己的人生道路会产生什么影响。是用堂堂的正义在持久的努力中来获得晋升，还是靠阴谋诡计和投机钻营来获得成功？他们会得出这样的推论："要做一个正义的人，除非我只是徒有正义之名，否则就是自找苦吃。反之，如果我并不正义，却已因挣得正义者之名，就能有天大的福气！既然智者们告诉我，'貌似'远胜"真是'，而且是幸福的关键。我何不全力以赴追求假象。我最好躲在灿烂庄严的门墙后面，带着最有智慧的阿尔赫洛霍斯所描写的狡猾贪婪的狐

---

① ［古希腊］柏拉图：《理想国》，郭斌和、张竹明译，商务印书馆1986年版，第49页。

狸。"① 因此，为了获得幸福，人们也只有选择"伪装"，并习惯于隐匿自己的不义和罪恶，尽管这可能也不易，但却是通达幸福之途的不二法门。也正因为如此，人们也会习惯于拉帮结派、勾朋结党来谋求利益，同时，也必然会产生许多"伪技艺"，以蛊惑人们并获得好处。

因此，格劳孔的"思想实验"意在表明："如果谁有了权而不为非作歹，不夺人钱财，那他就要被人当成天下第一号的傻瓜。"② 如果"伪善"和不义，总是能左右逢源而无往而不利，那么，人们有什么理由去选择和服从正义？如果谁有权力和力量去行不义，并规避惩罚和不义的后果，那么，谁又会真正心甘情愿地去实践正义（道德）？应当说，格劳孔的这种"思想实验"所激起的，不仅是在寻求至善与幸福作为终极目的的社会结构和文化语境下，去考察在抛开正义所带来后果而只是考虑正义本身，对人的心灵究竟会产生何种作用，以确证其是否值得追求的理论热情，进而去探究做一个正义的和道德上完善的人，是否能够获得幸福和"好生活"。同时，这也从另一方面诱导出一个论证的方向，那就是：与正义是他人的利益、不正义是自己的利益和好处相反，我们又是否能确证正义（道德）也是自己的真实利益，抑或正义（道德）与理性的自我利益"相容"的可能性？在不同于古代"同质性"社会的条件下，在一个价值多元化和生活计划多样的"异质性"的现代性社会结构中，一方面，如何测试和确立一个具有多元冲突性要求的社会合作框架和行为规则体系的"正义性"，在使这种合作秩序具有可扩展性的同时，也能使社会成员能够理性自觉地选择认同、接受和"服从"这种正义和道德的约束性要求，并借以实现个人自己的"善"的目标，从而获得自我生存和谋取自己"好生活"的前提条件；另一方面，如何测试和确保这种正义的行为规则体系的道德的稳定性，从而在有效诱导人们培育和践行与这种正义的规则体系相适应的德性和有效的正义感的同时，又不至于使之仅仅成为人们实现既得利益的工具，或者只是"伪装"，在使人们有效抵制和制服任何违犯正义的诱惑的同时，也不至于使正义和有德之人沦为了只是恪守正义要求的"傻瓜"和牺牲品。在我们看来，这些问题自然也衍生出了在

---

① [古希腊] 柏拉图：《理想国》，郭斌和、张竹明译，商务印书馆1986年版，第53页。
② 同上书，第48页。

现代性社会结构和伦理学语境中，对这种"思想实验"和相应的伦理主题的延续和论证。而霍布斯的"自然状态"理论，作为一种"理论虚构"，又成了一个在现代语境下具有范例性和主题解释意义的"思想实验"。

二 "傻子"困境与实践难题

在格劳孔的描述中，"人不为己，天诛地灭嘛！"[1] 因而在利己主义的人性的预设下，它似乎展现了人类在合作与协作问题上那令人沮丧的前景：理性自利的人进行合作是不可能的。不过，对人性的这种悲观看法，却并没有消减人们在获得一种社会秩序上的乐观性。因为在格劳孔的叙述中，人们还是能够凭借这种利己的理性，通过相互妥协达成契约来获得秩序和安宁。而这也衍生出一种伦理学的重要的解释路径和传统，那就是把规范的出现，看作是源起于某种社会契约，亦即把正义（道德）看作是在理性主体之间相互作用的有意图的结果。然而，这一传统却始终面对着一个解释难题就是，对处在互动的两难困境中的理性主体而言，如何在他们之间达成一项"有约束力"的协约，如果正义（道德）与自我利益"相悖"，那么对一个"理性傻子"而言，[2] 为什么要遵守和服从共同协定的道德（正义）原则，抑或正义（道德）是否也能够确证为行为者的自我利益，因而接受正义（道德）的约束，对行为者来说也是"有利的"？显然，在格劳孔的"思想实验"中，尽管指出了这一路径的主旨，却并没有提供更多的细节性的描述，而只是指出，"人都是在法律的强迫之下，才走到正义这条路上来的"[3]。因而期待的只能是通过外在性的强制，来寻求正义（道德）的稳定性，以化解生存的困境而获得合作性秩序。

格劳孔把正义描述为对人类本性的一种约定的社会性的强制，而这一

---

[1] ［古希腊］柏拉图：《理想国》，郭斌和、张竹明译，商务印书馆1986年版，第47页。

[2] Amartya K. Sen, "Rational Fools: A Critique of the Behavioral Foundations of Economic Theory", *Philosophy and Public Affairs*, Vol. 6, No. 4, 1977, p. 317. 阿马蒂亚·森曾把追求私利而忽略他人福利目标的假设理性的那些人，称之为"理性傻子"，也意味着一个只是追求自利最大化的理性的行为主体。

[3] ［古希腊］柏拉图：《理想国》，郭斌和、张竹明译，商务印书馆1986年版，第47页。

路径其实所延续的，也仍然是"如果正义（道德）是他人的利益，我为何要服从道德？"的伦理主题。只不过，苏格拉底显然否认这种只是人们基于生活的便利而同意的原则，是真正的正义的原则，因而格劳孔所提供的这种通过协定正义的观点，也是要让苏格拉底去反驳，而不是去捍卫和辩护的对象。而这一"不受欢迎"的传统，其所呈现的道德和利益的关系问题，在霍布斯的"自然状态"理论的"思想实验"中，得到了更为典型和具体的阐释，"霍布斯也许是第一个去发展在道德和利益之间似乎存有悖论性联系的哲学家"[①]。在他看来，自利的个体处在一种"两难"境地之中：一方面有着进行和平合作的愿望；另一方面又面临着使用武力和讥诈的诱惑。因而人的理性似乎有着"二重性"，当理性自利的本性指示出彼此作为稀缺性物品的竞争者，"任何两个人如果想取得同一东西而又不能同时享用时，彼此就会成为仇敌"[②]。这将加剧彼此之间的疑惧，陷入相互摧毁的"每一个人对每个人的战争"状态中。但是，尽管对人性的看法如此悲观，却并不意味着合作秩序问题就得不到某种乐观的解决。霍布斯认为，这种最糟糕的境遇有可能得到摆脱，因为人们倾向于和平的激情、对死亡的畏惧和对舒适生活的欲求，更重要的是，那给人类带来不利处境的理性，同样能够提示可以使人同意的方便易行的和平条件，通过理性协定社会契约及建立国家权威，将使人远离"孤独、贫困、卑污、残忍而短寿"的生活状态而最终进入社会中。

通过"自然状态"这一哲学的理论"虚构"，霍布斯力图从自利的理性中来推出道德（正义）原则。就如休谟所评价："这应当被认为是一种无聊的虚构；可是也值得我们注意，因为没有东西更明显地表明成为我们现在考察题材的那些德的起源了。"[③] 而正是这一解释路径，在探究人类社会合作秩序的生成条件和实施机制上，促使我们做出这样的反思性追问：其一，霍布斯推出道德和正义原则有一个重要的前提条件，那就是，"正义的来源虽然在于信约的订立，但当这种畏惧的原因没有消除以前，实际上不可能有不义存在；……这样说来，在正义与不义等名称出现以

---

① David P. Gauthier, "Morality and Advantage", *The Philosophical Review*, Vol. 76, No. 4, 1967, p. 461.

② ［英］霍布斯：《利维坦》，黎思复、黎廷弼译，商务印书馆1997年版，第93页。

③ ［英］休谟：《人性论》下册，关文运译，商务印书馆1997年版，第534页。

前，就必须先有某种强制的权力存在"①。因此，通过外在的第三方来强制实施契约，使用一种强制性的约束与惩罚规则，以使人们所受惩罚比破坏信约所能期望的利益更大的恐惧，来强制人们对等地履行其信约，那么令人困惑的问题在于：在没有外在的国家压制和惩罚威胁的自愿的基础上，在理性的利己者中是否能够产生合作呢？其二，如何对道德规范源起的"原初状态"做出清晰的界定，这是一种真实的历史性的生存状态，还是只是为探究人类理性如何"发明"或建构道德规范而提出的理论假设，抑或一种"思想实验"？而这种"前契约"状态又具有何种一般化的境遇特征，在这种"缺乏"道德规则的条件下，如何来描述参与者的理性动机？其三，通过协定而构造出来的道德原则，应具有什么样的实质性内容？如何确证道德原则的要求与理性主体自我利益之间的一致性，抑或对一个理性自利的人而言，接受道德（正义）原则的约束为什么是"理性的"？如果说，达成一致的协定是一回事，而执行契约又是另一回事，那么，也就有在没有外在强制的条件下，如何去确保道德（正义）原则的稳定性，有效解决参与者的"服从"问题。

亦如休谟对霍布斯的质疑，"我不但不像某些哲学家们那样，认为人类离了政府就完全不能组织社会""可是他们如果没有正义，……他们便不可能维持任何一种社会。"② 这既极大地诱使人们去探究在没有国家权力和强制条件下社会合作的可能性，也启示着人们思考"正义的环境"，并把它看作是裁决人们之间的利益冲突，以促成合作秩序实现的一种绝对必需的人类"发明"。休谟认为，正义规则的存在，使人们不至于堕入"自然状态"中，也同时提供了一种社会合作的自我生效机制。面对"农夫的困境"：两农夫在收割谷物的问题上，因为缺乏相互之间的信托和信任，以致损失了收成。基于正义的自然的约束力即利益，理性的利己者将被诱导："我就学会了对别人进行服务，虽然我对他并没有任何真正的好意；因为我预料到，他会报答我的服务，以期得到同样的另一次的服务，并且也为了同我或同其他人维持同样的互助的往来关系。"③ 不过，随着

---

① [英]霍布斯：《利维坦》，黎思复、黎廷弼译，商务印书馆1997年版，第109页。
② [英]休谟：《人性论》下册，关文运译，商务印书馆1997年版，第580—581页。
③ 同上书，第561页。

人类合作秩序的扩展，对人性中"舍远图近"的弱点而导致对集体利益的淡漠和合作的不稳定而言，休谟仍推导出了建立国家和政府的必要性。这一"新的发明"，将通过更严格地执行正义来确保合作利益的实现。然而，对延续霍布斯契约传统的路径，同样是基于互利来诠释社会合作与正义而言，道德哲学家大卫·高塞尔（David Gauthier）却仍恪守着对合作困境提供一种非强制性的道德解决方案的信念。他认为，我们既不需要像霍布斯那样通过建立强制性权力，来对个体的利益追求施加约束，也无须信守休谟那"理性在行动领域无能为力"的著名断言，因为当合作性互动陷入囚徒困境的两难处境时，正是从个体追求利益最大化的理性选择中，可以通过"协定"的方式确立起道德（正义）原则。他认为，理性的约束就构成了道德。"一个人要理性地选择，他就必须道德地选择。这是一个强势的主张，从非道德的理性选择的前提中，道德作为一种理性的约束而产生。"[1] 而就把道德理论发展成为理性选择理论一部分的努力而言，罗尔斯在《正义论》中亦曾认为："正义论是合理选择理论的一部分，也许是它最有意义的一部分。"[2] 而他对"原初状态"这种"思想实验"的前提性设定，就是首先采用了对于人之理性的康德式的解释。因此，也就区别于霍布斯和高塞尔的解释传统所采用的一个工具主义的理性概念。实际上，在高塞尔看来，对"康德—罗尔斯"的解释路径而言，"他们对于理性的理解，已经包含我们所寻求产生的不偏不倚的道德的维度。"[3] 而罗尔斯认为，正义原则虽是关心自己利益的人们协定的对象，然而在理性选择的参考要素中，却不只是唯一的"效用"参数，也包括了诸如对人的自尊和基本善的肯定，在"无知之幕"的过滤下，以使有理性的人们有理由选择"作为公平的正义"的两个原则。不过，即使对罗尔斯而言，也仍然需要解释正义之"善"，通过诉诸正义感的有效性及其与"善"的一致性来解决正义的稳定性问题。

人类的繁荣需要社会合作，然而哲学家们早就认识到，这种社会合作的可能性却是一个令人困惑的难题。即使把社会契约的发生看作是对

---

[1] David Gauthier, *Morals by Agreement*, Oxford University Press, 1986, p.6.
[2] ［美］罗尔斯：《正义论》，何怀宏等译，中国社会科学出版社2009年版，第13页。
[3] David Gauthier, *Morals by Agreement*, Oxford University Press, 1986, p.6.

"自然状态"的理性替代,这种理论框架在使人们摒弃对人类未来悲观看法的同时,作为一种社会合作秩序产生的解释方式加以承继和推广,却仍然面对着"傻子"困境和"服从"难题,抑或道德(正义)的稳定性问题。其实,在阿克塞尔罗德的现代行为实验中,我们也能够看到,"乔斯规则"(作为一个狡诈的规则,它试图偶尔进行背叛而不受惩罚),以及"检验者"(专门欺负"老好人")和"镇定者"(以更加"聪明"的方式占他人便宜)等,它们对合作的稳定性所构成的威胁。这些"非善良者"甚至在博弈互动的开始就"显得"非常成功,只是因为博弈持续的时间足够长久时,才会因为"一报还一报"的识别能力和惩罚反应的能力,逐渐使这些"剥削者"失去赖以成功的基础。① 而对从自利的人性前提出发来演绎合作秩序的哲学家们而言,我们同样能够看到他们对这些"狡诈者"的描述。在《理想国》中,格劳孔就指出,由于没有一个人真正心甘情愿地实践正义,因此,"最好的"策略,就在于追求徒有正义之名的假象,选择"伪装"而做一只"狡猾贪婪的狐狸"。因此,即使理性参与者同意订立正义的契约,却没有普遍遵守和服从的动机,从纯粹工具性的立场所接受的正义(道德),难以持久地束缚那更迎合利己本性的冲动。

而霍布斯也认识到了这一问题的重要性,并以"傻子"(the fool)之喻来回应"服从"和稳定性问题的挑战:"愚昧之徒心里认为根本没有所谓正义存在,有时还宣之于口。……立约与不立约,守约与不守约,只要有助于个人利益,就不违反理性。"② 然而霍布斯认为,这里的问题在于,在立约一方已经履行契约或已有一个使他履行的权力的情况下,履行信约究竟是否违反理性?由于一个人不论会有什么他所不能预计的偶然事物出现而有利于他,但却足以导致自身毁灭时,这种情况都不可能是合理的。同时,破坏信约的人,也不可能理性期望有任何谋求和平与自保的社会接纳他。"除非是接纳他的人看错了人。当他被接纳并被收留时,他也不可能不看到错误中所蕴藏着的危机;因为按理说来,一个人不能指靠别人的

---

① [美]罗伯特·阿克塞尔罗德:《合作的进化》,吴坚忠译,上海人民出版社2007年版,第35页。
② [英]霍布斯:《利维坦》,黎思复、黎廷弼译,商务印书馆1997年版,第109页。

错误作为保障自身安全的手段。"① 由于面临被遗弃或驱逐出社会而导致自身毁灭的危险,这种情形下的背约也就违反了自我保全的理性。因此,尽管"傻子"有投机而获得更大的自我利益的可能,然而一旦他人知道或怀疑他具有这种倾向,就会有把他从社会合作体系中驱除出去的风险。而休谟在论及"一个狡猾的恶棍"(a sensible knave)时,似乎也沿袭了这种解释而力图化解自利与稳定性之间的紧张。他指出:"就正义而言,一个实事求是的人看来可能经常由于自己的正直而遭受损失。……诚实为上可能是一条良好的一般规则,但容许有许多例外;人们或许可能认为,一个既遵奉一般规则又从其所有例外中获取好处的人在以极高明的智慧行事。"② 而恶棍们这种狡诈和"伪装"的生活并不值得推崇,原因就在于,一旦他们的行为准则暴露,"他们不彻底地名誉扫地、不丧失人类将来对他们的信任和信赖,就决不能由之而脱身"③。值得注意的是,休谟把其他所有人都破坏规则而纵所欲为,而唯独自己严守约束的正直之人称为"呆子"(the cully),这种情形由于"给了我一个破坏公道的新的理由",也同样导致了正义与合作秩序的不稳定。由此,也需要通过执行正义,来使人们"处于不得不遵守正义和公道法则的必然形势之下"。④ 在一个复杂的文明社会中,这就需要政府来保护人们所缔结的互利的协议,化解集体行动的困境,强制人们同心合意地促成社会公共利益的实现。

在违反协议能获得更大的个人利益的前提下,为什么遵守协议是理性的?在高塞尔看来,"傻子"挑战的,"是对直接追求个人最大效用而言接受道德约束的合理性"⑤。而传统契约论的"弱点",就在于一直未能说明"服从"的合理性。他认为,要为"服从"问题提供一种非强制性的道德解决方案,在于我们要区分这样两种倾向:"直接的最大化者"和"有约束的最大化者"。其实,霍布斯反驳"傻子"的逻辑就已说明,如果诉求于直接的最大化的考虑来决定是否遵守契约,这种"倾向"本身是不利的。有约束的最大化者能够做出直接的最大化者所不能做出的相互

---

① [英]霍布斯:《利维坦》,黎思复、黎廷弼译,商务印书馆1997年版,第111页。
② [英]休谟:《道德原则研究》,曾晓平译,商务印书馆2002年版,第135页。
③ 同上书,第136页。
④ [英]休谟:《人性论》下册,关文运译,商务印书馆1997年版,第576页。
⑤ David Gauthier, *Morals by Agreement*, Oxford University Press, 1986, p. 161.

受益的协定，这并非后者不愿意做出这样的协定，而是因为他们倾向于背约的行为趋向，不能获得参与者的认同。当然，有约束的最大化者既放弃了寻求占利的机会，有时也会由于倾向于"服从"而有所损失，因为他们在一种对他人错误的互惠预期中采取了合作行动，这些人却以他们为代价反而获利，但是，他们从合作中获得的净利，仍将超过他人所预期的剥削性利益。同时，就如阿克塞尔罗德所强调的识别能力一样，因为"'一报还一报'善于区别它的同类和'总是背叛'"[1]，高塞尔也附加了行为者倾向的某种"半透明性"条件，这意味着，"每一个人都直接地意识到他的同伴的倾向，意识到和他互动的是直接的最大化者还是有约束的最大化者"[2]。因此，当"傻子"这种直接的最大化者被他人识别时，就丧失了分享合作利益的机会，也会因为失去人们的信任而被有益的合作体系驱逐出去。这样，当有约束的最大化者数量足够多时，合作也是稳定的。没有人有理由使自己倾向于直接的最大化，只有通过内在化道德原则而选择有约束的最大化才是理性的。由此，当休谟坦言，自利及精于理性算计的个体受到背叛的诱惑，成为狡诈的"伪装者"，要为此问题找到一个令人满意的任何答案都非常困难时，正是借助于这样一种"行为倾向"，高塞尔却自信地回应：这虽然有点困难，但也不是没有可能。因为答案就在于："不是把诚实作为一种策略，而是作为一种倾向。"[3] 当然，这里的问题，在于解释人们是基于何种兴趣去培养这样一种"倾向"，以抑制明显自私的动机。

守德是否是有利的？实际上，为探究道德与自利的相容性问题，哲学家们都旨在寻求建立道德约束的合理性，从而希望在个体理性的自利和公正约束的道德之间锻造一条链接。如果成功的话，那也就意味着，人类合作秩序的实现，既不需要霍布斯的"利维坦"的专制，也无须像康德那样，决然断绝道德与自我利益的关联。然而，在自利的基础上，以"订约"的方式把道德看作是个体理性"选择"的结果，如果排除掉个体任何独立的欲求正义（道德）的愿望，却始终会面对着"守约"（服从）

---

[1] ［美］罗伯特·阿克塞尔罗德：《合作的进化》，吴坚忠译，上海人民出版社2007年版，第46页。

[2] David Gauthier, *Morals by Agreement*, Oxford University Press, 1986, p. 174.

[3] Ibid., p. 182.

的理论症结。人们面临着一个看来如此相互矛盾的事实：道德约束似乎既与个体理性追求的最大化利益相悖（道德的要求总是意味着对自利追求的限制），同时，又必须为其提供一种"理性测试"，以确证接受道德约束也符合行为者的自身利益，有"德"就能实现其所"得"。一方面，是基于相互利益而遵循正义规则的条件性（预期他人同样地服从）；另一方面，人性的弱点，又总是诱使人们容易做非义的行为。因此，对于一个只限于自我利益的理性利己者而言，其所奉行的行动法则就是，在作为规范生效受益者的同时，使自己能够享有完全的行为自由，而成为实际的规范破坏者。这样即使有正义的行为，就如罗尔斯言："只要他还是一个利己主义者，他就不可能出于正义的人的那种理由来做这些事。按照这些理由去做是同做一个利己主义者不协调的。所发生的仅仅是，在某些场合，正义的观点与他自己的利益观点导致了同样的行为过程。"① 因而，"理性利己主义与正义之间（尤其是理性利己主义的偶然性行为与正义的恒定约束力之间）显然存在着本质的、无法消除的距离"②。因此，当所有参与者的"动机"仅仅是出于利己的动机，那么其行为理由与正义之间的鸿沟就无法弥合。

正如丹尼尔·豪斯曼所指出的："互利的理论家们寻求道德和自利之间的和解是很难达到的，因为正义规则的存在产生了经典的囚徒困境：即使你我从规则中共同获利，如果你遵守它们而允许我适时的背叛，我会继续做得更好。"③ 因此，如果要把追求个人利益作为解释合作秩序的基础，那么问题仍然在于，如何才能在同个人理性行为保持一致的前提下，来保障合作秩序的持续与有效性，以跨越个体利益与共同利益的鸿沟。因此，在道德报偿的实践意义上，哲学家们所提供的诸种"思想实验"和道德测试，旨在让人们认识到自我利益的要求，与正义（道德）原则约束之间的冲突及其相容的可能性，也使我们认识到，在寻求"德"与利益之"得"的"相通"的同时，要破解"傻子"困境和"伪装"的难题，在其现实性上，将既依赖于道德（正义）原则的特征和意义，也有赖于人

---

① ［美］罗尔斯：《正义论》，何怀宏等译，中国社会科学出版社 2009 年版，第 449 页。
② 慈继伟：《正义的两面》，生活·读书·新知三联书店 2001 年版，第 115 页。
③ Daniel M. Hausman and Michael S. McPherson, *Economic Analysis, Moral Philosophy, and Public Policy*, Cambridge University Press, 2006, p. 211.

类本性的道德心理学特征。一方面，我们不可能期望使外在的强制完全成为多余。当背信与"伪装"所付出的代价可能还不是很高，抑或因为制度的非正义而使狡诈和欺骗得到容忍，"傻子"和"伪装者"就能从投机中获得侥幸的慰藉，而"好人"就会沦为被嘲讽的对象，以至于作为狡诈者们的"牺牲品"。就如休谟所言："如果我独自一个人把严厉的约束加于自己，而其他人们却在那里纵所欲为，那么我就会由于正直而成为呆子了。"[1] 为此，我们需要严格地执行正义，来为人们提供一种道德确信，使背约和不义不会成为任何个人的真实利益，而守约和正义，也不会妨害任何个人的正当利益。由此，才能激励人们产生真正"服从"道德（正义）的意愿和动机。另一方面，正如罗尔斯所言："要确保稳定性，人们就必须具备一种正义感，或一种对会由于其缺陷而受损害的人们的关心，最好兼有这两者。当这些情操强大得足以制服违反规则的诱惑时，正义的体系就是稳定的。履行自己的义务和职责于是被每个人看作对他人行为的正确回答。"[2] 因此，在基于利益要求而期待相互回报的社会性互动中，既需要正义原则融合于制度的事实，来担保他人（或足够多的其他人）遵守规则，在满足基于互惠的正义的条件性的同时，产生获得相应回报的预期和确信，同时，受人际尊重和正义原则的约束与激励，在使人们基于相互的回报以实现自身"外在利益"的同时，也能够确认其在这样一种合作性实践中所能获得的"内在利益"，获得在实现合理的生活计划目标中所确立的自尊与自信，同时也发展出一种有效的正义感，使之在禁止任何不义之行的同时，也能够以积极的善行来"配享"相应的报答。

---

[1] ［英］休谟：《人性论》下册，关文运译，商务印书馆1997年版，第576页。
[2] ［美］罗尔斯：《正义论》，何怀宏等译，中国社会科学出版社2009年版，第393页。

第三章　道德报偿的理论类型与叙述图式

在伦理学解释传统中，对道德报偿的主题阐释有着各种不同的理论叙述方式。这既有智者们强调的正义只是"他人之善"的断语，也有对"不正义的人生活总比正义的人要好"的苏格拉底式的诘难；既有乐观主义者所强调的善行与幸福、财富、荣誉和内心宁静并行，并作为其道德哲学核心的理论，却同样也有诸多悲观主义者基于现实例证所提出的反证；既有道义论、报应论所认同的让行善者与作恶者皆"得其所应得"的理论诠释，也有功利主义所强调的基于行为的后果，来作为报偿或赏罚依据的理论图式；既有基于人性的完善，来叙述德性与幸福的一致性和可获得性，亦有通过在揭示实践理性的二律背反的同时，尝试来建立德性与幸福之间的应然的关联性的可能。而当人们认为，道德（正义）总是与理性的自我利益的要求"相悖"时，也有人通过确证道德是"有利的"，来试图抵御道德怀疑主义的观点。因此，从整体上去梳理和阐述这些不同的理论类型和叙述图式，对我们认识道德报偿理论的不同侧面和理解其丰富的内涵，都具有重要的理论意义。

第一节　"赏"与"罚"的理论逻辑

亚当·斯密在评述既有的道德体系时曾如是指出，人们对美德或罪恶的描述，在某种程度上都是"不完善"的。[①] 因为就人们对美德或罪恶所给予的赞扬或责难而言，不仅仅指向某一种行为所包含的合宜性或不合宜

[①] ［英］亚当·斯密：《道德情操论》，蒋自强、钦北愚等译，商务印书馆1997年版，第386页。

性的构成要素，对美德或罪恶的充分描述，还需要指明它们所应得的"报答"或"惩罚"的性质。因而，"报答，就是为了所得的好处而给予报答、偿还，报之以德。惩罚也是一种报答和偿还，虽然它是以不同的方式进行的；这是以恶报恶。"① 应当说，公正的道德报偿的实现，所要求的也是要实施公正的赏或罚。然而就道德上的赏罚而论，人们却同样因为所认同的赏罚的依据不同，而存在着理论上的分歧。诸如报应主义理论认为，人们应当依据既有的行为而受赏或受罚；而功利主义却强调赏罚的依据，只能是行为所带来的结果，同时，也有力图把动机和结果相结合的理论尝试。不过，不管人们究竟对其存在何种疑惑和歧见，却都毫无例外地认识到，作为与"他人相关"的行为的善恶属性及其所引起的"反应"的对待方式，对它们所施加的赏罚的有效性，也最关乎着社会公正价值目标的实现。

一 惩罚正当性的难题与歧见

诚如罗尔斯所言："惩罚问题一直是一个令人困惑的道德问题。它的困惑不是人们在惩罚是否具有正当性上的分歧，……困难就在于证明惩罚的正当性。"② 应该说，关于惩罚以及为其正当性辩护的这种困惑，在柏拉图那里就开始呈现出来。在《高尔吉亚篇》末尾的来世审判中，人的灵魂在塔塔洛斯（地狱）接受与它们的罪行相应的惩罚，"进行这样公正的惩罚是恰当的，因为这样做才能使他变好和受益，对其他人也是一个警告"③。因此，在他看来，之所以需要公正的惩罚来实现正义，是因为就惩罚正义的正当性而言，这种惩罚的效用体现在：其一，只有这样做才能使他变好和受益；其二，对其他人来说也是一种有效的儆诫。因为对作恶而必将受罚所产生的恐惧，也可使其他人变成好人。因此，对于那些尚可救治的人而言，可以从诸神和凡人对他们的惩罚中受益，以消除罪恶。而

---

① ［英］亚当·斯密：《道德情操论》，蒋自强、钦北愚等译，商务印书馆1997年版，第82页。
② John Rawls, "Two Concepts of Rules", *The Philosophical Review*, Vol. 64, No. 1, 1955, p. 4.
③ ［古希腊］柏拉图：《柏拉图全集》第1卷，王晓朝译，人民出版社2002年版，第423页。

对于那些无可救药之人（犯下滔天大罪和曾被治愈过的人），实际上，则起着"样板"和警示作用，而形成一种有效的告诫。

而在《理想国》中，柏拉图同样论及了关于惩罚的观点。在检测克法洛斯的幸福观时，对于只是出于对死亡的畏惧，和不义行为将在死后遭受报应与惩罚的恐惧，而选择诚实与正义以满足于内心的安宁，这显然难以令作为代言人的苏格拉底满意。由此也看出，一方面，柏拉图不满足于传统日常观念中的报应惩罚正义观，而力图基于人类理性来寻求和确立正义的自我生效的约束力的来源；另一方面，在引证西蒙尼得的正义观时，他认为："西蒙尼德跟别的诗人一样，对于什么是正义说得含糊不清。他实在的意思是说，正义就是给每个人以适如其份的报答。"① 而给予每一个人恰如其分的，也就是"给予每一个人所应得的"。由此，他也反驳将正义简化为"把善给予真友人，把恶给予真敌人"。这里的"症结"就在于，如果正义在于应得，那也只能意味着好人当待之以应得的善，而相反，"伤害朋友或任何人不是正义者的功能，而是和正义者相反的人的功能，是不正义者的功能。"② 因此，伤害自己的人一定是坏人，而反过来去伤害别人，自己却变成了不义之人。所以，这符合苏格拉底所秉持的信念：宁愿受恶，也不愿作恶而去伤害别人。同时，他也认为，正义作为人的德性必与他人的善相关，对坏人待之以恶则使人的德性变坏而陷于不义。显然，这里的"伤害"使德性变坏，不是指肉体上的痛苦而是指灵魂上的败坏。由此可见，单纯的"针锋相对"的报复，在这里并不足以构成惩罚的正当性理由，而唯有教育和改善人的灵魂的惩罚，才符合正义的要求。

---

① ［古希腊］柏拉图：《理想国》，郭斌和、张竹明译，商务印书馆1986年版，第7页。当然，这并不意味着柏拉图就是反对西蒙尼得的正义观的，在某种意义上，甚至可以说是深化了对西蒙尼德正义观的理解。因为他也指出，"我们听到许多人说过，自己也常常跟着说过，正义就是只做自己的事而不兼做别人的事。"（同上书，第154页。）特伦斯·欧文认为，"这并不和西蒙尼德关于正义行为的观点完全一样，但是两种观点是联系的。因为我们赋予每一个人以其所应得的，那么，他就有'他自己的'（他应得的东西），而且如果他有这种所给予的，他也将做'自己的事'；当第四卷把'有自己的东西'与'做自己的事情'联系在一起，这就更为清晰地想到了西蒙尼德的观点。""很显然，整个理想城邦结构的道德基础证实了西蒙尼德的观点，展示了在克法洛斯把正义与互惠联系起来的原初观点中的真理要素。"（Terence Irwin, *Plato's Ethics*, Oxford University Press, 1995, p. 174.）

② 同上书，第15页。

对坏人或罪行待之以相应的"恶",究竟是一种恶,还是正义?应该说,"以恶报恶、以牙还牙"的同态报复的观念,是一种几乎所有文明都共有的普遍观念,这种复仇的观念,也似乎总是如此强有力地铭刻在人类的本性之中,并通过人们的情感自然地表达出来。在神话世界观的时代,人们就普遍相信复仇的神灵必将会报复和惩罚作恶者来实现正义。实际上,即使是在人类最早的许多经典的法律文献中,我们也可以看到在刑罚规定上所体现的同态复仇的印记。而在《圣经》中,我们则看到了一种似乎"矛盾"、但却有着解释性意义的态度。一方面,《旧约》有如此宣称:"照审判官所断的受罚。若有别害,就要以命偿命,以眼还眼,以牙还牙。"(《圣经·出埃及记》)而另一方面,《新约》又有言:"你们听见有话说:'以眼还眼,以牙还牙。'只是我告诉你们:不要与恶人作对。有人打你的右脸,连左脸也转过来由他打。"(《圣经·马太福音》)由此看来,这里似乎提供了两种不同的训诫,是要人们选择以恶报恶,还是放弃报复,而"以德报怨"?显然,这亦与《论语》中的劝诫有所不同,因为孔子直言:"以直报怨,以德报德。"(《论语·宪问》)他既不说"以怨报怨",也没说"以德报怨",而是可以理解为使"怨德之报皆得其平也"。[①] 而对于基督教的教义的一贯性而言,人们却更倾向于做出"爱邻如己""也爱你们的仇敌"的解读,不过,却并不认为这就意味着它否认对恶的惩罚。因为一方面,对恶的报复只是由个人变成由被权威转换成律法来实施;另一方面,不赞许个人以恶报恶,因为这就像柏拉图所认为的那样,会使报复者增添恶,但是却相信所有对恶的惩罚,都将延伸到来世而得到终极性的解决。应当说,这种复仇的观念的平息,被转换为通过报应性的正式的律法来实施,对于世俗社会也具有重要的实际意义。正如斯密所指出的:"当对正义的违反成为人们相互之间决不会容忍的事情时,地方行政官就会运用国家的权力来强行实践这种美德。没有这种预防措施,市民社会就会变成杀戮和骚乱的舞台,任何人一认为自己受到伤害,就会亲手

[①] 对此,朱熹则解为,"于其所怨者,爱憎取舍,一以至公而无私,所谓直也。于其所德者,则必以德报之,不可忘也。或人之言,可谓厚矣。然以圣人之言观之,则见其出于有意之私,而怨德之报皆不得其平也。必由夫子之言,然后二者之报各得其所。然怨有不雠,而德无不报,则又未尝不厚也。"(南宋)朱熹:《四书章句集注》,中华书局1983年版,第157页。

为自己复仇。"① 因此，即使赞同报复作为人的本性的一种自然的情感表达，然而对文明社会的秩序框架而言，却并不意味着去鼓励个人私自的报复，从而把社会演化为相互屠戮的杀场。而通过国家法律制裁以执行正义的方式所实现的报偿，在这一意义上，就扬弃了寻求通过个人的复仇来表达的正义要求。

　　由此，人们也区分了作为惩罚正当性论证的"报复""复仇"和"报应"的区别。在黑格尔看来，"犯罪的扬弃是报复，因为从概念说，报复是对侵害的侵害"②。然而，首先要认识到的是，这种扬弃并不是寻求侵害行为特种性状的等同，而是"价值的等同"。如果我们只是停留于抽象的种的等同性，那么在规定惩罚的时候，就会遇到一些不可克服的困难，也很容易指出同态报复上的荒诞之处。因此，"报复就是具有不同现象和互不相同的外在实存的两个规定之间的内在联系和同一性。对犯罪进行报复时，这一报复具有原来不属他的、异己的规定的外观。"③ 其次，报复和复仇也不同。报复之所以常常遭到责难而被认为是不道德的，在于被贴上了复仇的标签而被看作是个人的意志。但实际上，"实行报复的不是某种个人的东西，而是概念。在圣经中上帝说：'复仇在我'。如果我们从报复这个词中得出主观意志的特殊偏好那种观念，那就不能不指出，报复只是指犯罪所采取的形态回头来反对它自己"。为此，"犯罪的扬弃首先是复仇，由于复仇就是报复，所以从内容上说它是正义的，但是从形式上说复仇是主观意志的行为，主观意志在每一次侵害中都可体现它的无限性，所以它是否合乎正义，一般说来，事属偶然，而且对他人来说，也不过是一种特殊意志。复仇由于它是特殊意志的肯定行为，所以是一种新的侵害。作为这种矛盾，它陷于无限进程，世代相传以至无穷"④。因此，复仇体现的是个人主观意志的行为，在无法官和无法律的未开化的社会状态中，常常采用了复仇的惩罚方式，同时也陷入了某种无休无止的境地，而这也并非表现法和正义的真正形式。由此，黑格尔认为："要求解决在

---

① ［英］亚当·斯密：《道德情操论》，蒋自强、钦北愚等译，商务印书馆1997年版，第451页。
② ［德］黑格尔：《法哲学原理》，范扬、张启泰译，商务印书馆1961年版，第104页。
③ 同上书，第106页。
④ 同上书，第106—107页。

这里扬弃不法的方式和方法中所存在的这种矛盾，就是要求从主观利益和主观形态下，以及从威力的偶然性下解放出来的正义，这就是说，不是要求复仇的而是刑罚的正义。"① 而以体现某种普遍意志的法律及其裁决者的对不义和罪行的惩罚方式，既是社会的文明和进步的体现，也克服了复仇扬弃犯罪的缺点。

亦如哈格所指出的："复仇是利己的，因为它是由感到受了伤害并希望报复的人野蛮地（通过自己的权威）采取的。复仇既不受既有规则的限制，也不与被报仇的伤害相适应。"因而复仇也与报应相区别，"由所违反的法律规定且以所犯之罪的严重性相适应的报应，不是为了满足或补偿因犯罪而承受损失或伤害的任何人所施加——即使其确实如此——而是为了实施法律和为了维护法律秩序所施加"②。然而，即便人们赞同以代表普遍意志所实施的惩罚正义，却依然呈现了在其正当性论证上的严重对立。与人们持有的惩罚威慑效用说不同，黑格尔在针对这一观点时就指出："法和正义必须在自由和意志中，而不是在威吓所指向的不自由中去寻找它们的根据。如果以威吓为刑罚的根据，就好象对着狗举起杖来，这不是对人的尊严和自由予以应有的重视，而是象狗一样对待他。威吓固然终于会激发人们，表明他们的自由以对抗威吓，然而威吓毕竟把正义摔在一旁。"③ 因此，从尊重人作为理性存在者的角度，我们应该从恶行中去寻求惩罚的概念和尺度，而不是把人看作动物性的存在，或仅仅诉诸这种惩罚所产生的儆诫和矫正的效用。不过，即便是同样站在报应论的立场，康德却又与强调"价值的等同"报复的黑格尔相区别。作为近代报应论的奠基人之一，康德对于惩罚正当性的阐述也具有典型的意义。而按照哈特对于一般报应论的基本含蕴的分析，这一理论主要对以下三个问题予以一种报应的回答，即：可以惩罚何种类型的行为，惩罚应多严厉，以及惩罚的正当根据是什么。由此，这一理论会通常做出如下主张："首先，如果而且只有如果某人自愿地做了某种在道德上错误的事，他才可以受到惩罚；其次，对他的惩罚必须以某种方式对称于或对等于其犯罪之恶；其

---

① [德] 黑格尔：《法哲学原理》，范扬、张启泰译，商务印书馆1961年版，第108页。
② Ernest Van Den Haag, *Punishing Criminals: Concerning Very Old and Painful Question*, New York: Basic Books, 1975, p. 10.
③ [德] 黑格尔：《法哲学原理》，范扬、张启泰译，商务印书馆1961年版，第102页。

三，在此条件下惩罚人们的正当根据是，回报自愿地实施的道德邪恶，本身便是正当的或是道德上的善。"① 因此，如果对照这一分析模式，我们自然也就能明晰康德所主张的报应惩罚观的具体含义。

康德认为："惩罚在任何情况下，必须只是由于一个人已经犯了一种罪行才加刑于他。"② 当任何一个人违犯了公共法律，做了一个公民不该做的事情，就构成了犯罪，而统治者就有执行惩罚的权利。由此，在他看来，惩罚首先只能是由于过去的罪恶而应得的，而不是关注未来的相关利益的考虑。因此，他也断然拒绝因为牺牲个人而成就更大的利益为借口，来实施惩罚。不论是对犯罪者本人或者对于社会来说，惩罚也决不能成为促进另一种更大的善或用于作为达到另一种目的的手段。"不能根据法利赛人的格言：'一个人的死总比整个民族被毁灭来得好。' 于是要求犯罪者爬过功利主义的毒蛇般弯弯曲曲的道路，去发现有些什么有利于他的事，可以使他免受公正的惩罚，甚至免受应得的处分。如果公正和正义沉沦，那么人类就再也不值得在这个世界上生活了。"③ 因为一旦以公共利益和福利为由，成为使人免除罪恶的借口，那么这也将会是对不义和暴行的纵容。而如果正义竟然可以和某种代价作为权衡的筹码来交换，那么正义也就不成其为正义了。而就惩罚的度量或尺度而言，只能坚持"平等"的原则。"根据这个原则，在公正的天平上，指针就不会偏向一边的，……这有别于单纯个人的判断，它是支配公共法庭的唯一原则。根据此原则可以明确地决定在质和量两方面都公正的刑罚。所有其他的标准都是摇摆不定的，出于其他方面考虑的标准，都不包含任何与'纯粹而又严格的公正判决'一致的原则。"④ 由此可见，康德认为，一个人被施加惩罚，只能是因为其所犯下的罪恶或恶行，而在惩罚的度量上，坚持平等和公正的原则，尊重人而不损人性，对于谋害生命的最大的恶行，不能通过任何法律的替代物的增减，来满足正义的原则。康德甚至设想，即使面临社会的解体而剩下最后一个谋杀犯，"也应该处死他以后，才执行他们解散的决

---

① ［美］哈特：《惩罚与责任》，王勇等译，华夏出版社1989年版，第220页。
② ［德］康德：《法的形而上学原理》，沈叔平译，商务印书馆1991年版，第164页。
③ 同上书，第165页。
④ 同上。

定。应该这样做的原因是让每一个人都可以认识到自己言行有应得的报应"①。由此可见，将对这种恶的惩罚视为"绝对命令"的康德，他在报应论立场上的强势主张。

也许在人们看来，基于人之应得的惩罚似乎是一种最公正的态度，因为人们违犯了法律规则，那么他们就应为此而受到惩罚，也仅仅只是由于他们所做之事而应得惩罚。然而，这一理论立场同样存有若干问题。而与之对立的功利主义对于惩罚正当性的论证，却在某些方面又或许弥补了报应论的某些缺陷。究竟要不要关心惩罚的效用或后果，抑或在何种程度上或是何种原则来关注后果？显然，对功利主义的论证而言，不是"由于"过去的恶而惩罚，而是"为了"获得惩罚的未来的某种好的结果而实施惩罚。实际上，对于惩罚后果及其效用的考虑，在柏拉图的惩罚理论中，我们就看到了其对于惩罚威慑所产生的效用的论述，因为他也论及，惩罚对其他人来说也是一种有效的儆诫。而霍布斯更是以"第七自然法"宣告："在报复中，也就是在以怨报怨的过程中，人们所应当看到的不是过去的恶大，而是将来的益处多。这一自然法规定除了为使触犯者改过自新和对其他人昭示儆戒之外，禁止以其他任何目的施加惩罚。"② 而就对正义与效用及其惩罚的合理性的论证而言，休谟亦如此断言："公道或正义的规则完全依赖于人们所处的特定的状态和状况，它们的起源和实存归因于对它们的严格规范的遵守给公共所带来的那种效用。"③ 在休谟看来，正义不像其他社会性的德性或激情，因为对后者而言，其发挥作用乃是直接通过人的情感或本能，且仅仅满足于所爱和敬重的个人的安全或幸福，"而毋需对其更深远的后果的任何反思，毋需对于社会其他成员的协力或模仿的任何更广泛的考察"④。然而，正义却旨在实现的是社会整体的善或利益，所有社会成员在接受正义这一德性时，也必定是着眼于这一目的的实现。因而公共的效用也是所有法律裁决的一般目标："当正义的法律按照一般效用的观点被确定之后，触犯这些法律而给任何单个人造成的伤害、痛苦和损害就相当受重视，是每一个不正当或不公正的事情之受普遍

---

① [德] 康德：《法的形而上学原理》，沈叔平译，商务印书馆1991年版，第167页。
② [英] 霍布斯：《利维坦》，黎思复、黎廷弼译，商务印书馆1997年版，第116页。
③ [英] 休谟：《道德原则原则》，曾晓平译，商务印书馆2002年版，第39页。
④ 同上书，第155页。

谴责的一个重大源泉。"①

而对功利主义的奠基人边沁来说，他"将效用原则与正义联系起来，并将其置于对美德特别是正义美德的讨论的最中心。……进而，效用被如此强调而成为不仅在逻辑上优先，而且也是我们的正义和平等观念的基础或来源"。② 对功利主义的观念来说，人们应当努力提高行为或确立规则以给所涉及的每一个相关者带来最大的利益，因此，与这一观念相一致的是，只有当且仅当对罪恶的惩罚比起其他的对待方式有更好的结果时，惩罚才是正当的。在边沁看来，所有的惩罚都是损害，因而所有惩罚本身都是恶，然而根据功利原理，"如果它应当被允许，那只是因为它有可能排除某种更大的恶"③。相反，当惩罚带来的痛苦大于罪恶带来的痛苦时，则相应可以确证惩罚的无益。由此他强调："惩罚之值在任何情况下，皆须不小于足以超过罪过收益之值。"④ 因而惩罚也应该始终以社会的善为目的，"政府的业务在于通过赏罚来促进社会幸福。……一项行动越趋于破坏社会幸福，越具有有害倾向，它产生的惩罚要求就越大"⑤。对于惩罚的目的而言，就在于通过惩罚的效用来控制行为。对作恶者而言，或使其改过自新，或使之丧失能力；对其他人而言，则靠其影响人们的意愿的方式，以"以儆效尤"的作用方式，来达到惩罚的效果。而穆勒在为功利与正义的关系辩护时认为，从构成正义的这个概念的原始要素来说，所谓正义就是遵从法律。因此，首先，他区分了正义和其他道德义务的区别，而违犯正义则该受惩罚。人们受罚或不该受罚的观念是以区分对错的概念为基础的，也就是说，一个行为该受到惩罚，是因为这个行为是错的，因而也是可通过强制性惩罚来实施的。而正义就属于完全强制的义务，它通常包含着个人权利的观念，也表达着一个人或某些人依据于法律的正当要求。"正义不仅仅意味着做正确的事情并且不做错误的事情，它还意味着某个人能够向我们提出某种要求作为他的道德权利。"因而，"任何情况，只要存在着权利问题，便属于正义的问题，而不属于仁慈之类的美德问

---

① [英]休谟：《道德原则原则》，曾晓平译，商务印书馆2002年版，第162页。
② Frederick Rosen, *Classical Utilitarianism from Hume to Mill*, Routledge, 2003, p.15.
③ [英]边沁：《道德与立法原理导论》，时殷弘译，商务印书馆2000年版，第216页。
④ 同上书，第225页。
⑤ 同上书，第122页。

题：无论是谁，只要他不认为正义与一般道德之间的区别……那么我们就会看到，他根本就没有对它们做出区分，而把一切道德都并入正义之中了"①。由于违犯正义意味着确定的伤害，人们就有对伤害行为进行惩罚的权利；其次，正义和惩罚是否起源于对公众利益的考虑？正义感有自然的情感基础，人对于伤害有着一种自然想要去报复和惩罚的欲望，同时，人的理智上的优越，也能领悟到正义和惩罚对维系社会整体利益的重要性，当这种自然的报复情感，经由社会同情心转向符合社会利益的方向，那么它也就"道德化"了。"正义感的构成不仅包含了一种理性的要素，而且也包含了一种动物性的要素即报复欲，这种报复欲所具有的强烈程度和道德合理性，都来自一种特别重要、极其动人的相关功利。这种所涉及的利益便是安全利益，对任何一个人的感情来说，它都是所有利益中最重要的利益。"② 因而正是对于维系"社会功利"的必要性的考虑，给予了我们赞同正义和惩罚的理由。

因此，就人们给予赞同惩罚的正当性的不同论证而言，穆勒认为："这些都是难题，人们也始终感到它们是一些难题，并且想出了许多解决办法，但这些办法只是转移了而没有克服这些难题。"③ 因为在这些论证中，或者认为，惩罚的目的如果只是为了杀鸡给猴看，就是非正义的，因而主张只有旨在有益于受罚者本人的惩罚才是正义；或者认为，如果惩罚只是为了受罚者自己的利益，同样也是非正义的，因为任何人都没有权利代替他们自己来做出判断；或者有人认为，惩罚本身就是不正义的，因为使之成为有罪的并不是他的品格，而只是他不能为之负责的生活环境。而各种不同的见解，似乎都宣布自己是胜利者。在穆勒看来，为了摆脱这些难题，人们或强调意志自由，或钟爱于某种虚构的社会契约，以寻求证明实施惩罚的合理性。"即便施加惩罚的合理性得到了承认，我们在讨论如何对犯罪行为施加恰当的惩罚时，又会出现多少彼此冲突的正义概念。"④ 或者有人仍然满意于"以眼还眼，以牙还牙"的惩罚与伤害对等的原则；或者强调的是惩罚的度量，应当完全依据于犯罪者的道德罪状来衡量；又

---

① [英]穆勒：《功利主义》，徐大建译，上海世纪出版集团2008年版，第51页。
② 同上书，第55页。
③ 同上书，第57页。
④ 同上书，第58页。

或者是主张，只要惩罚对当事人和公众提供了足够的威慑和儆诫，则不应施加过重的惩罚。凡此种种，要从这些各自歧异和混乱的对立中解脱出来，或许有如穆勒最终的强势主张就是，"唯有根据社会的功利，才能对它们做出合理的取舍""唯有采用功利主义，此外别无他法。"①

从维护社会利益必要性的考虑，来为惩罚和正义提供合理性的辩护，在休谟那里就得到了充分的演绎。而对正义与仁慈做出区分，进而把对伤害所产生的愤恨之情和报复的冲动，看作是正义的自然本能的基础，在这方面，亚当·斯密也做出了较好的说明。不过，与休谟完全基于社会功利来诠释惩罚的合理性所不同的是，在斯密那里，我们却看到了一种力图把结果和动机、应得与功利结合在一起的理论努力。在他看来，作为合宜而又公认的愤恨对象，由于它所导致的真实的伤害，而应得惩罚。而我们的"功过感"，其实是一种"复合的感情"，就人们对于某一行为应得恶报的情感而言，"它也由两种不同的感情组成：一种是对行为者感情表示的直接反感；另一种是对受难者的愤恨表示的间接同情"②。因此，无论人们的行为或意图有利或有害，如果我们不赞同行为者的动机，也就难以同情受益者的感激或受害者的愤恨。因此，当休谟把美德置于效用之中时，对斯密来说，效用或功利却并非道德判断的"第一原则"。同时，就从维系社会利益的必要性考虑，来寻求为惩罚和正义的合理性辩护时，斯密也以对"一个站岗睡觉的士兵"和"一个杀父弑亲的凶手"之间的对比，来试图实现对"社会功利"和"应得"的惩罚依据的结合的考虑。因为，就前者而言，有时在某些场合，我们惩罚或赞同惩罚，确实仅仅是出于某种对社会利益的考虑。"在许多情况下，这种严厉的惩罚可能显得十分必要，从而显得正确和合适。当对某一个人的保护与大众的安全发生矛盾时，偏重多数最为正确。"③ 但是，对后者来说，我们赞同对那种可恶的罪行引起的正义的报复。如果它因偶然因素避免或是逃脱了惩罚，我们就会感到极大的愤怒和失望，因而甚至将会祈求"公正的神"，以在另一个完全公正的世界，来报复那因人类不公平的做法而使之未有在人间受到惩

---

① [英]穆勒：《功利主义》，徐大建译，上海世纪出版集团2008年版，第59—60页。

② [英]亚当·斯密：《道德情操论》，蒋自强、钦北愚等译，商务印书馆1997年版，第92页。

③ 同上书，第112页。

罚的恶行。因此，也就在基于功利的赞同原则和基于应得的赞同原则之中，更偏向于以后者作为首要的判断原则。

实际上，即使是康德，在极力强调罪有应得的报应论的同时，其实也主张以"公平"原则来兼顾"功利"。因为他也认为："他们必须首先被发现是有罪的和可能受到惩罚的，然后才能考虑为他本人或者为他的公民伙伴们，从他的惩罚中取得什么教训。"[1] 由此可以看出，在惩罚正当性的论证上，他虽然极力反对以"功利"来作为首要的根据，但是，却并不否认在实现"应得"的公正的前提下的某些功利性的考量。应该说，面对在惩罚合理性论证上的各自的偏执而导致的"缺点"，能否考虑到一种综合性的观点？显然，一方面，我们需要确立"罪有应得"的惩罚的基本原则，同时，在这一基础上来考虑以"适合于罪行"的程度，来实施相应的惩罚；另一方面，在采用了这样的基本原则之后，我们便可以基于可能产生的好的结果，特别是在回报主义接近于不公正、不公平的情况下，来对惩罚进行修正、加以节制或是终止。应当说，在关于惩罚正当性的论辩之中，罗尔斯也试图为我们提供一种实现理论和实践的"综合"的思路。在他看来，道德哲学家们所提供的各种对于惩罚正当性的论证，迄今没有任何一种能够赢得人们普遍的接受，彼此歧异、相互批驳而看似不可调和。因为存在着两种惩罚的正当性论证，报应论的观点坚持，建立在罪有应得的基础上的惩罚是正当的，而功利论的观点则认为，过去的已经过去，只有将来的结果才是对于目前的决定来说最重要的，因而，惩罚的正当性只有参照它将产生对于维系社会秩序的好的结果而获得证明。因此，它们是否能够实现某种程度上的"和解"？他认为："一个人必须在确证作为一种规则体系被应用和实施的实践的正当性，与确证在这些规则体系指导下的具体行为的正当性之间做出区分。对于实践的问题，功利主义的论证是合适的；对于具体规则在特定境遇中的运用而言，报应主义的论证是合适的。"[2] 由此，罗尔斯从这两个方面做出区分，也可以看作是力图实现这两者的调和的一种理论努力。

---

[1] [德]康德：《法的形而上学原理》，沈叔平译，商务印书馆1991年版，第164页。
[2] John Rawls, "Two Concepts of Rules," *The Philosophical Review*, Vol. 64, No. 1, 1955, p. 5.

二 奖赏与分配正义的理论嬗变

在《正义论》中，罗尔斯明确提出，"作为公平的正义"反对这一观点，亦即："在常识里面有一种倾向，它假设收入、财富和一般生活中的美好事物都应该按照道德上的应得来分配。正义即为由德性决定的幸福。虽然人们认识到决不能完全地实现这个理想，但它却是分配的正义的适当观念，至少是一个首要原则。当环境允许时，社会应当试图实现它。"[①]在他看来，就经济和社会利益的分配的公平与正义原则而言，这样的一个原则是不会在原初状态中被理性人所选择的，因为在这种情况下，似乎无法确定必要的标准，同时，按德性分配的观念，也不能把道德应得与合法期望区别开来。罗尔斯认为，个人和团体既然参与了正义的社会合作性安排，那么就有了按照公认的规则所规定的相互之间的权利要求。如果他们在现有安排的鼓励下做了各种事情，那么就有了相应的权利，并且依据对这些权利要求的确认而获得相应的分配份额。因此，社会制度的正义旨在确立的，是人们就相互权利的要求所能获得"合法期望"，这种基于权利的要求既不是与他们固有的内在的道德价值成正比的，也不是以他们的内在道德价值为转移的。因此，"调节社会基本结构和规定个人义务和责任的原则并不涉及道德应得，分配的份额并不倾向于要与它相称"[②]。同时，他也认为，人们之所以会认同这样一种观点，即分配的份额与道德价值在可行的范围内至少应尽可能达成一致，因而使得人们所获得的利益与其道德品质相匹配，否则就是对我们的正义感的亵渎，那也是因为，人们倾向于把分配的正义或多或少地看作是惩罚的正义的"对立物"。对此，罗尔斯指出，如果说依据于社会强制性的公开规则所实施的法律惩罚，其目的在于禁止任何恶行，以防止我们去伤害他人的生命，或随意剥夺他人的自由和财产，那么，作为安排经济和社会利益分配的正义原则，"可以说，这些安排并不是与刑法相反的一面，即一个惩罚某些犯罪行为而另一个则奖赏道德价值"。由此，他得出的结论就是："把分配的正义和惩罚的正义看成是相对的两端是完全错误的，这意味着在不存在道德基础的分配份

[①] [美] 罗尔斯：《正义论》，何怀宏等译，中国社会科学出版社2009年版，第243页。
[②] 同上书，第244页。

额那里加进了一个道德基础。"①　可以说，罗尔斯的观点在触发了人们的理论兴趣点的同时，也引发了众多的困惑和争辩。在正当和正义原则优先于个人之善（好）的社会语境中，如果强调经济和社会利益的分配和正义原则并不旨在"奖赏"德性，也使人们对在制度和个人的美德与实践层面如何实现"得其所应得"展开了反思。无论是从社会结构的变迁，还是从正义理论、特别是分配正义理论从"前现代意义"到"现代意义"的嬗变中，究竟如何理解其所呈现的变化或转折，在正义准则不是主要依据于德性来"奖赏"的社会境遇中，何以解释人们以德性"配享"幸福的道德情感和信念，也成为一个亟待确证的伦理难题。

　　应当说，对于正义概念而言，哲学家们已经提出了各种不同的正义观点，并试图去发现正义的基本含义，及其所代表的人类道德情感的基础，而这一概念本身，也在不断地演变中被赋予了新的含义和内容。如果说，正义就是给予每一个人以其所应得的，这乃是正义的最基本的含义，"没有这个要素，正义就不可能在社会中盛兴"②。那么，究竟如何解释人们为什么应得，依据什么而应得，抑或应得什么，都会在历史和理论的变迁中呈现出它的复杂性。不过，从古希腊的哲学家们的经典论述中，我们仍能够追溯到其流变的理论源头。梭伦通过将应得与正义联系起来，使之成为一个具有明确的社会和德性意义的概念。而柏拉图在诠释西蒙尼德的正义观时，将城邦正义和个人正义解释为，其各组成部分之间"只做自己的事而不兼做别人的事""每一个人都不拿别人的东西，也不让别人占有自己的东西""正义就是有自己的东西干自己的事情"③，在某种意义上，这就是在解释正义就在于"得其所应得"。同时，尽管大多数人认为，追求正义不是为了其本身，而是为了报酬（rewards）和其他结果，苏格拉底却被要求暂时抛开正义和不正义的报酬和后果，去考察正义在人的心灵中的力量和作用，但是，却仍然添加了某种后果性的奖赏的考虑，诸如在论及护卫者时，就指出："他们的胜利更光荣，他们受到的公众奉养更全

---

　　①　[美] 罗尔斯：《正义论》，何怀宏等译，中国社会科学出版社2009年版，第247页。
　　②　[美] 博登海默：《法理学：法律哲学与法律方法》，邓正来译，中国政法大学出版社1998年版，第277页。
　　③　[古希腊] 柏拉图：《理想国》，郭斌和、张竹明译，商务印书馆1986年版，第154—155页。

面。他们赢得的胜利是全国的资助。他们得到的报酬是他们以及他们的儿女都由公家供养。他们所需要的一切,都由公家配给。活着为全国公民所敬重,死后受哀荣备至的葬礼。"① 正义美德因为并非人、神所不知,而能在现世获得相应的荣誉和其他奖赏。当然,他同时也把最终奖赏或惩罚的分配性的公正,寄托于通过灵魂的不朽和无限性的延伸而由公正的神来得到解决。

与柏拉图在《理想国》中通过探讨常识正义观的弱点,并求证正义自身就是值得追求的论证方式不同,亚里士多德则对正义做出了两次区分,并因此而具有典型的理论范式意义。首先就是总体的正义和具体的正义的区分。前者意义上的正义,就意味着在遵守城邦法律的前提下实践美德的倾向,因而"守法的公正是总体的德性,不过不是总体的德性本身,而是对于另一个人的关系上的总体的德性"②。而亚里士多德更关注的,是给予或接受公平或平等的利益倾向的具体的正义,亦即分配的正义和矫正的正义。他认为,分配的正义是"表现于荣誉、钱物或其他可析分的共同财富的分配上(这些东西一个人可能分到同等的或不同等的一份)的公正"③;而矫正的正义,则是就人们做错了事,或按照所造成的伤害程度给予赔偿而恢复平等。值得人们注意的是,正是在这一概念的界定中,就实现"得其所应得"而言,一方面,人们都同意,分配的公正要基于某种优点(merit),尽管不同的政制形式会有不同的要求,或依据自由身份,或依据于财富或者是德性;另一方面,尽管分配正义和矫正正义都是旨在实现公正或平等,然而就前者而言,不平等的人被分享平等的份额,或者平等的人被分享不同的份额,都是不公正的。而对于后者而言,"不论是好人骗了坏人还是坏人骗了好人,其行为并无不同。……法律只考虑行为所造成的伤害。它把双方看作是平等的。它只问是否其中一方做了不公正的事,另一方受到了不公正的对待;是否一方做了伤害的行为,另一方受到了伤害"④。因此,和分配正义中总是会与行为者的优点相关

---

① [古希腊]柏拉图:《理想国》,郭斌和、张竹明译,商务印书馆1986年版,第202页。
② [古希腊]亚里士多德:《尼各马可伦理学》,廖申白译注,商务印书馆2003年版,第130页。
③ 同上书,第134页。
④ 同上书,第137页。

不同，后者却并不考虑行为者的优点，而只是根据伤害程度实施惩罚，力求恢复平等。由此可见，如果说"正义在于应得"，那么从亚里士多德开始，由于其对分配正义和矫正正义（或交换正义）的区分，使之有了更为具体的解释性的含义。

在亚里士多德那里，分配正义中的"应得"必然是与人的"优点"联系在一起的，与消极意义上的惩罚和补偿性的矫正正义相比，它也在更为积极的意义上与人的优点相关，而关注的是"奖赏"。在弗莱施哈克尔看来，正是这一点，体现了分配正义的含义在前现代意义上，和以罗尔斯为代表的现代意义的深刻的差异。"当罗尔斯告诉我们，报应正义必定与一个人的品质相关，而分配正义应当不与之相关，他就几乎颠覆了亚里士多德两种正义类型的观点。"① 因为，"对亚里士多德来说，应得（desert）基本上是和优点联系在一起的；在他的框架中，认为任何人能够应得某些东西仅仅因为她需要它是没有意义的。甚至亚里士多德使用的'分配正义'的概念最好如此定义，不仅仅只是作为'正义或公平可以运用到分配中'的概念，而是作为'正义或公平运用于一个或更多的人配得的东西的分配中'的概念。所以至关重要而绝非偶然的就是，对亚里士多德的分配正义观来说，优点的概念是起着作用的——人们应得某些东西，是因为他们有着优秀的品质或者他们所表现出的优秀行为。同样重要的是，分配正义的现代概念认为，人们应得某些东西，而不管他们的品质特征，或他们做了什么"②。此外，尽管亚里士多德也论及，分配的公正乃是按照比例关系对共有物的分配，依据人们对公共事业的贡献来进行，然而，却并没有提到正义要求城邦国家在公民中来组织物质财产分配的基本结构，而这种前现代意义上的分配正义的概念，也一直延续到了亚当·斯密。而与人们认为斯密只是坚持"交换正义"，而把"分配正义"有效地从市场社会中政府的功能和义务中排除出去相反，"斯密在继承自然法传统的时候，'分配正义'本来就是一种私人美德，而不是国家的工作，它和财富的分配也没有多大的关系"③。实际上，斯密正是在对正义和仁慈

---

① Samuel Fleischacker, *A Short History of Distributive Justice*, Harvard University Press, 2005, p. 12.
② Ibid., p. 13.
③ Ibid., p. 18.

的区分中，来理解正义的含义，也是在与人的优点（merit）和美德相关中，来解释人们所应得的报答（rewards）或惩罚的分配的。斯密在分析希腊语中表示正义的几个不同的含义时，就认为，有三种正义的含义，因而也就有三种不同意义上的"应得"。其一，是当我们没有给予他人任何实际伤害，不直接伤害他人的人身、财产或名誉时，就说对他采取的态度是正义的。这种意义上的正义，就是与亚里士多德所论述的相一致的"交换正义"。它的特征，在于可以通过强制而迫使人们遵守，而对它的违反则会遭到应得的惩罚；其二，"如果旁人的品质、地位以及同我们之间的关系使得我们恰当地和切实地感到他应当受到热爱、尊重和尊敬，而我们不作这样的表示，不是相应地以上述感情来对待他，就说我们对他采取的态度是不义的"①。而这种意义上的正义，就和"分配正义"相一致，"它存在于合宜的仁慈之中，存在于对我们自己的感情的合宜运用之中，存在于把它用于那些仁慈的或者博爱的目的，用于在我们看来最适宜的那些目的之中。在这个意义上，正义包含了所有的社会美德"②；其三，是在更广泛的意义上而言，当我们对任何特定的对象，似乎并不以公正的旁观者看来是应得的那种程度的敬意，去加以重视和对待时，就被说成是非义的。这就涉及所有的（包括无生命的）对象，而不仅仅是人的行为及其所应得的正义的问题。

在日常道德意识和判断中，人往往被认为是最毫无争议的应得的承载者。因此，我们也常常断言，是"某人"应得报答或惩罚。这一观点也使人们倾向于认为，只有人才能够应得，因为似乎任何归因于非人存在物的应得，或许最终都能转换为某些"个人"所应得的要求。然而，应得与正义密切相关，但却又呈现出某种复杂的解释性。乔尔·芬伯格（Joel Feinberg）曾提出一种"两极性应得"（polar desert）和"非两极性应得"（nonpolar desert）的概念。在他看来，前者对应于传统的惩罚（报应）正义；后者则对应于传统的分配正义的观念。③ 如果说，正义就是"给予每一个人所应得的"，那么，我们也就同样需要去理解，应得概念在正义类

---

① ［英］亚当·斯密：《道德情操论》，蒋自强、钦北愚等译，商务印书馆1997年版，第355页。

② 同上书，第356页。

③ Joel Feinberg, *Doing and Deserving*, Princeton University Press, 1970, p. 62.

型的区分中的不同含义。实际上，在斯密那里，这个说法也同样包含了"交换正义"和"分配正义"的内涵，并在正义和仁慈的区分中得到了充分的解释。他认为，对随意侵犯他人的人身和财产安全的人，即违犯了最起码的正义准则，应根据犯罪的程度给予应得的惩罚；对出于仁慈的意愿的善行，人们作出很大的努力来实践这种美德，就应该得到最大的报答。显然，在我们看来，这种区分在他那里也有着重要的社会意蕴，因为这也预示着一个"自由社会"的限度，以及与一个"幸福社会"的区别。他认为，与正义的严格性和强制性不同，仁慈总是不受约束的，它不能以力相逼，"行善犹如美化建筑物的装饰品，而不是支撑建筑物的地基，因此作出劝诫已经足够，没有必要强加于人"①。尽管造物主也利用人们想得到报答这一令人愉快的意识，来劝诫人们多行善事，但是，却并不适宜于通过强制的方式来达到这一目的。因而在斯密这里，与仁慈美德相关的分配正义，是不能被强制实施的，他的分配正义，也并不是现代意义上国家或政府的义务和社会机构的功能，而只是"所有的社会美德"，同时，也包含着亚里士多德把财富和优点结合起来的含义。实际上，他的这种界分，也有斯多亚派和近代自然法理论的根源并深受其影响。因为早在西塞罗那里，就开始把正义和仁慈区分开来，并认为正义是为法律所强制要求遵守且普遍有效的，对它的违背会导致真实的伤害；而缺乏仁慈，只不过剥夺了人的好处，且仁慈义务在扩展次序上，与对陌生人相比更倾向于亲友和同胞。可以说，对这两种美德的界分和描述，基本上为斯密所承继。同时，他也借鉴了自然法理论对于"完全权利"和"不完全权利"的区分。在《法学讲稿》中，他就追随哈奇森和普芬多夫的观点认为："完全的权利就是那些我们有资格要求的，如果拒绝就可以强制另一个人遵守的。他们所称之为不完全的权利，就是那些我们相应于我们的义务其他人应当（ought to）遵守，但是我们没有资格强迫他们遵守的。"因而，"一个乞丐是我们仁慈的对象，而可以说有一种权利要求它；但是当我们以这种方式用权利这种词时是不恰当的，而只是一种隐喻意义上的"。因此，"我们理解权利这个词的一般的方式就是和我们称之为完全权利是一样

---

① ［英］亚当·斯密：《道德情操论》，蒋自强、钦北愚等译，商务印书馆1997年版，第106页。

的，是与交换正义相联系的。而不完全的权利则指的是分配的正义，前者是我们要考虑的权利，而后者并不恰当地属于法律学，而是属于道德的体系而不能归属于法理学之下"①。

然而，即使在斯密看来，基于正义和仁慈美德的区别，虽然在地位相等的人中间，极为一般的善良或仁慈也不能以力强求，但是，在某些特定的情况下，却仍可以"强迫人们承担其它许多仁慈的责任"。某些仁慈的义务，仍可以通过法律强制的方式，"这些法规不仅禁止公众之间相互伤害，而且要求我们在一定程度上相互行善"②。因此，斯密在某种意义上还是坦承，可以使用国家权力强制实施某些仁慈义务，显然这也有其必要性和合法性。不过，他同时告诫的是，立法者的全部责任，或许是要抱着极其审慎的态度，合宜而公正地履行法规。因为"不完全的权利"一般不应该强制实施，行之过头，会危害到自由、安全和公平。然而，假如从这里打开一个"缺口"，那么也就可能意味着传统的分配正义理论，也开始跨入了现代意义的领域。同时，这也就会产生如下两方面的理论后果，那就是：一方面，我们如果从这里衍生出把诸如救济贫困和照顾社会弱者的仁慈的义务，也看作是可以在国家和社会制度框架下实施强制的义务，那么，也就产生了在自由主义内部对于自由优先性及其自由限度的争论；另一方面，如果把这种仁慈美德所承担和实现的分配正义，使之成为一种可以强制实施的"不完全的"权利的诉求，进而转换为在现代社会框架下就竞争性资源和财富的权利和义务的分配，那么，也就使之成为与个人优点相脱离的现代意义上的分配正义的含义。而实际上，这两个方面都引起了人们诸多的理论争辩。

就前一方面的立场及其论争而言，哈耶克就偏向于一个极端而断言，尽管人们长期以来一直把分配正义观念理解成个人行为的一种属性，然而现在常常被视作是"社会正义"的同义语，"正是通过对正义观念的这种滥用，'社会'正义，有时亦称为'经济'正义才最终被人们视作是社会

---

① Adam Smith, *Lectures on Jurisprudence*, Oxford University Press, 1978, p.9.
② ［英］亚当·斯密：《道德情操论》，蒋自强、钦北愚等译，商务印书馆1997年版，第100页。

'行动'（或者社会给予个人或群体的'待遇'）所应当具有的一种属性。"[①] 而他认为，对于这种追求和社会价值观诱惑的沉湎，会产生极不可欲的结果而威胁到个人自由，从而把人们的善良情感变成一种摧毁自由文明一切价值的工具。因此，他认为自己的责任就在于，要把人们从"社会正义"这个梦魇的支配下解救出来，使社会成员在财富上的差异问题，不是交由权力机构依据其优点来确定所得分配份额，而只是承认在普遍抽象的法律正义规则和限制性的条件之下，以市场机制作为配置利益和报酬（rewards）方式的自生自发的秩序结果。而当财富和利益的分配成为现代意义上的社会正义的主题，那么，是可以牺牲某些人的自由权利以实现较大的社会经济的平等，还是宁可容许某种不平等现象的存在，也要严格捍卫每一个人的自由权利？诺奇克与罗尔斯之争，同样体现了在分配正义问题上所呈现的理论差异。显然，诺奇克并没有对罗尔斯的基本自由及其优先性的第一原则提出质疑，他所攻讦的，是在国家保障所有人享有最广泛的基本自由的同时，是否需要按照某种理想的分配模式，来实现一种经济利益的分配的正义。因此，主要也就指向了罗尔斯的第二原则亦即差异原则，社会的和经济的不平等是否应当这样安排，以使之倾向于最小受惠者的最大利益。当罗尔斯试图实现自由与平等的某种"调和"时，诺奇克却坚决地贯彻着自由优先和权力至上的原则，"正象在一个人们选择他们的配偶的社会中，并没有一种对配偶的分配一样，也没有一种对财产或份额的分配"[②]。在一个自由的社会中，人们在经济利益和财富上所应得的报酬，也只能是以其所"持有的"，而来自于自愿的交换或馈赠。因而他也毫不犹豫地以"持有的正义"，来反对国家的功能和强制体现在社会和经济利益领域的"分配的正义"。

而就第二个后果而言，自古希腊以来的传统，都强调了与个人优点相关的应得在分配正义中的作用，只是在不同的社会制度下，人们应该得到什么东西，或者说应得的根据不一样。而对于罗尔斯而言，作为调节社会基本结构和规定个人义务和责任的原则，"奖赏"德性是不切实际的。由

[①] [英] 哈耶克：《法律、立法与自由》第 2 卷，邓正来等译，中国大百科全书出版社 2000 年版，第 117 页。

[②] [美] 罗伯特·诺奇克：《无政府、国家与乌托邦》，何怀宏等译，中国社会科学出版社 1991 年版，第 155 页。

于原初状态中的理性人,必须排除掉各种任意性和偶然性的因素,来选择正义原则。"我们并不应得自己在自然天赋的分布中所占的地位,正如我们并不应得我们在社会中的最初出发点一样——认为我们应得能够使我们努力培养我们的能力的优越个性的断言同样是成问题的,因为这种个性在很大程度上依赖于幸运的家庭和早期生活的环境,而对这些条件我们是没有任何权利的。应得(deserve)的概念看来不适应于这些情况。"① 由此,他坚持正义优先于应得,"这是因为只有在两个正义原则和自然义务和责任的原则得到承认之后,道德价值的概念才能被采用""德性可以被描述为按照相应原则行动的愿望或倾向。这样,道德价值的概念就从属于正当和正义的概念,它在分配份额的实质性规定中没有发生作用"②。因此,如果用传统的术语来说,一个人所"应得"的,也只能是一个正义体系本身规定了他"有权利"得到的东西。对于是否拒斥道德应得在分配正义中的作用,罗尔斯后来修正补充说:"承认道德应得的概念是没有问题的。更确切地说,这里的思想是,从理性多元论这个事实来看,道德应得的观念作为品质和行为的道德价值无法体现于政治的正义观念之中。""在任何情况下,当其被应用于分配正义问题的时候,道德价值被当作标准都是不合适的。我们也许会说:只有上帝才能做出那些判断。在公共生活中,我们必须避免使用道德应得的观念,而应去寻找一个理性的政治观念来替代它。"③ 因此,罗尔斯在以合法期望和资格来替代应得时,他所坚持的就是一种"制度性的应得","只要个人和团体参与了正义的安排,他(它)们就拥有了由公认的规则所规定的相互之间的权利要求。如果他们完成了现存制度所鼓励的事情,他们就获得了某些权利,而且正义的分配份额尊重这些权利。因此,一个正义体系回答了人们有权要求什么的问题"④。因而依据制度的"应得",乃是一种"权利"的要求,它确立了社会合作体系中的限制性背景条件。他指出:"虽然设计良好的安排可能有助于避免应得和成功之间的巨大不一

---

① [美]罗尔斯:《正义论》,何怀宏等译,中国社会科学出版社2009年版,第79页。
② 同上书,第245页。
③ [美]罗尔斯:《作为公平的正义:正义新论》,姚大志译,上海三联书店2002年版,第118页。
④ [美]罗尔斯:《正义论》,何怀宏等译,中国社会科学出版社2009年版,第244页。

致,但它无法总能做到这点。"① 从这里也可以看出,罗尔斯一方面承认,良好的制度安排,可以在一定程度上弥合应得与世俗的成功和繁荣之间的不一致;另一方面,也仍然选择了由公共规则所规定的应得观念。在鼓励个性和培养能力的同时,个人所要求的也会多少偏离这一规则体系所允许的范围,而并不意味着分配份额应该符合道德价值。

罗尔斯相信,把正义的概念界定为分配权利和义务、决定社会利益的适当划分方面的作用,"这种处理方法初看起来可能不合传统,但我相信实际上并不如此"。因为,"亚里士多德的定义显然预先假定了什么是应属于谁的,什么是他应得的份额的解释。而这些应得的权利,我相信通常都来自社会制度及制度所产生的合法期望。亚里士多德无疑不会反对这一说法,他肯定有一种可以解释这些要求的社会正义观"②。不过,这也遭到了许多人的质疑和批评。在桑德尔看来,一种没有应得的正义理论,可能是对亚里士多德的传统观念的戏剧性的背离。正义原则没有涉及道德应得,是因为:"在原初状态下,似乎没有任何方式能界定个人的美德或道德价值的标准。……对罗尔斯而言,人的价值是随着制度而来的,而不是独立于制度之外的。因此个人的道德要求必须等待制度的到来。"③ 正是在权利对于善的优先性的前提下,反对前制度的美德和道德价值的概念,也就没有一种优先或独立于制度的人的内在价值的概念。这种没有应得和本质上被剥脱或者缺乏构成性要素的自我概念,也将会使正义理论面临更大的困难。同时,如果没有一种前制度性的应得的概念,也会使人们失去批判制度正义性的道德力量。

毋庸置疑,社会结构的变化,使人们的正义观念也在发生变化,因而应得在分配正义中的含义,也需要在这种社会变迁中来获得一种具体的历史性的理解。我们既看到了从亚里士多德意义上的传统分配正义,到现代意义的分配正义的嬗变,也看到了从主要依据优点来分配政治地位,到主要探究分配社会经济利益的原则的转变。而实际上,这种嬗变也是以社会

---

① [美] 罗尔斯:《作为公平的正义:正义新论》,姚大志译,上海三联书店2002年版,第119页。
② [美] 罗尔斯:《正义论》,何怀宏等译,中国社会科学出版社2009年版,第8—9页。
③ [美] 桑德尔:《自由主义与正义的局限》,万俊人等译,译林出版社2001年版,第108页。

关系从传统到现代、从"身份"到"契约"的变革为前提的。正如梅因所描述的,"其特点是家族依附的逐步消灭以及代之而起的个人义务的增长。'个人'不断地代替了'家族',……在这种新的社会秩序中,所有这些关系都是因'个人'的自由合意而产生的"[①]。因此,传统社会结构中权利和义务的分配,主要决定于人们在家族等"特定团体"中所具有的身份和地位,而现代社会则是在凸显了"个人"的自由和理性选择的契约关系中,来了解他们各自的权利和义务。因而事实是,在"好生活"观念多元化,并且强调市场法则与力量的现代社会结构中,人们也不再主要凭借其所属的身份、地位,来作为分配诸如社会财富的依据,而是诉求于规定人们基本的权利和义务的普遍公开的规则体系,"以公平地对待每一个人"的方式,来分配人们追求和实现生活计划所需要的"基本的善"。因此,它们也都毫无例外地严格限制了作为"不完全权利"的道德要求,在社会结构中所能产生的强制性的"应得"诉求。而在此基础上所产生的分配正义的分歧,以及对于前制度性应得和制度性应得的论争,实质上,也是涉及自由、效率与平等关系及其优先性原则的差异。从自由与效率优先的原则出发,他们主张诉诸人的自然的天赋和能力在公平竞争的规则下,来获得其所应得的东西,并视之为正义,而从平等与公正的原则出发,人们则主张摒弃掉那些具有偶性和任意性的影响要素,来获得其所依据于公开与公平的规则体系,而"应得"的某种平等的结果。然而,当前一种原则导致某种巨大的财富差距,抑或后一种原则又可能严重侵犯到个人或某些人的自由权利时,那么,这也就提示着我们在分配好处时,同样要求实现的是这两者在某种程度上的综合。

第二节 "德"与"福"的一致

"德福一致"一直是伦理学所需要确证其"应然性"的难题。而在德性与幸福关系的论证上,亚里士多德和康德,无疑为我们提供了两种既有着某种相似之处,却又殊然有别的不同范例。亚里士多德的伦理学以追问什么是幸福而始,而康德也在其所有的主要著作中,关注、并倾心于论证

[①] [英]梅因:《古代法》,沈景一译,商务印书馆1996年版,第96页。

德性与幸福的关系。因此，就两者都旨在论证德性与幸福的一致性关系，并把幸福作为人类努力和希望实现的目标而言，可以说具有某种一致性。然而，两者的不同之处却也是显而易见的。当亚里士多德关注人的"好生活"，把幸福等同于合乎德性的实现活动，并强调通过人自己的德性的努力，在很大程度上能够获得幸福时，康德所主要关注的，却不再是对于一种"好生活"的估价，而是探究行为的意图或意志的准则，因而在严格区分德性价值与幸福原则的同时，强调德性是外在于幸福的且作为享有幸福的至上条件，他力图告诫人们的是，如果德性本身不能保证幸福，那么德性的"报偿"抑或完满至善的实现，就必须要通过一个外在性的作用因亦即上帝来提供担保。

一 德性的报偿：亚里士多德的范式

古希腊人的道德哲学思考开始于这个问题：什么是所有追求的最终目的或者是至善呢？作为一个科学体系的伦理学的创立者，亚里士多德在他的《尼各马可伦理学》的开篇，就明确地向我们阐明了这个主题："每种技艺与研究，同样地，人的每种实践与选择，都以某种善为目的。所以有人就说，所有事物都以善为目的。"[①] 如果说，人类行为所追求的那个善是什么，这既是一个行为者反思自己的行为时必然要想到的问题，也构成了伦理学的主要问题，那么，亚里士多德在一开始也体现了与柏拉图在解答这一问题上的区别。因为对后者而言，人类追求的是善的理念，而这只有从可见世界上升到可知世界中才可获得。而对前者来说，我们所追求的善，就植根于人的本性之中，因而既不需脱离经验世界和人们的日常生活，也是可以通过人的努力能够获得的属人之善。因此，亚里士多德指出了他的研究的不同之处，认为伦理学不只是思辨的，而且有着一种实践的目的，"因为我们不是为了解德性，而是为使自己有德性，否则这种研究就毫无用处"[②]。

如果说所有的行动都要实现某种目的，那么在追问善的目的之前，亚

[①] [古希腊]亚里士多德：《尼各马可伦理学》，廖申白译注，商务印书馆2003年版，第3页。

[②] 同上书，第37页。

氏首先考察了目的类型及其蕴涵性。由于活动、技艺和科学的种类不同，目的有多种亦有区别，有其行动作为达到其他目的手段的"工具性目的"，也有"内在的目的"，亦即以行动自身为目的。而之所以要如此区分，一是为寻求最高的目的而免于使人生陷入无意义的循环之中。"如果在我们活动的目的中有的是因其自身之故而被当作目的的，我们以别的事物为目的都是为了它，如果我们并非选择所有的事物都为着某一别的事物（这显然将陷入无限，因而对目的欲求也就成了空洞的），那么显然就存在着善或最高善。"① 因此，人类活动的诸种目的并不是并列的，而是呈现出具蕴涵性的目的结构体系，并存有某种最顶端的目的，这样我们就需要去认识它并调整我们所有通向善的行为；二是这也意在引出一种"属人的善"或人的最高目的。因为当我们发现"作为一个人"的目的，并不等同于这些具体技艺与活动中的目的时，自然就需要去追问，那"属人的"且"始终因其自身而从不因它物而值得欲求"的目的是什么。而亚里士多德在把"善"与事物的特殊功能联系起来的同时，认为，人之为人的属人的善的定义，显然既区别于其他生命存在物而只是生存，也区别于作为人的每一个部分的功能，或者每一种职业的特殊的活动，那就是："人的活动是灵魂的一种合乎逻各斯的实现活动与实践，且一个好人的活动就是良好地、高尚［高贵］地完善这种活动；如果一种活动在以合乎它特有的德性的方式完成时就是完成得良好的；那么，人的善就是灵魂的合德性的实现活动，如果有不止一种的德性，就是合乎那种最好、最完善的德性的实现活动。"②

在亚氏看来，幸福就是终极性的最高的善，也是人之为人的独特功能的实现。他确信，唯有幸福才满足了人类行动作为终极性目的和自足性的要求，因为就人们对所追求的诸多目的而言，荣誉作为政治生活的目的。"对于我们所追求的善来说，荣誉显得太肤浅。因为荣誉取决于授予者而不是取决于接受者，而我们的直觉是，善是一个人的属己的、不易被拿走的东西"，德性虽然在人们看来也是比荣誉更大的善，然而，"甚至德性

---

① ［古希腊］亚里士多德：《尼各马可伦理学》，廖申白译注，商务印书馆2003年版，第5页。

② 同上书，第20页。

这样一个目的也不完善。因为一个人在睡着时也可以有德性，一个人甚至可以有德性而一辈子都不去运用它。"① 而财富也只是作为获得某种其他事物的有用的手段。因此，尽管它们有些也因其自身之故而值得为我们所追求，即使它们不带有进一步的好处，我们也会选择它们，然而它们却并非是我们所寻求的"最完善"的目的。因为，"那些因自身而值得欲求的东西比那些因它物而值得欲求的东西更完善；那些从不因它物而值得欲求的东西比那些既因自身又因它物而值得欲求的东西更完善"。而对荣誉、快乐、努斯和每种德性而言，我们固然因其自身之故而选择它们，但是也为着幸福的缘故而选择它们，通过它们而获得幸福。由此，幸福就是所有善事物中最值得欲求的、不可与其他善事物并列而为我们所追求的最高目的。同时，在亚氏看来，说幸福是最高的善，不免有陈词滥调之嫌，因此，重要的是对其要作出一种哲学化的解释，而将其定义为是实现了"作为一个人"的功能，则能使我们更确切地理解幸福的含义，以及如何实现幸福。由于人的善和幸福，就是指灵魂的合于德性的实现活动，而对应于人的灵魂，有无罗格斯和有罗格斯的部分，又有道德德性和理智德性的区别，因此，也就有了实践的幸福与思辨的幸福的层级区分。不过，尽管从灵魂的理性功能的实现，推出哲学和沉思的生活是最幸福的，然而，对亚里士多德而言，这却并不意味着过一种孤独和遁世的生活，因为人不仅是思辨的动物，更是"社会的动物"。因此，我们需要投身于这个世界，在选择中运用实践智慧来成就个人的道德美德，同时也要充分实现国家的功能和目的，来创造所有社会成员的幸福生活。

从人的功能的实现来界定幸福的性质，既使亚里士多德区分了德性和幸福这两者的不同之处，同时，也以"合乎德性"的限制性条件，在某种意义上消解德福一致的困难。因为在这一界定中，德性不等于幸福，而幸福却必须包含着德性的要求。这在某种程度上与康德在确认两者作为不同范畴的前提下，始终以德性作为至善的至上条件，有着某种洽和之处。在亚氏看来，合于德性的实现活动包含着德性，但是，"认为最高善在于具有德性还是认为在于实现活动，认为善在于拥有它的状态还是认为在于

---

① ［古希腊］亚里士多德：《尼各马可伦理学》，廖申白译注，商务印书馆2003年版，第12页。

行动,这两者是很不同的。因为,一种东西你可能拥有而不产生任何结果,就如一个人睡着了或因为其他某种原因而不去运用他的能力时一样。但是实现活动不可能是不行动的,它必定是要去做,并且要做得好"①。这就要求人必须要倾向于行动,不仅仅只是一种德性的知识,更是一种德性的实践。因为,"如果不去这样做,一个人就永远无望成为一个好人。但是多数人不是去这样做,而是满足于空谈。他们认为他们自己是爱智慧者,认为空谈就可以成为好人。这就像专心听医生教导却不照着去做的病人的情形。正如病人这样做不会使身体好起来一样,那些自称爱智慧的人满足于空谈也不会使其灵魂变好"②。因而正是这种"实现活动",首先,就赋予了人类道德生活以"实践"的秉性。同时,由于这种"实现活动"也总是会受到一些外在性条件的促进或阻滞,因此,我们也就能够理解为什么幸福的获得也需要一些外在条件。"幸福也显然需要外在的善。因为,没有那些外在的手段就不可能或很难做高尚[高贵]的事。许多高尚[高贵]的活动都需要有朋友、财富或权力这些手段。……幸福还需要外在的运气为其补充。"③ 而这也说明了亚里士多德在这一定义上,体现了"一种大师手法的谋略",力图实现与许多人的大众化意见之间的某种调和,"把他自己的观点包含在如此宽广的一个网络之中,以至于所有关于幸福的意见都被拒绝,直到最后真正发挥作用的观点被重建起来,而且被发现与[这个意见之网]完美地兼容"④。

不过,尽管添加了诸多条件来描述完整的幸福生活,但是德性的要求却始终是其最重要的构成要素。因此,作为实现活动的真正的幸福,必须是一种有德性的努力的生活,这也使人类的实践生活具有了一种"道德的"品性。这也意味着,人们即使享有权势和足够的物质财富,但失去了德性的规制,就不会是真正的幸福;即使获得了快乐和愉悦,而一旦没有德性的约束,那也只是放纵和享乐,而非真正幸福的满足。就这一意义上而言,亚里士多德基于现实的人性和人的实现活动来寻求德福一致,体

---

① [古希腊]亚里士多德:《尼各马可伦理学》,廖申白译注,商务印书馆2003年版,第23页。
② 同上书,第42页。
③ 同上书,第24页。
④ [美]伯格:《尼各马可伦理学义疏》,柯小刚译,华夏出版社2011年版,第60页。

现的是在实践智慧中,人的理性的本性与自然的本性的协调,从而也避免了康德在这两者的决然对立中,所必须要面对的在德性和幸福之间通过上帝来确立联结关系的可能性。因为,这种"实现活动"能够"兼容"人生处境中对诸如财富、荣誉和快乐等生活目标的追求。这就亦如孔子所言:"富与贵,是人之所欲也,不以其道得之,不处也。"(《论语·里仁》)应当说,对诸如财富和地位这些人生欲求目标和对象的追求,有其自然的社会经济和政治效用的含蕴在内,而这也是使个人的生活和人类社会呈现出某种"多样性"的原因。因此,中国古代的贤哲们,也并不完全拒斥对这些人生目标的正当欲求,而是强调"以其道得之";而西方道德哲学家们大多强调的,是人之理性功能及其道德的约束和限制性条件,因而指向的都是人们追求这些欲求目标的态度和生活方式,以及既定的社会结构为其实现所提供的条件。因此,对亚里士多德而言,尽管人们所能获得的幸福的层级有所不同,沉思是最高等的一种实现活动,因而是最好最幸福的,而"合于其他德性的生活只是第二好的"①,但是,这种"属人的"而体现在人类的情感和实践事务当中,也是在与他人关系的实现活动中,所做出的选择和德性上的努力,同样是彰显人的高尚[高贵]和卓越的本性的方式。如果没有灵魂的合于德性、特别是灵魂的欲望部分合于德性的实现活动,来获得人之善,那么,即使拥有全部外在的善和运气也是枉然。亚里士多德在《政治学》中亦如此回应:"请注意事实,事实不难帮助你的明悟而了解问题的真相,灵魂诸善的所以能够形成并保持德性,无所赖于外物。反之,外物的效益就必须有赖于灵魂诸善而始显露。你也可以看到,人们虽于外物的充裕和人性的完美两者都可获致幸福,两者结合起来也可获致幸福,然而凡德性不足而务求娱乐于外物的人们,不久便知道过多的外物已经无补于人生,终究不如衣食才能维持生活,而虔修品德(情操)和思想(理解),其为幸福毕竟更加充实。"②

因此,通过人的实现活动而定义的幸福,这既是一种理想的生活,同时也不只是一个永远悬在人们头顶的"金苹果",它同时也是现实的,因

---

① [古希腊]亚里士多德:《尼各马可伦理学》,廖申白译注,商务印书馆2003年版,第308页。

② [古希腊]亚里士多德:《政治学》,吴寿彭译,商务印书馆1983年版,第340—341页。

而具有可"获得性"的特性。而就幸福的获得而言,"一个幸福的人就还需要身体的善、外在的善以及运气,这样,他的实现活动才不会由于缺乏而受到阻碍。(有些人说,只要人好,在贫困中和灾难中都幸福。这样的话,无论有意无意,说都等于不说。)但是由于还必须有运气,有些人就认为幸福就等于好运。但是事情并不是这样"①。因此,对人的幸福而言,究竟是否抑或在多大程度上会受到运气的影响?亚氏认为,要反对两种错误的观点,其一,就是"人们把它等同于好运",从而认为幸福完全是运气作用的结果。亚氏显然反对这种"运气至上论"的观点。因为倘若把幸福完全等同于运气,"如果所有事物中最大、最高贵的事物竟听命于运气,那就同事物的秩序相反了"②。同时,把幸福等同于运气,认为它完全取决于我们无能为力的东西,那也就意味着完全放弃了人通过自身的理性能力来体现出高贵和卓越,通过学习和成就德性来获得幸福和完善的可能性,也与人应当志趋于优良的生活信念不符;其二,也有些人把幸福和德性相等同,进而认为与人类幸福相关的一切要素,都完全处在行为者自身的控制之中。亚氏也同样反对这一观点,因为在他看来,对于幸福或完善的生活实践来说,毕竟也需要运气作为外在的条件。而只要承认作为属人之善的幸福必须依赖一定的条件,那么它就不能或至少不能完全掌控在自己的手中。只不过,他仍然强调,人们有充足的理由主张,通过努力获得幸福比通过神赐或机运获得更好。"即使幸福不是来自神,而是通过德性或某种学习或训练而获得的,它也仍然是最为神圣的事物。因为德性的报偿或结局必定是最好的,必定是某种神圣的福祉。从这点来看,幸福也是人们广泛享有的。因为,所有未丧失接近德性的能力的人都能够通过某种学习或努力获得它。"③ 因此,如果一个人的幸福首先是由其合于德性的实现活动来决定的,那么就应该相信他由于拥有我们所要求的稳定性,也必将高尚[高贵]地以最适当的方式,来接受运气上的各种变故。

　　与道德立场上严苛的康德相比,认同德性的实现活动需要运气和外在善的条件,这对他的道德学说来说是难以接受的。不过,显然亚里士多德

---

　　① [古希腊]亚里士多德:《尼各马可伦理学》,廖申白译注,商务印书馆2003年版,第222页。

　　② 同上书,第25页。

　　③ 同上。

也秉持着这样的信念,亦即希望通过人类理性及其为道德价值奠基所获得的那种自足性与稳定性,来摆脱运气的影响。同时,就对德性自身而言,亚氏也认同德性之所以值得追求,不仅是因为它是实现自然欲望的其他一些基本目标的手段,而且是因为就其本身来说,它是比其他所有目标更重要的东西。但这在康德看来,却会有着某种滑入"幸福论"的可能,亦即我们是为了幸福而非仅仅为了德性本身之故而追求德性,因为在他那里,对道德法则的义务与对任何奖赏的偏好或个人幸福的考虑都无关,因此只能是出于对人格和义务的敬重。"与这种东西相比和相对照,生活连同其他所有的快意毋宁说根本没有什么价值。他仅仅只是出于义务还活着,而不是由于他对生活感到丝毫的趣味。"① 由此,康德也不可能赞同亚里士多德的德性在于"适度"的判断准则,因为,"德性与恶习的区别绝不能在遵循某些准则的程度中去寻找,而是必须仅仅在这些准则特殊的质(与法则的关系)中去寻找。换句话说,(亚里士多德)受到称赞的原理,即把德性设定为两种恶习之间的中道,是错误的"②。然而,亚里士多德区别于后来的伊壁鸠鲁的快乐主义,因为对他来说,德性不只是因为它具有防止痛苦和促进舒适和快乐这种倾向,才成为我们所追求的,但同时却也肯定了德性的实现活动与快乐的关系。"合德性的活动就必定自身就令人愉悦。但它们也是善的和高尚[高贵]的,而且是最善和最高尚[高贵]的。因为,好人对于这些活动判断得最好,而他们的判断就是这样的判断。所以幸福是万物中最好、最高尚[高贵]和最令人愉悦的。"③ 因此,快乐也是灵魂的习性。当然这也需要人们在实践和情感事务中,做出正确和明智的判断和选择,因为德性和恶都与我们对快乐的判断有关。爱德性者必以合于德性的实现活动的快乐为快乐,而不以高尚[高贵]的行为为快乐的人,也就不是好人。因此,亚里士多德也就否认他所定义的幸福与快乐之间存有冲突,德性和快乐是能够相融的。许多人的快乐之所以相互冲突,是因为那些快乐不是本性上令人愉悦的,而爱高尚[高

---

① [德]康德:《实践理性批判》,邓晓芒译,人民出版社2003年版,第120页。
② [德]康德:《道德形而上学》,《康德著作全集》第6卷,李秋零主编,中国人民大学出版社2007年版,第416页。
③ [古希腊]亚里士多德:《尼各马可伦理学》,廖申白译注,商务印书馆2003年版,第24页。

贵］的人，以本性上令人愉悦的事物为快乐。这就意味着人们需要运用理性去节制欲望和控制激情，以成就美德，在享有高尚快乐的同时，以免于陷入感官和物欲的快乐主义，这才是真正幸福的愉悦和满足。

当康德通过他那复杂晦涩的论证，让人们相信完满的至善不可能在今世达到，而只能把希望延伸到来世时，亚里士多德却相信，倾向于行动的人的行为能够带来幸福，因而选择了从人的功能的实现，来寻求德性和幸福的一致。同时，他也肯定了幸福也是国家的功能，并由此建立了伦理学与政治学之间的联系。由此，德性与幸福一致的论述，也并不仅仅停留在个人的完善和幸福上，同时也要实现城邦的正义和整体的幸福。在他看来，人的"好生活"或幸福是政治学的最高主题。由于它要利用其他学科为其服务，并要在诸如人们该做什么和不该做什么的问题上制定法律，它的目的就包含着其他学科的目的。"所以这种目的必定是属人的善。尽管这种善于个人和于城邦是同样的，城邦的善却是所要获得和保持的更重要、更完满的善。因为，为一个人获得这种善诚然可喜，为一个城邦获得这种善则更高尚［高贵］，更神圣。"① 因此，作为社会性或政治动物，个人既不能脱离城邦共同体而实现其潜能，也只有在一个旨在促进每个公民的福利的良序社会之中，才能获得他的幸福或事业的繁荣。这样，一个城邦具有什么样的政制形式，对于是否能够实现和维护"好生活"也就具有重要的差异。同时，在亚氏看来，要实现城邦的善业，并不需要像柏拉图《理想国》中的倡议那样，来实现统一性的利益，那样不合于城邦的本性，甚至于像那样构想的城邦所希望实现的完全的划一，实际上将是城邦的消亡。亚氏认为，城邦应该为"优良的生活"而存在。假如它只是为了生活（生存），那么甚至是野兽也可以有自己的城邦，然而实际上并没有这类城邦，而且不具有自由意志的存在，也都不会组织起其旨在真正幸福的共同体。当然，城邦也不只是为了寻取互助以防御侵害，抑或只是为物品交换的便利而促进经济往来的目的，而是，"要不是徒有虚名，而真正无愧为一'城邦'者，必须以促进善德为目的"②。因此，城邦也需

---

① ［古希腊］亚里士多德：《尼各马可伦理学》，廖申白译注，商务印书馆2003年版，第6页。

② ［古希腊］亚里士多德：《政治学》，吴寿彭译，商务印书馆1983年版，第137—138页。

要由此目的而建立起"正义"的观念,城邦的作用及其终极的目的,就旨在于实现人类"优良的生活",使城邦的结合合乎本性的生长,得到自足而至善的生活,这才是人类真正的完美和幸福。

二 德性与至善:康德的"悬设"

在康德的主要著作中,都有涉及对德性与幸福关系的论证,并为"德福一致"提供了一种区别于亚里士多德的典型的分析范例。在《纯粹理性批判》中,他指出,如果理性的全部工作,只是把我们的感官和爱好向我们推荐的目的,在"幸福"的名义下结合起来,并使达到幸福的手段协调一致,那么"理性因此之故只能提供出自由行为的实用的规律"①,那只是基于经验的明智的规则,而不是道德的规律。在《实践理性批判》中,他更是以"实践理性的二律背反"所引出的德性与幸福关系的论证,成为了探究这一主题所不可能绕过的经典。在康德看来,德性的准则和幸福的准则在同一主体之中是相互限制和损害的,因为德性是理性的命令,而幸福是感性的状态,因此,这两者联结的至善在实践上何以可能,对这个问题虽已经做出了诸多的努力,却仍然还是一个未解决的课题。康德在对伊壁鸠鲁派和斯多亚派的批评中指出,这两个学派把两者看作是同一的,前者认为,寻求幸福的合理的手段和准则就是德性,后者认为,遵循德性的准则的人对自己行为的意识就是幸福。然而,康德认为,这两个概念是一种综合。由于这种结合是被认为先天的,因而在实践上是必然的,从而不是从经验中派生出来的,而至善的可能性不基于任何经验性的原则,所以,这个概念的演绎必须是先验的,通过意志自由产生出至善。同时,由于德性与幸福的联结不是分析的,而是综合的,所以它们就不会是同一律的体现,而只能是被认为彼此有着因果关系。因为它是一种实践的善,即凭着实际行动而成可能的善,因此,要么是对幸福的欲求必须是德性准则的动因,要么是德性的准则作为获取幸福的动因。

然而,前一种在康德看来,这种伊壁鸠鲁派的做法是绝对不可能的,因为把意志的规定性的准则完全根植于对自己幸福的要求中,是没有道德价值的。意志的规定性的根据,仅仅在于服从理性的绝对命令,仅仅出于

---

① [德]康德:《纯粹理性批判》,邓晓芒译,人民出版社2004年版,第609页。

义务而不会是任何的欲望和爱好倾向，因此，在这个基础上是不能确立起道德的。然而，后一种亦即把德性的准则看作是对幸福起作用的原因，为什么也不可能呢？因为现世中任何的原因和结果的联结，不是取决于意志的道德意向，作为意志规定的结果是取决于对自然法则的知识，以及为了自己的意图而利用这种知识的物理能力，也就是说，幸福作为意志规定的结果，不是以意志的道德性作为原因而产生出来的。因而不能在现世中通过一丝不苟地遵守道德法则，来期望幸福与德性的任何一种必然的和足以达到完满的至善的联结。然而，如果说上述两种都不可能，那么承认两者的关联性，并把对这两者联结的至善的促进，看作是意志的一个先天必然的客体，如果至善按照实践规则是不可能的，那么要求促进至善的道德法则也必定是空想的结局。由此，一方面，德性与幸福的因果联结在实践规则上不可能；另一方面，作为意志的先天必然的客体，而又要实现两者的联结而促进完满至善的实现，这似乎成了一个"矛盾"。

康德认为，在纯粹的理论理性中也有类似的悖论，然而，这矛盾已表明为不是真的冲突。如果行动者把自身看作是现象的感官存在，那么它就符合自然规律中的因果律，然而，如果把人看作是一个纯粹理智的存在，超出了时空的限制的规定性，那么，他就可能包含有那个按照自然规律的因果性的规定的根据，而这种根据本身，却是摆脱了一切自然规律的支配的。因此，在康德看来，对既有的两种使德性与幸福联结的命题而言，如果像伊壁鸠鲁派那样，强调对幸福的追求产生有德性的意向，那是绝对错误的。但是，有如斯多亚派认为，凡有德性之人必然获得幸福的观点，则并不是绝对错误的。因为就德性意向必然产生幸福而言，如果是在感官的世界之中，把德性设想为幸福的原因，也就是认为，自己生存于感官世界之中，乃是一个理性主体的唯一存在方式的话，那么就是错误的。因此，可以把它理解为一种"有条件的错误"。而消除这种错误，就在于不是把自身仅仅看作是感性的存在，而是视作一个知性世界的本体，因而在道德法则上拥有在感官世界中因果性的一个纯粹理智的规定根据，那么，这样意志的道德意向作为原因，就与感官世界中作为结果的幸福之间，拥有了一种"即使不是直接的、但却是间接的（借助于一个理智的自然创造者）也就是必然的关联，这并非是不可能的"，只不过，"这种结合在一个仅仅是感官客体的自然中永远只能偶然地发生，而不能达到至善"①。

因此，完满的至善（德性与幸福的一致）是意志在道德上被规定的最高目的，然而幸福却被抛在了感性世界之中。在康德的解释逻辑中，人作为自由的理性存在，依照无条件的命令而决定去行动，德性就是人在遵循自己的义务时准则的力量。但是，人作为自然的存在，也需要追求幸福。"幸福，亦即对自己的状态的满足，只要人们确信幸福的持存，期望幸福和寻求幸福就是人的本性不可避免的；但正因为如此，它也不是一个同时是义务的目的。"② 因此，二者并不遵循自然的因果性而实现联结。然而康德认为，令人奇怪的是，与我们必须在与一个理知世界的联结中，去寻求理性所指示出的最高目标，亦即实现完满至善的可能性相反，自古以来的道德哲学家们，却如此推崇并极力论证，幸福与德性在人生此世的感官世界之中，就能实现完全适当的比配。因为伊壁鸠鲁和斯多亚学派，都强调从道德生活的意识中所获得的幸福是超乎一切的。诸如前述，这两者既有分歧，又有共同性的方面。分歧就在于，前者把快乐和幸福作为德性的动因，而后者则反对这一点。在他看来，意志的道德性，必然要和意志直接受法则决定的那种意识结合起来。然而，现在却让这种意识由对欲望满足所产生的快乐来决定，它不能成为行为的道德价值的决定根据，而是恰恰相反，意志直接受理性法则的支配，才是快乐的根源。因此，这种决定是属于纯粹实践性的决定，不是感性的欲求能力的决定。但是，这种决定，既然对人的行为起推动作用，那么如同从欲求对象的满足中获得快感所起的作用一样，所以我们很容易把道德的动机，误认为是一种感性的冲动使然。由此，人性的崇高，本来就体现在人的意志能直接受纯粹理性法则支配来行为，这时，却误把这种理智规定性的主观部分，看作感性的和某种特殊的感性情感的结果。如果说，理性驾驭情感而呈现心灵的秩序，这乃是高尚人格的特性而应当养成，然而如果把一种作为结果的特殊愉悦的情感看作是动机，进而成为决定意志道德性的根据，那么，"这样使得那真正的真实动机即法则本身仿佛是被一种虚假的衬托而贬低和变得

---

① ［德］康德：《实践理性批判》，邓晓芒译，人民出版社2003年版，第157页。
② ［德］康德：《道德形而上学》，李秋零主编，《康德著作全集》第6卷，中国人民大学出版社2007年版，第400页。

面目全非了。所以，敬重、而不是快乐或对幸福的享受，才是某种不可能有任何先行的情感为之给理性提供根据的东西"①。因此，意志受法则的支配所产生的意识和责任感，是决不能和快乐的情感相提并论的，因为虽说它可能恰好产生和欲望的满足同一的结果，但是两者的来源实则完全不相同。康德认为，只有避免这样的"幻觉"，我们才能达到我们所寻求的东西，"即行动不仅仅是合乎义务（依照快适情感）地发生，而且是出自义务而发生的，这必须是一切道德教养的真正目的"②。

对康德而言，只有出于义务的行为才具有道德价值，幸福的原则既因为其不确定性，也缺乏普遍有效性。"它在不同的主体中可以且必定是很不相同的，因而永远不能充当一条法则，因为在对幸福的欲望上并不取决于合法则性的形式，而只是取决于质料，亦即取决于我在遵守法则时是否可以期望快乐，和可以期望有多少快乐。"③ 因此，不能把快乐设想为意志的规定根据，进而冒充普遍的实践法则。实际上，倘若以欲求快乐和个人幸福向道德提供动机，那么，"正败坏了道德，完全摧毁它的崇高，它把为善的动机和作恶的动机等量齐观，只教我们去仔细计量，完全抹杀了两者的特别区别"④。不过，康德也认为，如果我们用"自我满足"来取代幸福一词所表示的享受，那么对于理性的存在者而言，我们需要的，是自由以及理智上的满足。这种满足与自由相结合，既以绝对遵守道德法则的意志，取得了对于欲望作为动因的爱好的独立性，也不是立于任何情感之上，而恪守道德律令成为这种满足的唯一根源。因此，基于爱好的满足不仅易变，而且也像是一个永远也无法填满的沟壑，这也是任何理性存在者都期望能够摆脱掉的累赘。即使是一种对于合乎（不是出于）义务的向善的偏好，或许能够使道德准则更容易发挥作用，但是，却也不能产出任何道德准则。因为对后者而言，如果行为应当不只是具有合法性，而且也要具有道德性的话，那么一切必须以法则为决定的根据。同时，爱好也是盲目和奴性的，且不论它是否具有善的性质，在道德的问题上，理性都不应当只是作为爱好的管制者，而是必须弃除对它的考虑，而只专心于纯

---

① [德]康德：《实践理性批判》，邓晓芒译，人民出版社2003年版，第160—161页。
② 同上。
③ 同上书，第31页。
④ [德]康德：《道德形而上学原理》，苗力田译，上海人民出版社2002年版，第62页。

粹实践理性的要求。甚至是同情和怜悯之情，如果先于何为义务的考虑而成为行为的决定原则的话，对正处在考虑之中的人而言，都是累赘而徒增烦恼，因此，也力求从中摆脱出来，而产生只是服从立法的理性的愿望。由此，我们就能够理解，纯粹实践理性是如何在行为中产生出一种支配爱好的意识，进而超越它们并取得独立性的。这也摆脱了那些总是对爱好和欲求不足的意识，从而获得一种区别于幸福的、对于自身状态和人格意义上的自我满足。

在康德看来，纯粹实践理性的二律背反的解决，使得在实践原理上，德性的意识和与之比配的幸福期待之间，至少有一种自然和必然的结合成为可能。因此，就德性与幸福的关系而言，不是在追求幸福中产生出对德性的认可，而是德性作为无条件的善，构成了完满的至善的第一个要素；而以德性作为前提条件并作为其必然结果的幸福，则构成了完满的至善的第二个要素。两者也只有在这样的主从关系属性之下，德福统一的"至善"才会成为纯粹实践理性的全部目标，并尽可能地去实现。然而，由于德性与幸福的这种联结，乃是属于超越感性的关系，因此，也就不能按照感性世界的法则来给予，即便实现至善这一目标的行为是属于感性世界，所以，仍要探究两者联结的可能性的根据。由此，就需要描述以下两个方面：其一是就所有直接在我们的能力范围之内（受我们控制）的东西而言；其二是不在我们的能力范围之内（不受我们控制），但是，理性为了弥补我们在实现完善上的无能，而又提供给我们的东西。应当说，在他看来，就前者而言，追求道德上的善而成就德性，是在我们能力之内而为我们所掌握的；而对后者而言，包含着幸福的要素而作为实践理性的目标，却非我们所能掌握，因为在现实的人生中很难得到幸福，纵使可能偶有得之，却并不能保证其必然可得。

为此，康德论及了作为纯粹实践理性的"悬设"，其一，就是灵魂不朽。他认为，要在尘世中实现德性和幸福一致的"至善"，这是由道德法则决定的意志所必然要实现的目标。而意志之善，即意志与道德法则完全一致，是实现这一目标的至上条件，因此这种完全一致也必须成为可能。"因为它被包括在必须促进这个客体的同一个命令之中"[1]。但是问题就在

---

[1] ［德］康德：《实践理性批判》，邓晓芒译，人民出版社2003年版，第167页。

于，人是"不完美的生灵"，作为理性存在者，也不可能在任何时刻总是做到如此完美。这样，不完美的生灵和意志与道德律的完美适合的神圣性之间，似乎总是存在一定的距离。因此，作为实践上必然要求实现的目标，"它只是在一个朝着那种完全的适合而进向无限的进程中才能找到"①，也就是说，唯有向着两者完全一致的理想无限趋进，才能担保它的实现，而唯一的可能就是，必须先预设这个理性存在者的存在和人格是无限延伸的，也就是灵魂不朽。只有在这个前提下，至善的实现在实践上才有可能。在康德看来，强调只有在一个无限进步之下，我们才能达到和道德法则的完全一致，这一命题具有极大的功用。因为这不仅补偿了思辨理性的无能，同时，更是在宗教上也有着莫大的用处。因为如果缺少了这一命题，要么，就会使道德法则失去其神圣性而流于放纵，要么，就会迷失在那种幻想的神智学的梦呓之中，而这两种情形，"所阻碍的只是那种不停息的努力，即努力准确地和彻底地遵守一种严格而不宽纵的，但却也不是理想化的而是真实的理性命令"②。因此，对于一个有限的理性存在者而言，唯一可能的就是在一个渐进的无限进程中，来达到道德的完善性。而对无限的存在来说，由于没有时间的限制，就把对理性存在者而言乃无限的延伸序列，看作一个与道德法则相一致的整体，因此，"为了在他给每个人规定至善的份额上与他的公正相称，他的命令所毫不含糊地要求的那种神圣性，则是在对这些有理性的存在者的此生的某种惟一的智性直观之中才能全部见到的"③。为此，作为被造物所能期待分享的份额，就在于经过意志的考验，在于其所能取得的进步和道德上的改善，以及为之努力而矢志不渝的决心之中。不论是此生，还是来世的延续，都在永不止步的向善征途之中，唯有实现与上帝意志的完美契合。

因此，"上帝存在"就成为康德的第二个悬设。由于道德法则由理性颁布而不依赖于任何感性的动机，作为至善的第一个、也是首要的要素，实现德性的完备性要求，只有通过悬设灵魂不朽，才能在理性存在者无限延续的序列中得到解决。而同样道德法则也肯定至善的第二要素，亦即与

---

① [德] 康德：《实践理性批判》，邓晓芒译，人民出版社 2003 年版，第 168 页。
② 同上。
③ 同上书，第 169 页。

德性比配的幸福之可能，而这必然也会导向有一个适合于这一结果的原因之存在的假设，这样，它也就必须悬设上帝存在，来作为完满至善之可能的必要条件。康德认为，幸福是一个理性主体拥有按其愿望和意志而存在的状态，它由此需要外部自然与他的全部目的相调和，并且也与决定他的意志的原则相一致。问题是，道德法则是自由的法则，它决定意志的原理，是完全独立于自然，也不依赖于自然与我们的欲求能力协调一致的。道德法则的存在，不足以假定理性存在者的德性，与人生幸福之间存有某种必然的关联。因为尘世中活动着的理性存在者，既存在于此世之中，也依赖于这个世界而生存，所以他不能凭借他自身的意志，而作为这个自然世界的原因，也不能凭借他自身的力量，使这个世界与他的实践原理相一致而获得幸福。但是，纯粹理性的实践任务却是必然要追求至善的，也设定了德性与幸福之间的必然的关联，为此，也就必须要"悬设"自然有一个与其自身完全不同的原因存在，"这个原因将包含有这一关联，也就是幸福与德性之间精确一致的根据"①。因此，完满至善在尘世中之可能，唯有假定自然存在着一个具有与道德意向相符合的因果性的至上原因。由此，"自然的至上原因，只要它必须被预设为至善，就是一个通过知性和意志而成为自然的原因（因而是自然的创造者）的存在者，也就是上帝。因此，最高的派生的善（最好的世界）的可能性的悬设同时就是某个最高的本源的善的现实性的悬设，亦即上帝实存的悬设"②。在康德看来，假定上帝存在是道德上的必然，也是一种"需要"。如果我们要实现德性和幸福一致之至善，那么必须有着这样的悬设，虽说仅从理论理性而言，作为解释原则可以称之为"假设"。"但在与一个毕竟是由道德律提交给我们的客体（至善）的可理解性发生关系时，因而在与一种实践意图中的需要的可理解性发生关系时，就可以称之为信仰，而且是纯粹的理性信仰。"③

正如康德在《纯粹理性批判》中所指出的，从这个世界的性状、秩序和统一性中，我们推出这个世界的完美的创造者，亦即上帝，"在这个

---

① ［德］康德：《实践理性批判》，邓晓芒译，人民出版社2003年版，第171页。
② 同上书，第172页。
③ 同上书，第173页。

世界中必须假定两种不同的原因性及其规则,这就是自然和自由。因此,自然的神学从这个世界上升到最高的理智,要么把它作为一切自然秩序和完善性的原则,要么把它作为一切道德秩序和完善性的原则"①。而从人性的不完美出发,所推出的作为原因的完美创造者的上帝的存在,亦即"道德神学"。康德认为,通过悬设上帝存在,唯此演绎而确立德性与幸福之间的关联,我们亦能理解为何希腊诸学派,都不能成功地解决"至善"的实践可能性问题。"因为他们总是只把人的意志运用自己的自由的那个规则当成这种可能性的惟一的和独自充分的理由,依他们看来为此并不需要有上帝的存有。"② 虽然他们有正确性的方面,那就是,在不需要设定上帝的同时,把德性的决定原则仅仅看作是意志服从理性的命令,并以此而作为实现至善的至上实践条件来说是正确的,但是,问题却在于,唯此却并非实现至善之可能性的全部条件。在康德看来,对伊壁鸠鲁派而言,不仅确立幸福原则来作为最高的指导性原则,把基于快乐和爱好的准则,"冒充"为普遍有效的"法则",并以此来评价实现这一目标的所有手段和欲求对象的价值,同时,这种过于强调审慎而通过理智选择(手段)所获得的幸福,是贫乏的,也会随着境遇的不同而各异。而与之相反,斯多亚派虽然正确地选择了把德性作为幸福的最重要的条件,但是,却认为德性准则所要求的德行的完善程度,是一个人在今生今世就能够完满达到的,这样也就过分地强调了人的道德实现能力,从而也就把它超拔到了能够超越于人的本性的一切局限的高度。同时,康德指出,其所不能容许的是,他们也不把作为至善的第二个要素的幸福,作为人生欲求的特殊对象,而过分强调超然于物外的内心自足而宛如神祇,并以此来摆脱外在的诱惑和抵御各种人生中的不幸。"这样就把至善的第二个要素即自身幸福实际上省略掉了,因为他们把这要素仅仅建立于行动和对自己人格价值的满足中,并因而只将它包括在对道德思维方式的意识之中。"③ 但是康德认为,这完全将会由他们自己本性的要求所驳倒。

同时,康德也考察了基督教的教义,并认为其所提供的"上帝之国"

---

① [德]康德:《纯粹理性批判》,邓晓芒译,人民出版社 2004 年版,第 499 页。
② [德]康德:《实践理性批判》,邓晓芒译,人民出版社 2003 年版,第 173 页。
③ 同上书,第 174 页。

的观念，是唯一能满足实践理性之最严格的要求的。一方面，它既赋予了道德法则以神圣性，尽管人所能达到的道德上的完善，只是通过努力以成就德性，然而，也使人们相信与道德法则完全适合的德性意向的价值，却是无限的；另一方面，尽管德性和幸福的联结存在着这样的矛盾，亦即道德法则或德性自身并不许诺任何幸福，因而遵循自然原则的幸福，也与服从道德法则无关，但是，却相信全知全能的主宰会做出公正的分配，"一切可能的幸福在一个智慧的和万能的幸福分配者作出判分时没有任何别的限制，除了有理性的存在者缺乏与自己的义务的适合性之外。"① 因此，尽管按照一般自然秩序的概念，幸福原本不必与服从道德法则有何相关，然而，基督教的道德，却通过把理性存在者能够全心恪守道德法则的世界，当作是上帝之国，从而弥补了这个缺憾，以德性与幸福的必然联结，补足了至善的实现所不可或缺的第二个要素。"在这个国度里，自然和德性通过一个使这种派生的至善成为可能的神圣的创造者，而进入到了对两者中的任何一个本身单独来说都是陌生的和谐之中。德性的神圣性已经被指定给他们当作此生中的准绳了，但与之成比例的福祉，即永福，却只是被表现为在永恒中才能达到的：因为前者在任何情况下都必须永远是他们行为的范本，而朝它前进在此生中已经是可能的和必要的了，但后者在现世中却是根本不可能以幸福的名义达到的（这取决于我们的能力），因此只能被当作希望的对象。"②

  道德本是自给自足的，是建立在人作为自由存在者的概念之上的，由于纯粹实践理性的实践任务，却由此而通向了宗教，并使一种信仰成为德福一致的实现所必需的、"不可放弃"的要求。康德认为，这也并不意味着取消德行的道德价值，因为服从的动机不是出于希望和恐惧，而只是对法则的敬重和服从，尽管在理性存在者的意志与最高存在者的意志的协调中，德性和幸福将以精确比配的方式关联在一起，"但毕竟不是幸福，而是道德律（它毋宁说把我对幸福的无限制的追求严格限制在一些条件上），才是被指定去促进至善的那个意志的规定根据"③。由此，康德也就

---

① ［德］康德：《实践理性批判》，邓晓芒译，人民出版社 2003 年版，第 176 页。
② 同上。
③ 同上书，第 177 页。

有了这样著名的断言：道德学不是我们如何使得自己幸福的学说，而是应当如何"配得"幸福的学说。道德学主要探究的是意志之善，即如何使意志服从理性的命令的决定性原理，这正是配享幸福的前提条件，而道德通向宗教，就在把德性和幸福勾连起来的同时，为我们添加了希望，因为能够通过我们自己道德上的努力程度，来配享自己的幸福。不过，康德认为，其所伴随的结论就是，正是因为德性是"配享"幸福的前提和条件，道德学才永远不能被视为是幸福学。它不是告诉人们怎样去获得幸福，而只是探究幸福的道德前提和必要条件，也不会论述如何获致幸福的手段，进而被人们当作幸福的指南。而只有"当基于一个法则之上的、以前未能从任何自私的心灵中产生的促进至善（把上帝之国带给我们）的道德愿望被唤醒，并为着这个愿望向宗教迈出了步伐之后，这种伦理学说才能够也被称之为幸福学说，因为对幸福的希望只是从宗教才开始的"[①]。因此，如果说在康德这里，作为最高的完美存在者的目的，就在于人性的完善和人类的幸福，那么，前者体现的就是德性的要求，并作为后者唯一的前提条件。因而既不是鼓励人们以幸福作为道德上努力的目标，也不是要求人们只是以偶然的善行和仁爱，来为上帝增添些许荣耀，它唯一所要求的，只是对作为自由意志规定根据的理性道德律令和义务的敬重和严格的服从。同时，康德也认为："尽管德性（就其与人的关系，不是与法则的关系而言）有时也可以叫做有功德的，而且值得称赞，但它毕竟必须独自就像它是它自己的目的一样，也被看做它自己的酬报。"[②] 不过，当他在援引"上帝"来为德福一致的完满至善提供相应的担保，而强调与德性相配称的幸福时，实际上，仍是通过对结果的某种考量，以希望的名义来给予其一种道德上的补偿。

第三节 "德"与"利"的相容

从柏拉图《理想国》中"正义是否有益于人"的道德追问开始，道

[①] [德]康德：《实践理性批判》，邓晓芒译，人民出版社2003年版，第178页。
[②] [德]康德：《道德形而上学》，李秋零主编，《康德著作全集》第6卷，中国人民大学出版社2007年版，第418页。

德学家们似乎一直承受着一种解释的压力和劝诫的难题。因为他们的使命,就在于要给每一个关心自己利益和福利的个人,来阐明在人类合作性实践中选择接受道德义务的理由。然而,亦如休谟所追问的,什么样的体系能够使道德家们免除他们在推荐这些义务时常常所需要忍受的痛苦?"或者说什么道德理论能够促进任何有用的目的,倘若它不能通过一个特定的细节表明它所推荐的所有义务也就是每个人的真正的利益?"[①] 显然,在诸多伦理学的解释路径中,亦有人们选择通过探究道德与理性的自我利益的"相容性",来奠定道德的理性基础而抵御怀疑主义,从而力图为人们提供一种有效的道德劝诫。这种理论图式在把道德理论看作是理性选择理论的一部分的同时,在基于互利的契约理论的框架中,以严格和精确的推理来确证"道德的,也是有利的"的观点。同时,也有的试图通过某种行为类型的重构,以及通过对其进行"理性测试"的理论努力,来描述一种理性自利与道德"相容"的乐观主义的可能性。

一 道德是"有利的"?劝诫的难题与确证

在《理想国》中,格劳孔对正义的起源和本质的描述,在一定意义上既揭示了人类生存境遇的特征,也为探究社会合作秩序和道德(正义)准则从一种"缺乏"伦理引导的状态中的缘起,提供了一种富有启示性的类比。因为正是在为了自利而"冒险"的生存境遇中,人们产生了对于协调彼此之间利益关系的道德(正义)的需求。就此意义上而言,任何道德(正义)都是为了人的需要而产生,在解决人们在社会境遇中"得"的矛盾和冲突的同时,也实现作为人的自身的本性和价值。不过,对格劳孔而言,尽管描述了自利的理性能够指引人们达成相互之间的妥协,以实现在"最好"和"最坏"的境况之间的折中,但是却没有、也不可能详尽地提供这种"妥协"与让步的程度和细节。而对承继这一解释路径的霍布斯而言,在说明"理智便提示出可以使人同意的方便易行的和平条件"[②] 时,他更多的兴趣,也在于如何通过外在的强制来满足"正义的条件性",亦即保持着对"在别人也愿意这样做的条件下"的确

---

① [英]休谟:《道德原则研究》,曾晓平译,商务印书馆2002年版,第132页。
② [英]霍布斯:《利维坦》,黎思复、黎廷弼译,商务印书馆1997年版,第97页。

信。因此，与描述人们"同意"的程序和过程相比，他更强调的是，如何借助于强制性所产生的惩罚和畏惧心理，来束缚人们的野心、贪欲、愤怒和其他激情，尽管在人的有意识的行动中，都把实现自己的利益而获得更好的自我保存，看得高于一切，但外在的强制所产生的惩罚威慑和利益制衡，也会指示出人应该如何行动。显然，与通过外在的强制和惩罚来解决这样的生存困境，以维持人们彼此之间相互妥协与让步的确信和持续效力相比，如果能够证明，即使在不需要外在性的强制的条件下，理性自利的主体也确实能够从对正义和道德义务的服从和践履中，得到真实的利益和好处，这无疑也会成为最有诱惑力的道德劝诫。因为这意味着，就人们服从正义与道德的约束而言，"既不需要一种拥有各种权力手段、持续进行强制威胁和对公民的绝对强力的国家统治机制，也不需要通过道德教条主义或永入地狱的咒语对人的天性进行压制"[①]。因此，与通过武力来规制人的欲望，或者期望借助于单纯的道德说教来使人们淡漠自己的利益，抑或以激励人们展现仁慈之德而关心他人的福利相比，使"道德也是有利的"作为行为主体理性选择的结果而形成的确信，似乎也是一种可欲的劝诫方式。

由此，基于自私的人性设定，霍布斯的理论，代表着对于人的欲望叙述和道德劝诫的一种模式，"国家在必要时甚至可以通过暴力手段来完成所赋予的任务，即阻止欲望的最坏的表现形式和最危险的后果的出现"[②]。然而，这种依靠强力压制和惩罚型的劝诫模式，在让人们看到社会秩序的可能性的同时，却并没有从实质上解决"服从"和劝诫的难题。而当休谟秉持着试图通过某种非强制性的方式来解决生存困境的信念，把正义（德性）建立在某种"有用性"的基础之上时，则又代表着另一种不同的道德劝诫的模式，那就是，虽然不寄希望于能够改变或改正那只有"有限的慷慨"和自私的人性，但是，人类在很大程度上是被利益所支配的人性事实，却可以考虑如何通过"利益"来制衡欲望，"没有一种情感能够控制利己的感情，只有那种情感自身，借着改变它的方向，才能加以控

---

① ［德］米歇尔·鲍曼：《道德的市场》，肖君、黄承业译，中国社会科学出版社2003年版，第9页。

② ［美］赫希曼：《欲望和利益》，李新华、朱进东译，上海文艺出版社2003年版，第10页。

制"①。因此，相信利益的诱导，加上对共同利益的"同情"的渲染，以促成一种自发和内生性的合作性秩序的实现，使人们确立起"与其放纵，不如约束"的基于互利的合作预期。当然，这种模式也因为合作秩序的扩展，而需要政府的"辅助"，而不是完全放弃国家框架。"这种解决方式并非是简单的压制欲望，它包含于驯化、利用欲望的思想中。国家或社会再显神通。然而，这一次它们不仅是一个压制欲望的堡垒，而且是一个改革者，一种教化的工具。将破坏性的欲望转化为建设性的欲望。"② 而在人们看来，在一个利益作为人们的支配性动机的生活世界中，人们普遍相信通过利益的诱导，能够获得一种社会秩序的乐观理想，由亚当·斯密借助于那"一只看不见的手"的隐喻，而得到了最为形象和精确的描述。

不过，借助于"同情"机制来跨越个人利益与集体利益鸿沟的解释模式和劝诫，也同样遭到了人们的质疑。因为休谟的论证已经全然否定了在理性上确立道德的可能，那么，道德所劝诫的所有义务，是否能够为每一个个体的理性所认可？显然，康德在他的激励下毫不犹豫地走向了对立面，那就是，排除了在激情的基础上确立道德的可能，而力图在理性的基础上确立起普遍性的道德。当然，康德所强调的意志准则排除了任何偏好和利益的考虑，在他看来，我们不可寻求任何其他动机致使我们舍弃道德律对意志的影响，"因为这将会导致一切不能持久的十足伪善，甚至哪怕只是在道德律之外还让别的一些动机（作为利益的动机）一起发生作用，也是要当心的"③。然而同样受休谟理论的刺激，但是却不同于康德的论证路线是，有没有可能在自利最大化的理性动机与道德之间建立起联结关系？作为霍布斯解释路径的坚定的支持者，高塞尔就断言："假定我们发现，像休谟自己相信的那样，理性除了在决定事实时发挥作用之外在行动领域是无能为力的，或者假定我们发现理性只是利益的女仆，那么跨越利益的道德的要求就必定也与理性相矛盾。在任何一种情况下，如像传统的所构想的那样，道德的事业是不可能的。"④ 因此，他力图为把道德作为

---

① [英]休谟：《人性论》下册，关文运译，商务印书馆1997年版，第533页。
② [美]赫希曼：《欲望和利益》，李新华、朱进东译，上海文艺出版社2003年版，第11页。
③ [德]康德：《实践理性批判》，邓晓芒译，人民出版社2003年版，第99页。
④ David Gauthier, *Morals by Agreement*, Oxford University Press, 1986, p. 2.

一种对个人利益追求的理性约束的传统概念辩护，而这种"理性的"概念，又明显区别于康德路线中那已经包含着道德和公正维度的"实践理性"的理解，而是把一种"最大化的理性概念"运用于合作性互动的结构中，来为个人利益的最大化理性与道德约束"相容"的可能性，寻求一种新的道德解。

高塞尔力图从理性选择中来推出道德，在延续霍布斯的契约论解释路径的基础上，来寻求人们之所以接受"通过协定的道德"的内在根据。他所要竭力证明的是，在没有外在的政治威慑和强制性惩罚的条件下，合作性实践中的参与者也将会理性而"道德地"行动，因而其道德理论的探究，就"通过定位在理性选择框架中个体利益和相互利益之间的冲突而开始"①，并在反对休谟情感主义道德传统的基础上，力图为道德重新奠定一个理性的根基，来抵御怀疑论。这就意味着，"既不是在我们的同情心中……也不是在任何据称是独立于我们个体利害关系的客观义务中，来找到道德的基础，而是以受益于每一个人，并且也为每个人理性地接受的方式，在我们互惠事务的明智排序中来找到"②。因而，他也就采用了一种不同于"康德—罗尔斯"传统的契约论的解释路径，来论证道德规范的源起和道德责任的理性基础。在他看来，既不需要罗尔斯的"无知之幕"的遮蔽，以隐匿参与者对自身身份的知识，也不需要预设"道德的"维度，而把正义原则看作是人们之间一种讨价还价或协定的结果，是对个体利益或好处的追求的约束。这种道德即理性的约束的概念，或许与习俗性的道德原则的内容，以及和我们所接受的社会既有的道德劝诫，有着某种重要的差异，但是他认为，其所关注的，就在于论证道德作为一种对个体利益追求的理性和公正约束的正确性。不过值得注意的是，高塞尔既借助了博弈论和讨价还价理论的"工程学"方法和分析框架，同时，也力图通过呈现囚徒困境的境遇特征和问题域，来诠释道德规范的缘起及其作用的方式，因此，也就以一种严谨的"技术化"的理论程序，凸显了在合作性互动中道德和利益的相容性难题。

---

① David Gauthier, *Morals by Agreement*, Oxford University Press, 1986, p. 13.

② David Gauthier, *Moral Dealing*: *Contract*, *Ethics and Reason*, Cornell University Press, 1990, p. 2.

第三章　道德报偿的理论类型与叙述图式 | *123*

众所周知，由于经典的"囚徒困境"的互动模型，较为清晰地呈现了个人利益与合作性利益的悖论性难题，它不仅提供了一种探究人类互动中合作与秩序实现的境遇特征，从而启示着对于参与者的"理性"决策和道德之间内在联系的认识，也为探究道德与自利的相容性问题提供了一个典型的思考范例。正是从这一互动结构的特征及其道德含蕴出发，高塞尔竭力证明，为什么自利的"理性人"会同意约束和抑制对自身利益的追求，而选择"服从"他们所做出的协议。诚然，要论证正义原则如何从一种"缺乏"伦理引导的状态中缘起，进而诠释人们理性服从其所提出和接受的道德准则的合理性，实际上，这种"契约论"的解释模式，都有着对道德规则的接纳和实践的"前道德"背景的说明，这也将引出对"契约论"要素的说明，亦即"原初状态"的设定和参与者的"理性"的规定性。显然，对于罗尔斯而言，"各方可能知道的唯一特殊事实，就是他们的社会在受着正义环境的制约及其所具有的任何含义"①，而高塞尔想要证明的是，在没有"无知之幕"的遮蔽下，彼此知根知底而追求自利的个人如何达成正义原则。为此，他设定的原初状态中每个人都没有先在的道德倾向，甚至反对道德作为对自利追求的约束，也没有假定就必定存在公正约束的原则。"一个人被构想为不受约束的行动中心，致力于以他的能力和资源去实现他的利益，他考虑他能做什么，但是最开始并没有在他可以做什么和不可以做什么之间做出区分。"② 如果说从这种"非道德"的前提出发，那么个人是怎样认识到他选择的道德维度的呢？自由平等的自利行为者通过自愿的讨价还价，所协定的交易原则，如果对每一个人来说都是理性的，那么也就是道德（正义）的。由此而同意对自利追求所施加的约束，在区分出什么可做或不可做的同时，也就开显了"道德"的维度。正是在这一意义上，使我们理解了协定道德的含义，以及为什么成为"道德的"，也是理性的、有利的。

当然，通过契约原理所确立的道德的区分，并非是凭空出现的魔幻过程，玩着从空帽子里变出兔子的"戏法"，而是只要在合作性互动结构中，有认同的相互约束的必要和位置，也就有道德（正义）的维度和需

---

① [美] 罗尔斯：《正义论》，何怀宏等译，中国社会科学出版社2009年版，第106页。
② David Gauthier, *Morals by Agreement*, Oxford University Press, 1986, p. 9.

要。在高塞尔看来，当经济学提倡一种理想的互动，期望通过自由和自然的竞争，调和个人和社会的利益，因而"互利"能够通过每一个个体无约束地追求自利最大化的行动来获得，那么，这种完美竞争市场的秩序图景，既没有理性的约束的空间，也没有道德约束的位置。因此，作为经济学家所熟悉的栖息地，"如果它是现实的，那么将构成一个道德虚无区（a morally free zone），这是一个道德约束毫无位置的区域。让每一个人以她自己的方式追逐她自己的利益，这一市场满足了道德无政府状态的理想"①。因为在完全竞争市场条件下所构想的理想互动类型，道德没有任何运用，也因为在自由互动中效用最大化和最优化的一致，排除了对于道德所提供约束的需要。因此，倘若世界真是那样一个市场，道德也将是不必要的，因为它所展现的一个和平、高效和友善的人类社会的秩序图景，既没有、也不需要对个体效用最大化施加任何约束，更不需要进一步的"道德诡计"（artifice of morality）。然而高塞尔认为，"道德虚无区"的存在并没有毁誉道德的价值，反而成为一个有益的衬托。因为，"理解道德虚无区在人类事务中的性质、地位和局限性，将有助于我们理解道德的（和政治的）约束区的性质和必要性"②。因而也恰恰有助于我们理解囚徒困境的境遇特征，在一个没有实现自然的和谐的地方，通过道德（正义）的约束而产生"人为的"和谐的实质和必要性。因此，道德（正义）就是源起于市场的"失灵"，道德约束也仅仅只是由于相互性的利益，不能由个体的私利追求得到保证时产生。这样，这种"人为的"道德，就产生于个体利益与互利（合作剩余）之冲突的"和解"的需要。

问题在于，通过协定正义来解决合作困境，也在于要认识到，对于先前的假设性的契约，并非如此想当然地就能得到理性人的事后遵守的结果和事实。因为，自利的理性人可能自愿地加入合作性的冒险，然而却不愿意遵守它，每一个加入者，都希望从他人的遵守中获利，却希望从自己的"背叛"中得利。为什么理性人会同意约束性的正义原则，而它又具有什么样的普遍性特征，成为理性协定的对象而为他们所遵守？高塞尔承继了霍布斯的路径，而后者则指出，要摆脱自然状态，就需要人们相互妥协订

---

① David Gauthier, *Morals by Agreement*, Oxford University Press, 1986, p. 84.
② Ibid., p. 85.

立契约，而相互妥协则意味着每一个人都必须做出"让步"，从而对自利的行为做出限制。因此，关键就在于，每一个人如何做出让步，抑或如何使自己的让步最小而利益最大化？高塞尔认为，在合作的共同战略达成协定中，每个人都认为自己在从事于与同伴进行讨价还价的过程中，正是一种理性的讨价还价的过程，能确保使每个参与者达成一种一致性的结果。"因为合作是理性的，我们假定联合战略应当通过这样一个程序来被选择，以使每一个认识到这一点的人会自愿接受这一战略。这样每个人都能够把从合作中所获得的利益的分配，看作是对她作为一个行动者、一个合作过程中的全程参与者而言所能接受的。"① 由于讨价还价者具有相同的理性，在就一个联合战略获得一致时，每一个个体都投入到和其关联伙伴进行讨价还价的过程之中，通过讨价还价，最小化他的约束成本，而最大化从他人的约束中所获得的收益。"每个人作为效用最大化者，都在努力最小化他的让步，在他自己并不愿意做出相同的让步前，没有人期望其他的理性人愿意做出让步。"② 这种互动博弈，使最终的一致性协定，将会在一个最小化的最大相对让步值这一点上取得。这样，经由双方博弈和讨价还价而理性协定的原则，即为"最小最大相对让步原则"（the Principle of Minimax Relative Concession）。由于这一原则对交易各方来说是理性而可接受的，也就是正义的、道德的。而高塞尔也认为，我们许多实际的道德原则和实践，都可以说是在特定境遇中对于最小最大相对让步原则的应用，甚至诸如守诺、诚实和公平交易都可以由此来得到辩护。

　　在互利的合作性冒险中，正是这种定约者的理性，使正义的人在和他认为有着同样倾向的人的互动中，倾向于遵循最小最大相对让步原则的要求。"正义是这样一种倾向，它不去利用他人，不去寻求免费品或强加无偿的成本，只要一个人假定他人也有同样的倾向。"③ 因此，在高塞尔看来，正义的人也是适合社会的，他能够"内化"互利的观念，而在选择中对实现合作结果的前景给予主要的考虑。不过，要在论证道德约束的合理性的同时，也解决"服从"问题，他认为，还需要借助于对能够"内

---

① David Gauthier, *Morals by Agreement*, Oxford University Press, 1986, p. 129.
② Ibid., p. 143.
③ Ibid., p. 113.

化"正义原则的"有约束的最大化者"的说明。为此，我们要区分"两种人"，一种是在做出特定选择中倾向于直接最大化他的利益；另一种人则倾向于遵循相互有益的道德约束，倘若预期他人也同样服从。如果说，前者是一个"直接的最大化者"，那么后者则是一个"有约束的最大化者"。显然，前者就是一个总是寻求自己效用最大化的"理性傻子"；后者则表现为一种"有条件"的倾向性，而选择了合作性策略。在和他人互动中，后者能够分享前者所缺失的那些合作的机会，但是，他们有时也会因倾向于"服从"而有所损失。因为对他人错误的互利预期，那些人却反以他们为代价来受益。因此，这也就需要论证在可能的条件下，有约束的最大化者从合作中获得的净收益，超过他人所预期的剥夺性的利益，从而也能够产生较之于单个人的策略而能获得"最优"的结果。这样在一般情境下，他们也才会有理由去接受和遵守由这些道德原则所加之于他们的约束，从而认识到，通过内化道德原则来引导个人的选择，倾向于有约束的最大化才是理性的。

因此，并非所有的约束都是理性的，因而必须这样来界定一个有约束的最大化者有"条件性"的倾向特征。首先，有条件地采用合作策略的行为主体，其预期效用不少于其采用个人策略的效用，而接近于由"最小最大相对让步原则"所决定的结果。同时，一个有约束的最大化者以这样的方式趋于合作：如果其他人都遵守，将产生相互有利而公正的结果，他也预期现实的活动互利而合作，从而也就把通过协定的道德观念与现实的道德实践联系起来；其次，这种"条件性"也取决于，与不合作所能期望的效用相比，合作将能够受益。同时，为了避免被剥夺而成为他人的牺牲品，在采取实际的有约束的行为倾向之前，行为者能合理地确定，是否处在一个与之具有同样倾向的人的互动中；最后，有约束的最大化者也不是选择最有效的"伪装"，只是考虑通过牺牲眼前利益，以获得他人的信任而谋取长远的利益。因此，与直接效用最大化者的推理逻辑不同的是，有约束的最大化者将考虑这样两个因素，亦即，"（ⅰ）如果每一个人都当如此行为，结果是否是公平和最优的；（ⅱ）她如此行为，而现实预期的结果是否提供给她较之于一般的非合作更大的效用"[①]。如果

---

① David Gauthier, *Morals by Agreement*, Oxford University Press, 1986, p.170.

这两个条件都满足，那么就把行为建立在联合策略的基础之上。相反，直接的最大化者仅仅考虑现实预期，倘若采取合作策略，是否提供给他一个若采取其他选择性策略带来更大的效用，他只是在这一条件下才会考虑合作。

由此，也就要考虑到有约束的最大化者和有着同样倾向的人，以及他们与直接的最大化者之间互动方式的不同。对于有约束的最大化者来说，能够从这种合作预期中获得合作利益，这是直接的效用最大化者所不能获得的。同时，直接的效用最大化者因为倾向于"背叛"的行为倾向，使他们不能获得作为协定参与者的认同。因此，直接的效用最大化者和有约束的最大化者因行为选择倾向的差异，也分享着不同的获益机会。当然，高塞尔认为，合作的实现与两难困境的克服，还必须要求参与者具有某种"透明"性，从而也要"认识到培育他们从不诚实的人中区分出真诚的合作者的能力的重要性"[①]。正因为如此，对于理性的有约束的最大化者而言，在这种互利的"冒险"中，必须要发展这种觉察出他者行为倾向的能力，如果不能发展这种能力或忽视对它的锻炼，那么也就排除了从有约束的最大化获益的可能。因此，正如休谟所假定的："一个有德性的人命运乖蹇，陷入一个远离法律和政府保护的匪寇社会中，他在这个令人忧郁的境况中必定接受什么指导呢？"[②] 由于对正义的尊重不再对自己或他人的安全有用，就必须援引自我保存的命令。高塞尔也认为，在这种情况下成为有道德的，也不是理性的。只有我们发现自己处在与理性公正的人之中，也才有理由使自己倾向于正义。因此，在一个共同体中，只有当一定数量的有约束的最大化者的存在，才能产生自我维系的稳定性。对于"伪装者"、直接的最大化者和纯粹利己主义者的觉察，在避免一种剥夺性互动的同时，也有助于维护合作性群体的稳定性。而如果将有约束的最大化和直接的最大化，类比于互惠利他主义和利己主义的基因倾向，那么不仅自然选择将有利于发展觉察那些只是"伪装"的利他主义者的能力，也使那些突变的利己主义者处于不利而被排除在合作体系之外，而且前者在种群中的比例优势，也将使之相较于后者在竞争中具有更好的生存能

---

① David Gauthier, *Morals by Agreement*, Oxford University Press, 1986, p. 181.
② ［英］休谟：《道德原则研究》，曾晓平译，商务印书馆2002年版，第38页。

力。不过，实际上在休谟看来，伪装者终将暴露他们的本性，而失去人们对他们的信任和信赖，因而珍视诚实所拥有的内在的幸福。而罗尔斯也赞同，对于欺骗和伪装者，"他在谋算时不得不付出心理上的代价：他必须采取预防手段，必须保持他的姿态，必须忍受由此带来的自发性和本能方面的损失"①。不过对于高塞尔而言，他虽然并不否认这种社会化情感的存在，却并没有诉诸情感来为有约束的最大化倾向提供辩护，因为他的理论任务，就是把它建立在"理性"的基础之上。

因此，不同于罗尔斯对"理性"的理解承继了康德的解释维度，也并非如罗尔斯通过强调行为主体的道德人格能力，亦即正义感和善观念的能力的配合，寻求确证"正当和善"的一致与契合来消除不稳定性，虽然同样是通过专注于在平等理性的人之间的协定互动的条件，但高塞尔所要证明的，是对于公正的道德要求，怎样能够"相容"于个体效用最大化的理性要求。而在他看来，"在证明最小最大相对让步是一个正义原则也是理性选择的原则中，我们给予道德一个可靠的基础，这是在《理想国》中由格老孔和阿德曼托斯对苏格拉底提出的挑战中首先所要求的。"②因而它所劝诫的，是允许人们以通过互动所提供的相对利益的方式合作，而在充满"外部性"的互动境遇中，这种基于理性协定的正义的原则要求，作为"一只看得见的手"，约束着人们使之从他们的同伴中获利，但是，却是以"公正的"、并且是以一种"有益于每一个人"的方式来约束他们。同时，这样的约束在把"服从"的义务推荐给每一个个体的同时，也规定着所有参与者的理性的可接受性，而这就是"通过协定的道德"所蕴含的实践意义。诚然，他的这种道德构想，可能也落入了一种"不受欢迎"的传统之中，因为我们如果从柏拉图《理想国》中格劳孔关于正义的起源和本质的叙述中，就能找到其思想源头的话，那恰恰是苏格拉底需要去驳斥的对象。因此，他自己也坦承，其所力求实现的寻求理性道德约束的合理性的理论谋划和努力，只是为探究道德和利益的"相容"关系，找到了一个"暂时"的港湾。同时，也由于只是对表现在契约中的人为的、工具性的理性，抑或是"经济人"的关心，这种从效用最大

---

① [美] 罗尔斯：《正义论》，何怀宏等译，中国社会科学出版社 2009 年版，第 451 页。
② David Gauthier, *Morals by Agreement*, Oxford University Press, 1986, p. 268.

化的理性概念中推出道德（正义）的路径，也受到了人们广泛的质疑和批评。但是，它却也仍然激发了人们的一种理论兴趣，亦即如何利用理性的自利，来引导和培养人们遵守公正规则的倾向，即使这种倾向有时会使人们自主放弃"搭便车"而失去占利的机会，也选择服从正义原则。那么问题就在于，究竟如何描述人们培养这种行为倾向，以抑制明显利己的动机？这也就引导人们对行为类型和动机的描述与重构的努力。

二 行为类型的重构与一种乐观主义的可能性

实际上，理论家们对行为动机的描述，都沉溺或偏好于通过某种"简化"的方式，在"目的性价值"和"规范性价值"的偏执中，来满足理论的一致性要求，以至于得出这样的解释思路："这些多种多样的影响之中，哪一个才是理解人们动机的真正关键因素。因此，问题不在于谁是正确的看法，而在于在所有的可能错误看法之中，哪一个造成的偏差最小。"① 显然，即使是高塞尔对理性与道德关系的论证，也是迎合了现代主流文献、特别是经济学体系的做法，那就是，把人的理性等于自利的最大化，进而把这种理性自利最大化行为，等同于人的实际行为的描述。这种"一元化"的动机假设与行为类型的描述，也就区别于同样是从理性中推出道德（正义）原则的罗尔斯，因为后者通过对"基本善"的描述，把参与者的动机的参考函数"多元化"了。而人们针对这种行为的动机假设，也呈现了几种截然不同的立场。如一种立场仍坚持断言："人……无论在哪里，永远是效用最大化者。他会经常地犯错误：也许是效用的计算过于困难，但更经常的是他的信息不全。他学会纠正这些错误，尽管某些时候代价昂贵。"② 因而，"如果人们对在其个人私利和普遍声称所信奉的伦理价值观发生冲突时的行为方式进行全面系统的测试，会得到怎样的结果。许多时候，实际上是大多数时候，追求私利的理论会获得胜利"③。

---

① ［英］肯·宾默尔：《博弈论与社会契约》第 1 卷，王小卫、钱勇译，上海财经大学出版社 2003 年版，第 26 页。

② ［美］乔治·施蒂格勒：《经济学家与说教者》，贝多广等译，上海三联书店 1990 年版，第 50 页。

③ Georgel. J. Stigler, *Economics or Ethics? The Tanner Lectures on Human Values*, Harvard University, 1980, p. 176.

而另一种立场,则在批评动机单一化和自利理性动机观的同时,强调理解人类真实动机的"多元性"及其平衡。这正如阿马蒂亚·森所认为的:"自利理性观意味着对'伦理相关'动机观的断然拒绝。然而,尽自己的最大努力实现自己追求的东西却只能是理性的一部分,而且这其中还可能包括对非自利目标的促进,那些非自利目标也可能是我们认为有价值的或愿意追求的目标。把任何偏离自利最大化的行为都看成是非理性的行为,就意味着拒绝伦理考虑在实际决策中的作用。"① 因此,他认为,否认人们总是唯一地按照自利的方式行事,却并不意味自利行为在大量日常决策中不起主要作用,事实上,正是因为自利在我们的选择中起了决定性的作用,才使得人们之间的经济活动能够正常进行。因而,"真正的问题应该在于,是否存在着动机的多元性,或者说,自利是否能够成为人类行为的惟一动机"②。

在实现道德与理性自利的"相容",抑或跨越个人利益与共同利益的行动困境的论证中,高塞尔"有约束的最大化者"的提出,在某种程度上提示了一种理论方向,那就是行为主观动机的自利取向,与规范约束的结合所呈现的行为类型。它既希望能够摆脱纯粹的自利最大化动机所导致的合作性互动的失败,同时,在接受或"内在化"规范约束时,有着抵制寻求占利和背叛的诱惑的动机。而这种通过行为类型的重构,来实现道德和利益相容的论证,也体现了一种新的解释模式和努力方向。正如阿马蒂亚·森所言的:"在伦理学的研究中,人这一概念具有基本的和不可约减的'二元性'。我们可以就一个人的主观能动方面来看这个人,认识和关注他或她建立目标、承担义务、实现价值等的能力;我们也可以就福利方面来看这个人,这方面也需要引起我们注意。"③ 如果承认人的行为动机的某种复杂性或多元性,那么问题就在于,如何打破常常被简化了的"经济人"或纯粹的"道德人"行为模式的局限性,去描述这种在某种程度上"综合"了自利考虑与规范价值取向的动机。有如乔恩·埃尔斯特(Jon Elster)所认为的,首先,我们可以从两个不同的维度,来对人的行

---

① [印]阿马蒂亚·森:《伦理学与经济学》,王宇、王文玉译,商务印书馆2000年版,第21页。
② 同上书,第25页。
③ 同上书,第44页。

为动机进行类型分析，在他看来，一个维度可以区分为自私（selfish）的和非自私（nonselfish）的利益；其次，可以区分为结果导向（outcome-oriented）和过程导向（process-oriented）利益。由此，通过组合就可以获得四种关于对行为动机的类型的理解。埃尔斯特认为，这四种类型的行为动机，在囚徒困境和集体行动中的作用是不相同的，理性的、自私的和结果导向的行为类型，是一种普遍的理性假设类型，然而，有一种行为动机类型却很少注意到，那就是行为可能被"非自私—过程导向利益"所驱动。[①] 而埃尔斯特后来又概括为两种行为动机类型，即结果导向（outcome-oriented）和规范导向（norm-oriented）。[②]

而类似于高塞尔的"有约束的最大化者"，米歇尔·鲍曼基于"效用导向"和"规范约束"的行为，也创建了一种新的行为模型，亦即"有行为倾向的效用最大化者"，并试图通过对其进行理性测试，而论证跨越个人利益与共同利益的鸿沟的可行性，以满足市场社会的道德需求。在他看来，就对理性行为的描述而言，我们需要重新认识马克斯·韦伯的理性行为概念，对致力于探究西方社会理性化进程及其原因来说，"最引人瞩目的不同是韦伯在对理性行为的分析中——有别于几乎所有的后来者——从一开始就提出了双元模型，即创造了两种理性行为模型，也就是众所周知的关于'目的理性'与'价值理性'的二分法。"[③] 在鲍曼看来，这两种"理想类型"，与现代社会学中所谓的"经济人"与"社会人"的模型基本吻合，这也导致两种不同而对立的解释立场，要么站在理性主义的立场，来倡导目的理性的行为类型；要么站在规范主义的立场，来坚持价值理性的行为模型。然而，他们却恰恰忽视了韦伯最重要的特征，其实就在于对这两种行为模型的运用，因此，他们大多都忽视了这种人类行为或动机的"两面性"或多元性，而一味地采取了某种"简化"的描述方式。显然，在主流的经济学文献对于人类行为动机的解释中，对纯粹自利动机

[①] Jon Elster, "Rationality, Morality, and Collective Action", *Ethics*, Vol. 96, No. 1, 1985, p. 145.

[②] Jon Elster, "Social Norms and Economic Theory", *The Journal of Economic Perspectives*, Vol. 3, No. 4, 1989, p. 99.

[③] ［德］米歇尔·鲍曼：《道德的市场》，肖君、黄承业译，中国社会科学出版社2003年版，第266页。

的模型的推崇，也同样取消了这种"两面性"。实际上，阿马蒂亚·森对"经济人"的理性假设所提出的批评，也是试图在二元人性张力的人性论基础上，来为合作困境提供某种"道德解"。而鲍曼则同样试图在重新认识韦伯的"二元论"模型的基础上，来做出一种创新性的解释。当然，这并非意味着只是简单地回归到韦伯的行为类型学，而是在此基础上考虑如何对之进行扩展的可能性。这是因为，"韦伯把'目的理性'及'行为理性'概念与逻辑上互不关联的两大行为特征进行了两两组合。因此，自然而然就提出了一个问题，即从经验论上能否证明这些特征可以独立于对方而任意变动，从而产生其他韦伯未能考虑到的组合"①。

众所周知，韦伯在分析社会行为的概念时，给出了对于"目的理性"和"价值理性"的定义。在他看来，并非任何行为都是具有社会性质的行为，因为只有当自己的举止在意向上以别人的举止为取向时，才是"社会的"行为。而"目的合乎理性的，即通过对外界事物的情况和其他人的举止的期待，并利用这种期待作为'条件'或者作为'手段'，以期实现自己合乎理性所争取和考虑的作为成果的目的"。而"价值合乎理性的，即通过有意识地对一个特定的举止的——伦理学、美学的、宗教的或作任何其他阐释的——无条件的固有价值的纯粹信仰，不管是否取得成就"。②因而显而易见的是，目的理性的行为，也是典型的"目的（后果）导向"的行为，因为这种行为的特征就在于，"根据目的、手段和附带后果来作为他的行为的取向，而且同时既把手段与目的，也把目的与附带后果，以及最后把各种可能的目的相比较，作为合乎理性的权衡。"而与之相反，纯粹的价值合乎理性的行为则是非后果考虑的"规范导向的""无视可以预见的后果，他的行为服务于他对义务、尊严、美、宗教训示、孝顺、或者某一件'事'的重要性的信念，不管什么形式的，他坚信必须这样做，……总是一直根据行为者认为是向自己提出'戒律'或'要求'而发生的行为。"③因此，从行为动机的角度而言，也凸显了这两

---

① [德]米歇尔·鲍曼：《道德的市场》，肖君、黄承业译，中国社会科学出版社 2003 年版，第 268 页。
② [德]马克斯·韦伯：《经济与社会》上册，林荣远译，商务印书馆 1997 年版，第 56 页。
③ 同上书，第 57 页。

种理性行为的区别。因为要在相互竞争和冲突的目的和后果之间做选择时，如果不考虑任何"戒律"或"要求"，而只是"干脆作为业已存在的主观需要冲动，纳入经过他有意识权衡过的轻重缓急的刻度上，并让他的行为以此为取向，使种种目的按照这个顺序尽可能地都得到满足（'边际效应'原则）"，那么就是目的理性行为；相反，这时的行为动机，如果仍然"无条件地仅仅考虑行为固有价值（纯粹的思想意识、美、绝对的善、绝对的义务）"①，那么行为也是以价值合乎理性为取向，而只是在其手段上合目的理性的行为。正因为如此，韦伯认为，一方面，这两种行为取向可能处于形形色色的不同的关系之中；而另一方面，社会行为仅仅以一种方式或者另一种方式为取向，也是极为罕见的。因此，他的行为类型学并没有包罗行为取向的全部分类，只是作为概念分析上的"理想类型"，而现实的行为或者多少与之接近，或者是从它们当中产生，但可能更多的还是一些混合类型的。

而在鲍曼看来，正是从韦伯对这两种主要的"理性行为"类型分析中，我们能够厘析出涉及行为特征的几个重要的参考因素。首先就行为的"选择规则"而言，韦伯主要阐述并提供了两种主要的"选择规则"，即"目的（后果）导向"和"规范约束"。因为"目的导向"的特征，就是在面临选择时，在行为的诸多可能性的选择中，对各种可能的后果根据自己的标准进行理性的权衡，从而做出"最佳"的选择。而"规范约束"则不考虑各种可以预见的后果，这意味着，"行为者的行为基础不是对各种行为选择及其相应的后果进行比较性的评估，而是在特定情形下从可供选择的可能中选择符合某一规范的行为"②。因此，这种行为和目的理性行为都会避免任意行为的产生，但是，却又和后者基于后果的权衡，而选择有"策略地"在具体情形下服从规范不同。因为这种选择规范约束的方式，仍然只是作为达到最佳的理性目的的有效手段。"因为行为者在特定的情景下会考虑惩罚或奖赏的因素。具体情形下服从规范在结构上同其他后果导向的行为没有区别，它建立在特定情形下对所有'相互竞争、

---

① ［德］马克斯·韦伯：《经济与社会》上册，林荣远译，商务印书馆1997年版，第57页。

② ［德］米歇尔·鲍曼：《道德的市场》，肖君、黄承业译，中国社会科学出版社2003年版，第269页。

相互冲突的目的和后果'进行的个别权衡的基础上。"① 因此，这种行为类型，本质上仍是"经济人"的选择模式，无一例外地是建立在后果导向的权衡和选择的基础之上的。在鲍曼看来，"经济人"最大化效用的"本性"，决定了它无力对规范采取"内在化"的立场而保持服从规范约束的规律性；其次，就"行为动机"而言，韦伯提出了基于"主观效用"和基于"理念价值"两种动机。就前者而言，预期的主观效用，是理性行为者评估各种行为备选方案的标准和尺度，也成为确定个人偏好的基础。而就后者而言，行为的动机"无条件地"仅仅只是实现理念价值，而不考虑可预见的后果。因而尽管从广义上来说，无论是主观效用或有用性，还是理念价值，对行为者而言，都是一种基于某种"价值"而做出的判断和选择，然而，前者主要与满足行为主体的"需要"和"自利"相关，而后者则被视为是某种"非自利"目标的价值的实现。

由此，通过"行为动机"和"选择规则"的两两组合，我们可以推导出四种理性行为的类型（如下图所示）。②

行为动机＼选择规则	后果导向	规范约束
主观效用	（1）"目的理性"（经济人）	（2）？
理念价值	（3）？	（4）"价值理性"（社会人）

显然，当主观效用的行为动机与后果导向的选择规则相结合，就是"目的理性"行为，而实现理念价值的行为动机，与无条件地服从规范约束的选择规则结合起来，就构成了"价值理性"的行为。而鲍曼认为，从对韦伯理性行为的理想类型的分析中，一方面，通过对这些行为类型的"解构"，我们能够从"目的理性"行为中看到"经济人"的影子，因为"经济人"不仅以主观效用的最大化为唯一的行为动机，按照阿马蒂亚·森的说法，也不会去关注其他"伦理相关"的价值目标，同时，其所注重的，也只是在具体情形下对于行为后果的理性权衡。然而，同样值得注

---

① ［德］米歇尔·鲍曼：《道德的市场》，肖君、黄承业译，中国社会科学出版社 2003 年版，第 270 页。

② 同上书，第 275 页。

意的是,"在价值理性行为类型中,前人的脚印也清晰可见,这有助于理解韦伯何以能够将作为行为动机的理念价值如此不言而喻地和受规范约束的行为紧密相连。此处不难发现伊曼努埃尔·康德的道德哲学的影子"[1]。因为对康德而言,个人行为的道德价值不在于行为所要实现的意图或目的,而在于行为所遵循的意志的准则,"无条件地"服从理性的道德律令。因此,价值理性行为的两个特征,在康德的伦理学中以"纯粹的形式"出现,而这种行为类型,也就是康德意义上的"道德人";另一方面,这种组合分析,也激发了我们通过对行为类型的"重构",而发现某种新的理性行为的可能性。在鲍曼看来,我们是否同样能够证明"理念价值—后果导向"和"主观效用—规范约束"这两种行为类型的可能性和合理性?他认为,一个希望实现理念价值的理性人,同样能够以对后果的预期和权衡作为手段,来实现自己所追求的目的,它与目的理性行为类型唯一不同之处就在于,它所用于权衡后果的标准和尺度,是理念价值而非行为者的主观效用。"如果理念价值有可能需要使用相应手段以在世界上实现某种状态,那么从基于价值这一角度出发,对'外界事物'变化的认知及'以结果为导向'甚至绝对必要而且绝非韦伯所称的那样是'价值上非理性的'。将基于价值同后果导向相结合不仅经验论上可能,而且在一定前提下属理性之准则。"[2] 这种"理念价值—后果导向"的行为类型,也能够从基于道德价值而必须在不同的后果之间权衡的"政治人"那里找到。

因此,一个基于理念价值和义务感的行为者,需要为实现价值而做出理性的选择,那么就意味着,他既可能需要在后果导向行为类型中的不同可能性之间选择,也可能要在规范约束行为类型下的不同规范之间选择,以及在后果导向和规范约束的行为之间做出理性的选择。由此,也就能够理解康德意义上的"道德人",以理性选择服从规范约束和绝对命令来实现道德价值,而功利主义者则选择后果导向行为,以通过实现"最大多数人的最大利益"来实现道德价值。在鲍曼看来,如果基

---

[1] [德]米歇尔·鲍曼:《道德的市场》,肖君、黄承业译,中国社会科学出版社2003年版,第275页。

[2] 同上书,第279页。

于理念价值的动机，能够与后果导向的规则相结合的行为合乎理性，那么，同样也能够推证，是否合乎规范约束也不必然以理念价值为动机。因此，问题就在于，"是否以及在何种条件下对追求主观效用的个人而言，在选择中接受规范约束也符合理性，而不是对可能性及相应的后果进行个人权衡；难道这种行为模型在社会现实中没有意义？该行为从经验论上是否可以排除？或该行为与理性前提相矛盾？"① 显然，对这一新的行为类型的构型，需要面对传统和主流解释的压力，因为对"经济人"的理性而言，更有利的选择无疑是在通过对可能性后果的权衡，使主观效用最大化，而不会确信接受规范约束将带来最大化的利益。而对于康德意义上的"道德人"而言，也相信只有彻底放弃任何利益的偏好和考虑，认为唯有通过规范和价值的"内化"，才能够真正跨越个人利益与共同利益之间的鸿沟。对自利的最大化的追求，必然会导致对规范约束的背离，而无法形成稳定的服从规范约束的偏好和动机。然而，受规范约束是否也能够与行为者的自利追求"相容"呢？在现代社会中，是否存在着使自利的个人选择接受规范约束，对自己"也是有利的"的条件？

与高塞尔在理性选择的理论框架中，以"技术化"的手段来实现对道德和自利相容性的论证不同，鲍曼从捍卫自由市场社会理想的意图出发，强调在一个理性地追求个人利益而具有支配性地位的世俗世界中，以"主观效用—规范约束"结合而构成的"有行为倾向的效用最大化者"，来为获得一种稳定而有效的社会秩序提供辩护，并由此而表达了一种乐观秩序图景的可能性。他认为，与通过"外在"制裁来获得服从规范的有效性相比，以实现对行为者因自己合乎规范，或违犯规范而产生的某种积极或消极反应的"内在"制裁，能更好地达到目的。"内在制裁包括许多种类的情感反应，如过错感和义务感、后悔和羞耻、对自我优越性的满足感和由于失误形成的良心谴责等。这些感受给服从规范带来'内在'收益或效用，也给偏离规范产生'内在'成本。由于这些感受能积极或消极地改变相关选择下的主观效用价值，它们同外在制裁影响个人意志形成

---

① [德] 米歇尔·鲍曼：《道德的市场》，肖君、黄承业译，中国社会科学出版社2003年版，第283页。

的方式并无不同。"① 由此可见，通过"情感反应性态度"来作为报偿或制裁方式，影响或诱导个人偏好的变化，这其实也提示了行为者如何将对接受规范约束可能抱有的兴趣，进一步转变为行为事实。诚然，这不仅需要跨越从规范生效的意愿，到真正服从规范的意志行为之间的鸿沟，同时，也需要有效地抵制在个别情形下偏离规范约束所能获得占利的诱惑。与高塞尔区分"直接的最大化者"和"有约束的最大化者"一样，鲍曼通过区分"结合具体情形的效用最大化者"和"有行为倾向的效用最大化者"，认为后者的"附加能力"，亦即，既可以追求个人利益，也可以受规范约束而采取行动的能力，这既更加符合"人的本性"，同时较之于前者（抑或"经济人"），也更能有效地维护和实现行为者的个人利益。

那么，接受规范约束而放弃在任何情形下选择最大化效用的自由，这种"通往不自由的自由"，是否是理性和"有利的"？奥德修斯为抵制海妖的诱惑而自缚于桅杆，这对他来说既是理性的愿望，也是理性的选择，因此，"有能力解决'自我约束问题'的个人一定会获益匪浅。……纯粹情形下的效用最大化不能摆脱'享乐主义的悖论'，即恰恰是放弃对个人效用的无休止追求会带来个人效用。在许多情况下只有放弃工具式的计算才会带来工具式的成果。受限制的自由最终比不受限制的自由会带来更大的收益"②。而这种自我约束的行为倾向，也使"有行为倾向的效用最大化者"成为有"品格"的人，他不仅理性地追求自己的个人利益，同时，也促进他人和群体的共同利益的实现。当然，面对着特定情形中巨大的占利的诱惑，"行为倾向"也并非总是一道不可逾越的屏障，如果相信仅仅通过我们的"自我约束"就能够解决一切问题，那么就像休谟所言的，"正义"也就会成为多余。而即使是在罗尔斯所构建的良序社会中，必需的制裁和惩罚机制的存在，也"仍然是人类生活的一个正常条件"。③ 因此，外在性的制裁和威慑，也始终是保持规范一致性和有效性的重要保证。而在鲍曼看来，正是这一行为类型的构建，具有重要的伦理意义，因为，"这样一来，伦理的要求给实现自我利益留下适当的空间似乎谈不上

---

① ［德］米歇尔·鲍曼：《道德的市场》，肖君、黄承业译，中国社会科学出版社2003年版，第292页。

② 同上书，第309页。

③ ［美］罗尔斯：《正义论》，何怀宏等译，中国社会科学出版社2009年版，第211页。

是坏事"①,这不仅满足了维护自身利益的条件,同时,也培养了社会性格和利他主义。这种行为类型的"个性特征"就在于:他愿意遵循"道德"和"美德"的要求而做出牺牲,但也不会总是无条件地牺牲;他信守的原则就是,只有当道德和美德从长远来看,必须是"值得"时,他才会遵循道德和美德的要求而行事。

---

① [德]米歇尔·鲍曼:《道德的市场》,肖君、黄承业译,中国社会科学出版社2003年版,第583页。

第四章 道德报偿的"不规则性"及其原因

如果说，伦理学一直在确证德性乃幸福之本，却同样也在面对现实境遇中德福常不配称的难题的同时，需要去解析这种"不规则性"的原因。而与人们在德性和幸福的关系上的乐观主义并行的是，一直存在着的悲观主义的观点，即认为作恶者常常享有"好运"，他们正是活得好的人，而好人时有得不到好报，反而活得很糟糕。应当说，由于人类生活条件都有向运气敞开的可能，一旦认识到人的理性的有限性和生活的某种不完整的自足性，那么，人类之善在运气的影响下就会呈现出某种"脆弱性"。尽管人们的自然情感偏向于有德性的人，而希望他们享有幸福，但是，道德上的良善与真实的生活境遇之间，却似乎总是存在着一定程度的差异。同时，与理想的道德判断准则不同的是，现实境遇中的"结果运气"，也总是使人们在功过判断中存在一定的"偏见"，这也使得人们应得的报偿呈现出一定的反差，而这种偏见在社会成员之间持续扩展性的交流，也成为衍生道德悲观主义的根源。由于行为动机与结果之间的某种"不一致性"的存在，使道德报偿产生了某种"不规则性"。因此，在理解运气对人类道德生活的影响的同时，分析道德报偿的某种"不规则性"，以及其作为"例外"而存在的原因，这将成为探究以实现动机和结果相一致的公正的报偿，并使之成为社会生活"常规"的伦理事实的重要前提。

第一节 运气之网与"好生活"的脆弱性

哲学家们都熟悉通过把人类幸福与人的理性能力和审慎选择相联系，力图使道德"免于"运气，或减弱运气对人类道德生活和获得幸福的影响。对苏格拉底而言，好人不可能被伤害，无论厄运或灾难如何侵袭，真正有美德的人是幸福的。而柏拉图在强调幸福在于对永恒形式的沉思的同时，由于也认识到激情对完满幸福生活的重要性，其实也看到了幸福受到了一些超出人类所能控制的要素的影响。而亚里士多德既善于从过度与不及的两极中引出"中道"，在运气与幸福的关系问题上的立场，也同样彰显了二者之间的张力。他既强调幸福就在于我们自己的合乎德性的实现活动，但是，却也毫不犹豫的地承认，有德性之人的幸福需要有外在运气的补充，人的实践智慧和理性能力的运用所做出的良善的选择，也并不必然就能为"好生活"提供一种充足的担保。因此，就古希腊伦理学中德性与幸福关系论证的模式而言，由于也认识到"好人"与"好生活"之间似乎存在着一定的距离，从而亦为探究道德报偿的"不规则性"及其形成的原因，提供了一种伦理学的解释。

一 运气之网：命运悲剧与哲学反思

正如雷蒙德所言："如果俄狄浦斯的生活是一个范例，那么幸福和不幸福都是运气的问题。"[①] 应当说，无论是德性还是幸福的概念，在苏格拉底所实现的哲学的"转向"中，也都在完成从"前哲学化"的日常表达，向哲学思辨论证的转变。不过，就作为实践目的中的最高目的亦即幸福概念而言，实际上，道德哲学家们并没有首创出这一概念，只是在他们进行"哲学化"的努力之前，人们在神话世界观的支配下，弥漫于整个希腊人的生活世界的，是被严苛的命运所宰制的观念，因而也更多地把所要欲求的"好生活"或幸福，看作是"好运"，是运气或神恩赐的结果。因此，这也使他们对于幸福或"好生活"大都抱有一种悲观主义的态度。因为毕竟这种"好运"或幸福相对于人类生活而言，是相对稀少的，而并不是人们总能够期遇到的，既然命运严苛，又超出人自身能力的掌控之外，因而幸福也是难以获得的。而这种观念尤其充斥于"前哲学化"的文献，特别是古希腊的悲剧中。在某种意义上，悲剧诗人以场景和戏剧化的形式，深刻叙述了命运或运气对人类繁荣和"好生活"的作用，而这也成为在"诗"与"哲学"之争中，哲学家们希望通过对人的理性的自

---

① Raymond J. Devettere, *Introduction to Virtue Ethics: Insights of the Ancient Greeks*, Georgetown University Press, 2002, p. 49.

足性的热切追求,来克服外在的运气和偶然性的影响,以满足人们对于实现一种有价值的生活理想的原因。因此,正是在这种对峙中,一方面,是悲剧诗人通过戏剧冲突所洞察的命运或运气对人类生活的影响,以及幸福与不幸对人类的情感和道德生活的作用;另一方面,哲学家则在"理性化"的努力中,力图使道德"免于"运气。不过,在这种努力中却也存在着某种程度上的理论差异。就如纳斯鲍姆所言:"当质问运气在悲剧诗人的思想中的作用时,苏格拉底为柏拉图更加系统的攻击铺平了道路,也为亚里士多德更加复杂的努力铺平了道路,而亚里士多德则试图在公正地对待苏格拉底的同时维护这个悲剧图景的一些要素。"[①]

在古希腊的悲剧中,索福克勒斯的《俄狄浦斯王》,可以称得上是最典型的命运悲剧之一,不仅被亚里士多德誉为"十全十美的悲剧",在《诗学》中,更是将其当成了引证和解析他的悲剧理论的范例。然而它吸引我们的,也不仅仅只是诗人通过组织弑父娶母那令人悚然的情节,来"使人产生畏惧和怜悯之情"[②],最令人感慨的,还是那不可逆转的命运对人的无情宰制和支配。俄狄浦斯的一生,无论是起还是落,是平凡还是高贵,都注定了与命运之轮相随。在知晓所有的真相之前,他成为忒拜城的君主,是人们心目中"高贵的人"和"全能的主上",享有着凡间最善的和智慧的美名。他既一语道破了斯芬克斯之谜而受邦民拥戴为王,并婚娶了城邦的王后为妻,生育有自己的儿子和女儿,拥有无上的荣誉、权力、财富和地位,因而似乎有着被众人所注视而钦羡的"好运"。为此,当城邦遭遇危机之时,人们也祈求希望能够再次得到他的"好运"的眷顾,因为"你曾经凭你的好运为我们造福,如今也照样做吧"[③]。然而,当拉伊俄斯的预言及其死亡的真相被揭开之后,一切都颠倒了。他因自己的智慧和勇敢而被尊为王,享受着最高的荣誉,然而,命运却始终没有因为他自己的努力和抗争,而使他偏离既定的人生"轨迹",他娶了不应当娶的母亲,杀了不应当杀的父亲。因此,即使只是一次偶然的相遇和正当的防卫,也使之成了弑父的凶手,而由荣誉所赢得的婚姻,却成了人间最为可

---

① [美]纳斯鲍姆:《善的脆弱性》,徐向东、陆萌译,译林出版社2007年版,第2页。
② [古希腊]亚里士多德:《诗学》,陈中梅译,商务印书馆1996年版,第105页。
③ [古希腊]索福克勒斯:《俄狄浦斯王》,《罗念生全集》第2卷,上海人民出版社2004年版,第348页。

耻的乱伦。

由此，命运对人的无情摆布，在俄狄浦斯的身上得到了充分的展现。也许有人把他的人生悲剧归结为只是他个人性格的缺陷，但是，作者却更多渲染的是命运的悲剧。他自出生就注定被笼罩在命运的阴影之中，因为其父拉伊俄斯诱奸了克莱希普斯，作为惩罚，将禁止拥有任何子嗣，否则其子将难逃弑父娶母的厄运。而当他以为自己远离了家乡就能逃脱厄运的桎梏，凭借自己的智慧和勇敢拯救了忒拜城并借以掌控自己的命运时，所有的抗争和努力却最终都化作了徒劳。命运，似乎总是会带来某种该出现的结局，而在人所无法洞察和掌控的命运之轮的碾压之下，所有人的幸福也都只是偶然的，"谁的幸福不是表面现象，一会儿就消灭了？不幸的俄狄浦斯，你的命运，你的命运警告我不要说凡人是幸福的"①。由此，诗人亦如此感慨而终结全剧："请看，这就是俄狄浦斯，他道破了那著名的谜语，成为最伟大的人；哪一位公民不曾带着羡慕的眼光注视他的好运？他现在却落到可怕的灾难的波浪中了！因此，当我们等着瞧那最末的日子的时候，不要说一个凡人是幸福的，在他还没有跨过生命的界限，还没有得到痛苦的解脱之前。"②

在《尼各马可伦理学》中，亚里士多德同样亦如此断言："当人们说他们幸福时，那是在说希望他们将来会幸福。幸福，如所说过的，需要完全的善和一生的时间。因为，人一生中变化很多且机缘不卜，并且最幸运的人都有可能晚年遭受劫难，就像史诗中普利阿莫斯的故事那样。"③ 实际上，在《荷马史诗》中，也无不渲染人们接受命运的观念，不仅那些驰骋沙场的英雄人物，他们是生是死，是荣是辱，无不受到命运的制约，"至于命运，无人可以挣脱躲避，我想，无论是勇士，还是懦夫，在出生的一刻定下"④。而作为特洛伊国王的普利阿莫斯，过着高贵而体面的幸福生活，晚年却也沦落到需要孤身潜入敌营，来回赎自己心爱儿郎的尸

---

① ［古希腊］索福克勒斯：《俄狄浦斯王》，《罗念生全集》第 2 卷，上海人民出版社 2004 年版，第 378 页。

② 同上书，第 387 页。

③ ［古希腊］亚里士多德：《尼各马可伦理学》，廖申白译注，商务印书馆 2003 年版，第 26 页。

④ ［古希腊］荷马：《伊利亚特》，陈中梅译，译林出版社 2012 年版，第 148 页。

躯，因而即使具有良好的品格，却被战争剥夺了家庭、儿女、权力和自由。而希罗多德在《历史》中，也告诉了我们另一个悲剧故事，作为吕底亚国王的克洛伊索斯，想要从梭伦那里得到谄媚的回应，认为他自己是人间最幸福的人，然而，正直无私的梭伦却告诫他："人间的万事真是完全无法预料啊。……你极为富有并且是统治着许多人的国王；然而就你所提的问题来说，只有在我听到你幸福地结束了你的一生的时候，才能够给你回答。"① 因此，关于"谁是最幸福的人"的对话的结论就是，财富和地位并不能决定一个人的幸福，没有一个人在死前可以被称为幸福的，即使是被人们认为是最幸福而能拥有各种条件满足自己欲望的人。"勿宁应当称他为幸运的人，而不是幸福的人。"因为人们往往看到的只是"幸福的一个影子"，而这很容易受到厄运和灾难的侵袭而毁灭。②

因此，在古希腊的文献中，俄狄浦斯的悲剧也并非命运毁灭幸福生活的唯一范例。在公元前6世纪的雅典剧场中，为希腊人所恐惧的厄运，却似乎成为所有戏剧表演的悲剧性的题材。诚然，古希腊的"命运悲剧"的性质，既突出了个人的意志和命运的对抗和冲突，然而，即使是如俄狄浦斯式的英雄人物，有着敢于挑战命运的勇气和做出选择而采取行动的能力，却同样"不堪承受如此之重"。他越是想逃脱，却恰恰走向了命运的归程，由于无时不在命运之网中，最终也都不能摆脱被命运所毁灭的结局。因此，一方面，人具有与命运抗争的意志和行动的能力；另一方面，这种困兽犹斗的抗争，却又注定无法摆脱这无情的枷锁而最终导致失败。从悲剧角度而言，这种冲突也是使人产生怜悯和恐惧，并成为从这些情感的体验中得到快感的来源。然而，这些悲剧所呈现的"人"，由于在必然性面前的脆弱性和无力感，不仅使人生的幸福彻底地"偶然化"和"虚无化"了，也使人们难以确认所追求的人生的意义和价值。显然，在一个日渐"祛魅"的时代和精神氛围中，人们都不会满意于只是听任命运的摆布，而总是生活在"偶然"之中，而哲学家面对这一时代性的解释任务，其"理性化"努力的进路，就在于使得被反复无常的命运所支配的偶然的幸福，能够成为作为自由的、理性主体的选择而所能获得的结

---

① ［古希腊］希罗多德：《历史》上册，王以铸译，商务印书馆1997年版，第15页。
② 同上书，第16页。

果。而从被不能掌控的命运所支配下的幸福观念,到成为人类自由地经过理性选择而努力获得的对象,首先,这就需要有认识我们所生活于其中的这个世界的知识。因为"命运"也可以说是某种来自于自然的异己力量的必然性,探索和掌握关于世界的知识,无疑有助于使人摆脱这种自然的必然性而获得某种程度上的自由;其次,这也需要有通过"认识人自己"而所获得的自由与知识。就需要了解关于人的需求、欲望和情感的知识,以指导人们怎样在复杂的人类生活世界和多元冲突的交往实践中,来做出一个明智的决定。在充满不确定性的人类实践事物中,发掘人类理性灵魂的力量和作用,来引导人们的行为,以增加人类行为的某种可预见性和社会的和谐与秩序。"幸福要求自由,而自由将带来幸福仅仅当基于知识而做出自由的选择。也正是对于自由、知识和明智的需要,使大众化的幸福观念转向了哲学的领域。哲学家将会追问:我们在生活中做出导向幸福的选择而言需要何种知识,我们怎样得到它?"①

由此,对苏格拉底而言,只要有真正的知识,才能知道什么才是幸福所必需的,知识使我们能够区分什么是真正的善,怎样才能带来真正的幸福。或许人们追问:"如果有一种知识他必须获得,方能成为好人和幸福的人,那么请告诉他这种知识是什么。"② 那么他的回答就是:"无人自愿作恶",德性就是知识,恶行就是无知。因此,作恶或恶乃是缺乏知识,是对选择什么样的行动产生幸福的能力的无知,而并非对行动自身的无知;是对于一个人灵魂的无知,不知道如何使灵魂尽可能地完善。而"学习并实践"这种知识和技艺,就是使我们能够区分,什么才是真正的善而能够带来幸福的东西。因而不是期望于好运气,而是拥有美德和知识,才是获得幸福的关键。因此,幸福主要取决于个人是否自知,真正有德性的人是幸福的,无论厄运或灾难怎样侵袭他的生活。"岂不是很显然,人们由于认识了自己,就会获得很多的好处,而由于自我欺骗,就要遭受很多的祸患吗?因为那些认识自己的人,知道什么事对于自己合适,并且能够分辨,自己能做什么,不能做什么,而且由于做自己所懂得的事

---

① Raymond J. Devettere, *Introduction to Virtue Ethics: Insights of the Ancient Greeks*, Georgetown University Press, 2002, p. 43.

② [古希腊]柏拉图:《欧绪德谟篇》,《柏拉图全集》第 2 卷,王晓朝译,人民出版社2003 年版,第 17 页。

就得到了自己所需要的东西，从而繁荣昌盛，不做自己所不懂的事就不至于犯错误，从而避免祸患。而且由于有这种自知之明，他们还能够鉴别别人，通过和别人交往，获得幸福，避免祸患。"相反，"他们对这一切都没有正确的认识，他们就不但得不到幸福，反而要陷于祸患"①。因此，当诗人们在以更为生动的情节构合，来描述一种人之理性的悲剧时，哲学家却通过"认识人自己"来肯定理性与幸福之间的联系，恢复对于人之理性的选择能力和对实现幸福的期待和信念。

哲学家们所坚持的信念，就在于努力去确证，"我们的生活中的'好运'掌控在我们自己的手中，而不仅仅只是运气，或者宙斯的一时之念"②。诗人渲染人生处境的无常和命运时，哲学家通过返回到人的理性灵魂和思想中，来寻求普遍性和稳定性，得以摆脱或避开诸种人生的不幸，追寻正义和美德，并以其自身足够的完整和自足而得以满足幸福的要求。当苏格拉底认为，首要关注的是人的灵魂，从而把幸福从身体和外在性的善引向灵魂的同时，作为学生的柏拉图，他在《理想国》中认为，欲望和激情必须服从于理性的指引，而只有后者才能为人们追求善和幸福提供可靠的指导，并获得灵魂的秩序和稳定性，而他所强调的对于善的理念的认识，也在于使幸福免于外在运气和偶然性的干扰。不过，在《斐德罗篇》中，柏拉图的立场却复杂了许多，他让苏格拉底承认完整的生活不仅仅只是沉思，也需要爱与激情。而一旦承认激情及其所激发的行为不仅仅只是具有实现最高善的工具性的价值，而是本身就构成完整和幸福生活的一个重要部分，那么，幸福也就有了受到偶然运气侵袭的风险，因而也就有屈从于某些超出人类所能控制的因素的可能性。

诚然，过于强调命运或外在的必然性而忽视人的自由意志和选择能力，那么，所导致的道德上的后果，也意味着在一定程度上取消了道德究责。因此，对突显命运作用的决定论而言，这无疑也将成为伦理学的一块强大的"绊脚石"。因为伦理学的依据，在很大程度上信守的是，道德所能要求于我们的，也必须是在我们力所能及的范围内所能够做到的。同样

---

① [古希腊]色诺芬：《回忆苏格拉底》，吴永泉译，商务印书馆1986年版，第149—150页。

② Raymond J. Devettere, *Introduction to Virtue Ethics: Insights of the Ancient Greeks*, Georgetown University Press, 2002, p. 55.

的道理，我们也就不能为我们所不能掌控的力量所导致的结果负责。正因为如此，强势的宿命论或决定论的主张，无疑也就意味着取消了人的责任和道德的可能性，而这对道德哲学家而言，显然也是人们所不能接受的。正因为如此，作为伦理学的创立者，亚里士多德仍然坚持在人类理性和意愿选择的根基上，来确立道德价值和责任的基础。而这在亚里士多德对悲剧人物的命运解析中就可以看出来。他认为，悲剧之所以产生这种效果的动因，在于有造诣的诗人对情节本身的构合，善于模仿那些能引发恐惧和怜悯的事件。我们既怜悯那些遭受了不该遭受不幸的人，也会对那些和我们一样的人，因为遭受了不该遭受的不幸而感到恐惧。而悲剧中的主人公，"这些人不具有十分的美德，也不是十分的公正，他们之所以遭受不幸，不是因为本身的罪恶或邪恶，而是因为犯了某种错误。这些人声名显赫，生活顺达，如俄狄浦斯"①。因此，"人物之所以遭受不幸，不是因为本身的邪恶，而是因为犯了某种后果严重的错误"②。由此可见，在某种意义上，亚里士多德似乎暗含着这样一种理论的企图，那就是在对悲剧的解释中，把原来由"神"所主宰和实现的"善有善报，恶有恶报"的宿命论，转变为通过与人的理性选择能力相联系的责任承担所应实现的应得的还报。这样，个人的"命运"，在很大程度上也是由于个人的"错误"而导致的结果。

为此，我们究竟应如何归属行为的道德责任，并给予相应的赞扬或责备？尤其是在既认识到某种外在的必然性，也承认在人的自由意志的前提下，行为者是否以及应在多大程度上为其行为承担责任，这也是任何想要探究人类道德生活的人们，所需要直面的基本问题。而亚里士多德的伦理学，也首次以明确区分"出于意愿"和"违反意愿"的行为，来阐明"责任"的伦理含义。他认为："出于意愿的感情和实践受到称赞或谴责，违反意愿的感情和实践则得到原谅甚至有时得到怜悯。"③ 因而实际上，这种区分，也成为给予人们以相应的奖赏或惩罚的基础。"违反意愿的行为是被迫的或出于无知的，出于意愿的行为就是行动的始因在了解行为的

---

① ［古希腊］亚里士多德：《诗学》，陈中梅译，商务印书馆1996年版，第97页。
② 同上书，第98页。
③ ［古希腊］亚里士多德：《尼各马可伦理学》，廖申白译注，商务印书馆2003年版，第58页。

具体环境的当事者自身中的行为。"① 因此，严格意义上违犯意愿的"被迫的"行为，是初因外在且行为者对此完全无助的行为，而更多的实践是"混合型"的行为，就人们某一时刻做出行为的始因在自身之中而言，则是"意愿的"行为，也就需要为之"负责"，而接受赞扬或谴责、奖赏或惩罚。而"无知"按照苏格拉底和柏拉图的传统，乃是对于什么是真正的善的无知。因此，善的行为乃是自愿做出的结果，而错误或"恶"的行为，却是"不自愿"的，其根源在于对善的无知。而在亚里士多德看来，做一个好人还是坏人，是在我们能力范围之内的事情，总是取决于我们自己。如果我们有能力去做高尚的或邪恶的事情，那么我们也同样有能力选择不去做。因而如果有人说，"无人愿意作恶，也无人不愿意享得福祉"，那么，这一断语也只能是"半对半不对"。因为没有人不愿意享得福祉，这自是当然，但是说无人愿意作恶，却是不正确的。正是因为德性和恶都是在我们能力范围之内的，是为我们所考虑和选择的结果，行为始因在我们自身之中，那也就需要为之承担其应得之责。诚然，有些行为并非是真正的"无知"，它们都是行为者在自身能力范围之内能够矫正或避免的，这也是我们所需要负责的。同时，我们也惩罚其无知是出于疏忽的犯罪者，他们也要为自己生活中易于疏忽的品质负责。这些在私人生活和立法活动中，都可以得到见证，"私人与立法者都惩罚和报复做坏事的人——除非那个人的行为是被迫的或出于他不能负责的无知的——并褒奖行为高尚[高贵]的人，以鼓励后者，遏止前者"②。

因此，在诗人的命运剧与哲人的理性的竞争中，亚里士多德仍然坚守着在人的理性的基础上，来解释道德的价值及其责任的来源。一方面，认为不期望于神赐或好运，而是依赖于人们在社会交往实践中的明智的决定，通过成就德性、学习或实践而成为获得幸福的关键，并由此来抵御外在运气对道德领域的影响。因而，如果一个人的幸福是由合乎德性的活动来实现的，那么他就应该享有人类生命所能允许的持久性和稳定性。同时，亚里士多德并不是将普遍性的道德原则运用于具体的境遇中，而是强

---

① [古希腊]亚里士多德：《尼各马可伦理学》，廖申白译注，商务印书馆2003年版，第64页。

② 同上书，第72—73页。

调人类的实践智慧对行为的目标，以及实现该目标的方式等所做出的正确判断，而人的这种理性功能及其运用的考虑和选择，也是为相应的行为结果承担道德责任的依据；另一方面，认为幸福是人所共有的，它寓于一切未丧失接近德性能力之人的欲求中。人们有充足的理由相信，幸福如果通过努力获得，也比通过运气获得更好，这样，"我们就有理由认为这就是获得它的方式。因为在自然中，事物总是被安排得最好。在艺术以及所有因果联系，尤其是在最好的因果联系中，也都是如此"①。相反，如果高尚［高贵］的事物全然都听凭于运气，那也是难以令人接受的。不过，"对亚里士多德来说，运气是道德生活的一部分，因而仍然可以看到运气在道德生活中起了多大的一部分作用"②。正是由于他同时也承认运气对人类完整的生活所产生的影响，而德性的实现活动，也需要有运气及其外在善的补充，这使得属人之善的幸福或"好生活"呈现出某种"脆弱性"，也使得"好人"与"好生活"之间，由于有运气侵扰的可能，而存在着一条事实上的"裂缝"。

二 善的脆弱性："好人"与"好生活"的距离

正如纳斯鲍姆所指出的，正是因为完整的"好生活"所需要的要素容易被运气所侵扰，所以，似乎唯有通过把"好生活"确认为人之品格的高尚状态。"或者因此鉴定为某些活动（尤其是理智的沉思，因为这种活动总归是依赖外在条件的），人们才可以合理地认为好人不可能从这种繁荣中被驱逐出来。"③ 应该说，就使人类的道德生活"免于"运气的论证而言，也存在着这样两种不同的解释路径。一种显然是弱化外在的善的价值及其对人生境遇和幸福的影响，这主要体现在将德性完全等同于幸福的理论体系中；而另一种，则是以康德为代表的严格坚持道德价值和幸福原则的"两分"，在把人类描述为自然世界和道德目的世界同时，也就设想后者不会受到前者的变化和偶然性的影响。就前一种路径而言，斯多亚

---

① ［古希腊］亚里士多德：《尼各马可伦理学》，廖申白译注，商务印书馆2003年版，第25页。

② Nafsika Athanassoulis, *Morality, Moral Luck and Responsibility*, Palgrave Macmillan, 2005, p. 71.

③ ［美］纳斯鲍姆：《善的脆弱性》，徐向东、陆萌译，译林出版社2007年版，第3页。

派的学者们显然接受了苏格拉底和柏拉图的立场：把德性等同于知识，认为唯有德性才是真正的智慧，因而人们也应该终其一生去获得这种智慧。由于一个人幸福的唯一条件，就是过一种有德性的生活，为了达到一种完美的生活和幸福的状态，人就必须要学会独立于所有外在的事物和境况，这要求从一切尘世的欲求中解脱出来，尤其劝诫人们放弃或淡漠所有那些能激发人们的悲伤、快乐、恐惧和希望之事物的追求，从而学会做一个习惯于超越灵魂中那些引生出无序状态的欲望与情感的"禁欲主义的苦行僧"。同时，这种智慧也要求人们依照理性而生活，顺从整体的自然秩序以欲宇宙之所欲，放弃那些不可能控制的所有事物，因而从确认在共同体中的生活价值而转向个人的内心，在所欲的事物与现实的等同于满足中，来获得内在的自由与安宁和幸福。

由此，这一解释路径强调的是人作为理智的存在的自足性，一旦去除了感情的"纠缠"和外在物的"羁绊"，人就能从偶然性与境遇的变迁中解脱出来。因此，在寻求德性与幸福的这两个实践原则的同等性的同时，"好人"也就摆脱了厄运的侵扰。然而，康德却在反对这一解释原则的同时，力图以另一种方式来寻求使人类道德"免于"运气。他认为，令人遗憾的是，古代哲学家的敏锐的眼光，"不幸被用于在两个极端不同性质的概念、即幸福概念和德行概念之间挖空心思地想出同一性来。"[1] 因此，从逻辑上而言，这两个概念不是"分析地"看出来的，因而并无相互包含的关系。"说那个这样寻求着自己幸福的人在他的这个行为中通过对其概念的单纯分解就会发现自己是有德的，或者一个如此遵循德行的人在一个这样行为的意识中就已经会感到自己是幸福的了。"[2] 而从本体上来看，它们也是不同种类而分属于不同世界的两种原则。"幸福原则"属于"自然王国"，以满足我们自然偏好的经验境况，因而具有由因人因事而异的可变性。而"道德原则"属于"目的王国"，对每一个具有理性与意志的人，具有应然的普遍有效性，因而它也拒斥任何个人在具体境况下明智的选择，或与个人偏好满足的偶然性相关。"幸福是对我们的一切爱好的满足……出自幸福动机的实践规律我称之为实用的规律（明智的规则）；但

---

[1] ［德］康德：《实践理性批判》，邓晓芒译，人民出版社2003年版，第153页。
[2] 同上书，第155页。

如果有这样一种实践规律,它在动机上没有别的,只是要配得上幸福,那我就称它为道德的(道德律)。前者建议我们,如果要享有幸福的话必须做什么,后者命令我们,仅仅为了配得上幸福我们应当怎样做。前者基于经验性的原则,因为除了借助于经验以外,我既不会知道有哪些要满足的爱好,也不会知道能导致满足这些爱好的那些自然原因是什么。后者抽掉了爱好及满足这些爱好的自然手段,只一般地考察一个理性存在者的自由,以及这自由惟有在其之下才与幸福的按照原则的分配相一致的那个必要条件。"[①] 因此,如果说在经验的或自然的王国中,存在着许多不能为我们所完全掌控的要素,而构成了德性的障碍,那么,在道德王国抑或理智世界之中,由于剥离了所有一切性好与干扰的要素和阻碍,因而剩下的就是使意志服从纯粹的道德准则。

不过,康德在实现道德价值与幸福原则"两分"的同时,虽然在其理论体系中,成功地避免了运气对人类道德生活所可能产生的任何影响,但是,却也同样产生并面对着一个解释难题,那就是如何实现德性与幸福的"综合",弥补在"好人"与"好生活"之间所产生的距离。因此,一方面,在这两种原则之间的分割,在俗世中也意味着在道德报偿上的"不规则性",抑或德与福之间的某种不一致性,因为"好人"未必有福,而有福者也未必是有德之人;但是另一方面,"好人"又有权利得到奖赏和幸福,否则世界将陷入不义。我们也难以想象会生活于这样一个世界,在其中,有德性的人从来不被奖赏、甚至在来世也得不到补偿。因此,从某种意义上来说,任何伦理学理论,如果没有对"好人"以奖赏,以及给予"恶人"以惩罚的道德上的"承诺"和希望,那么,"好人"之善和"恶人"之恶的界线,也就会变得模糊不清而成为问题。同时,"假如邪恶在社会上占据优势,德性就不再会是有吸引力的,它就会在大多数人中间引起如果不是轻蔑至少也是憎恨和厌恶"[②]。然而,按照康德的解释逻辑,对"好人"的奖赏,却又不可能从对道德律的严格服从中得到,因此,为了避免使人类生活世界陷入这种令人糟糕的状况之中,康德只能

---

① [德]康德:《纯粹理性批判》,邓晓芒译,人民出版社2004年版,第612—613页。
② [德]包尔生:《伦理学体系》,何怀宏、廖申白译,中国社会科学出版社1988年版,第344页。

借助于"上帝"之手来实现至善和终极性的正义。

然而,对亚里士多德而言:"我们只是居住在一个王国即自然王国中,我们的一切能力,包括我们的道德能力,都是世间的,都需要世间的善来为它们的兴盛提供条件。得到良好的培育和具有自由的能力与身体的完整性和具有道德行动的能力是有联系的。"[①] 因此,他一方面通过与行为的意愿和实践理性的选择能力相联系,在确立道德责任的基础的同时,强调了因行为的善或恶而所应得的赞许或责备、奖赏或惩罚。因为品质之善,是在我们的能力范围之内的,因而"好人"因自身的选择而彰显人性的高贵和卓越,而人之恶行,也必然要求对自己出于意愿的所作所为承担责任;而另一方面,他却又承认了运气和外在性的善对幸福或"好生活"所产生的影响。因此,在为人之品质之"善"奠定理性根基的同时,也就承认了幸福作为属人之"善"的脆弱性,"好人"也需要一些必要的外在性的条件,来成就自己的幸福,也就认识到,"好人"与"好生活"之间,或因为运气和外在性的善的缺乏而产生距离。因此,当人们期望借助于人类的理性和控制能力,来获得"好生活"的自足性和稳定性时,一旦承认运气的作用而打开了一个使问题"复杂化"的缺口,那么问题就在于,在"关系性"的存在境遇中,人的合于德性的实现活动究竟应该容纳多少外在性的善,这种"活动"和"关系",又会在何种程度上因为运气的作用而呈现出"脆弱性"?因此,这也就如纳斯鲍姆所追问的:"总的问题是:有多少运气的因素是古希腊思想家相信人类生活可以接受的?为了使我们的人类生活成为最好的和最有价值的人类生活,又有多少因素又是我们应该承担的?"[②]

可以说,从悲剧诗人阐述"好人"会因不受其控制的偶然性运气而毁灭,到柏拉图在《理想国》中尝试将人类生活从运气中解脱出来的壮举,再到亚里士多德在以实践理性来使我们获得一种特定的自足性的同时,又承认幸福需要外在的运气为其补充,从而也提供了一种充满内在张力的"答案",如果按照纳斯鲍姆的说法,这在某种程度上,恰恰也体现出了一种从超越运气的雄心,又再次回归于并接受运气的过程。因而,在

---

① [美]纳斯鲍姆:《善的脆弱性》,徐向东、陆萌译,译林出版社2007年版,第15页。
② 同上书,第5页。

一个人们无不被命运宰制的时代氛围中，尤其是通过诗人们鲜活的描述，更是激发了人们去追求人类理性的自足性，以消除那难以控制的运气对人类生活和价值的影响力的热望和雄心，产生了对一种自足的"好生活"的哲学追求。而与通过放弃人类生活的许多有价值的内容，或者通过缩小"好生活"的范围，只承认最具有稳定性的活动的内在价值来满足自足性要求，或者直接把"好人"完全等同于"好生活"的理论相比，亚里士多德的"复杂"之处就在于，既"试图挽救一些人类雄心的宣言，同时又不像在悲剧里那样失去人类的价值。他阐明了一种适合于有限度的人类生活的自足观念，同时与此相应，阐明了一种与悲剧中所表现的图景紧密相关的人类价值。"① 但是，亚里士多德所要处理的一个紧迫而又微妙的问题就是，对人类生活的理解，既要认可"大众化"的观点，"因为许多人都认为，幸福的生活就是幸运，如无幸运，便无幸福。这种观点或许是正确的。因为如果没有靠运气抓住的外在的好东西，幸福是不可能的。"但是，他却又必须要捍卫道德理性的立场："也不能把机遇当成某种思想或理性。因为在这里，也同样有规律和总是如此的必然性，但机遇却没有。因此，愈有思想和理性的地方，就愈无机遇；反过来，愈有机遇之处，也就愈无思想。"② 因此，问题在于如何来处理这两者之间存在的张力。

在亚氏看来，首先，由于人类的实践和情感事物中充满了不确定性，要寻求那相对于我们自己而言的"适度"以成就美德，是有困难的。因而做一个"好人"并不是轻松的事，但是，这却是在人的能力范围之内、经由人的实践理性选择和考虑可以做到的，同时，它要求的也不仅仅只是单个的善行，而是习而养成的一种稳定的品质，它需要的是"一辈子的善行"。因而，成为"好人"是人的灵魂上的完善，而这种"灵魂的善"，也是一种完全能够被人的理性所掌控的"选择性的善"。因而为善的优点，既在于实现人自身的潜能而完善人自身，也是获得"好生活"的前提条件，从而"好人"也是我们通过自己道德上的努力所应该成就和获

---

① ［美］纳斯鲍姆：《善的脆弱性》，徐向东、陆萌译，译林出版社2007年版，第24页。
② ［古希腊］亚里士多德：《大伦理学》，《亚里士多德全集》第8卷，苗力田主编，中国人民大学出版社2009年版，第317—318页。

得的"善"。正因为如此,就这种选择由己的"善"的获得而言,亚氏认为:"幸运和机遇出现在不取决于我们自己的场合中,在那里,我们没有支配权,也不能行动。正因为如此,没有一个人把公正(作为公正者而言)、勇敢者,或基于德性的其他人说成是幸运的;因为具有或不具有这些性质,取决于我们自己。"① 因此,如果说"善"的事物有三种:身体的善、外在的善和灵魂的善,那么,我们既可以说,这些善的事物对人的"好生活"而言,都是"可欲的",然而它们却并非都是可以经由行为者的"意愿"而能够被选择的对象。对身体的和外在性的善而言,不论是对于身体上的善,它的优美或是健康,还是为人们满足自己的生存所需要的物质财富,甚或是包括拥有自己的朋友和自己所爱的人,显然,这些也并非都完全是可以经由行为者意愿的"选择性的善",而是至少有部分是依赖于运气的因素的,因而是属于"机运性的善"。因此,就获得一种"好生活"而言,亚里士多德认为,除了诸如朋友、财富或权力这些外在性的手段之外,"还有些东西,如高贵出身、可爱的子女和健美,缺少了它们福祉就会暗淡无光。一个身材丑陋或出身卑贱、没有子女的孤独的人,不是我们所说的幸福的人。一个有坏子女或坏朋友,或者虽然有过好子女和好朋友却失去了他们的人,更不是我们所说的幸福的人"②。从中我们就可以看出,但凡这些"外在性的善",在很大程度上也都是"机运性的善"。它们既部分地取决于人自愿的努力和选择,以赢得获得这些"善的事物"的机会和可能,但是,却也并非"完全"取决于我们自愿性的努力的程度。因为谁都知道,这些"善"能否成功地获得,也部分地取决于我们的活动所赖以实现的、那些不能为我们所控制的外在环境和条件。因此,从这一意义上来说,也就是说它们要部分地依赖于"好运气",因而作为"机运性的善"。"一般而言,凡是具有这类不由自己支配的好事情的人,都是幸运儿。"③ 而在人生际遇中,机遇有时只能说是可

---

① [古希腊]亚里士多德:《大伦理学》,《亚里士多德全集》第8卷,苗力田主编,中国人民大学出版社2009年版,第319页。

② [古希腊]亚里士多德:《尼各马可伦理学》,廖申白译注,商务印书馆2003年版,第24页。

③ [古希腊]亚里士多德:《大伦理学》,《亚里士多德全集》第8卷,苗力田主编,中国人民大学出版社2009年版,第319页。

求而不可得的，特别是当厄运来袭时，就得不到"机运性的善"，而只能是失败的结果。

由此可见，"好人"和"好生活"尽管都是人们所努力追求的目标，然而只是做一个"好人"，本身却并不构成过上"好生活"的充要的条件。因为后者所需要的那些外在性的善，在很大程度上同时也是"机运性"的，对它们的获得，有时部分地要取决于外在的环境和境遇特征。因此，就人的德性的实践和实现活动而言，尽管运气和外在性的善对实践与活动的目的和选择而言，不是根本性的要素，然而从它们可能促进或阻碍其实现而言，作为外在的条件却也是需要的。"既然无外在的善就无幸福，而外在的善又源生于幸运，那么，就正如我们已说过的，幸运应与幸福同在。"① 由此，正是由于"好生活"对外在性的要素资源和环境的某种依赖性，我们就能够理解在受到剥夺或者遭受不幸的条件下，它的脆弱性的程度。诚然，这里首先需要认识到的是，亚里士多德辩护的理论策略，是以区分德性状态和德性的实现活动为前提的。因为如果只是拥有德性状态就意味着"好生活"的话，那么这确实会产生对任何外在条件干扰的"免疫"，但亚氏却强调的是"活动"，是使德性状态从潜在转变为现实的生长过程。因此，就像具有良好基因的根苗，也需要阳光和雨露的滋润才能成长一样，按照美德的要求来行动，也需要外在的条件，诸如身体上的善、资源要素条件以及社会的"善"。"受到严酷折磨的人不可能公正地、慷慨地、适度地行动；他无法帮助他的朋友或者参与政治事务。那么，我们何以能认为他生活得好呢？"② 因此，凡是需要实现的或者具有活动性的东西，都具有某种程度的"脆弱性"。只要是作为价值载体的人类活动，也就都有被运气阻碍这些活动，甚至有因为外在条件的缺乏，而使之无法实现的可能。

在描述外在环境条件以何种方式，或在大多程度上会影响德性的"实现活动"和"好生活"时，纳斯鲍姆指出了以下四种不同的方式："它们可以（1）剥夺实现这种活动的某种手段或资源。接下来，这种资

---

① ［古希腊］亚里士多德：《大伦理学》，《亚里士多德全集》第8卷，苗力田主编，中国人民大学出版社2009年版，第320页。
② ［美］纳斯鲍姆：《善的脆弱性》，徐向东、陆萌译，译林出版社2007年版，第448页。

源要么（a）对好的活动是绝对必要的，以至于缺乏它就会完全阻止那个活动；要么（b）它的缺乏可能限制或者妨碍那个活动的施行。（2）环境不仅可以通过剥夺外在手段而阻止那个活动，而且也可以通过削夺它的对象或接受者而阻止它。（朋友的死亡就以较为舒适的方式结束了友谊。）在这里，这个活动要么（a）可以完全被阻止，假若相关的损失是永久的和全面的；要么（b）可以被妨碍，假若相关的损失是临时的和/或者局部的。"① 简而言之，要么是剥夺了工具性手段，完全阻止或部分妨碍实现活动，要么是剥夺活动的对象或目标，而完全阻止或部分妨碍卓越的实现活动的进行。也许正因为如此，亚里士多德也以"普利阿莫斯的悲剧"，来例证日常生活中人的幸福需要"完全的善"和一生的时间，"一只燕子或一个好天气造不成春天，一天的或短时间的善也不能使一个人享得福祉"②。同时，从人作为"关系性"存在的角度而言，他也认为："也许把享得福祉的人想像成孤独的也是荒唐的。如只能孤独地享有，就没有人愿意拥有所有的善。因为，人是政治的存在者，必定要过共同的生活。幸福的人也是这样。"③ 因此，说一个幸福的人尽善皆有，自足而不需要朋友，也是荒唐的。同时，我们也总是在一定的社会和政治"关系"中，来成就美德而获得幸福的，"社会的善"也成为人类"好生活"的应有之维。当然，在反对孤独的自足性而承认这种"关系性"活动的价值的同时，却也同样需要承受那些未受控制的运气因素，对它们的侵入而产生脆弱性的可能。

诚然，在亚里士多德看来，说运气影响"好生活"，并不是要把幸福的人说成是一个福祸不定的存在。因此，遵循这种观点看来是错误的。因为承认运气的作用，却并不认同人的幸福完全受运气的摆布，尽管生活需要运气，但是却并不主要依赖于运气，而因为合于德性的活动具有最持久的性质。"因为那些最幸福的人把他们的生命的最大部分最持续地用在这些活动上。"④ 同时，在如何对待运气的态度上，由于运气的变故是多种

---

① ［美］纳斯鲍姆：《善的脆弱性》，徐向东、陆萌译，译林出版社2007年版，第451页。
② ［古希腊］亚里士多德：《尼各马可伦理学》，廖申白译注，商务印书馆2003年版，第20页。
③ 同上书，第278页。
④ 同上书，第28页。

多样且程度上十分不同的,因此,我们也要认识到,对于真正善的"好人",由于生活价值主要取决于他的合于德性的活动,也不会去做他所憎恨的、卑贱的事情。同时,他将以彰显其卓越的品格和高贵的尊严,在实践智慧的指引下,以最适当的方式去面对不利的境况,接受运气的各种变故,这样也不会轻易地从他的幸福中被驱逐出来。由此,只有重大的有利事件,才会使生活锦上添花而更加幸福,如果只是微小的好运或不幸,就不足以改变人们的生活,相反,如果带来过度的欣喜或痛苦,还只会引起人们的嘲讽。而即使是"重大而频繁的厄运",可能带来痛苦和对于活动造成的障碍而毁灭幸福,但是高贵[高尚]的人性,也会在这种厄运中闪耀着光彩,并尽可能地以好品质的稳定性和时间,来消解在"好人"与"好生活"之间存在着的"裂缝"。

第二节 情感的"不规则性"与功过判断的"偏见"

对执守于理性的立场而在道德价值上严格拒斥运气考虑的道德哲学家们而言,即使认同幸福受到运气的影响而增加或消减,但是,却否认其对道德上的"善"及其评价产生任何影响的可能性,而这种"康德论式"的立场和观点,在伦理学的解释体系中尤为突出,并产生了深远的理论影响。然而,如果运气能够影响到人类的幸福或"好生活",是否也意味着它会侵蚀,或会以何种方式影响到对"好人"的道德评价?与康德式立场所不同的是,对某些坚持基于自然的人性或人类情感来解释道德原则的体系而言,却从运气影响人类情感的方式及其程度出发,恰恰揭示了某些类型的"运气"在现实生活的具体境遇中,总是会在某种程度上影响到对人们的行为功过所产生的道德评价,也会使人对行为的功过判断产生一定程度的"偏差"。因此,如何认识这种情感上的"不规则性"及其所产生的原因,以及其对人们的行为功过判断所产生的"偏差"的程度,这也为我们理解生活世界中道德报偿之所以呈现出某种"不规则性"的原因,提供了一个重要的解释维度。

一 运气对人类情感所产生的影响

在《道德形而上学原理》中,康德就明确地拒斥了任何运气对道德价值的影响，而强调了善良意志的至上性和无条件性。他认为，无论是精神上的才能，还是性格上的素质，"从很多方面看是善的并且令人称羡。然而，它们也可能是极大的恶，非常有害，如若那使用这些自然禀赋，其固有属性称为品质的意志不是善良的话"。同样，对那些生活中诸如财富、权力、荣誉甚至健康和全部生活美好、境遇如意，亦即那些"幸运"所致的幸福的东西，"如若没有一个善良意志去正确指导它们对心灵的影响，使行动原则和普遍目的相符合的话"①，亦会使人自满和傲慢。因此，理性的真正的使命，不是去产生完成其他意图的工具，而是产生在其自身就是善良的意志。无论是照顾自我保存的本能需要，还是毫无虚荣和利己之心所展现的仁慈和同情，无论它们怎样看起来是"合乎"义务的，却并没有任何真正的道德价值。因而在他看来，一方面，道德原则是体现任何一个自由而平等的理性存在者的本质和价值，而自我施加于自身的，排除了任何来自于生成运气、自然的天赋和外在环境的制约和考虑。"在品格的领域中，真正算数的东西是动机，而不是风度、权力或者天赋这样的东西，类似地在行动的领域中，在世界中实际上得到实现的东西不是变化，而是意图。一旦我们接受了这些考虑，那么甚至那种使得古代的圣贤们幸运地得到好处的生成运气也被认为消失了。"② 另一方面，运气的好坏，也就不应当影响我们对某人及其行为的道德判断，也不应当影响我们对自己的道德评价。因为只要有善良意志在，即使命运不济或缺乏必需的外在资源或条件，也不论结果上是成功还是失败，都不会增加或减损因其自身而存在的道德价值。

因此，康德以最严格的方式，诠释了道德价值的"无条件性"和"不受支配性"。对他而言，出于自然原则的幸福可以因为运气而增加或削减，但是，在道德上真正值得赞许或责备的对象，却是不可能受到运气影响的。正如纳斯鲍姆所说："这种康德式观点对后来的伦理理论影响非常深远，对很多人而言，它似乎就是真正的道德思想的特质。"③ 同时，也亦如威廉斯所评述的："成功的道德生活，一旦从对出生、幸运的培养

---

① [德]康德：《道德形而上学原理》，苗力田译，上海人民出版社2002年版，第8页。
② [英]伯纳德·威廉斯：《道德运气》，徐向东译，上海译文出版社2007年版，第30页。
③ [美]纳斯鲍姆：《善的脆弱性》，徐向东、陆萌译，译林出版社2007年版，第454页。

的考虑中被移交出来,或者实际上从一个非佩拉吉乌斯的上帝的那种不可理喻的恩惠的考虑中被移交出来,就被呈现为这样一种生涯——那种生涯不仅对这些才能开放,而且也对一切理性存在者在同样的程度上都必然具有的一种才能开放。这样一个概念把一种根本的正义放在它的核心,而这就是它的魅力所在。康德主义只是表面上令人厌恶:即使它在表面上具有这个特点,但它提供了一种诱惑,在面对世界的不公正时向人们提供了一种安慰。"然而,在威廉斯看来,"这个康德式的概念,在其纯粹的形式上,体现了一些对我们的道德观念来说很根本的东西。然而,使道德免于受到运气的影响这一目的必定是一个很令人失望的目的。……道德倾向,不管被放在离动机和意图的方向多远的地方,就像任何其他东西一样,是'有条件的'。然而,道德毕竟仍然屈从于生成运气这个苦涩的真理"①。

实际上,威廉斯对康德式的观点提出质疑:"即使道德价值根本上不受运气的支配,但如果道德价值只是其他价值当中的一种,那么它们不受运气支配这个事实就变得没有多大的意义了。相反,为了具有这种宽慰作用,康德主义必须假设道德价值具有一种特殊的、实际上至高无上的重要性或尊严。"② 因此,这种质疑的实质就在于反思,一个完整的人生除了道德的考虑之外,是否还包含着其他有内在价值的人生目标,或者说,一个完整的人生是否应该考虑除了道德善之外的其他非道德的人类"善",而当善的多样性之间存在某种深刻的冲突,而又不具有价值上的还原性(其他的善都依赖于某一种最具有价值的善)时,道德上的善有可能在这种冲突中变得脆弱。高更放弃了社会的道德责任而选择实现艺术的才能和理想就是例证,他在运气之下的成功也可能为这种生活提供辩护,并使这种非道德的生活变得有意义。而正是在威廉斯的道德运气理论的激发下,纳斯鲍姆聚焦于亚里士多德而阐述了"善的脆弱性",认为即使是那些与主要的伦理美德相联系的活动,都要求行动者的善本身所无法保证的外在条件。"如果取消这些条件,我们无法控制的事件就可能造成伤害,其中

---

① [英]伯纳德·威廉斯:《道德运气》,徐向东译,上海译文出版社2007年版,第30—31页。

② 同上书,第31页。

包括伦理伤害。这就是说，我们无法控制的事件不仅可能影响我们的幸福、成功或者满足，甚至也可能影响我们生活中核心的伦理要素（不管这种影响是在好的方面还是在坏的方面）。"因而，"即使我们不去问，在使我们变得明智、勇敢或者首先是让我们变得公正这件事情上，运气究竟起了什么作用，我们也可以看到，在使我们能够或者不能公正地行动，并因此过一种伦理上完整的生活这件事情上，运气看来也扮演了一个重要的伦理角色"①。由此，她也极力辩护正是那些"有力的情感"，告诉了我们幸与不幸的意义对人类生活的重要性，因为情感所涉及的价值判断，赋予了那些在我们之外，且不为我们所完全控制的事情以极大的重要性，而这也成为理解人类幸福或"好生活"的一个重要的价值审视的维度。

而就幸运与不幸对人类情感的影响而言，亚里士多德在《修辞学》中，主要阐述了几种重要的"情感"，亦即"怜悯""愤慨"和"恐惧"。他首先如此定义"怜悯"之情："一种由于落在不应当受害的人身上的毁灭性的或引起痛苦的、想来很快就会落到自己身上或亲友身上的祸害所引起的痛苦情绪。"② 因而从这一定义可以看出，"一切使人感到苦恼和痛苦而又具有毁灭性的事情、一切致命的事情、一切出于偶然的重大的不幸，都能引起怜悯之情。使人感到痛苦而又具有毁灭性的事情，是各种形式的死亡、肉体上的折磨和伤害、衰老、疾病和饥饿。出于偶然的不幸，是没有朋友或朋友稀少（所以同朋友和知己分袂能引起怜悯之情），相貌丑陋，身体虚弱，手脚残废；应当出现好运的地方却出现了厄运，而且经常如此；还有，人已经受害，才交好运。……从来没有交过好运，或者交了好运而不能享受，也能引起怜悯之情"③。而在《尼各马可伦理学》中，他实际上也正是用这些"令人痛苦的"和"毁灭性的"事情，来说明幸福对于外在的善和运气的需要。在他看来，对于我们在各方面相似的人而言，由于感同身受，对一切害怕落在自己身上的不幸，如果落在他人身上，就会引起怜悯之情。对于受害者不应当遭受的灾难，或者如果好人处在危机之中，就特别能引起怜悯之情。而对于因为幸与不幸而产生的

---

① [美]纳斯鲍姆：《善的脆弱性》，徐向东、陆萌译，译林出版社2007年版，第2—3页。
② [古希腊]亚里斯多德：《修辞学》，罗念生译，上海人民出版社2005年版，第97页。
③ 同上书，第98页。

"愤慨"之情而言,在某种意义上则与怜悯之情截然相反。因为如果说是看到好人或受难者,得到不应当得到的厄运而产生苦恼和怜悯,那么,愤慨之情,则是因为看见别人得到不应当得到的好运而感到苦恼。因此,"这两种情感都表现善良的性格,因为我们应当对于得到不应当得到厄运的人表示安慰和怜悯,对于得到不应当得到好运的人表示愤慨,这是由于不应当得到而得到,是一件不公平的事,所以我们也认为天神具有愤慨的情感"①。同时,怜悯和愤慨所伴随的相反的情感就表现在,如果前者是因为一个人看到别人得到不应当得到的厄运而产生的苦恼,那么,当他看到别人得到应该得到的厄运,就会感到喜悦或至少不会苦恼。"没有一个好人看见杀父的凶手或杀人犯受到惩罚,会感到苦恼。看见这种人受到惩罚,我们一定感到喜悦,就像看见应当得到好运的人得到好运,我们一定感到喜悦一样;这两者情况都是合乎正义的,都能使善良的人感到喜悦,因为与他相似的人得到的好运,他一定也希望落到自己身上。"②

因此,亚里士多德其实也阐述了由于运气而产生了某种报偿的"不规则性":得到不应当得到的厄运,或者是得到不应当得到的好运,而与这种"不规则性"相伴随的,是人们所产生的"怜悯"和"愤慨"之情。显然,他的这种立场,也与柏拉图严词拒绝怜悯形成了鲜明的对照,因为在后者看来,"因为没有多少人能想到,替别人设身处地的感受将不可避免地影响我们为自己的感受,在那种场合养肥了的怜悯之情,到了我们自己受苦时就不容易被制服了"③。而亚氏与这一立场相伴随的,同样是这样一种观念,那就是承认运气的影响是存在的,即使是一个好人,也可能遭受不应当遭受的灾难而受到损害。对于与我们在各方面相似的人而言,对待不是因为他们自己的过失,而不幸落在他们身上的灾祸表示怜悯,也会对俄狄浦斯式的人生悲剧表示同情。同样,我们也会对坏人交了某种好运,或者对那些施行了恶行而逃避应得惩罚的人所表示出的愤慨。因此,在这里,也使我们认识到了幸运与不幸所引起的这类情感对于人类道德生活的重要性。即使是追求人自身道德上的良善而呈现卓越的活动,

---

① [古希腊]亚理斯多德:《修辞学》,罗念生译,上海人民出版社2005年版,第100页。
② 同上书,第100—101页。
③ [古希腊]柏拉图:《理想国》,郭斌和、张竹明译,商务印书馆1986年版,第406页。

却仍然被运气和外在的某些不可控制的因素所环绕,并因它们产生了某种推动或阻滞的力量而激起相应的情感。在某种意义上,这种情感上的"反应",既是与他人相关的一种自我认同和价值确认的方式,同样也以合乎人的自然本性的方式,丰富了对人类道德生活图景的理解。

亚里士多德强调了运气对构成性的生活之善以及对人类情感的作用,但是,在道德评价的问题上,仍然固守着实践理性对具体情势的判断及其责任归咎的限制性条件。那么问题在于,运气是否或者在何种程度上,会影响到人们对行为者及其行为的道德评价?值得注意的是,实际上,在以威廉斯为代表的现代哲学家,他们以"道德运气"概念来展开对康德传统的道德理论的批评,并引发了人们持久的兴趣和广泛的讨论时,在我们看来,作为道德哲学家的亚当·斯密,同样为运气与人类情感和道德的关系论题,做出了一种具有阐释意义的理论努力。在《道德情操论》中,他就以"就行为的功或过,论运气对人类情感所产生的影响"为题,集中阐述了这一论题。其所做出的断言就在于,"行为好坏的结果,对造成这些结果的人和其他人的情感发生的影响就是如此;这样,左右世人的命运就在我们最不愿意让它发生作用的地方施加她的影响,并在某种程度上使人们产生有关自己和别人的品质和行为的情感"①。诚然,如果我们把斯密的这一论述,放在当代伦理学关于"道德运气"论争的语境当中,那么,按照内格尔所做的界定,如果"凡在某人所做之事有某个重要方面取决于他所无法控制的因素、而我们仍然在那个方面把他作为道德判断的对象之处,那就可以称之为道德上的运气"②,进而,"大体上有四种情况,使道德评估的自然对象令人不安地受运气的摆布。一种现象是生成的运气:你是这样一种人,这不只是你有意做什么的问题,还是你的倾向、潜能和气质的问题。另一种是人们所处环境的运气:人们面临的问题和情景。还有两种涉及行为的原因和结果:人们如何由先前环境决定的运气,以及人们的行动和计划结果造成的运气"③。那么,斯密所阐释的,也就是内格尔所述说的"结果运气"的类型,以及它对人类的情感及其行为

---

① [英]亚当·斯密:《道德情操论》,蒋自强、钦北愚等译,商务印书馆1997年版,第130页。
② [美]托马斯·内格尔:《人的问题》,万以译,上海译文出版社2000年版,第28页。
③ 同上书,第30页。

的功过评价所产生的影响。

　　道德运气所呈现的问题,体现了与这样一种理论立场的对立,亦即:"人们最应该为之受到谴责或敬重的事情应当是受他控制的那个部分。由于某人无法控制的事情,或者由于它们对他在一定程度上能够控制的结果的影响,而给予或免除对某人的信任或责备,看来是不合理的。这类事情也许会产生行动的条件,但是只能在行动超出这些条件而不只是由它们产生的方面对它进行判断。"① 同时,就人们能够给予某一特定的行为以相应的道德评价而言,也只能是诉诸动机或意图来评价的纯粹意志的内心行为。而在斯密看来,这也是人们在作抽象思考时所能得到的一种"理想化"的主张。因为,恰好归于某一行为的一切赞扬或责备,最终必定针对内心的意图或感情,针对的是仁慈或是不良的意图。他认为,这也应该是人们通过反思所能够获得的一种"公正准则"(equitable maxim):"当这一准则如此抽象地和概括地被提出来时,没有人会加以反对。它那不言而喻的正确性得到世人的承认,所有的人都不会对此持有异议。每个人都认为:不同行为所造成的偶然的、意外的和未能料到的后果无论是怎样的不同,然而,如果一方面这些行为由以产生的意图或感情是同样的合宜和仁慈,或者另一方面是同样的不合宜和恶毒的话,那么行为的优点或缺点仍是相同的,并且行为者同样成为感激或愤恨的合宜对象。"② 不过,斯密却指出,问题就在于,尽管我们的理性完全赞同这一抽象和普遍准则的正确性,然而,我们在面对具体的境况时,实际的道德判断却总是与这一理想的"公正准则"背道而驰。由于在具体境遇中,某一行为受运气影响所正好产生的实际后果,同时也作为激起我们的感激和愤恨的原因,对我们关于行为的功过感却总是产生了非常巨大的影响,因而也总是会在一定程度上加强或者是减弱我们对两者的感受,甚至常常偏离于其应得的程度。因此,尽管人们都希望人类的情感应当完全置于上述的"公正准则"的控制之下,但是仔细考察之下却会发现,在具体境遇中人们的实际情感很少与这一公正的准则相符合,而在斯密看来,这一现象的存在,也正是

---

　　① [美]托马斯·内格尔:《人的问题》,万以译,上海译文出版社2000年版,第30—31页。
　　② [英]亚当·斯密:《道德情操论》,蒋自强、钦北愚等译,商务印书馆1997年版,第115页。

需要我们充分认识和解释的"情感的不规则性"(irregularity of sentiment)的事实。

斯密如此慨言:"左右世人的命运就在我们最不愿意让它发生作用的地方施加她的影响,并在某种程度上使人们产生有关自己和别人的品质和行为的情感。"① 那么,这种由于运气影响而产生的实际后果,为什么会扭曲人们的合宜感,而使相应的功过判断偏离"理想的"公正准则呢?显然,问题的关键也就在于,"对于这种人人都感觉到的、很少有人充分认识和无人愿意承认的感情上的不一致性"②,如何做出一种充分而合理的伦理学解释。在我们看来,这种解释对于认识运气对人类道德生活的影响,以及了解就行为的功过而产生某种报偿的"不一致性",也具有重要的理论和实践意义。而斯密也首先分析了运气对人类情感与功过评价产生影响,以及"情感的不规则性"之所以产生的"最初的"、出于人的自然本性的原因。他认为,无论痛苦和快乐的原因是什么,也无论其始因是否有无生命,都会在所有的动物身上直接激起"感激"和"愤恨"这两种激情。因此,即使是对于无生命的存在物而言,哪怕你只是在行走中偶然被一块石头碰伤,因其所引起的痛苦也马上会令你感到愤怒,甚至想着要把它扔得老远而"报复"它,尽管稍后反思一下,你就可能纠正这种情感,进而意识到,可能不该向石头这种没有感觉的对象去寻求报复。然而,人们却也并不总是能够对这种自然的感受进行适时的纠正,而且法律的历史也表明,事实上,我们愤恨的对象也不仅限于有生命的存在物,"在许多地方,特别是在雅典人中间,伤害人命的剑或工具被看作嫌恶物,因而被毁掉。根据英格兰法律,如果一个人从一个房屋跌下殒命,那个房屋就按照供神物律例被没收入官作为供神之用"③。因而即使是无生命的存在物,也往往成为我们愤恨的对象。

由此,正如哈孔森所言:"人们的判断甚至在其背后不可能有任何的意图的无生命的事物的'行动'时,也会如此彻底地偏颇,很难不去这

---

① [英]亚当·斯密:《道德情操论》,蒋自强、钦北愚等译,商务印书馆1997年版,第130页。

② 同上书,第115页。

③ [英]坎南:《亚当·斯密关于法律、警察、岁入及军备的演讲》,陈福生、陈振骅译,商务印书馆2005年版,第159页。

样想象,在他们对他们同胞的判断里也存在着这样的因素。"① 而对于其他有生命的存在物而言,人们在特殊境遇下甚至也会想着要对其进行感恩回报或是残忍报复。不过,即使如此,它们却都仍然难以满足一种道德上回报的作为主体的"资格"条件。如果说,对那些没有感知能力的对象做出回报,是无的放矢,那么,对那些即使具有感知能力、却只是出于本能的动物而言,同样也不能满足回报以作为"意图"而产生的"相互性"条件。因此,如果说作为引起快乐和痛苦的原因,无论其是否有无生命,都会激起人们的感激和愤恨之情,那么无生命的存在物,甚或那些能够体验痛苦和快乐的动物,是否也是应得(报答或惩罚)的对象?我们固然不仅可能对伤害自己的石头宣泄愤怒,也可能对一块挽救自己生命的木板心存感激,同时,也会惩罚那些致人死命的动物。而显然,就对苦乐具有感知能力的动物而言,较之于没有生命的对象,也许更适合成为感激或愤恨的对象而应得报答或惩罚,然而在斯密看来,"虽然动物不仅是带来快乐和痛苦的原因而且也能感觉到那些情感,但是它们仍然不足以成为感激和愤恨的完美的对象;那些激情依然感到:要使它们完全满足还缺少某些东西"②。

因此,这也就不难理解,唯有具有健全理智的人,才能够满足一种出于意图的相互性回报的"主体性"条件。因而作为一种完整而恰当的感激或愤恨对象而言,就在于他们既能够成为带来快乐或痛苦的原因,而且也具有相应的感受快乐或痛苦及其相应情感的能力,更为重要的是,那些总是能够为我们所赞同或责难的意图,由于在具体境遇中,它所产生的强烈而又特殊的快乐或痛苦,也成为激起人们感激或愤恨之情的一种"附加"的原因。这样,我们同时也就能够理解,为何人们的情感也往往会因为具体境遇中的实际后果的影响,而时常偏离了"公正准则",从而呈现某种"情感的不规则性"。这主要表现在:一方面,尽管一个人的意图可能是如此合宜和仁善,抑或是如此的不合宜和恶毒,但是,如若没有产生作为其意图的结果的实际善行,抑或是真实的罪恶,显然,在这两种情

---

① [丹]努德·哈孔森:《立法者的科学》,赵立岩译,浙江大学出版社2010年版,第84页。

② [英]亚当·斯密:《道德情操论》,蒋自强、钦北愚等译,商务印书馆1997年版,第117页。

形下，也就都缺乏某种使人"附加"地激动的原因；另一方面，虽然一个人的意图没有什么值得称赞的仁慈，抑或没有某种该受责备的恶意，但是，倘若他的行为造成了某种大善或大恶的现实的结果，那么，在这两种情形下，却又由于这种实际的结果，往往给行为的功过投上了"阴影"，其所产生的异常的快乐或痛苦，使之容易得到人们的感激或愤恨之情。由此，由于感激或愤恨并非唯一地针对行为者的意图而产生，在具体情形下所导致的那些行为的实际结果，它所产生的快乐或痛苦，往往自发而强烈地激起了人们的这两种情感，也就使人们的功过判断出现了某种程度的"偏见"，使相应的功过评价往往偏离了应当依据其行为意图而所应得的程度。而斯密断言，"行为的后果完全处于命运的绝对掌握之中，于是命运就对人类有关优点和缺点的情感发生影响。"[①]

二 "结果运气"与功过判断的"偏见"

正如威廉斯所言："在哲学思想中历来有这样一种看法，它认定生活的目的即幸福，幸福即反思性的平静，平静即自给自足的结果——不是处于自我的领域中的那些东西也不在自我控制之内，因此就受到运气的影响，成为平静偶然的敌人。"[②] 而这里的立场，在某种意义上对康德而言也同样是有效的。因为在后者看来，那不受我们所控制的或受运气所影响的结果，既不是我们道德评价的对象，也不会丝毫影响到我们对于他人或自己的行为的道德价值的判断。这不仅是对于善的意志的结果是如此，就如内格尔所言："对于恶的意志，大概他也会说同样的话：它是否达到它的罪恶的目的，在道德上是不相干的。如果某一行为有坏的结果本当受到谴责的话，就不能因为碰巧结果变好而证明是正当的。"[③] 因此，就道德判断的通常条件而言，一方面，人们直觉上都会认为，那些并非由于人们自己的过错，抑或是超出他们的控制能力所导致的行为结果，不应该对它们作道德上的评价；另一方面，人们也会赞同那理想的"公正准则"，亦即应当依据动机而不是结果来作出判断。就如斯密所言："人们历来抱怨

---

① [英] 亚当·斯密：《道德情操论》，蒋自强、钦北愚等译，商务印书馆1997年版，第120页。
② [英] 伯纳德·威廉斯：《道德运气》，徐向东译，上海译文出版社2007年版，第29页。
③ [美] 托马斯·内格尔：《人的问题》，万以译，上海译文出版社2000年版，第27页。

世人根据结果而不根据动机作出判断,从而基本上对美德失去信心。人们都同意这个普通的格言:由于结果不依行为者而定,所以它不应影响我们对于行为者行为的优点和合宜性的情感。"[1] 然而,自然的造化弄人之处就在于,人既有着通过把握实践和情感的合宜与适度,从而体现人的高贵和卓越的"技艺",但是在具体境遇中,却也同时放大了人性的一种"弱点"。由于人都有着一种基于对苦乐的直接强烈的感受,会产生相应的原始激情,那些受运气或命运的影响而产生的"显性"的实际行为后果,却总是"扭曲"人们的合宜感,而这种"结果运气",就使人们对功过的判断与上述的"公正准则"产生了强烈的偏差。

因此,通过情感的"不规则性"的阐释,斯密揭示了这样一个在日常道德生活中,时常偏离了公正的"抽象准则"的人类情感及其反应的客观事实,"任何行为愉快的和不幸的结果不仅会使我们对谨慎的行为给予一种或好或坏的评价,而且几乎总是极其强烈地激起我们的感激或愤恨之情以及对动机的优缺点的感觉"[2]。不论是意图和动机,还是作为运气影响的实际结果,实际上,都确实是作为激发我们的情感而做出相应判断的原因而起作用。如果现实生活中,存在着诸多不是仅仅由善的意志或恶的意志所造成的结果,那么,这种"结果运气"会在何种程度上影响到人们的道德评价,而使"应得"呈现出某种复杂性呢?在"论运气产生影响的程度"的论题中,斯密认为,"结果运气"将在两个方面,会影响到人们的评价,并使之呈现出某种判断"偏见"。首先,第一种产生"偏见"的情形是:基于特定的行为者的动机或意图,却没有产生相应的善的或恶的实际结果,从而影响到人们对于特定行为的功过判断。因此,好心无善果,抑或行善未果,由于缺乏让人产生感激的原因,旁观者会减弱对行为者出于意图而应有的感激,而行为者自身也会缺乏那种基于行善成功的功劳感。同样,当恶毒却无恶行,抑或作恶未遂时,也缺乏让人激动而产生愤恨的原因。在这两种情况下,都是因为"未果"而影响了我们的情感和判断,也"减弱"了我们对某些行为的功过感。

---

[1] [英]亚当·斯密:《道德情操论》,蒋自强、钦北愚等译,商务印书馆1997年版,第130页。

[2] 同上。

当一些行为虽出于最值得赞扬或最该受谴责的意图,但受运气影响而未能产生预期效果,它就会减弱我们对这些行为的功过感。就行为的直接的实际结果所能引起的快乐和痛苦,将通过感激和愤恨的情感反应的方式,回溯到行为者的意图或动机而言,我们都能感觉到人类是如此"不公平"。在斯密看来,与一个出于良好意愿而帮助他人、但却未能如愿的人相比,那个帮助他人谋取成功且如愿以偿的人,似乎更应该被认为看作是恩人,而值得给予他以尊敬和感激。尽管在这种情形下,我们可能应该多少"公正"地设想两者相同。这对一个慷慨和宽宏大量的人来说,无论是否取得相应的成功,都应对愿意帮助自己的人表示感激。因此,这种感激,更多地出于对相互期待的情感所产生的快乐,而不是因为成功所带来的某种实际的好处,然而,"他们毕竟是失去了一些东西。所以他们的快乐和随之产生的感激之情当然不是十分完美的。因此,假设在助人失败的朋友和助人成功的朋友中间——其它一切情况都一样——甚至在最高尚和最优秀的心灵之中,会存在偏爱助人成功的朋友的某些感情上的细微差异。"[1] 同时,从相互性的回报的角度来说,如果人们确实得到了其所期待的利益和好处,却并非是从某个特定的施恩者那里所获得,那么,他们就有可能认为,对那虽然具有良善的意图,同时也竭尽了全力,但是却未能提供任何实际帮助的人,也无须多加感激。因此,"那个尽力造福于人而未能取得成功的人本身同样不会信赖他想施惠的人的感激之情,也决不会产生在他取得成功的情况下会产生的自己具有有助于别人的优点的感觉"[2]。

同时,对那些有着卓越的才干和能力而想造福于他人的人来说,如果受到运气和某些偶然性的妨害和阻碍,也未能产生预期的现实效果,那么由于这种缺陷,也不能凭借其才能上的优点,而获得人们充分的赞同。对一位有着运筹帷幄、经天纬地之才的将军而言,如果总是只满足于纸上谈兵,或是因为运气和偶然性的影响,而在重要的战役中憾失战功,那么尽管计划或谋略全部有赖于他的才能,或者没有受到运气的阻碍,由于完成它也并不需要具备比设定它所必需的更大的能力,只要容许他以各种可能

---

[1] [英]亚当·斯密:《道德情操论》,蒋自强、钦北愚等译,商务印书馆1997年版,第121页。

[2] 同上书,第122页。

采用的方法来继续下去，就能获得既定的成功，但是，他却终究未能通过实际的伟大战绩，来展现出自身的优点而激起人们的赞许。同样，对于一位天才设计师而言，即使我们惊异于他在设计中所充分表现出的天赋和才能，但是，就如斯密所言："即使对最富有才智的人来说，设计也并不给他带来同建成一座辉煌壮丽的建筑物一样的快乐。在这两种情况中，他们都可以表现出同样的鉴赏力和天才。但是，效果却大相径庭：从前者得到的乐趣有时比不上由后者引起的惊奇和赞美。"① 由于缺乏现实的效果，来确证其为善的意图和才能，也不会从人们那里得到与其相应的程度的赞许。因此，"卓越的品德和才干并不会产生同卓越的业绩一样的效果，即使是对承认这种卓越品德和才干的人也不会产生同样效果"②。

这种判断的"偏见"，作为人类情感的真实体现，同样也体现在那些由于运气影响而作恶"未遂"的人身上。由于缺乏实际的罪恶，而"减轻"了对其所产生的罪过感。显然，只有作恶的图谋或者预谋作恶，无论证据多么确凿，从来不会像实际作恶那样，受到同样严苛的惩罚。"可以这样说，确实没有必要设想犯罪的图谋和犯罪的行为是同样的邪恶行为，因此不应使它们遭到同样的惩罚。"③ 因而可以设想，一个用枪射击仇人，却因为偶然运气的影响而未能击中，与击中而致人死命的结果相比，尽管是出于同样的意图的行为，但是，所有人的情感却存在着这种现实的"偏见"，对那些只是有意图作恶的人所产生的愤恨之情，也不会强烈到与我们对那些造成了真实伤害的人所产生的愤恨的程度。尽管两者的意图同样是罪恶的，依据理想的"公正准则"，其功过的判断应该一样，然而，由于前一种情况下的"未果"，使人们对幸免受害的愉悦缓和和减轻了对这种行为的罪过感。而在后一种情况下，因为对招致不幸的后果的痛苦和悲伤，却无疑加剧了人们对他行为的愤恨而强化了罪过感。由此，我们也相信，"一切最文明的国家的法律同一切最野蛮的国家的法律一样，有一种必然的减刑条例"④。同时，就行为者自身而言，如果是因为

---

① ［英］亚当·斯密：《道德情操论》，蒋自强、钦北愚等译，商务印书馆1997年版，第123页。

② 同上。
③ 同上书，第124页。
④ 同上书，第125页。

运气或某种不可控制的外在力量,阻碍而终止了某一恶行,那么倘若他良心未泯,也会庆幸自己得以从正要深陷下去的罪恶中解救出来,尽管也会产生自责和悔恨,但是,这种幸运,却也会减弱甚或在某种程度上消除他对自己的罪责感。

就如哈孔森所评述的:"这一在所有判断中的关于合宜性的偏见,自然是通过贯穿于任何社会群体的交互同情而被交流。因此,尽管我们道德判断的理想对象是动机和意图,但实际的对象却常常是行动和它们的后果。"[1] 如果说,上述情形在于缺乏特定的行为效果,而使其所"应得"存在某种偏差,那么,另一种导致功过判断的"偏见"出现的情形,就在于,当一些行为因其结果而意外地引起特别强烈的快乐或痛苦时,在强烈地激起人们的感激或愤恨的同时,也增强了我们对这些行为的功过感,"那种行为令人愉快或令人不快的结果虽然在行为者的意图中没有值得称赞或责备的东西,或者至少没有达到值得我们加以称赞或责备的程度,它还是经常会给行为者的优缺点投上某种影像"[2]。因此,这时的功过评价,以至于大大超过了依据其意图或动机所"应得"的程度。尽管我们一般而言更愿意表达出仁慈和善意的情感,而对那些不知道原因的愤恨之情难以表现出同感,也不主张随意发泄自己的愤恨,但是,却容易因为某种真实的伤害而产生愤恨。因此,哪怕只是一个人自己的"疏忽",却对别人造成某些无心的损害,那么我们只要谅解受害者的愤恨,就会赞成对冒犯者所施加的惩罚,以至于超过没有带来某种不幸后果或许应该得到的惩罚。也正是因为对严格禁止伤害的"底线道德"的要求,使人们赞同对那些可能或实际导致伤害性后果的"疏忽"所实施的惩罚要求。

而斯密也区分出几种不同程度的"疏忽",来说明只要导致某种伤害性后果,而对人们的情感所施加的"额外"的影响。一种程度的疏忽,虽然可能没有对任何人造成损害,却因为自己缺乏最基本的尊重他人的安全和幸福的正义意识,而使他人直接面临危险。就像随意高空抛物的行为

---

[1] [丹]努德·哈孔森:《立法者的科学》,赵立岩译,浙江大学出版社2010年版,第85页。

[2] [英]亚当·斯密:《道德情操论》,蒋自强、钦北愚等译,商务印书馆1997年版,第126页。

一样，这种"严重的疏忽"，从法律的角度来说，就几乎与恶毒的图谋等同。尤其是当这种疏忽产生某种不幸的后果时，"干了这种坏事的人经常要受到惩罚，仿佛他真的有意造成那些后果：他那轻率和无礼地作出的、应该受到某种惩戒的行为，被看成了残暴的、应该严加惩处的行为"①。而这种严惩也并不会全然违背人的自然情感，因为对无辜受难者的愤恨的同情，强化了人们对这种缺乏尊重他人意识的行为所表达的义愤。当然，如果没有导致某一严重的不幸后果的出现，虽然在这种情形下，当事人那愚蠢而又缺乏人性的行为实质并没有发生改变，但是人们的情感却会大不相同，同时，法律的惩罚也会出现某种程度上的差异。而另一种"疏忽"，虽然既不涉及任何非正义的行为，行为者也没有对他人的安全和幸福抱有任何轻视的态度，更无意去伤害别人，甚至还是一个待邻如待己的人，在这种情形下，如果没有导致伤害性的后果，那么，人们只会对他缺乏应有的小心和谨慎而表示出责备，而不会赞同实施严厉的惩罚。然而，一旦只是因为他的疏忽，造成了一种真实的伤害，那么不仅法律要求实施惩罚性的赔偿，人们的自然情感也都会赞同这种法律裁决。这只是因为，"最为合理的是：一个人不应为另一个人的粗心所害；这种疏忽所造成的损害，应该由造成这种损害的人来赔偿"②。因而人们的自然情感，倾向于只有通过以这种方式来补偿受害者，才能满足人们的公正意识和正义要求。还有另一种疏忽，它可能只是因为对我们的行为所可能产生的各种后果，缺乏一种高度的疑虑和严格的谨慎。如果没有某种不幸的结果出现时，人们甚至还会责难这种过度的谨慎和疑虑，并认为这是一种不利于行动和获得成功的品质。然而，一旦行为者由于缺乏这种"过分的"谨慎，因为运气和不受控制的偶然事件的出现而对别人造成损害的时候，法律也会要求责成赔偿，而人们的情感也会因为伤害性后果，而发生相应的变化。同时，当事人也会感受到受难者的愤恨，和他人对这种伤害的同情，从而意识到自己的过失应该受到责罚。因此，即使看起来，他同其他一切旁观者一样清白无辜，却同样因为伤害后果的出现，而对人们的情感施加了客观的影响。

---

① [英]亚当·斯密：《道德情操论》，蒋自强、钦北愚等译，商务印书馆1997年版，第128页。

② 同上书，第129页。

而问题在于,"既然他同其他一切旁观者一样清白无辜,为什么偏偏要他对别人的不幸负责呢?这件难事确不应该强加于他,甚至公正的旁观者也不会对其它可以认为是不正当的愤恨表示某种宽容"[①]。

可见,由于行为结果总会在世人眼中投上"阴影",当"好心"(无心)而不幸酿成"恶果",这种无意图的伤害的出现,通常使我们不仅赞同受害者的愤恨,也赞同对其所施加的惩罚,即使这种惩罚大大超出了那些因为没有造成某一不幸后果的行为者或许应得的惩罚。而当出于"恶意",却偶有"良行"时,却又会因为世人对其行为结果的过分关注,其光环效应,往往使人们疏于穷究其行为背后那不可能获得普遍认同和赞许的意图和动机。显然,这种基于实际后果来启动功过判断的一般心理,既造成了人们在行为选择和道德评价中的功利倾向,也成为在道德应得的实现过程中容易产生偏差,甚至是出现某种"不公正"的原因。因为,一旦行为产生了超乎其意图和动机的良好结果时,他所接受的感激,往往会超过他所应得的。而当一个人事与愿违,好心却不幸干了坏事,则对他产生的愤恨,也会超出他自己所能期望的程度。在一定程度上,这种仅仅基于功利性后果的权衡,既容易蒙蔽隐匿在行为背后的真正动机和情感,无疑甚至有时也会刺激那些"道德伪善者",而凡事以成败论英雄,也必将导致社会德性的脆弱和衰微。诚然,我们不得不承认的人性和情感的事实就是,"结果运气"确实在这一最不愿意让其发挥作用的领域施加了影响,使人们对行为的功过判断呈现出一定的偏差。不过,尽管承认这种"情感的不规则性",以及其对行为的合宜性和功过的判断所造成的干扰,然而,在斯密的理论体系中,"这是一个及其非凡的结合,把一种关于意图的理想的伦理学与一种关于结果的实际的伦理学结合在一起了。进一步说,它满足了斯密要出做好的解释的目的。因为恰是这种结合,使他能够将道德解释为一种在有运气成分的世界里的外在行动的指南,并且与此同时,把这种道德视为是与理想的和绝对的合宜性最终相关的"[②]。因而这种"情感的不规则性"的产生,既是人性的一种"弱点",却恰恰也是

---

① [英]亚当·斯密:《道德情操论》,蒋自强、钦北愚等译,商务印书馆1997年版,第130页。
② [丹]努德·哈孔森:《立法者的科学》,赵立岩译,浙江大学出版社2010年版,第85页。

"自然智慧"的体现。因为它的客观存在，同样有助于人类的幸福与完善，也正是因为这种"情感的不规则性"，促生了生活世界中"应然"存在的应得赏罚的评价体系和实现机理。

第三节 "不规则性"产生的原因及其社会效用

"结果运气"既使人们的功过判断呈现某种偏差，同时，也凸显了行为动机和效果之间的不一致性的问题，也正是因为这种不一致性，使道德报偿呈现出了某种"不规则性"。而在伦理学的解释传统中，就道德评价的根据而言，呈现出了两种截然对立的主张，"动机论"或强调一种理想的"公正准则"而以动机的判断为中心，而"效果论"又或诉诸于行为的效果，来为行为的正当与合理性提供一种道德辩护。而问题就在于，如何为动机和效果的统一性难题提供一种充分的说明。这要求我们既要去探究这两者存在某种不一致性的原因，同时，也要去寻求实现其一致性的主体性的道德要求和社会性条件。而在社会生活与伦理实践中，在因行为的善恶属性而产生的道德报偿的问题上，人们是否要考虑行为的效果，抑或为什么又要追溯行为的动机？如果说，承认由"结果运气"影响而产生的某种"不规则性"的存在，使人们既认识到生活世界中总是有着某些"不公平"，也时有使一个人得到多于或少于其应得赏罚的某些"例外"出现，然而这一看来"苦涩"的伦理事实，却同时也确立了首先从行为效果来启动道德评价的责任归咎机制，并由此而使人们在追溯行为动机的同时，去探究人类生活"可能"接近实现应然的公正报偿的道德条件和实践逻辑。

一 动机与效果及其"不一致性"的难题

作为"关系性"存在，人是以某种"道德的"方式来接触和了解这个世界的，而认识到这一事实的必要性和重要性，也就会对某些人的品质和行为做出相应的道德评价，同时，我们也会反思性地来审视自己的动机和行为，相应地给它们打上光荣或耻辱、赞许或责难的印记，赞同并崇信善与恶，以及应得报答或该受惩罚的两分法。因此，"我们不仅判断别人，也判断自己，我们赞成或反对某些类型和行为，称它们为正当的或不正当的。我们说，应当实行某些类型的行为，避免另一些类型的行为"①。然而，道德评价究竟应该立基于何处，又需要以何种道德原则来做出这种判别，甚或人究竟是通过哪一种能力，来识别出这样的原则，显然，不同的伦理学理论对这些问题都做出了不同的解释。应当说，就我们对某一行为能够作出判断的依据而言，只能是指向了某一特定行为的三个不同的方面：（1）产生这一行为的内在的动机或意图；（2）行为所呈现的特定的身体外部性动作；（3）这一行为所产生的或好或坏的实际后果。正是这三个不同的方面，构成人们去判别这一行为的全部性质的要素和根据，然而显而易见的事实是，由于行为的外在性动作在善恶属性的判别中无效（如杀人和救人的身体的外部性动作，可能都是一样）。"在最清白的行为和最该责备的行为中，身体外部的行为或动作往往是相同的。"② 因此，不言而喻的就是，这种判别所指向的，或者是针对行为得以产生的内在的意图或动机，或者是针对行为的目的或其所产生的结果。

毋庸置疑，坚持"动机论"的立场明确断言，行为的善恶和道德价值与行为的效果毫不相干。只要一个人的行为动机是"善"的，那么不管他的行为产生什么样的后果，也可以称之为善的。这从康德的严格立场中就可以看到："行为的道德价值并不在于它所预期的效果，也不在于以这种预期效果为动机的任何行为原则。因为，这些效果，处境的舒适，以至他人幸福的提高，都可通过另外的原因产生，而并不须有理性的东西的意志，而最高的、无条件的善却只能在这样的意志中找到。"③ 因为人的同一行为可以有不同的、以至于完全相反的动机，对他人尽自己之所能而行善，然而，若是出于同情或对荣誉的爱好而有益于他人，却也比不上那出于义务行善而性格冷淡的人。"出于"义务而诚实，也与那出于对有利后果的考虑，而表现得"合乎"诚实是完全不同的。由于"我们总是喜欢用一种虚构的高尚动机来欺哄自己"，而实际上却隐藏着其他利己的动

---

① ［美］弗兰克·梯利：《伦理学导论》，何意译，广西师范大学出版社2001年版，第48页。

② ［英］亚当·斯密：《道德情操论》，蒋自强、钦北愚等译，商务印书馆1997年版，第121页。

③ ［德］康德：《道德形而上学原理》，苗力田译，上海人民出版社2002年版，第16—17页。

机，所以，"从道德价值上说，并不是着眼于看得见的行为，而是着眼于那些行为的，人们所看不见的原则"①。因此，我们也就不能从预期的效果来寻求规定意志之善的根据。按照这样的标准，不管一个行为是否能够谋取"最大多数人的最大利益"，也不管对一位暴君的暗杀，是否能为国民带来最大的利益和好处，然而"谋杀就是谋杀"。任何目的、特别是好的目的，既不可用来证明实现目的的任何手段的正当性，也不能用来确证行为的道德价值。相反，即使是一个出于义务和善良意愿的仁慈行为，却因为运气不济或者不受控制的因素，使意志完全丧失了实现其意图的能力而导致效果与动机不符，也不会减损其自身的价值。

然而，在坚持"效果论"立场的人看来，行为的道德价值从根本上要依赖于它们倾向于产生的结果。穆勒就宣称："没有一种伦理学体系要求我们，我们的全部行为都只有一个动机，即出于义务感；……动机虽然与行为者的品格有很大关系，却与行为的道德性无关。"② 因此，救人于溺水之中，无论其动机是出于义务感，还是只希望由此而得到报酬，在道德上总是正确的行为。这种立场甚至认为，即使是形式上具有绝对性和普遍性的道德命令，其实质也仍然是"假言"意义上的，因而也暗示着某种效果上的理由和根据，甚至是善良意志或动机本身，也仍然需要援引效果来作为确证其善恶与否的标准。因而这种立场坚持，既然每一个出自人类意志的行为都有其意欲实现的目标，而道德行为也总是指向一定的结果，那么，就有着依据行为效果来作为道德评价的最终根据的理由。正如梯利所指出的，一方面，"所有的行动都趋向一个目的或目标。甚至包括本能的和机械的行动。这在于事物的这种本性——动机和活动都要产生结果"③。同时，"世界安排得使某些行为必然产生某些效果，而人性又构造得必然喜欢某些效果而厌恶另一些效果"④。因此，认定行为效果在道德中所具有的重要性，不仅在于人们总是从这些有益或有害的后果中，表达出道德上的赞许或责难，来维系共同生活和社会秩序，同时，在道德劝诫

---

① [德]康德：《道德形而上学原理》，苗力田译，上海人民出版社2002年版，第24页。
② [英]穆勒：《功利主义》，徐大建译，上海世纪出版集团2008年版，第18页。
③ [美]弗兰克·梯利：《伦理学导论》，何意译，广西师范大学出版社2001年版，第77页。
④ 同上书，第87页。

和道德教育上，要促使别人成为"有道德的"，也常常需要通过展示行为效果的方法，希望通过向他们指明那伴随着正当或不正当的行为的效果，来确证道德律的公正性。而为了解决道德规范之间的冲突和"不一致"，也只有通过诉诸行为效果，才能为行为选择提供合理性的辩护。"我们可以满有把握地推论，道德评价的最终根据在于行为的效果。那些倾向或被人们相信要产生为人类希望的效果的行为，被看作是善的或正当的，被规定为责任，而与它们对立的行为则受到谴责和禁止。"① 因此，最终给予一个行为以道德价值的，正是其倾向于要实现的效果或目的。如果道德是实现目的一种手段，那么道德的标准就是它的目的和效果。

如果说，任何一种人的行为都是受意识支配而驱动的实际活动，是主观意识和客观活动的统一体，那么就如包尔生所言的，人们对其作出判断也包含有两种判断或两个方面："一种判断是人格的判断，另一种判断是客观的判断。每一行为都引起这样两种判断，它们一是对这个人的意向的主观的、形式的判断；一是对这个行为本身的客观的、内容的判断。在前一种情况中，我们探究动机；在后一种情况中，我们探究来自事物本性的效果。"② 然而在他看来，也必须要认识到这两种判断的区分，它们相互独立、甚或是相互对立的一面的重要性。因为一个行为可能在客观效果是错误的，然而行为者在人格上却无可指责。他举例说明，圣徒克里斯宾为减轻穷人的苦难，出于怜悯而偷窃富人的皮革来为穷人做鞋，尽管他也知道"请勿偷窃"的格言，却仍甘愿冒着上绞刑架的危险，而心安理得地做出了这样的行为，那么，这是否意味着因为他的这一行为，而成为一个十足的窃贼和无赖了呢？在包尔生看来，如果他的怜悯和善良意志是绝对善的，那么从"主观—形式"判断来说，即使在这种情况下也是善的。因为克里斯宾以一颗纯洁的良心为他人服务，而不惜牺牲自己的利益，他的意志就是"善良意志"。然而，我们究竟应当如何理解和评价这种主观上可能是道德的，而在客观效果上却是错误的行为呢？包尔生认为，在这种情形下，由于"主观—形式"判断并非这一行为所引起的唯一判断，

---

① [美] 弗兰克·梯利：《伦理学导论》，何意译，广西师范大学出版社2001年版，第80页。

② [德] 包尔生：《伦理学体系》，何怀宏、廖申白译，中国社会科学出版社1988年版，第195页。

要对行为做出正确的评价,我们还需要考虑到行为的客观效果,亦即"偷窃"行为所自然趋向于要产生的效果。因为这种类型的行为本身,不论其出自何种动机,都将导致对人类生活和幸福的破坏性后果,也就是"恶"的,从而也需要接受相应的惩罚。因此,也正是因为这两种判断的分别,也出现了这种"不一致"的情形,"谴责一个行为但并不因此谴责行为者的人格,或者谴责一个行为者的人格但并不谴责他的某些行为。"①

然而,这种"动机与效果分别论",却最终仍诉诸"根据行为类型和意志行为对行为者及周围人的生活自然产生的效果来说明善恶的区别"②。而我们需要追问的问题仍在于,倘若行为效果成为道德价值判断的标准,那么,如果出于不同的动机而导致同一个效果,是否也可能意味着,一个具有善良动机的人,却仅因为其行为"恶"的结果而被称之为"恶人"呢?或者,又凭借其行为结果上的"善"而判定为"好人"呢?应当说,认识到"唯动机"抑或"唯效果"来作为行为善恶属性判分的依据而有失偏颇,或者执着于通过形而上的"两分法"而偏执于一方,从而当哲学家大都倾向于以某种"简化"的方式来阐述这一问题,或者回避了两者的不一致性难题时,正如斯密在对休谟的隐晦批评中,指出了在"哲学家"和过"普通生活"的人在这一问题上的区别一样,我们也相信,人们在日常生活中对某人的行为的判断,却是从两个方面来做出判断的。因而事实上,我们不仅判断行为者的意图或者动机,而且也判断行为所产生的效果。一方面,显然从理想而公正的判断准则而言,我们能够完全或充分给予赞许或责难的,肯定是那些出于特定的意愿和动机、并有着与其相一致的结果的行为。正如斯密所言:"行为者可能对此负责的、或者他由此可能得到某种赞同或反对的唯一后果,就是那些这样或那样预期的后果,或者至少是那些显示出他的行为由以产生的内心意图中某一令人愉快或不快品质的后果。"③ 而实际上,这也是我们容易判断的,也希望出现的在行为动机和效果之间,保持着某种"一致性"的行为类型和责任归

---

① [德] 包尔生:《伦理学体系》,何怀宏、廖申白译,中国社会科学出版社1988年版,第196页。

② 同上书,第190页。

③ [英] 亚当·斯密:《道德情操论》,蒋自强、钦北愚等译,商务印书馆1997年版,第115页。

答的条件;另一方面,从现实的对行为的道德评价及其实现方式而言,我们也相信,"无论何时,当我们作为旁观者观察他人的时候,所能依照的只是他们的行动和行为,我们把这些作为通向他们动机的线索,而我们更感兴趣的是他们的动机,因为动机更紧密地与他们的特性和人格联系在一起"①。因此,一个行为的善,需要以它所产生的良善的效果来确证,而一个动机的善,也必须通过这种外在的善行来得到"显现"和证明。因而一个真正完美的"善"的人,就不仅有行善的意图或动机,而且也有着行善的行动,从而我们也需要在这种意义上,来实现动机和效果这两者的统一。

显然,从动机和效果的统一中,我们注意到了其有"一致性"的一面,但是,如果单纯从逻辑上来看,动机和效果的"一致"和"不一致",却都有两种不同的情况出现。因此,倘若仅从性质上来组合并分析其关系及其一致性的程度,那么,我们可以得出这样的组合表(如下图所示):

行为效果 行为动机	良好效果	不良好效果
良好动机	一致	不一致
不良好动机	不一致	一致

从上述组合中我们可以看出,"良好动机—良好效果"和"不良好动机—不良好效果"的组合,作为动机和效果的"一致性"的行为类型,这需要我们去探究动机和效果在性质和方向上产生一致的条件,同时,也更需要关注其"不一致"性所隐含着的一些解释性的难题。由于一个人的行为在从动机的预设,到实现而达致特定的目的和实际结果的过程中,有时并非总是保持性质或价值与方向上的同构,而呈现出某种"差异"或复杂性,这既有作为意图的结果的产生,也有作为非意图的结果出现,而其主要的表现形式,就是"良好动机—不良好效果"或"不良好动机—良好效果"的行为类型,抑或对应于在日常生活中"好心却办坏事"

---

① [丹]努德·哈孔森:《立法者的科学》,赵立岩译,浙江大学出版社2010年版,第8页。

或"坏心却办好事"的情形。前者出于"好心",却可能产生在自然倾向上或实际上都是有害的和破坏性的后果,而后者本出于"坏心",却促成了有益于他人福利和社会利益的结果。诚然,即使是同一动机,也可以导致不同的行为效果,而不同的动机也可以出现相同的行为效果,而这两者所显现的这种复杂的、非一致性的关系,也需要我们去分析其产生的原因,并提出能够给予相应的公正判断的原则和实践途径。上述四种情形中,从动机论的立场,"道德评价的对象不是事件或事态,而是意志活动(或所意欲的行为)。所发生的事情本身并无道德善恶、对错之分:只有意志活动才有"①。因而它唯一需要考虑的,就是意志是否出于义务,"好品格"是不会受到行为效果影响而损害的,好心办坏事也是善,而坏心做好事也难改其恶。而功利主义的效果论,则在宣布行为的道德性与品格无关的立场中,以是否有益于行为所有相关者的利益来裁决。"因为毫无疑问,任何已知的伦理标准都不是根据行为者的善恶来判定行为的善恶的,更不用说它们是根据行为者是否友好、是否勇敢或者是否仁慈来判定行为的好坏了。对行为者的这些考虑,与行为评价无关,而与人的评价有关。"②而"目的论"的解释,虽然分别论及了主观动机和客观效果的两种判断,然而,行为和行为类型的价值,最终是依靠它们对人生指导的效果来决定的,甚至是良心所命令的义务的内容,也只有在与一个根本的至善目的联系中,获得相应的价值和理解。因此,这些理论最终都需要通过某种"简化"的原则,来化解这种"不一致"的难题。

然而如果坚持动机和效果统一论,那么问题也在于在"不一致"的情形中,如何评价和实现统一?如果在"人格"的判断上坚持两者的统一,那么,好心办坏事就容易被理解为既是道德的(动机)又是不道德的(自然效果),从而陷入谬论和矛盾之中,而如果是在对行为的判断上坚持这两者的统一,那么也就有如何在依据效果的基础上,通过参照动机而探究相应的责任归咎的"度"的问题。亦如梯利所评述的:"一个人可能主观上是道德的而客观上是不道德的,反之亦然。而当他的动机与行为

---

① [美]芭芭拉·赫尔曼:《道德判断的实践》,陈虎平译,东方出版社2006年版,第146页。

② [英]穆勒:《功利主义》,徐大建译,上海世纪出版集团2008年版,第19页。

之间存在不一致的时候，我们能称他是真正善或真正道德的吗？我们能把他树为世界的一个榜样，像赞美一个动机与行为一致的人一样赞美他吗？不，我们倒不如去为他寻求宽恕和谅解。"① 实际上，就产生这种"不一致"的原因而言，我们也需要承认，动机是人之作为"一个有思想的存在物"而被使用的主观形式的行为要素，它只是尚未现实化的"观念"中的行动，而效果作为客观内容的要素，则是完全现实化的作为结果的事实，然而，正是在这一"现实化"的过程中，却又受到了诸如对行为手段的选择、对行为对象和环境的认知，以及运气和偶然性等因素和条件的限制。正因为如此，也常有出于好心却办了坏事，而从"坏事"的效果来启动评价和责任归咎时，也需要结合和追溯于动机，如果或许只是因为自然的"无情苛待"，那么，也正如亚里士多德所说的，有时对违反意愿的感情和实践原则，甚至得到人们的原谅或怜悯。而对于坏心却办了好事，却也会需要通过追溯和结合行为的动机，尤其是在实践中参照其所呈现的稳定性的品质和行为倾向，来降低和减损其所获得的功劳和荣誉感的程度。诚然，从概率论来说，上述组合中"不一致"的状况尽管占有很大的比重，然而，事实上，我们毋宁相信在生活实践中却总是作为"例外"而出现。当"善善恶恶"的因果性联结在人类行为的动机与效果之间，由于运气和环境等外在因素的限制和促发中，产生了某种"差异"时，也就使相应的道德报偿呈现出一定的偏差。而正是由于这种偏差的存在，使公正的评价和报偿的实现，将从最初的基于行为效果的责任归咎，到行为动机的追溯，以至延伸到切望动机和效果的完全统一而实现一种理想公正的道德信仰。

二 "苦涩"的真理与"幸福"的真理

对人类生活与个体道德体验的完整性的关注，也使人们认识到运气之网的存在，及其对生活影响的某种客观必然性。正如斯坦曼评述的，"即使意志本身的行为不为先前的原因所决定，仍可能为是哪种类型的人所决定，即使不是这样，也会受到自己所处境况的运气的伤害，即使这种运气

---

① [美] 弗兰克·梯利：《伦理学导论》，何意译，广西师范大学出版社 2001 年版，第 93 页。

能够克服,个人的道德评价仍受到因实际行为结果完全不在个人控制之中的运气所支配。"① 因此,我们出生在什么样的家庭环境和社会之中,又有着何种程度的自然天赋和身体条件,似乎都有着运气的"影子"。即使一个好人或圣贤,能够以自身的坚毅来抗住运气的冲击,"但一个人是否是圣贤或者是否能够成为圣贤却取决于我们称之为'生成运气(constitutive luck)'的那种东西"②。这样,不仅因为有各种各样的运气,影响着人们试图要到达的行为目的和产生的客观效果,也会对相应的道德评价产生影响,这既指向了行为者自身,也指向了其现实的实现活动。同时,处在"关系性"存在境遇中,在他人的选择和实现活动不受行为者自身所控制的意义上,也同样是如此。因此,在承认人类的生活真实地向运气敞开的同时,又在何种程度上去认识和解释这一看来"苦涩"的真理?因为这对传统道德哲学而言,也同样是一个人们所不太愿意接受的事实。因为显而易见的是,如果我们承认完全受运气所宰制和摆布,这既弱化了人的理性能力,在消解了人的自由意志的同时,也就有取消人类所应担负的义务和相应的责任归咎的可能。

也许正因为如此,就如纳斯鲍姆所言:"在当代道德哲学中,……对脆弱性和运气的讨论令人惊奇地罕见,即使它们对于人类具有持久的重要性。"③ 这在某种意义上,也是受到了康德解释传统的重要影响,因为对康德主义者而言,"不管偶然性产生的东西是幸运还是不幸,它们都被认为不是道德评价的恰当对象,也不是决定道德评价的恰当因素。"④ 因此,在根本的和最重要的层次上,能够为行为的道德价值和合理性提供辩护的理由,就不可能是一个涉及"运气"的问题。然而,就人们日常经验和道德体验而言,运气对构成性的生活之善确实产生了影响,即使对人类行为而言,也同样如此。如前所述的,由于人之行为的实施,也涉及许多不同因素的并存与共同作用,就如哈特所言:"它可能通过许多方式而出现差错,其中有些方式我们从诸如'在劫难逃''孰能无过'之类的格言中

---

① Daniel Statman, ed., *Moral Luck*, State University of New York Press, 1993, p. 11.
② [英]伯纳德·威廉斯:《道德运气》,徐向东译,上海译文出版社 2007 年版,第 31 页。
③ [美]纳斯鲍姆:《善的脆弱性》,徐向东、陆萌译,译林出版社 2007 年版,第 4 页。
④ [英]伯纳德·威廉斯:《道德运气》,徐向东译,上海译文出版社 2007 年版,第 30 页。

便可以深深体会到。"① 有些行为,是在我们完全知情和在自己所能控制的能力范围之内实施的,然而,也有些行为是在行为者没有充分预见到行为的后果,或是缺乏对所处的境况,或受其所影响的对象的认知下所实行的,或是部分地超出了人的控制能力。而哈特也例证,史密斯的确杀死了琼斯,但更为全面的调查表明,他不是故意这样做的。因为他也许只是在打鸟,却未料到琼斯会突然毫无预兆地闯入,或者没有想到子弹会从树上跳飞等,而这些事例,就是我们在日常格言中所说的"劫"与"过"。因此,与道德免于运气以使相应的道德价值判断"简化"的理路相比,如果认同运气对特定境遇中人们的行为或品质的道德评价产生影响,那么也就必然会使相应的道德评价呈现出某种"复杂性"。更为重要的是,它所提出的理论上的挑战,就在于如何在自由意志和道德责任的完整对应,与在道德责任承担中否却行为意愿的原因而完全归因于运气,这两者之间获得一种平衡。即使人们认识到,道德责任以人作为"关系性"的存在和对人的尊严和地位的确认为前提,进而在"谁负有道德责任"这一主体性资格的条件上能够获得共识,却仍面对在特定境遇中,在何种条件下,以及何种程度上承担相应的道德责任,从而对行为者以及他人做出公正道德评价的解释难题。

而内格尔试图为这一"苦涩"的事实提供道德辩护,尽管和威廉斯一样都赞同道德也深深地和令人不安地受制于运气,然而当后者认为:"道德被认为摆脱了运气的影响。然而,一旦我们对这个观点持有一种怀疑的态度,那么那个道德概念就不可能处于它原来所处的位置。"② 从而,他在以异乎寻常的理论敏锐性,将运气带来的道德责任难题呈现出来的同时,在某种程度上,也对主流的道德概念持有一种更深的怀疑态度。在内格尔看来,一方面,承认道德难以免于运气之影响,但是,这一洞见却并不构成从根本上质疑道德的理由;另一方面,道德生活向运气敞开,也确实使人们意识到了道德责任的"悖论性"难题。因而,"在道德责任这个概念里,悖论埋得有多深。一个人只能对他所做的事负有道德责任;但是他所做的事产生于大量他没有做的事;因此他不能对他负有责任或不

---

① [美]哈特:《惩罚与责任》,王勇等译,华夏出版社1989年版,第85页。
② [英]伯纳德·威廉斯:《道德运气》,徐向东译,上海译文出版社2007年版,第58页。

负有责任的事承担道德责任。(这不是一个矛盾,但它是一个悖论。)"①显然,与传统的解释相关联的立场,所强调道德评价的适用性,是以"应当意味着能够"的人的控制能力为条件的,然而几乎任何道德上重要的行为,它们的成功还是失败,却总是在某种程度上,取决于某些不受我们控制的因素。"做了些什么事,什么事要接受道德判断,部分是由外部因素决定的。不管善的意志本身多么可贵,从燃烧的大楼里救人,同在救他时把他从十二层楼窗口扔下去,两者之间存在道德上的重要差别。同样,莽撞驾车同过失杀人之间存在道德上的重要差别。但是,某个莽撞的司机是否撞上一个行人,取决于在他莽撞地闯红灯时行人偏巧在那个地方出现。我们所做的事业受到我们所面对的机会与选择的限制,而这些大都由不受我们控制的因素所决定。"②

因此,就结果运气对人类行为和责任归咎的影响而言,意外撞倒小孩的司机,如果是因为自己细小的疏忽(没有近期内检查刹车),当没有出现要求刹车而紧急避免突然出现的小孩,那么为了这个疏忽本身,只会有轻微的责备,然而,一旦出现某种他自己所无法控制的原因(小孩的突然出现不在他的控制范围)所导致的致命的后果,那么在同样的疏忽下,却导致不同的责备和责任归咎程度。这种结果运气,同样对行为者自己和他人的道德上的评价都施加了影响,就后一种情形而言,他对自己的责备以及他人对他的责备,无疑都要严重很多。同样,在行凶者的意图和动机都可能相同的情况下,由于某种不控制的运气影响,而导致不同的结果出现,那么,对那只是停留在意图上的谋杀,和谋杀成功实施而所应得的惩罚相比,显然也是不同的。"对于意图、动机或关注中应受同样责备或赞扬的东西,可适用的判断范围极广,包括肯定的或否定的判断,取决于在做出决定后究竟发生了什么。犯罪意图可以在没有任何后果的情况下存在,但是这并没有穷尽道德判断的理由。在包括疏忽大意乃至于政治选择的一大批确凿无疑的伦理案例中,实际结果对谴责还是敬重产生影响。"③然而,从认为责任取决于控制能力的观点来看,所有这些似乎都是荒谬

---

① [美] 托马斯·内格尔:《人的问题》,万以译,上海译文出版社 2000 年版,第 38 页。
② 同上书,第 28 页。
③ 同上书,第 33 页。

的。那么问题就在于，为什么不仅要求人们承担他们自己出于意愿的那份责任，而且还要他们部分承担运气所致的那份责任？显然，接受人类生活受运气影响这一"苦涩的真理"，这既不意味着接受那种认为不可能存在有任何意义的道德责任的观点，但是，却也不同于那总是能够把自由意志与人的道德责任完整对应的理想类型。实际上，从人们实际的伦理体验和情感反应的立场，人们认识到，既需要承担因自身意愿而产生的行为后果而负责，同时，也要部分地承担运气所带来的选择性的风险和意外之责。

在威廉斯看来，不论是出于意愿还是并非出于意愿的选择的结果，当运气影响使行为者不能回顾式的为自己的行为选择提供某种合理性的辩护时，就会产生"行动者遗憾"（agent-regret），他甚而断言："如果有人认为他从来都没有对任何人体验到这种情感，那么我们就可以认为他处于一种精神错乱的状态；如果有人强调说一个理性的人绝不会具有这种情感，那么我们就可以认为他是在持有一个精神不健全的合理性的概念。此外，坚持这样一个合理性概念，除了会产生其他类型的荒谬外，还会把这样一件很虚弱的事情暗示出来：如果我们用一种头脑清醒的方式来引导我们自己，那么我们可能就会把我们自己的与我们的行动的那些无意方面完全分离开来，把它们的代价转移到（比如说）保险基金，而且仍然还会保留我们作为行动者的同一性和品格。"[1] 也正因为如此，从自我人格的同一性和整全性出发，这种情感体验也必然要求我们既需要承担意愿选择性的结果，但又不仅仅局限于此范围，同时也需要承担部分的运气之责。然而值得注意的是，如果说承认运气对人类生活的影响，而认可这一"真理"有其"苦涩"的一面，那么从结果运气对人类行为的影响及其产生的情感反应，来理解道德责任的问题，在某种意义上，却也能够掘发出这一事实所蕴含着的某种社会效用，亦即促成人类幸福实现的实践逻辑。

亚当·斯密就认为，结果运气确实影响了人们对于行为者的优点和合宜性的情感，也增强或减弱了我们的功过感，这种道德情感的体验，不仅是指向了旁观者，也指向了行为者自身。然而，"当造物主在人们心中撒下这种情感变化无常的种子时，像在其它一切场合一样，她似乎已经想到

---

[1] ［英］伯纳德·威廉斯：《道德运气》，徐向东译，上海译文出版社2007年版，第43页。

了人类的幸福和完美"①。因此，这一因为人类生活向运气敞开而呈现的"苦涩的真理"，在他的解释逻辑中，却成为促成人类"幸福的真理"。因为在他看来，人类既会在运气的影响下呈现出某种"脆弱性"，情感的"不规则性"，也使动机和效果以及相应的功过判断呈现某种"偏差"，然而，我们所有自然的道德情感和反应，也正是在这一事实下发生作用的，所以人类生活世界的"真实的道德"，就必须确认这种社会心理和情感的事实。而更为重要的是，"人类道德情感的这种巨大的失调，并非毫无用处"②。因为这一最初看来"不合理的"情感的"不规则性"，其真正的社会效用，就在于它同时也促成了人类行为的功过评价体系的形成。而这种评价体系的实践生成的逻辑就体现在，一方面，它产生了这一必要的正义法则，即人们不应为他们所具有的动机和意图而受到惩罚，而只应该为他们的行为而受到惩罚，这使我们免于仅仅因为内心感情就施加惩罚这种"最粗野和残忍的暴行"。因为我们难以想象，仅凭人们的观念和想法，就成为接受制裁和惩罚的充分依据。如果让人们的情感、想法和意图都将成为惩罚的对象，那么，"每个法庭使将成为真正的审理之所。毫无恶意和小心谨慎的行为，也将无安全可言。人们仍然会猜疑它们出自不良的意愿、不良的目的和不良的动机"③。由此，这也避免了社会陷入相互猜忌和混乱之中，而给人类的感情和观念以内在自由的领地；另一方面，它也促使人们以实际的行动，来证明良善的意图，以切实行动去增进自己和他人的幸福。因为仅具良善意愿的人，是"不完美的"。"赞扬缺乏善行优点的好意，几乎不能激起世人最大的、甚或他自己的最高度的赞扬声。那个除其全部谈吐举止表现出最正直、最高尚和最慷慨的感情以外，没有完成一次重要行为的人，即使他的无用或许只是因为缺少帮助别人的某个机会，也可能没有资格得到很大的报答。"④ 因此，这种"不规则性"也激励人们去以切实的善行和优点，来赢得真正的赞许，也只有倾向于行动的人，才有"资格"得到相应的报答。

---

① ［英］亚当·斯密：《道德情操论》，蒋自强、钦北愚等译，商务印书馆1997年版，第130—131页。
② 同上书，第328页。
③ 同上书，第131页。
④ 同上书，第132页。

对因结果运气或偶然性而产生的愤恨之情来说，虽然在某种程度上是不公正的，却也是"自然的"。自然的愤恨之情，是自卫的天性所赋予我们的，由此而确立的正义法则也是社会之存在的底线。它告诫人们的是，"正义的树篱"是神圣不可侵越的，因此，人们要首先尊重自己和他人的幸福，以唯恐自己会做出任何对他人可能造成伤害的事情，哪怕这是细微的疏忽或是无意之举。同时，我们也不能把这些间接的社会效用，仅仅看作是补偿人类情感的"不规则性"这一"缺点"的理由。因为在斯密的解释逻辑中，其所确信地是，对促成人类幸福和生活秩序这一伟大目的来说，自然也并没有完全地寄托于我们人类的理性和反思，而是直接赋予了人类一种直觉和本能，以引导我们去发现达到这一目的的合适的手段。因此，情感的"不规则性"的原因，既是自然的苦乐原理在人性上的直接体现，而其最终的原因就在于，如果我们能够发现自然所赋予的目的和效用，也许就意识到，它即使是人性的"弱点"，却同样也成为了实现世界的整体秩序和幸福的某种因果链中的一个必要的环节。应当说，认识到结果运气对人类情感的影响，既确立了法律正义在主要基于现实的行为后果，来实现责任归咎的必要性和重要性，但是，也认识到法律强制的限度，也在于它并不直接诉诸于人们内心的意图和动机。因此，法律正义既以关注行为的实际后果为中心，而确立了具有普遍性的制度化的社会赏罚体系，然而，其"失效"的领域，就需要有道德良知来"补救"。这也体现了对应然的"理想的"公正准则的道德诉求，因为根据冷静的理性思考，如果人的行为的全部功过，都源起于支配行为的情感和意图，那么，当它们被置于各种法律限制之外时，就必然需要、也极力要求把它们留给人们自己那不会误判的"内在的法庭"，亦即良知来做出公正的审理。

应当说，自从古希腊哲人以彰显人的理性力量，来抵御运气对人类道德生活的影响和侵蚀开始，就有着这样的解释传统，亦即，通过消减道德评价的范围，在把人的德性和意志活动与其他外在的影响因素隔离开来的同时，也就把道德责任的范围限制到自我的内心世界，而使它变得不受运气的影响。因此，也可以说人类的理性和自由意志一直是使道德免于运气的理论努力的立足点。然而，只要作为个体的自我在人生际遇中体验到运气的作用，及其对构成性的生活之善的影响，那么这种理论努力就受到了极大的挑战，而理想的"公正准则"与个体实际际遇中的道德体验之间，也就会存在着事实上的"裂隙"。显然,当威廉斯断言,使道德"免于"运气的康德式的理论努力不可能达到目的,抑或从对启蒙与理性的道德谋划的反思出发,通过重回古典的方式来揭示运气对人类生活的影响,这也使我们意识到,人们既不能只是悲观地屈从于命运的绝对宰制和摆布之中,因为完全赞同宿命论和决定论的模型,也将得出责任和道德都不可能存在的结论,因此,对运气与道德的关系的沉思,促使我们省思的,却并非是在对偶然性的承认中,来取消道德和责任对于人类生活的意义和价值。但是,也不能盲目自信到,相信仅凭借人的理性的力量,就能够宣布运气的力量绝不存在,从而也对人类生活和个人的人生际遇毫无影响。

也许正因为如此,如果需要在自由意志与决定论的"兼容"中,来寻求道德判断的基点,也就意味着,我们既能在人生的境遇中体验到运气对人类生活和道德情感的影响,同时,也能够从人的"关系性"存在境遇中,体验到诸如自由、责任和是非对错的道德观念。当个体性的自我在人生遭际中,因承受运气之责而产生某种功过判断的"偏见"时,一方面,就如斯密所言的,对一部分很正直和富于人性的人来说,"他们以心灵中的全部高尚而又伟大的情感去矫正自己心中的人性的不规则变化"[①];而另一方面,当内在良知的自我纠正,同样呈现出某种"脆弱性",认识到人是一种"不完美的生灵",人类的理性在与命运的对抗中,仍显现出某种"无力"和局限性时,也就自然产生了一种能够对抗命运的至高力量或存在的信仰。而正是这样的信仰,使人们在善恶的因果性抑或动机与效果之间的因果性联结,在偶然性力量的作用下出现某种"断裂"时,以重新恢复或确立两者之间的某种必然的关联。"某个清白无辜者由于某一偶然事件造成了一些过失,如果这是他自觉地和有意地造成的,他就会公正地受到最严厉的指责。……如果一个人不幸地犯下了那些他无意犯的罪行,或未能成功地实现他有意做的好事,造物主也不会让他的清白无辜得不到一点安慰,也不会让他的美德全然得不到什么报答。"[②] 而即使在康德的理论中,也最终需要通过悬设"上帝"的存在,来"缝合"在人

---

① [英]亚当·斯密:《道德情操论》,蒋自强、钦北愚等译,商务印书馆1997年版,第134页。

② 同上书,第133—134页。

的理性和自由意志与自然的原则之间所出现的隔离，以弥补人们在实现完全公正的道德偿报上所呈现的"无能"。而在道德立场上为运气与情感的"不规则性"引起的"裂缝"提供一种辩护，重要的就是如何实现对社会公正报偿的道德确信。因为如果这种判断的"偏见"在社会成员之间持续的交流，当美德没有得到报答，而无辜时被惩罚时，人们就会对成为"有道德的"生活方式抱有深刻的疑虑而衍生悲观，进而逐渐失去对美好生活的信心。因此，当我们承认行为者无法控制的人或事，对构成性的自我以及对他们的生活计划的实现有着某种重要的影响，那么，这在某种程度上，也就意味着使人们可能在从道德最终通向宗教中，来理解自我的人生遭际，以及由于向运气敞开而呈现的某种报偿的"不规则性"，并由此而产生在生活世界中，对实现一种动机与结果"完美一致"的终极性公正报偿的信仰。

第五章 道德报偿的实践逻辑与伦理有效性

如果说，生活世界中总是有某些"不公平"，而某种"不规则性"的报偿现象的存在，有时也使一个人得到多于或少于其应得赏罚的某些"例外"出现，那么更为重要的，就是如何实现社会的公正报偿而保持着赏罚应得的道德确信，以防止这些"例外"普遍化，而衍生为现实的道德焦虑和悲观主义的来源。因此，不论是就扬善抑恶的道德的本性而言，还是从人性和社会秩序的完善性要求出发，都必然要求道德报偿以其不同的价值激励生态和实践机制，在世俗生活世界中获得其现实性和有效性。如果说，动机和效果的某种"不一致性"的存在，恰恰确证了道德报偿从法律惩罚正义到道德良知，以至延伸到一种理想公正的信仰在价值结构和实践逻辑上的合理性，那么其有效性的要求，也就关乎着人性和社会秩序趋近于完善的可能性及其程度。因此，当伦理学以某种"应然"的价值方式来观照现实生活时，也就意味着人性和社会秩序也总是以这样的实践逻辑，在具体的社会结构和历史进程中不断趋近于完善。

第一节 法律正义及其伦理有效性

社会秩序的状态首先在于避免人们相互伤害，限制自己的行为使之不致妨碍他人的利益而获得人际互动的相容性，这是社会能够得到存续的基础，也是人们能够通过自己的德性和努力取得成功的最低限度条件。可以合理地认为，对于能够产生一种道德约束与激励相容的良序社会而言，法律的有效性及其对作为其基础的正义法则的敬畏和尊重，构成了世俗社会之所以可能以及实现应得报偿的首要前提。法律秩序确立起社会合法的普遍性的行为规则体系和限制性条件，作为社会秩序生成的主要方式，人们对于法律所要求的，不仅仅只是其形式上的普遍性，也需要诉求于"正义"而以趋于社会"公善"的目的，来获得其有效性和社会成员普遍的价值认同，这也体现了社会文明的发展及其完善的程度。而惩罚正义的实现，既是人类的理性于社会公善的反思性要求，以达到抑恶、劝善的目的，同时，也有着基于人性的自然本能和情感反应的基础。因此，作为实现公正报偿的社会结构条件，在社会的政治、经济以及公共生活领域中，都凸显了"法治"秩序之有效性的要求，而只有运用法律来抑制罪恶和惩罚不义，从而以一种"否定的"方式来禁止相互伤害，才能使人们去实现并崇敬"善"的价值。

一 法律正义及其报偿的自然基础

在原初社会中，由于习俗是成功的生存法则的总和，因而原始的道德，也纯粹是以这种对群体的习俗的遵守为条件的。在这种"德法未分"的社会状态下，所实行的也是一种简单有效的社会控制形式，行为的正当或错误，都是以群体习俗的赞同与否，来体现出对所有群体成员的约束力和有效性的。因此，从历史的视角来看，在法律发展的初始期或前法律阶段，"宗教、法律和道德不分彼此地混杂在一种简单的社会控制中。这种社会控制在时间上先于政治组织的兴起，而后者的兴起同时伴随着血亲组织和宗教组织的衰落"[①]。同时，也正是在这样一个按照人们所共知的模式运作的社会中，其中超自然的神扮演着重要的角色。由于人们想象出来而无法见到的那些不可知的神，他们掌管着正义和美德的裁决。"人们的命运和正义的管理掌握在众神灵的手里，或宁可说握在神圣的原则手里，因为神象个人一样，也充满人的情绪和感情（至少在诗歌中是这样）。"[②] 人们相信，是他们使美德得享赞誉，使恶行受到惩戒。因此，不论是在中国的古代社会，在"异姓则异德，异德则异类"（《国语·晋语》）之说中，人们所强调的，只是不同氏族在原始宗教和祭祀礼仪上的差异，也没

[①] [美] 庞德：《法律与道德》，陈林林译，中国政法大学出版社2003年版，第37页。
[②] [德] 包尔生：《伦理学体系》，何怀宏、廖申白译，中国社会科学出版社1988年版，第341页。

有独立于宗法习俗的社会控制形式,而萌生任何基于法律惩罚的正义观念,还是就早期西方社会而言,即使是在主要反映古希腊社会状况的《荷马史诗》中,"我们没有在其中发现法律思想,抑或有关社会、国家和政府之性质的反思的踪迹"①。由此亦可见,不仅德与法的规范"分化"有一个历史的过程,同时,这也说明了前现代社会与现代社会,在社会秩序的生成方式上所存在的一个重要的区别,就在于,前者使神意裁断和习俗承担了社会控制的主要任务;而后者使法律秩序成为最重要且最有效的社会控制形式,因而其他所有的社会控制方式,都是从属于法律的方式,并在后者的审察之下来运作的。

在法哲学家们看来,距离自觉的法学理论最近的古希腊著作,就是亚里士多德在《尼各马可伦理学》中,对正义和平等的内涵的分析。因为亚里士多德不仅表述了赞同"法治"而反对"人治"的立场,同时也指出:"公正只存在于其相互关系可由法律来调节的人们之间。而法律的存在就意味不公正的存在,因为法律的运作就是以对公正与不公正的区分为基础的。"所以,"我们不允许由一个人来治理,而赞成由法律来治理"②。"一个人"的治理,只会照顾自己的利益而成为僭主,而"公正的治理者"则是公正与平等的护卫者,为他人利益工作而只取得自己所配得的一份,并以享有荣誉和尊严来作为回报。而在对正义的性质和范围的界定中,亚里士多德认为:"显然,我们是把守法的、公平的人称为公正的。所以,公正的也就是守法的和平等的;不公正的也就是违法的和不平等的。"③ 因此,一方面,所有的法律规定,都是促进所有的人的共同利益的。城邦也须订立良法而实行善政,并以操心于公民生活中的一切善德和恶行,"如果不是这样,法律也无异于一些临时的合同……只是'人们互不侵害对方权利的〔临时〕保证'而已——,而法律的实际意义却应该是促成全邦人民都能进于正义和善德的〔永久〕制度"④。也正是对城邦的至善目的的反思,使人们意识到需要通过普遍性的法律规则,来有效规

---

① 〔爱尔兰〕凯利:《西方法律思想简史》,王笑红译,法律出版社2002年版,第7页。
② 〔古希腊〕亚里士多德:《尼各马可伦理学》,廖申白译注,商务印书馆2003年版,第148页。
③ 同上书,第129页。
④ 〔古希腊〕亚里士多德:《政治学》,吴寿彭译,商务印书馆1983年版,第138页。

制人们在相互交往中的彼此行为的重要性；另一方面，公正作为总是体现在一个人与他人的关系上的德性，而法律也几乎总是以"否定性"方式，呈现为一系列的行为禁令，"法律还要求我们做出勇敢者的行为，如不擅离岗位、不逃跑、不丢弃武器，做出节制者的行为，如不通奸、不羞辱他人，以及做出温和的人的行为，如不殴打、不谩骂。在其他的德性与恶方面，法律也同样要求一些行为，禁止一些行为"①。因此，作为人们在交往行为上的总体德性，守法亦即正义，违法即是不义。由于一个人守法，既是一种对他人的善的关注态度，那么，否定式的行为禁令，其性质首先体现的也是一种"消极"意义上的德性。因为一个人只要满足于不去伤害别人，那么就能够履行守法正义的全部要求，也使他人能够在不受妨碍和干涉的交往和互动条件下去追求各自的善。

因此，在亚里士多德看来，正义乃是以公共利益为依归的、关乎某些事物的平等（均等）的观念。作为体现在社会结构中的正义原则，一方面，它意味着需要通过法律强制的方式，来惩罚"不义"而"恢复平等"，以维护共同体利益的实现；同时，也蕴含着依据社会结构的正义原则，而为个人的正当权利辩护的实现途径。就分配上的"不义"或不平等而言，"不公正或者是过多，或者是过少。这样的情况常常会发生：对于好东西，总是不公正的人所占的过多，受到不公正对待的人所占的过少"②。因此，分配性的正义原则就在于依据既定的社会结构，来决定每个人在整体中的正当权益和恰当的分配份额。而对于矫正的正义而言，"不义"也是某种不平等，而法律也就只是在考虑伤害性结果的基础上，旨在于恢复平等。因此，依据这一原则来确定人们在纷争中每一方的"正当"，以及依据法律正义而所"应得"的得与失，"当双方都得到了平等的一份时，人们就说他们得到了自己的那一份"③。而执行正义，就不会顾及具体的个人的品质状况，而是在平等地保护每一个人的权益的基础上，使那些被违法和不义行为所破坏的平衡的利益关系，重新恢复到人际均等的状态。因此，亚里士多德强调正义是"相关于他人的善"，如果说

---

① [古希腊]亚里士多德：《尼各马可伦理学》，廖申白译注，商务印书馆2003年版，第129—130页。

② 同上书，第136页。

③ 同上书，第138页。

在"守法"的概念下，其所呈现的是它的消极性、相互性和普适性的特征，那么在"平等"的含义下，我们亦能概括出正义所具有的平衡性、不偏不倚，及其"给予人以其所应得"的特征，而对后者的破坏，也同样是执行正义和实施惩罚的理由。

哲学家通过反思人类的生存境况，尤其是通过揭示城邦（国家）这种生活共同体的目的，既凸显了人类自身因"志趋于优良"而成就德性所展现出的卓越和高贵，同时，也回答了法律正义在规制人类互动行为，而实现"共同体的善"中的基础性作用。其实，柏拉图早在《普罗泰戈拉篇》中，就通过故事叙述了城邦的共同生活需要有"政治技艺"，"由于缺乏政治技艺，他们住在一起后又彼此为害，重陷分散和被吞食的状态。"为了避免整个人类会因此而毁灭，于是宙斯"把尊敬和正义带给人类，以此建立我们城市的秩序，创造出一条友谊和团结的纽带"。[1] 因此，正是基于共享的正义观念和共同生活的能力，才使城邦的存在和秩序成为可能。由此，亚里士多德也指出，人类如果不讲礼法、违背正义."他就堕落为最恶劣的动物，悖德（不义）而又武装起来，势必引致世间莫大的祸害。"因而城邦亦须以正义为原则，"正义恰正是树立社会秩序的基础"[2]。也正是在这种普适性的法律观念的支配下，社会共同体通过法律强制的控制方式，在限制公民自由的同时，也获得了相对稳定的社会秩序，也正是通过对法律的遵守，在一定程度上的某种"不自由"的限度内，通往人们可以相互彼此期待的"自由"和秩序。从而与"人治"相比，这种以法律为基础的社会联合和秩序形式，也成为实现"好生活"的唯一可行的手段。诚然，就公民偏好于共同体生活，而选择服从法律义务的根据及其有效性的来源而言，"契约论"的主张，似乎一直占据了一种理论优势地位，从对自然人性的正义限制出发，在《理想国》中，格劳孔的描述，就揭示了一种对于法律和正义起源的"契约论"的解释，在人性本恶的预设下，需要订法律、立契约来禁止未加审查的自我利益的追求，从而也把社会秩序的起源，归因于其社会成员之间为了自我保存和利益而所

---

[1] ［古希腊］柏拉图：《普罗泰戈拉篇》，《柏拉图全集》第1卷，王晓朝译，人民出版社2002年版，第443页。

[2] ［古希腊］亚里士多德：《政治学》，吴寿彭译，商务印书馆1983年版，第9页。

缔结的某种契约。法律也被看作是完全"人为"的创造，人们剥去了正义概念超自然的灵光，"并开始根据人的心理特征或社会利益对其进行分析。"① 然而，一旦人们开始摆脱听凭神意的裁断，进而理性地反思和证成正义约束及其法律惩罚的正当性时，就需要直面一个问题：法律正义的根据及其生效的道德根基究竟立于何处？

事实上，一直存在着的一种解释路径，就是在自然法、自然权利和法律正义的关系中来阐释这一问题。而人们对于正义的理解，也往往以假定"自然法"的存在而使之联系在一起。亚里士多德就区分了"自然的公正"和"约定的公正"，但却是以一种较为含混的方式回应了这一问题。他认为："自然的公正对任何人都有效力，不论人们承认或不承认。约定的公正最初是这样定还是那样定并不重要，但一旦定下了，……就变得十分重要了。"② 不过，尽管他通过列举火无论在哪里都燃烧，来说明凡是自然的都是不可变更的和始终有效的，因而似乎更多的是在物理世界的意义，而不是道德律的意义上，来强调所谓的"自然法"。同时，他也认为，尽管人们认为所有的公正都是约定的，因而是变化的，但是，这个说法也只有加上某种"限制"才是正确的。因而从对智者观点的反驳出发，他指出了在人的世界中，虽然公正也是可以变动的，但是公正也有些是出于自然的，有些不是出于自然的，而是出于方便和协定。因而，那些人为的而非出于自然的公正，也就不尽相同。因此，一方面，因为政体形式不同，导致人为的公正和法律规则的不同；而另一方面，这也可以推出，相应于城邦政体的好坏，法律也有好坏之别，或者合乎正义，或者是不合于正义。而按照亚里士多德的解释，那些符合正宗政体所制定的法律，既合乎正义的标准，也就在于首先要满足"平等"的要求，这体现在："凡自然而平等的人，既然人人具有同等的价值，应当分配给相等的权利；所以，对平等的人给予不平等的——或者相反地，对不平等的人给予平等的——名位，有如对体质不等的人们分配给同量的——或对同等的给予不

---

① [美]博登海默：《法理学：法律哲学与法律方法》，邓正来译，中国政法大学出版社1998年版，第5页。

② [古希腊]亚里士多德：《尼各马可伦理学》，廖申白译注，商务印书馆2003年版，第149页。

同的——衣食一样,这在大家想来总是有害(恶劣)的。"① 由此,正义的要旨和法律的实质,也就在于要使人人、物物之关系能"各得其平",因而亦可理解,即使是"人为的"法律,其正确性和正义性,也隐含着某种道德性的前提。

而在这一解释路径的持续推进中,自然法也往往被解释成为诸多成文法典的效力的来源。西塞罗就认为,在我们确定什么是正义的时候,我们必须诉诸自然法这一"最高的法律","这种法律的产生远远早于任何曾存在过的成文法和任何曾建立过的国家"。在他看来,"法律是植根于自然的、指挥应然行为并禁止相反行为的最高理性(reason),那么看来他们是正确的。这一理性,当它在人类的意识中牢固确定并完全展开后,就是法律。因此,他们认为法律就是智识,其自然功能就是指挥(command)正确行为并禁止错误行为。他们认为这一特性的名称在希腊来源于使每个人各得其所的观念,……如果这是正确的——因为我认为一般来说是正确的——那么正义的来源就应在法律中发现,因为法律是一种自然力;它是聪明人的理智和理性,是衡量正义和非正义的标准"②。因此,真正的法律,就是与自然相契合的正确的理性,人们也正是依据这一原则来履行自己的"义务",并通过它的禁止而避免错误和恶行,这也成为一切人类的实定法合乎正义而真正生效的道德根基。不过,对于中世纪的神学家们而言,这种自然法却又被诉诸于摩西十诫和基督教的训诫,因而自然法也就是《十诫》和《福音书》的规定:你们愿意别人怎样待你,你们也要怎样待人。同时,在这种宗教氛围中,人类义务的根源,也就不再是基于人的理性的命令而成为正当,相反,它们仅仅只是上帝所颁布的指令而已。然而,随着社会的世俗化和理性化的进程,以神启为中心的自然法观念,又重新开始让位于诉诸人类理性的自然法观念,以及理性可发现的观念。由此,去掉了神学的外衣,而用理性的话语取而代之,自然法也就成为理性发现的,也不需要仰赖于超自然的力量或是上帝的启示,因而世俗化的自然法概念,又成为进一步阐释法律正义的理论基础。

---

① [古希腊]亚里士多德:《政治学》,吴寿彭译,商务印书馆1983年版,第167—168页。
② [古罗马]西塞罗:《国家篇 法律篇》,沈叔平、苏力译,商务印书馆2002年版,第152页。

不过，由于自然法也被表述为对他人的权利的尊重而维护和平的命令，因而也使"权利"概念成为话语的中心。因此，如果说前现代的自然法学说，主要是在强调社会优先于个人中，来教导人们的义务；那么现代的自然法学说，却主要通过"权利"的表达，并以此来界定法律社会的社会秩序。这正如施特劳斯所言："因为此类权利表达了、而且旨在表达每个人实际上都欲求着的某些东西；它们将人人所见、且很容易就能看到的每个人的自我利益神圣化了。对人而言，最好指望他们为了他们的权利而战，而不是履行他们的义务。"① 而这种由以自然义务为取向，转到了以自然权利为取向的根本性变化，在霍布斯的学说中得到了最为明晰有力的表达。他断言："'权利'这个词确切的含义是每个人都有按照正确的理性去运用他的自然能力的自由。因此，自然权利的首要基础就是：每个人都尽其可能地保护他的生命。"② 由于人们的行为和利益，并非完全彼此独立而相互隔绝，而是彼此交织着的。因此，如果每一个人都坚持拥有占有一切事物的权利，那么就会产生利益和行为的冲突，如果没有对彼此之间的行为和利益的有效限制和约束，那么就会陷入"战争状态"之中。由此，为了确保和平实现，我们就需要确立起正义的权利制度体系，以便于把每个个人的行为或自由，都限制在一定的界限和范围之内。我们以何种方式来确立起正义的社会秩序，又该以何种原则，来划分法律社会的各成员彼此之间的权利范围和界限呢？霍布斯认为，法律正义所确立的秩序，就在于在人们之间通过缔结一种契约，每个人都同意自愿把他的对一切事物的权利让渡出来交给社会，并接受一个被限制了的、可以在其中得到保护的领域，来作为对他交出的权利的偿还。同时，由于从人的自然的平等的假设前提出发，也就同样诉求于"平等"原则，来主张每个人自己所拥有的合法的权利。由此，如果说必须以人的自然权利而不是自然义务，来界定社会的职能和界限，那么，"国家的职能并非创造或促进一种有德性的生活，而是要保护每个人的自然权利。国家的权力是在自然权

---

① [美]列奥·施特劳斯：《自然权利和历史》，彭刚译，生活·读书·新知三联书店2003年版，第186页。

② [英]霍布斯：《论公民》，应星、冯克利译，贵州人民出版社2002年版，第7页。

利而不是别的道德事实中看到其不可逾越的界限。"①

而在康德看来,权利科学研究的对象,就是一切可以由外在的立法机关公布的法律的原则,"可以理解权利为全部条件,根据这些条件,任何人的有意识的行为,按照一条普遍的自由法则,确实能够和其他人的有意识的行为相协调"②。由于人们通过他们的行为彼此直接或间接地产生影响,任何一个人的自由行动,如果能够与其他人根据一个普遍的法则的自由共存和协调,就可以确立为"正当"。因而,"所有的权利都伴随着一种不言而喻的资格或权限,对实际上可能侵犯权利的任何人施加强制。"③因此,人们需要遵循的权利或法律义务,就在于既要在与他人的关系中,维护自己的作为一个人的价值,在不去侵犯他人的同时,也能够保证自己的权利不受他人行为的侵犯。每个人既有不依赖于任何经验中的法律条例的自然权利,也有依据实在法而获得的权利。因此,康德也同样强调了天赋的"自由"和"平等"的权利或原则。诚然,康德也区分了道德上的自由和法律上的自由,前者是意志自律和遵循绝对命令的自由,而后者,乃是个人对强制意志和他人控制的独立。"它是每个人由于他的人性而具有的独一无二的、原生的、与生俱来的权利。当然,每一个都享有天赋的平等,这是他不受别人约束的权利。……人,有一种公正的品性,自然地作为无可怀疑的权利,因为在他自己依法行事之前,他未曾对任何人作过不公正的事情。此外,每一个人对别人还具有一种天赋的一般行为的权利,所以,他可以对其他人做出那些不侵犯他们权利的事情。"④ 因而这一基本权利本身,就包含着形式上的平等的观念。因此,其坚持报应性的法律正义的立场,也就在于强调,每一个人都有保护自己免遭侵犯的权利,以及对那些违法者实施对等的报复性惩罚的权利。他认为:"公共的正义可以作为它的原则和标准的惩罚方式与尺度是什么?这只能是平等的原则。"⑤ 因而也强调严格"平等"的报应性惩罚正义的原则。

---

① [美]列奥·施特劳斯:《自然权利和历史》,彭刚译,生活·读书·新知三联书店 2003 年版,第 185 页。
② [德]康德:《法的形而上学原理》,沈叔平译,商务印书馆 1991 年版,第 40 页。
③ 同上书,第 42 页。
④ 同上书,第 50 页。
⑤ 同上书,第 165 页。

应当指出的是，当人们开始对法律惩罚的过程注入理性的反思，并在此基础上以各种理由来证成惩罚的正当性时，这种法律正义和报复性的惩罚，同样也有其自然人性的本能的基础。亚当·斯密就认为，一方面，"在地位相等的人中间，每一个人自然而然地被认为、而且早在市民政府建立之前就被认为拥有某种保护自己不受伤害，以及对那些伤害自己的人要求给予一定程度惩罚的权利"①；而另一方面，人们对于可怕的恶行和伤害性的行为所产生的合宜的愤恨，也成为法律正义和惩罚的最自然的基础。从时间上来说，人们在考虑对这些行为的惩罚效用之前，就已经产生了一种最自然的报复性的冲动。由于人类对于别人所受的伤害，总是具有一种非常强烈的感受能力，而所产生的愤恨的激情本身，虽不是那么令人愉快，但是就其对社会的作用而言，在保护正义以及实施平等上，却是尤为重要的。它不仅促使人们去回应那些企图或实际上加害于己的伤害，因而成了"正义和清白的保证"，同时，也正是在这种自然的情感反应的基础上，确立起了正义的法律体系。因为犯下的罪恶越大，受难者的愤怒和旁观者因同情而产生的义愤，以及行为者对自己罪行的感觉也越是加深。因此，"最神圣的正义法律就是那些保护我们邻居的生活和人身安全的法律；其次是那些保护个人财产和所有权的法律；最后是那些保护所谓个人权利或别人允诺归还他的东西的法律"②。因而为了迫使人们严格恪守正义，自然在人类心中培植起了一种恶有恶报的意识，以及害怕违反正义就会受到惩罚的心理。而在斯密看来，"恶有恶报"这样值得称许的原则，却正是建立在愤恨的基础上，也成为法律正义生效的最自然的和本能的基础。正是基于自然的愤恨和对其合宜性所产生的情感共鸣，既确立了恶行应得惩罚的意识，也获得了一种关于罪与罚的共识而维系人类情感平衡的法则。

正如斯特劳森在讨论愤恨这种"反应性态度"时所指出的："如果这类态度不以某种形式存在的话，我们就会怀疑世界上是否还存在着我们所理解的人际关系体系，或者人类社会本身。"③ 因此，这种"反应性态度"

---

① [英]亚当·斯密：《道德情操论》，蒋自强、钦北愚等译，商务印书馆1997年版，第99页。

② 同上书，第103页。

③ P. F. Strawson, *Freedom and Resentment and other Essays*, Routledge, 2008, p. 25.

既根植于自然的人性之中，同时也是我们作为人类社会成员的"身份"的体现。实际上，"在初民社会的大部分时期，惩罚的实施多半是出于受害者及其亲属本能而未加反思的情感的产物，或者，在足以引起全社会关注的案件中，是对暴行和危险的情感反应"①。而即使在现代社会的框架中，对彼此权利的尊重，如果遭到任何恶意和现实的伤害，也需要人们表达出应有的义愤之情，从而推动我们去惩罚不公正行为的制造者而抑制罪恶。因此，"报复性的冲动是我们的社会惩罚的本能基础。在这种惩罚中，不持偏见的社会成员对于受害者的同情更有组织并且更有效了。在这种惩罚中，社会团体反抗着对于它的一个成员的攻击，并且击败这种攻击"②。诚然，如果说愤恨之情本身，就包含了一种寻求"扳平"的冲动，那么，当愤恨自身所提供的道德和心理补偿，不足以满足这一冲动时，人们也就会产生对实际的法律惩罚的需要。在现代的文明社会中，这种情感反应的合宜表达，既为这种寻求"扳平"的报复性冲动提供了某种正当性，但是，却也并非是通过鼓励个人私自的报复来获得"正当"，而是诉诸通过国家所实施的强制性的法律惩罚手段和公正程序，而得到平息和满足，从而也就以一种合法性的方式，满足了人们的公平与正义感。亦如有学者指出的："鉴于此，愤恨不仅没有使惩罚成为多余，反而使它成为必要。同时，通过道德概念的作用，愤恨还把受报复欲驱使的个人行为变成了受理性驱使的社会行为，从而为法律惩罚提供了道德上的理由。"③

二 公正报偿的社会结构条件

在《正义论》中，罗尔斯断言："正义是社会制度的首要德性，正像真理是思想体系的首要德性一样。一种理论，无论它多么精致和简洁，只要它不真实，就必须加以拒绝或修正；同样，某些法律和制度，不管它们如何有效率和安排有序，只要它们不正义，就必须加以改造或废除。"④在他看来，正义的首要问题是社会的基本结构，由于它提供了一种在社会

---

① ［爱尔兰］凯利：《西方法律思想简史》，王笑红译，法律出版社2002年版，第25页。
② ［德］包尔生：《伦理学体系》，何怀宏、廖申白译，中国社会科学出版社1988年版，第520页。
③ 慈继伟：《正义的两面》，生活·读书·新知三联书店2001年版，第210页。
④ ［美］罗尔斯：《正义论》，何怀宏等译，中国社会科学出版社2009年版，第3页。

的基本制度中分配人们的权利和义务,同时也确定人们在社会的"合作性的冒险"中所产生的合作利益的分配原则和方法,因而也影响着所有社会成员的生活计划和生活前景。而在一个良序社会中,人们不是培育出一种"理智的技巧",使得人们遵循正当的规则体系而行动,只是把这样做看作是实现自身利益的有效的手段,从而使正当行为体系与人们的动机之间产生了一条"裂缝",也对稳定性产生了持久的威胁。相反,由于正义观念与人们的善观念之间的一致,使人们产生了一种真正按照正义原则去行动的欲望,由于公正的行动也成为我们自身的"善"的一部分,因而也激发出一种有效的正义感。由此,也就实现了作为基本社会结构的原则的"制度正义",与作为个人的选择倾向的"行为正义"之间的协调。

在罗尔斯看来,其将正义运用于社会基本结构,与传统的正义概念并没有什么冲突。因为尽管在亚里士多德那里,其所强调的正义在于,使人们"避免贪婪,亦即避免通过攫取属于另一个人的东西——他的财产、奖赏、职位等,或者否定某个人应得的东西——诸如尊敬、偿还借款和履行诺言——而为自己谋利"[1],因而使人们具有一种按照正当原则去行为的稳定的行为倾向,然而,对于究竟什么是一个人在既定的社会结构体系中属于一个人的,或是属于自己应得的份额,却同样有着一种来自于社会制度所产生的预期的设定和要求。应当说,正义作为个人的行为倾向,它体现的是在相容性的社会互动中,所融合于个人品质之中的具有稳定性的意志习惯和行为方式,它在使人们保持对他人的尊重、禁止对他人的生命和利益的侵害和干扰的同时,亦关系到权利、要求和义务,因而也就与法律概念有着紧密的联系,因为法律在保护着相应的利益领域而禁止相互伤害时,也就产生了相应数量的权利。正是因为这确保互动相容性的权利体系的存在,使人们通过对他人的行为和利益领域的尊重,来调整自己的行为。同时,也通过明确对权利的违反所造成的非正义的严重后果,以一种"否定性"的方式,来阻止人们因为仅仅维护自身的利益和幸福,去侵害和干涉他人的权利和利益。"权利制度也在个人的被规定的范围之内保护他不受来自他人的侵犯。这样,权利制度就使这个法律社会的成员们的生活和行为在一定程度上具有了客观的正义性或合法性,并且维护着这种客

---

[1] [美]罗尔斯:《正义论》,何怀宏等译,中国社会科学出版社2009年版,第8—9页。

观的正义性或合法性。"① 另外，当正义诸原则运用于社会的基本结构时，其关涉权利和义务的方式，也同样旨在确定那些涉入既定制度体系和合作性冒险中，人们互动行为的一些至关重要的限制性条件，因为在某种意义上，要使人们产生按照正义原则去行动的欲望，进而自觉维护正义原则，首先要以参与互动的人们需要认同这些重要的限制性条件，并以此来作为分配合作性利益的价值前提。

因此，如果说在亚里士多德那里，其对正义的区分能使我们认识到，其分配正义亦可对应于"立法的正义"，而交换正义则可对应于"执行正义"，那么正义也就不仅仅只是一种个人的"行为倾向"，同时作为社会结构的要求和特征，也是一个统领政治的、经济的和司法的社会结构的原则。作为关系到权利、要求和义务的正义概念，亦与法律概念有着紧密的联系。即使在亚里士多德那里，由于正义的原则所欲造就的，乃是社会共同体的秩序，因此，也主要通过人们对惩罚和法律制裁的惧怕，而不是内在的羞耻感，来对个人产生行为驱动力，因而是在认识到道德教育之限度的前提下，依据于法律及其制裁力，来对正义提供有效性的支持。由此，亚里士多德也认为："我们必须首先有一种亲近德性的道德，一种爱高尚[高贵]的事物和恨卑贱的事物的道德。但是，如果一个人不是在健全的法律下成长的，就很难使他接受正确的德性。"② 正是因为法律通过强制的力量，可以使大多数人变好，因而也具有规范和教化的功能，来训练美德，养成习惯。他认为，在人类实践事务上，我们不只是要有德性之知，更在于努力去获得它而使我们成为良善之人，虽然前者似乎有力量能够影响和激励那些生性道德优越和热爱正确行为的青年，并使他们获得一种对于德性的意识，但是，它却没有能力促使多数人去追求高尚[高贵]和善。因为多数人过着感情的生活，追求着自己的快乐并获得满足，他们甚至不知高尚和真正的快乐，而他们之所以避恶，也只是出于对惩罚的惧怕而非出于羞耻。因此，"多数人服从的是法律而不是逻格斯，接受的是惩罚而不是高尚[高贵]的事物。所以有些人认为，一个立法者必须鼓励

---

① [德]包尔生：《伦理学体系》，何怀宏、廖申白译，中国社会科学出版社1988年版，第522页。

② [古希腊]亚里士多德：《尼各马可伦理学》，廖申白译注，商务印书馆2003年版，第313页。

趋向德性、追求高尚［高贵］的人，期望那些受过良好教育的公道的人们会接受这种鼓励；惩罚、管束那些不服从者和没有受到良好教育的人；并完全驱逐那些不可救药的人"①。正因为法律具有强制的力量而可以使人变好，那么，共同生活的秩序就需要通过法律建立制度来确立，只有好的法律才能产生好的制度。

正义原则融合于社会制度之中并通过立法正义的方式呈现出来，不仅仅只是通过其抽象和普遍性的形式要求，来形成社会互动的限制性条件，同时，由于正义原则其内在的理想的应然性标准，与其制度化的现实性之间的张力在法律正义中也呈现出来。这主要是因为，"有关正义所关注的权利与义务往往只是未来行为的一种目标而在实在法中并无现存依据的观点，也隐含于上述种种考虑之中。正义乃是法律应当与其协调的一个标准。然而，这并不意味着正义只是一种纯粹的理想或想象出来的梦想。正义的要求会在一个国家或其他共同体的实在法中得到广泛的实现，这也当然是完全可能的"②。因此，只有使之现实化的实在法以其制度性和程式化的方式来产生约束力，进而培育人们按照制度性的原则去行动的正义的欲望，也只有在此基础上来激励人们的道德感，培育人们的道德情操而产生一致性，并成为行为意志的基础，而不是仅仅依赖于个体的纯粹的内在化良心的支持。按照罗尔斯的说法，这种制度的正义在成为合作性利益而冒险的互动限制性条件的同时，使这种所有社会成员所共有的、得到普遍承认的道德信念公开化，在"游戏规则"公开化并保持强制约束力的同时，来增加诸如欺骗、伪装和不义的行为成本。因为当个人希望自己仅仅成为规范生效的受益者，而与此同时又作为规范生效的破坏者，那么，他也就会采取"伪装"和直接的最大化的行为策略。"我们假设的个人实际上就将考虑一种策略，即假装有某种道德情操，而同时准备着，一有发展他的个人利益的机会出现，就像一个搭便车者那样去做。……可以说，在大多数社会中，这种伪装所付出的代价可能还不很高，因为制度的非正义和司空见惯的其他人的龌龊行为使一个人的欺骗尚可容忍；但是，在一个

---

① ［古希腊］亚里士多德：《尼各马可伦理学》，廖申白译注，商务印书馆2003年版，第313页。

② ［美］博登海默：《法理学：法律哲学与法律方法》，邓正来译，中国政法大学出版社1998年版，第284页。

良序社会中则没有这种安慰。"① 正因为如此,良序和正义社会的构建,既然需要依赖于人的本性的心理学特征,那么,也就需要有与制度的正义产生激励相容的社会效果,才能使后者获得持续力和伦理效力,并使人们产生按照正义原则来行为的意志,从而获得一种稳定的道德品质。相反,由于这种融合于社会结构的制度正义的缺失,背信和不义行为都能够成为获得既得利益的机会,甚而受到现行制度的鼓励和纵容,那么也就难以使人们获得对正义和道德的信念,并产生一种有效的正义感。

实际上,既定的社会结构为人们的互动所提供的限制性条件,及其所产生的有效的正义感,也端赖于不断地使现实的法律和制度趋近于理想的正义的程度。也正因为如此,人们自古以来对正义的追求,本身就包含着对实在法和现实的制度的反思,以及对自然法和理想的正义的追寻。而使既定的实在法不断地趋近于自然法,也就成为既定社会文明程度的重要标尺。由此,人类自文明早期开始就提出的正义观念,本身就体现了一种对理想的行为目标的设想,和对现有的实在法的批判和反思。尽管在不同的时代和不同国家,产生了不同的成文法体系,又或者总是会在某种程度上,出现与理想的或自然的正义产生偏差而不会完全一致,然而,每一个文明化的成文法体系,又都可以看作是对不断趋近于自然法,或是对理想正义及其完善性努力的一种实践性尝试。因而我们可以预见的是,一个没有任何法律和规范约束的社会,固然不是一个"好社会",但是同样确定无疑的是,任何违背了自然法而缺失了正义价值基础的实在法,也不会奠定一个良序社会而成为一个"好社会"的表征。因而从立法正义的视角而言,"在任何地方或在任何时候,一个国家的实在法之所以一直是人们所抨击的对象,其理由就是实在法中的一些规定未能符合正义之标准。无论是在柏拉图式—基督教的传统中,还是在其他文化中,正义一直被认为是一种高级的法(high law),而且社会中的实在法也应当与其相符合。如果正义概念被认为就是严格适用实在法,而不考虑实在法的内容,那么这就违反了此一概念的普遍惯用法。"② 因此,尽管正义并不是确立某一

---

① [美] 罗尔斯:《正义论》,何怀宏等译,中国社会科学出版社 2009 年版,第 451 页。
② [美] 博登海默:《法理学:法律哲学与法律方法》,邓正来译,中国政法大学出版社 1998 年版,第 285 页。

特定法律是否合乎需要的唯一标准，但无疑也是确立法律"优良"的前提和尺度。在此意义上，人们也一直在追求着使人类的法律与某种理想的公正价值相契合。而这种对包含着社会的组织形式、立法的原则和程式要求的道德诘问，本身就体现了理想对于现实、价值对于存在的一种批判性的反思和超越，并以追求社会结构和生活秩序的某种"应然"的合目的性价值为旨归。而毋庸置疑的是，这种价值的规定性在社会结构和制度原则中所获得的现实性，也将成为其存在的合法性依据，以及获得相应的稳定性和持续力的重要前提。因此，人们对于法律正义所要求的，不仅仅只是其形式上的普遍性，同时，也诉求于某种更高的道德标准，以作为其有效性而获得普遍认同的价值基础，而这种诉求，尤其在对现实的法律以及对所存在的制度的不义的批判性反思中体现出来。就如亚里士多德所言："我们应该注意到邦国虽有良法，要是人民不能全部遵循，仍然不能实现法治。法治应包含两重意义：已成立的法律获得普遍的服从，而大家所服从的法律又应该本身是制定得良好的法律。人民可以服从良法也可以服从恶法。"① 而从"善"的价值与正义的追问，到合法性的制度与社会组织形式在既定的社会结构中所获得的现实性，继而在此基础上，以立法的程序要求和执行正义所确立的法治秩序，也一直成为权利制度体系的社会结构所强调的社会秩序的主要生成方式。

就西方社会对法律正义和理想社会秩序的寻求而言，即使柏拉图一直坚持那种依靠个人才智来治理国家的理想，并把它看作是最高的、最完善的统治形式，然而，"这种想法和希腊人根深蒂固的关于在法律下享有自由的道德价值的信念以及公民参与自治工作的信念恰恰相反"②。而在《法律篇》中，他也承认了这种形式的局限，而强调了"法治"作为可选择项的重要性，并试图恢复法律在希腊人的道德观念中所占的地位。他指出："把权力称作法律的使臣，这样说并非为了标新立异，而是因为我深信社会的生存或毁灭主要取决于这一点，而非取决于其他事情。法律一旦被滥用或废除，共同体的毁灭也就不远了；但若法律支配着权力，权力成

---

① [古希腊] 亚里士多德：《政治学》，吴寿彭译，商务印书馆1983年版，第199页。
② [美] 萨拜因：《政治学说史》上册，盛葵阳、崔妙因译，商务印书馆1990年版，第96页。

为法律驯服的奴仆，那么人类的拯救和上苍对社会的赐福也就到来了。"①而一旦权力超越或是脱离了法律的约束，进而在权力的溢出效应的隐匿与庇护下，使那些不义和恶行得到纵容和容忍，自然也就难以期待社会成员能够对社会正义与公正的道德报偿的实现，还保持着坚定的信仰与确信。就如同在《理想国》中的色拉叙马库斯所描述的境况，"我现在要讲的就是刚才所说的那种有本事捞大油水的人。你如愿弄明白，对于个人不正义比起正义来是多么的有利这一点，你就去想想这种人。……平常人犯了错误，查出来以后，不但要受罚，而且名誉扫地，被人家认为大逆不道，当作强盗、拐子、诈骗犯、扒手。但是那些不仅掠夺人民的钱财、而且剥夺人民的身体和自由的人，不但没有恶名，反而被认为有福"②。而亚里士多德同样如此强调了"法治"秩序的重要性，他指出："法律训练（教导）执法者根据法意解释并应用一切条例，对于法律所没有周详的地方，让他们遵从法律的原来精神，公正地加以处理和裁决。法律也允许人们根据积累的经验，修订或补充现行各种规章，以求日臻美备。谁说应该由法律遂行其统治，这就有如说，唯独神祇和理智可以行使统治；至于谁说应该让一个个人来统治，这就在政治中混入了兽性的因素。常人既不能完全消除兽欲，虽最好的人们（贤良）也未免有热忱，这就往往在执政的时候引起偏向。法律恰恰正是免除一切情欲影响的神祇和理智的体现。"③因此，法律具有一种不受个人情感影响的秉性，这是不论多么贤明的人都难以企及的。同时，法律既以其抽象性和普遍性调节着社会的利益关系，就不是偏狭于特定的个人或团体的利益，也只有为了整个共同体的共同利益的法律，才是真正的法律。

正因为如此，就社会政治生活领域而言，使政治运作与权力在法律的普遍和有效约束之下的法治秩序，也就成为使正义的人能够在大多数情况下，过得比并不正义的人要好的社会结构条件。在亚里士多德看来，"法治应当优于一人之治。遵循这种法治的主张，这里还须辨明，即便有时国政仍须依仗某些人的智虑（人治），这总得限止这些人们只能在应用法律

---

① ［古希腊］柏拉图：《法律篇》，《柏拉图全集》第3卷，王晓朝译，人民出版社2003年版，第475页。

② ［古希腊］柏拉图：《理想国》，郭斌和、张竹明译，商务印书馆1986年版，第26页。

③ ［古希腊］亚里士多德：《政治学》，吴寿彭译，商务印书馆1983年版，第169页。

上运用其智慧,让这种高级权力成为法律监护官的权力。"① 因而没有任何的制约和监督、抑或是凌驾于法律之上的权力,不仅仅只是成为谋取特定的个人或是特殊群体利益的强力工具,或成为隐匿各种罪行的帷幕,纵许那些拙劣卑鄙的阴谋和结党营私的风气,从而导致社会政治生活的腐败,同样,也难以想象民众对社会道德的改善所能产生的乐观,相反,他们甚至还会不自觉地以自己所能采取的各种"缺德"的行为,来做出某种响应,由此也就加剧了社会各种败德现象的出现,这在现代社会政治生活中也尤为如此。对从传统走向现代的中国社会而言,由于社会结构和文化上的差异,也尤其需要使人们认识到现代法治社会的秩序建构,以及在实现公正道德报偿中的前提性和重要性。这是因为,一方面,中国社会传统的政治生活与秩序的实现,都离不开"家国同构"的生成模式,所以其政治运作与法律的效力,也不可能脱离宗法血缘关系这一滋养的土壤而获得某种独立性。相反,它还需要通过强化与后者的联系,通过"同构"的方式在诠释其合法性的基础上,来维持其相对的稳定性而达到社会治理的目的。亦如黑格尔在对中国历史的分析中所指出的:"那终古无变的宪法的'精神',……这种原则就是'家庭的精神'",由此,"那个'普遍的意志'直接命令个人应该做些什么。个人敬谨服从,相应地放弃了他的反省和独立。……'实体'简直只是一个人——皇帝——他的法律造成一切的意见。"② 因而这种传统的社会结构与秩序,也不同于西方"立在一个平面之上"的扩展模式,而所产生的是对普遍性的正义价值和法治秩序的诘问和追求。相反,更多的是通过反求诸己而主张个人的德性和修养,从而也推崇圣贤者的道德理想和社会治理模式;而另一方面,基于家长政治的原则,尽管一切合法的关系都有各种法律和律例来加以规定,然而,却缺乏催生出现代意义上的法治秩序的社会和文化条件,而与这种社会结构相适应,在社会政治和法律伦理化的同时,更多强调的是"德治"和"礼治"秩序。正如费孝通先生所言,"礼治社会是并不能在变迁很快的时代中出现的,这是乡土社会的特色。"③ 因为礼治秩序的可能,

---

① [古希腊]亚里士多德:《政治学》,吴寿彭译,商务印书馆1983年版,第168页。
② [德]黑格尔:《历史哲学》,王造时译,生活·读书·新知三联书店1956年版,第164—165页。
③ 费孝通:《乡土中国 生育制度》,北京大学出版社1998年版,第53页。

就在于持久的传统积淀所产生的规范约束力，它在很大程度上满足了既有的社会关系调节与秩序的需要。然而，随着传统社会结构的现代性变迁，显然这种规范约束的效力，也难以适应和维持社会联系日益复杂化和多元化，且充满着流动性和隐匿性的社会情态。

就经济生活领域而言，在市场秩序不断扩展的社会条件下所诉求的公正报偿的社会结构条件，同样需要认识到基于普遍性原则的法治秩序的重要性。因为当人们对财富和权力及其生活计划目标的追求，失去了基于普遍性和正当性规则的约束，也就必然失去了与道德和美德的现实关联，人们也就没有理由产生对不义的抗拒而尊崇正义，而只是习惯于以道德上的伪善，来"玩各种最不合适的危险游戏"[1]。这一点，就如亚当·斯密在指出因为对权力的追求而使之凌驾于法律之上，导致腐败和罪恶，从而也引起社会道德情操的败坏时，之所以对转型中的社会秩序仍抱持着某种乐观的理想，就在于强调这一社会生活的事实，"很幸运，在中等和低等的阶层中，取得美德的道路和取得财富（这种财富至少是这些阶层的人们能够合理地期望得到的）的道路在大多数情况下是极其相近的"[2]。这在我们看来，除了诉求于市场主体的德性条件，抑或其特定的伦理和"精神气质"之外，其最重要的社会条件却莫过于，因为"低等和中等阶层的人们，其地位从来不会重要得超越法律。法律通常必然能吓住他们，使他们至少对更为重要的公正法则表示某种尊重"[3]。因此，就公正报偿实现的社会结构条件在经济生活领域中的体现而言，法治秩序首先通过确认正义法则的普遍有效性而规范人们的经济交往活动，它建立起来的道德预期，就在于使人们确信：只有通过"道德的"博弈，才能是一种"非零和"的博弈，抑或如哈耶克所说的，才会是"一种导致生产力全面增长的游戏"[4]，因为在这种过程中，追求不同的、甚至是相互冲突的目标的社会成员，由于服从共同的规则而产生出一种全面的秩序。相反，任何

---

[1] [英]亚当·斯密：《道德情操论》，蒋自强、钦北愚等译，商务印书馆1997年版，第181页。

[2] 同上书，第74页。

[3] 同上。

[4] [英]哈耶克：《致命的自负》，冯克利等译，中国社会科学出版社2000年版，第177页。

"无规则",抑或只是认同某种"潜规则"的不公平竞争,不仅将使所有围绕社会资源的流动性和竞争,都将陷入某种不规则的"无序"状态,同时,这也将会使有德者在竞争中处于不利和失败,甚至是作为牺牲品,而受到那些虚伪欺诈和背信弃义者的作弄。

正如黑格尔所说:"法的命令是:'成为一个人,并尊敬他人为人。'……这种法的必然性,正因为这种法是抽象的,所以局限于否定的方面,即不得侵害人格或从人格中所产生的东西。所以在抽象法中只存在着禁令,至于命令的积极形式,从其终极内容看来,也是以禁令为基础的。"① 而在社会的公共生活领域中,"德行有用、善举有报"的观念在公域中发生作用,同样也需要有来自于法律的约束,以及正义制度的供给和有效的激励。这一方面是因为,社会首先需要有将因枉视他人生命、财产和安全,因而产生伤害的那种"恶"拒之门外的正义,才有可能激励人们去实现并崇敬"善"的价值。也许,对人们的心灵习性来说,如果都相信得不义之利而不受惩罚,伤害他人的罪恶,却能够通过部分不义之财来掩盖,甚至凭借财富和权力的"溢出"的社会效应,能够通过某种屡试不爽的"灵验"方法,来得到赦免,那么也就没有理由产生对不义的抗拒而尊崇正义。就如休谟所言的,也许人们有着对于社会公共利益的自然的淡漠,而人性也总是有着某种"舍远求近"的自然的弱点,那么治理的方策,就在于必须要通过执行正义,来使人们"处于不得不遵守正义和公道法则的必然形势之下,……使遵守正义法则成为我们的最切近的利益,而破坏正义法则成为我们的最辽远的利益"。② 而使恶行付出相应的代价和成本,以其应得的惩罚来强化对公众的警诫,也在于使人们能够在平等和相互尊重的基础上,做到尊法、重法和守法;另一方面,如果在社会公共领域中,人们所表现的道德和美德,不仅没有得到应得的尊敬和报答,甚至会遭到人们的漠视和嘲讽,这无疑也极大地抑制了人们追求美德行为的热忱。正如人们通常所言的,一个好的制度,可以使"坏人"变好,而一个坏的制度,则同样也可以使"好人"变坏,因而社会成员的德性状况和行善的意志,在很大程度上,也确实需要外在的强制性力量,来得到补

---

① [德] 黑格尔:《法哲学原理》,范扬、张启泰译,商务印书馆1961年版,第46—47页。
② [英] 休谟:《人性论》下册,关文运译,商务印书馆1997年版,第577页。

充和激励。"它在很大程度上取决于社会为其所提供的社会结构、制度体制及宏观调控手段的内容与方式。只有当社会能为其成员提供如黑格尔所说的'活的善'的社会客观关系结构及其实在化的制度体制时,其成员才能表现出普遍的善美行为选择。因为此时对于社会成员而言,选择德行不仅是道义上应当的,而且也是最明智的。"① 因此,在一个世俗化的社会中,正当与善或利益在生活境遇中之所以趋近一致的可能性,在很大程度上,也取决于制度的正义所提供的背景性条件。"一般说来,公正从其积极的方面来说是一种相互报答的收获方式,从其消极的方面来说又是一种报应式的惩罚方式。如果一种生活制度是公正的,那么它必须能够保证'做 X 则得到 X 的相应或同构结果 X'',即所谓'善有善报,恶有恶报'。这其实是古今所有人的心灵直观,人们的心/思(heart/mind)本来就是这样长的,任何理论也不可以超越这种直观,否则就是反对人类心灵。"② 而当正当与善行不仅仅是应当的,而且在既定的社会结构和制度正义的背景下,也成为自然的、必然的,那么也就能鼓励人们的向善心,其所激励的,应当说也不仅仅只是人们的谨慎,抑或只是精明的算计与理性的权衡,而亦如斯密所期待的,应当是智慧和美德两者之间的结合,"这是最聪明的头脑同最美好的心灵合二为一。"③ 相反,如果失去了制度的供给和激励,只是完全停留在单纯的道德说教,失却了德行功用的有效性这样一种确信所能给予人们的道德劝诫,也同样成为衍生社会诸多败德现象而导致失序的重要原因。

第二节 "内在法庭"与良知的权威

如果说,"善善恶恶"这个结构具有先验的合法性,当我们诉求于其制度化的伦理事实时,能够从外在条件上为公正报偿的实现提供既定的生活场景,那么,对于任何一个具有健全理智的主体而言,实际上,善恶的"两分法"同样将在内在良知的作用方式及其报偿机制上体现出来。作为

---

① 高兆明:《制度公正论》,上海文艺出版社 2001 年版,第 166 页。
② 赵汀阳:《论可能生活》,中国人民大学出版社 2010 年版,第 159 页。
③ [英]亚当·斯密:《道德情操论》,蒋自强、钦北愚等译,商务印书馆 1997 年版,第 278 页。

人类所具有的认识道德价值、诫命和法律规范的精神能力，它在以"应当"的命令方式为相应的行为提供指示和告诫的同时，这种"内在的法庭"将总是以某种该受赞扬或责备的方式，使人们因为充分彰显了道德上的勇气，而获得自我价值的体认和满足，抑或是因自己的恶行而产生羞耻和悔恨。因此，从外在的立法及其"后果式"的评价方式，到"内在立法"及其诉诸动机的良知的判断和自我强制，它既可以纠正外在的评价和报偿所产生的某种程度上的偏差，以及由于成功抵御来自本能的冲动和诱惑，而获得一种自我肯定和认同，也可以因为人们基于对恶行的自责、悔恨和改过，而使人重新获得人格价值和自由。尽管良知以内化的方式超越了外在立法的报偿方式，而不会做出"误判"，然而，健全的良知既需要得到外在性制度正义的持续性鼓励，却也会由于人的意志脆弱性的存在，使完美的公正报偿和实现动机与结果完美一致的信念，也诉求于信仰来给予人类以一种终极性的慰藉。

一 内在赏罚与良知的有效性

应当说，人作为具有道德评价色彩的存在物，人的这种"道德的"存在方式，决定了我们不仅判断他人的情感和行为，同时，也必然要对自己的情感和行为做出评价。"我们区分思想、感情、意志、行为、风气等的正当与否，坚决要求实行某些行为类型而避免另一些。我们决断地命令：你须这样，你勿那样，认定我们自己和他人在道德上必须或有义务做某些事情，而不能做另一些事情。我们感觉应当遵守某些规则，对违反这些规则的行为，我们给予谴责，甚至当我们自己违反时也是这样。"[①] 而问题就在于，人们必须要追问一个这样的伦理事实，那就是，一方面，当人们提出不同的道德原则和行为标准时，究竟凭借何种原则和标准来使我们做出善恶的区分与判断，抑或是把某种行为的意向说成是正确的，而把另一种说成是错误的，进而把前者看成是应当赞同、尊敬和报答的对象；而把后者看成是应当责备、非难和惩罚的对象。另一方面，人们对自己做出评价的原则，又是否和评价他人的原则相一致，而人的内心中究竟是何

---

① ［美］弗兰克·梯利：《伦理学导论》，何意译，广西师范大学出版社2001年版，第18页。

种力量能做出这样的评价,使人们区分出正当与错误。正如梯利所言:"是因为他心上印有某些道德真理,还是因为他具有一种先天的知识能力、一颗良心、一种普遍的、原始的、永恒的心灵力量?或是我们逐渐学会区分道德上的差别,也就是说,这种道德判断的能力是由进化而来,在后天获得,从而能够进一步发展?"① 然而,如果说人们认为在进行道德评价而区分正当与否时,也正是因为人有一种道德意识或良知,那么问题仍旧在于,如何去认识和探究良知的本质及其产生有效作用的机理。

显然,不同的道德哲学家对此也做出了不同的理论描述。在《申辩篇》中,苏格拉底所言的"灵异的声音",在人们看来,这种时常来自内心的神秘告诫,就类似于良知。而在亚里士多德那里,虽然强调人们需要通过诸如明智和审慎在具体实践和行为选择中做出正确与合宜的判断,却并没有产生明确的良知理论。然而,"这并不是说古希腊人没有深刻感受到良心这样一种统一的道德意识的存在,实际上有许多概念,如'义愤'、'羞耻'、'正义感'、'畏惧'、'后悔'等辞都指示出了'良心',只是没有专门构成一个综合的良心理论而已。"② 而对于斯多亚学派而言,也强调了作为对道德律的意识的良心,对内在的道德法则的"知",决定了我们在道德行为上是善的还是恶的。而"为善"的优点就在于,成就德性就是人生最大的幸福,而美德行为的真正报偿就在于行为本身当中,相反,当人意识到自身行为上的恶,则是人生最大的不幸。由此,通过内在的良知的批判性的审察,在肯定中以获得内心的宁静和幸福,而在否定中产生内疚和悔恨。正是受斯多亚学派关于道德法则存在于所有人的心中的观念的影响,当使徒保罗第一个将希腊人的"同知"与基督徒的"良知"结合起来时,也就使它变成了上帝在人心中的神圣的声音。而"同知"也就意味着,在人的心里,始终有一个存在与我"一同知道",因而从来没有一个道德上的认知或是一种恶行,是只为自己所知而别人所不知的。而他在其书信中,也多次谈到"良心"。在《圣经·罗马书》中就有言,"他们虽然没有律法,自己就是自己的律法。这是显出律法的功用刻

---

① [美] 弗兰克·梯利:《伦理学导论》,何意译,广西师范大学出版社 2001 年版,第 5 页。

② 何怀宏:《良心论》,上海三联书店 1994 年版,第 6 页。

在他们心里，他们是非之心同作见证，并且他们的思念互相较量，或以为是，或以为非。"因此，人们的良心软弱，也就污秽了。每个人都必须尊重并要按照他自己的良心判断来行为，否则就会是有罪的，同时，每个人也必须要尊重其他人的良心判断，并且不应把他人引向与自己的良心判断相反的行为，否则同样会把他人也引向罪恶。实际上，《圣经·耶利米书》中亦有言："我要把我的律法放在他们里面，写在他们的心里。"因此，也可以理解为，良心就是上帝写在人心中的律法，在某种意义上，它也是上帝所赋予的一种超越个人意识的共识。而《圣经·箴言》中说："人的灵是耶和华的灯，鉴察人的心腹。"这也就意味着，上帝的律法会伴随着你的一生，并随时都在指示和提醒你，什么是应当做的，什么是不当做的。当你贪恋他人的财物而想占为己有的时候，你心中的律法就会对你发出禁止性的告诫，当你遇到他人受难而陷入不幸之际，你心中的律法也同样会提醒你应当去帮助他人。对于你的正义之举和仁爱之心，你心中的律法就会肯定，而使你心生快慰，相反，当你心生贪念而做错了事，你心中的律法就会发出责难，使你内心负疚和自责。由此可见，在这种意义上的"良知"，它不仅具有立法的功能，同时在指导和监督人的行为而做出判断和选择中，也通过与至高的权威的一致而进行最后的道德审判。

而在对这种观念形而上的努力中，托马斯·阿奎那在将古典哲学与基督教神学的洞见结合中，对良知的概念和作用的阐释做出了重要的贡献，以至于有学者认为，阿奎那的良知概念，似乎是在欧洲哲学中产生出来的最重要和最具有影响力的良知概念之一。在阿奎那看来，良知首先是一种关于自身的"知道"，它具有两个重要的作用。首先，它具有认识的作用。这就是说，它"知道和证明"我们在过去做过什么或是没有做过什么，抑或现在做什么或不做什么，由此这里也接近于"意识"的概念，亦即意识到我们是否做了什么事情，或该做什么事情；其次，良知具有判断的作用。它对我的行为做出判断，在道德上是正当的还是不正当的。当然，当良知对自己过去和既有的行为进行判断，同时也就意味着它也具有道德审判的功能。而就良知的起源而言，它究竟是一种天生的能力，还是通过经验、教育和教导而获得的？一方面，他在承继斯多亚派的信仰和因袭保罗的言论中，认为，良知首先是建立在天生的因素的基础上的，因为道德法则从本性上来说，是先在于人的心中，因而对托马斯而言，这种天生的道德知识对良知的判断而言，也是最重要的要素，"如没有对于道德上善的和恶的事物之区别的天生的知，那么，所有获得的知在道德方面都是不起真的作用的。这就是说，如果人心（Geist）在本源上不是趋向善和厌恶恶的话，那么所有的教育、教导和思考都不能使一个人成为真实的善的人"①；而另一方面，他同时也认识到，良知判断的要素也有"获得性"的成分。因为随着个人的生活经验和经历变化，人们按照各自的良知所做出的判断，显然也是互不相同、甚至是相互矛盾的。正因为如此，尽管人们必须遵循良知的判断，但是它也并不是没有错误。由于人通过自身的良知来认识上帝的意志，当存在着一种知识方面的错误时，那么在良知判断中也就可能犯错。不过，当阿奎那强调人仍要顺从良知的指引，而人的道德任务就是要尽可能达到一个更好的"知"，来校正自己的判断时，这无疑也将使良知获得了一种相对独立的道德上的含义。

基督教的思想家都强调，人唯有通过良知来领悟上帝根植在人心中的律法。"上帝赋予我们以双重的正直：一个是良心的正直，用以正确地判断；一个是道德本能的正直，用以正确地想望，它的职能是警惕邪恶，促使向善。"② 因此，即使在宗教改革的时代，良知的作用仍在于与上帝的直接联系中，来获得自身的权威和有效性的理解，只是随着社会日渐"还俗"，人们才逐渐揭开那层神圣的面纱，在揭示其自然的人性与道德心理的基础上，来诠释良心的起源、性质和作用。与把良知看作是一种天赋的道德知识、一种理性的直觉来揭示良知的作用不同，情感论伦理学家们则在强调良知是一种天赋的情感的能力的基础上，来揭示其有效性。如哈奇森就认为，如果说道德哲学的目的，在于以最为有效的方式促进人类的最大幸福和完善的行为，那么，"用不着借助任何超自然的启示，通过从人性的构造中所能发现的各种观察和结论我们就能做到这一点"③。因为，"我们通过在我们自己或其他人身上所展示的秉性决定赞成或谴责我

---

① 耿宁：《欧洲哲学中的良心观念》，孙和平译，孙周兴校，《浙江大学学报》1997年第4期。

② [美] 弗兰克·梯利：《伦理学导论》，何意译，广西师范大学出版社2001年版，第20页。

③ [英] 弗兰西斯·哈奇森：《道德哲学体系》上卷，江畅等译，浙江大学出版社2010年版，第3页。

们自己或其他人；所以根据另外一种我们称之为荣誉感（官）和羞耻感（官）的天赋判断，在我们的善良行为获得其他人的认可或尊敬时，在他们表达了他们感激的情感时，我们会感到非常快乐；另一方面，我们会因其他人的指责、谴责和责备而在内心感到痛苦。"① 而休谟也同样做出了这样的断言，人们区分善恶而给予相应的行为以赞扬或责难，"这种最终的裁决依赖于大自然所普遍赋予整个人类的某种内在的感官或感受。因为除它之外，难道还有什么别的能够具有这种性质的影响力吗？"② 因而与理性的归纳和推理而获得的一种普遍性相比，在德性与恶行的区分能力上，却不可能找到像良心或道德感这样的源泉来加以说明，而正是人类心灵的这种原始的组织和构造的存在，派生出了所有对美德的热爱和对罪恶的憎恶的情感。

承袭这种情感论的立场，斯密也同样揭示了良知的权威和作用。他认为，就人类行为的功过性质而所给予的报答或惩罚而言，"虽然情感、动机和感情来自人们根据冷静的理性而获得全部优点或缺点的行为之中，但是内心的伟大法官还是把它们置于人类的各种法律限制之外，并把它们留给自己那不会误判的法庭来审理"③。因而，人们要对自己做出正确的道德评价，就不能只是停留于现实的旁观者的赞同或非难之中，而是"还要求助于高级法庭，求助于他们自己良心的法庭，求助于那个假设的公正的和无所不知的旁观者的法庭，求助于人们心中的那个人——人们行为的伟大的审判员和仲裁人的法庭"④。因此，如果说，"外在的法庭"的裁决原则，所依据的乃是人们的现实的行为及其结果，那么"内在的法庭"及其裁决的原则，就完全是以"是否应当"，或是"值得"赞扬，抑或"该受"责备为依据。因而就这种"内在的法庭"或良知对人类自身行为的评价和影响力而言，如果有现实的旁观者对那些我们未曾有过的切实善行，抑或那些未曾影响过我们的良善动机，给予我们实际上的称赞，那

---

① ［英］弗兰西斯·哈奇森：《道德哲学体系》上卷，江畅等译，浙江大学出版社2010年版，第26页。
② ［英］休谟：《道德原则研究》，曾晓平译，商务印书馆2002年版，第24页。
③ ［英］亚当·斯密：《道德情操论》，蒋自强、钦北愚等译，商务印书馆1997年版，第131页。
④ 同上书，第158页。

么,"内心人"就会适时地提出告诫并给予纠正。因为迎合那些不应得的称赞,只会使自己变成可鄙的人,接受没有任何真实根据的喝彩,也只会使自己陷入伪善、傲慢和虚荣之中;相反,如果现实的旁观者为了我们并未做出过的行为,或是那并没有影响过我们的有害动机而谴责我们,"内心人"也会努力去纠正这个错误的判断,并且确信自己绝不是如此不公正地加诸在自己身上的责难的合宜对象。而在所有现实的社会性的人际互动与利益交换中,正如斯密所断言的:"良心的影响和权威都是非常大的;只有在请教内心这个法官后,我们才能真正看清与己有关的事情,才能对自己的利益和他人的利益作出合宜的比较。"① 因此,它作为一种内在性的"自我发挥作用"的强大力量,促使人们能够在各种利益冲突的场景中做出正确的道德选择,在谨守正义、抑制自利的欲望和冲动的同时,甚而点燃心中的仁慈之火。它在作为我们行为的"伟大的法官"和仲裁者的同时,也提供了一种强有力的趋善的动机。它是人类本性的指示,也伴随着自身道德上的权威,既能促使我们在对美德的实践中,体现出对自身的优点和尊严的热爱,同样也会在纠正自爱之心的天然曲解中,为我们指示出不义行为的丑恶,以及其所带来内心的耻辱。

在世俗化的社会氛围中,人们从自然的人性出发,来寻求道德的约束力的来源。尽管对良知的起源和性质有不同的见解,然而,在其所具有的道德约束的有效性和道德审判的功用上,却是一致的。这一点,即使是不同于直觉论的经验主义者亦如此。有如洛克所言的,没有天赋的实践原则,"我们固然怀疑思辨的原则不是天赋的,可是我们更要怀疑道德的原则不是天赋的"②。因而道德的规则需要一个证明,它不是天赋的或自明的,或是不经过探求就能自然呈现的。如果实践的原则是天赋的,是由上帝亲手直接印入人心的,那么,人们就不会对之产生分歧错杂的各种意见。人们之所以普遍地来赞同德性,不是因为它是天赋的,乃是因为它是有利的。如果说,良知足以约束我们,使我们不去破坏有利于安全与和平的道德规则而产生内在的约束力,那么,它也不足以证明任何天赋的道德

---

① [英]亚当·斯密:《道德情操论》,蒋自强、钦北愚等译,商务印书馆1997年版,第163页。

② [英]洛克:《人类理解论》上卷,关文运译,商务印书馆1983年版,第26页。

规则。"我确信,许多人心上虽然没有写上任何标记,可是他们却亦逐渐能同意一些道德的原则,相信那些道德底束缚力;亦正如他们逐渐能知道别的事物是一样的。其余的人们则亦可以由其教育、交游、同本国底风俗,逐渐得到这种信念。而且这种信念,不论是如何得到的,总亦可以刺激起人们底良心来;因为所谓良心并不是别的,只是自己对于自己行为底德性或堕落所抱的一种意见或判断。"① 为此,在他看来,即使是服从法律的约束,天赋法和我们渐次通过运用我们的自然能力而所获知的自然法之间,却也存在很大的差异。而道德上的善或恶,"就是指我们底自愿行动是否契合于某种能致苦乐的法律而言。它们如果契合于这些法律,则这个法律可以借立法者底意志和权力使我们得到好事,反之则便得到恶报。这种善或恶,乐或苦是我看我们遵守法则与否,由立法者底命令所给我们的,因此,我们便叫它们为奖赏同刑罚"②。因此,人们必须参照这些法律和实践的规则来行动,并借以判断自己在道德上的善或恶,人们也正是在这种实践和努力中,来建立起自己的良知。由此,洛克则也明确指出:"不管友善、仁爱和对拯救人的灵魂的关心等一类借口是何等的高尚,但是人们是不能在不顾其愿意与否的情况下,因强迫得救的。归根结底,一切的事情都还得留归人们自己的良心去决定。"③

实际上,即使是对延续这一经验论立场,进而信奉快乐和痛苦是人类道德的主宰的功利主义者而言,也强调功利原则的最终约束力就在于良知。穆勒就认为:"就内在的约束力而言,不论我们的义务标准是什么,义务的内在约束力只有一种,那就是我们内心的感情。凡受过良好教养的有道德之人,违反义务时便会产生程度不等的强烈痛苦,这种痛苦如此比较严重,甚至会使人不能自拔。这种感情,如果是公正无私的,并且与纯粹的义务观念相关联,而不是与某种特定形式的义务或任何附加的情况相关联,那么它就是良心的本质。"④ 因此,无论对良知的本质或是起源持有何种理论,一旦人们违背了道德标准,那么,在行为之后就不得不面对悔恨。而既然我们内心的这种主观感情,也是一切道德的最终约束力,那

---

① [英] 洛克:《人类理解论》上卷,关文运译,商务印书馆1983年版,第31页。
② 同上书,第325页。
③ [英] 洛克:《论宗教宽容》,吴云贵译,商务印书馆1998年版,第23页。
④ [英] 穆勒:《功利主义》,徐大建译,上海世纪出版集团2008年版,第28页。

么在他看来,"我们可以回答,与其他各种道德标准的约束力一样,功利主义道德标准的约束力也是人类出于良心的感情。……出于良心的感情的确存在着,经验证明了,那是一个人性的事实,是实实在在的东西,能对受过良好教养的人发生巨大的作用"①。诚然,即使我们承认,内在的良知这种主观的感情有被压制窒息或被摆脱的危险,抑或也有通过诉求其先验的客观实在性,来强化其普遍有效性和增加其约束力,然而,在穆勒看来,这种道德感情即使不是先天就有的而是后天获得的能力,那也是从人类本性中自然生长出来的,并能够通过培育而得到高度的发展。

或许,正如穆勒所认为的,假如道德义务具有先验的起源这种信念,也同样能够增加诸如良知这种内在的主观感情的约束力的功效,那么,康德的义务和良知理论就成为这一理论的典型,并可以看作是在直觉论和经验论之间调和的一种理论努力。在论及人们在自我评价中对自己的赞扬或责难以及良知的作用时,斯密曾认为:"在一切此类场合,我仿佛把自己分成两个人:一个我是审察者和评判者,扮演和另一个我不同的角色;另一个我是被审察和被评判的行为者。"② 而康德也强调,在我们的心中,有一个法官和一个劝告者,因而也追随着把良知看作是"内在的法庭"的解释路径。在《实践理性批判》中,他就指出了我们内心中称之为"良心"而所具有的"那个奇特能力",以及其所能做出的"公正判决"。诚然,这也可以说是强调了良心起作用的前提及其原理。在他看来,人们对道德律令的敬重和服从,以及产生自我评价和道德责任归咎的可能,是以区分自然和自由的因果性,进而认识到人作为理性的存在者,其所具有的先验实践性的自由和对作为本体的自我意识为前提的。因为如果行为主体只是受必然性法则的支配,而处在时间序列之中,那么就会因为时间先在的不受控制的根据,使自由成为不可能。正因为有先验实践的自由,意识到自我的存在就不受时间条件的支配而言,只是凭借理性给予自己的法则来决定他的行为,由此,每一个理性主体才可以正当地追问,其所做出的不法行为也是可以不做的。即使作为现象是受过去的支配而可归于必

---

① [英]穆勒:《功利主义》,徐大建译,上海世纪出版集团2008年版,第29页。
② [英]亚当·斯密:《道德情操论》,蒋自强、钦北愚等译,商务印书馆1997年版,第140页。

然，然而他作为一个独立于一切感性的原因，也会把那些现象的原因性本身归咎于自己。因此，尽管一个人可以矫揉造作，以至于把违法行为文饰为无意的过失，或是归咎为必然性而宣告自己的无辜，"但他毕竟会发现，这位为他作有利辩护的律师决不可能使他心中的原告保持沉默，如果他意识到当他在干这件不正当的事时他完全是清醒的、即他在运用自己的自由的话，虽然他把他的违法行为用某种由于逐渐放松对自己的警惕而染上的坏习惯来解释，直到他能够把这个行为看作这种习惯的自然后果的程度，这却仍然不能使他免于自责和他自己对自己发出训斥"①。显然，在这里，良知就具有了一种道德裁决和责任追究的能力，它是与我们同在而无法逃避的，这位心中的"神圣法官"，其"内在的"裁决和审判，使人们对过去所曾经犯下的罪行产生痛悔。康德也明确指出："良知是一种自身就是义务的意识。……我们也可以这样定义良知：它是自己对自己作出裁决的判断力。"② 而强调良知乃是内向性的针对自身的道德判断力，同样凸显了良知的功能和作用。同时，良知是一种有关义务的意识，这也体现在要使行为意志抑制爱好和本性冲动，从而体现出对道德法则的敬重和服从，因而，"本性的冲动包含了人的心灵中实施义务的障碍和（有时强有力地）反抗的力量，因此人必须判断自己有能力与它们战斗，并且不是将来才用理性战胜它们，而是现在（与思想同时）马上用理性战胜它们，也就是说，能够做法则无条件地命令他应当做的事情。反抗一个强大但却不义的敌人的能力和深思熟虑的决心是勇气，就我们心中的道德意向的敌人而言是德性［道德上的勇气］"③。而在康德看来，"善良之心"也体现在从自然倾向中产生的任性把道德法则接纳入自己的准则的能力，在这一意义上的良知，也表现为摆脱感性偏好而自觉遵从道德法则的善良意志。

  与把良知及其有效性的实现，单纯地看作是超自然力量抑或上帝的声音相比，从对于人性中那种反对爱好并提出责难、从而在责任和义务的感情中体现出自己的人格和尊严的东西，来寻求良知的道德约束力的来源，无疑具有重要的理论意义。然而，为义务而义务的道德形式主义与良知

---

① ［德］康德：《实践理性批判》，邓晓芒译，人民出版社2003年版，第134页。
② ［德］康德：《纯然理性界限内的宗教》，《康德著作全集》第6卷，李秋零主编，中国人民大学出版社2007年版，第190—191页。
③ ［德］康德：《道德形而上学》，《康德著作全集》第6卷，第393页。

观，在把福利与欲望的满足与尽义务对立起来的同时，显然也取消了其所具有的"中介性"的社会因素。这在黑格尔看来，一方面，良知的权能就体现在，"良心表示着主观自我意识绝对有权知道在自身中和根据它自身什么是权利和义务，并且除了它这样地认识到是善的以外，对其余一切概不承认，同时它肯定，它这样地认识和希求的东西才真正是权利和义务"；另一方面，当良知只不过是意志的形式方面，"这里在道德这一形式观点上，良心没有这种客观内容，所以它是自为的、无限的、形式的自我确信。"① 因此，他也就在"道德"和"伦理"的分别中来阐释良知概念的含义，认为对前者而言，良知只不过是意志活动的形式方面而无特殊内容，而如果它仅仅是形式的主观性，抑或把自己贬低而完全沉浸在"意志的纯内在性"中时，那它简直就是处于"转向作恶的待发点上"。而主观形式与客观内容的结合，只有在"伦理"的观点上才会出现。为此，与"形式的良知"相应，黑格尔提出了"真实的良知"的概念，并认为其就包含在"伦理性的情绪"中，它不仅仅只是具有主观形式的自我确信，而且是一种"希求自在自为地善的东西的心境"。在这一阶段，它获得了客观的内容，具有固定的原则，而这些原则对它说来是自为的客观规定和义务。因而，如果我们只是在良知的纯粹形式的主观性中，去寻求其权威和有效性，而缺乏真理性并使之成为真实的善的客观内容，那么，就会使之沦为形式和假象，"这一主观性作为抽象的自我规定和纯粹的自我确信，在自身中把权利、义务和定在等一切规定性都蒸发了，因为它既是作出判断的力量，只根据自身来对内容规定什么是善的，同时又是最初只是被观念着的、应然的善借以成为现实的一种力量"②。因此，良知不能设想为只是主观性和形式性的"内在法"，也不是缺乏客观内容的"无限的自我确信"，而是主观的自我确信与客观的善的内容的统一。

实际上，究竟是意志完全以无条件地服从绝对命令，还是通过意志的获得性的习惯与本能冲动的对抗而产生强制性和约束力？如果说，对道德律的尊重并不能完全取代自然的冲动和爱好而成为意志的唯一动机，那么，就需要在对自然本能冲动和诱惑的有效抑制中，来测试自己的人格，

---

① [德]黑格尔：《法哲学原理》，范扬、张启泰译，商务印书馆1961年版，第140页。
② 同上书，第141页。

并使自己的良知在实践中得到训练和培育。因此,一方面,从心理学的事实上来说,如果说一种行为确实引起了我们赞同、非难或义务的情感,而使我们需要对之做出判断而进行相应的道德评价,那么,我们就确实能感受到这种内在性的冲突以及其所伴随着的情感,亦如梯利所言:"确实,我的道德满足和自我赞许可能变得如此的强烈,以至于使我充满一种法利赛人的自负,心满意足地看着我的道德胜利,而如果不正当的行为赢得了胜利,正当行为的思想还会在意识中徘徊,我感到悲哀、苦恼、羞愧、卑鄙。我面对那被征服的过去,感觉到一种悲哀,这种悲哀进入我的心中,引起自我责备的回声。"① 而当我们用相应的价值判断,来宣布特定的情感和冲动所导致的行为的正当与否时,实际上也是在宣布自己的性格;而另一方面,如果不是单纯通过与神力意志的联系,来解释良知的神圣性和权威,而是"还原"良知的世俗性的义务根源和人性的色彩,在强调对之做出历史的和心理学的解释的基础上,来寻求其"有效性"的理解,那么,也同样不会必然导致良知的权威和有效性的丧失。因而,"良心权威的丧失并非人类学解释的一个逻辑结果或者一种必然的心理效果"②。而毋宁说,承认它作为一种"获得性"的力量,既是根植于人的本性的,同时,也是作为道德生活的客观普遍性在个人意识中的反映和表现。因此,即使是否认良知的超自然性,既不会使之失去神圣和权威性,进而否认它的确实性,也不会减损使之有效而必需的对它的敬畏和尊重。

二 良知的报偿方式与弱点

在谈到人的社会状态的境遇特征时,卢梭如是描述:"进入社会状态,人类便产生了一场最堪瞩目的变化;在他们的行为中正义就取代了本能,而他们的行动也就被赋予了前此所未有的道德性。唯有当义务的呼声代替了生理的冲动,权利代替了嗜欲的时候,此前只知道关怀一己的人类才发现自己不得不按照另外的原则行事,并且在听从自己的欲望之前,先要请教自己的理性。"而正是在这种状态中,不仅人的自身能力得到了提

---

① [美]弗兰克·梯利:《伦理学导论》,何意译,广西师范大学出版社2001年版,第50页。

② [德]包尔生:《伦理学体系》,何怀宏、廖申白译,中国社会科学出版社1988年版,第311页。

高，同时，"他的思想开阔了，他的感情高尚了，他的灵魂整个提高到这样的地步，以至于……使他从一个愚昧的、局限的动物一变而为一个有智慧的生物，一变而为一个人的那个幸福的时刻"①。如果说，人类注定处在"社会"的境遇而生活在规范世界之中，那么也就在追求社会的善的历时进程中，不仅为"公意"所约束的社会的自由，取代了仅为个人的本能和冲动所界限的自然的自由，同时，人们也在服从自己为自己所制定的律法中获得了道德的自由。而与之相伴随的是，人们不仅在这样的存在境遇中，丰富和发展了自己的道德情感和能力，也在接受规范约束和客观的社会关系所界定的责任和义务限定的同时，就有了内化这种道德义务的可能和必要。而亚当·斯密在论及人作为社会性动物所具有的道德评价的立场时，也指出，如果一个人与世隔绝而同任何人都没有交往，那么他也就不可能考虑到自己情感和行为的合宜性或缺点，或是自己心灵上的美或丑，然而，"一旦把这个人带入社会，他就立即得到了在此以前缺少的镜子。这面镜子存在于同他相处的那些人的表情和行为之中，当他们理解或不赞同他的情感时，总会有所表示；并且他正是在这里第一次看到自己感情的合宜和不合宜，看到自己心灵的美和丑"②。因此，作为社会化的个人，不可能不与他人产生交互性的影响，正是在社会交往的"关系性"境遇及其相应的道德活动中，人们的道德情感也得到了充分的发展。一方面，人们总是在作为"现实的旁观者"去判断别人的同时，通过赞成或反对某些动机和行为，来表达道德上的赞同与非难。而正是这种社会性评价机制的客观存在，也是作为社会秩序的实现方式从而使社会得以可能的前提；另一方面，个人作为自身的"内在的旁观者"，在以客观的社会关系作为参照前提的同时，也就有着一种对于"应当怎样"行为的价值认知和判断。"他人之镜"的存在，使人们在判断自己的情感和行为的同时，也就有了一种基于自我的内省和反思，以及随之产生的自我认同或责难，来对自身的情感和行为做出自律性的道德裁决。人们会因为对履行义务和责任所获得的自我认同而产生荣誉感和满足，以及对相反的冲动性动

---

① ［法］卢梭：《社会契约论》，何兆武译，商务印书馆2003年版，第25页。
② ［英］亚当·斯密：《道德情操论》，蒋自强、钦北愚等译，商务印书馆1997年版，第138页。

机和行为所接受的责难和惩罚，而体验到内疚、羞耻和悔恨。显然，作为内在的心灵秩序的实现方式，良知虽是一种体现个体主体性的自我意识，却并不意味着绝对的主观随意而失去其普遍有效性，而是客观的社会关系及其道德义务的内化，以及所呈现的扬善抑恶的自我控制和裁决的情感和能力。

如果说，"在每个人的心理生活中，良知是一种情绪，一种深藏的品性。事实上，它采取了如此多的形式，如此多地潜入我们的判断和情感反应中，以致于要掌握住它和把它当作一种单独的心理因素加以分析变得极端困难"①。然而，如果我们仍要从这种复杂的心理过程和情感反应中，分厘出其中的独特的成分，那么，它首先就是由义务和责任感所激发的人们对普遍性道德准则的敬畏，以及由此而产生的内在自律。诚然，这里的义务，既可以是以"能够"为前提的"应当"的道德的形态，也可以是以"必须"的命令所表现的法律义务。如果说立法正义与法律限制所确立的，只是具有普遍性并借助于强制来实现的"外在的义务"，那么，这种外在的义务却并不必然就进入行为者的动机之中，而成为规定行为意志的根据。由此，也可以理解为，一方面，在对于外在义务的法律强制中，人们不应仅仅只是因为他们所具有的动机而受到惩罚，而只应当为他们的行为而受到惩罚；另一方面，从外在的法律强制到内在的立法，从使人们的行为"合于"外在的义务，到"出于"内在的义务而成为意志的根据，这既体现了法律义务和道德（德性）义务这两者之间的区别，同样，也体现了由外在的社会客观的伦理关系来限制人的行为的"他律"，与使行为意志服从道德主体的理性命令而为自身立法的"自律"之间的关系。

应当说，深入人的行为动机而以自愿和非强制的形式所呈现的道德义务，尤为拷问人性与良知。不过，有如康德所坚持的："约束性的根据既不能在人类本性中寻找，也不能在他所处的世界环境中寻找，而是完全要先天地在纯粹理性的概念中去寻找。"② 而与之不同的是，当我们扬弃义务的抽象性，而从人的本性及其存在的"关系性"中，去寻求义务来源

---

① ［美］默里·斯坦因：《日性良知与月性良知》，喻阳译，东方出版社1998年版，第2—3页。

② ［德］康德：《道德形而上学原理》，苗力田译，上海人民出版社2002年版，第3页。

与约束力的根源,那么这既不会弱化其有效性,同时,当在义务的抽象和普遍的形式中注入了现实的社会伦理关系的内容时,也就赋予了良知以某种历史的、具体的含义。这就如梯利所认为的:"我不相信拥护历史观的人们……在道德上会不如康德。"因而,"一种对良心生长的观察决不会毁掉良心"①。相反,如果只是以先天的理性而为义务的普遍性提供担保,抑或只是通过强调良知乃是上帝的声音,进而以绝对的服从来体现其意志,那么,要么就只是有空乏的形式而遮蔽了其现实的伦理关系,要么一旦失去了对上帝的信仰,也就完全失去了道德的支撑点,而陷入道德的虚无或过分的自由与放纵之中。因此,以现实的伦理关系作为义务的根据,从人的"关系性"的维度来理解义务之源,并赋予义务和责任以具体的规定性,也并不意味着取消了作为义务履行意识和情感的良知的有效性,相反,恰恰是在人之存在的最重要的"他人—自我"关系的维度中,体现了良知的作用方式,以及其在平衡彼此的欲望冲动和利益关系上的权威。亦如默里·斯坦因所指出的,由于在生活中体验到诸多形式的罪责感和愧疚感对人所施加的影响,"良知似乎能与人的生活和行为的所有方面为难,在其周围荡起内疚的涟漪"。同时,良知也被认为是造成了一种本能欲望的表达,与抑制自我利益的内在的冲突,而围绕着这种冲突,产生了某种对抗性抑或矛盾性的心理和情感,亦即,"我想要这,它却要求那"。因此,"被想象为一种声音,良知促使我们为某个'他人',为了一种价值、要求或存在于被自我认作直接的自身利益之外的人而牺牲愿望、冲动和意图"②。正因为如此,良知也是基于人们意识到一个"他者"的存在,也就意味着要求具有应当把自己置于与他人同等的地位来考虑的观念。"良知表明自己是一种非利己的态度,这种态度大致以它对待另一个人的样子对待自己的自我。良知不把自我看作是心理世界中的特权人物。良知所要求和奋力争取的必定不是狭隘意义上的'我的好',而是一种广泛意义上的、较少个人味的'好'。它拒绝把自我情结看作是一种特殊情

---

① [美]弗兰克·梯利:《伦理学导论》,何意译,广西师范大学出版社2001年版,第72页。
② [美]默里·斯坦因:《日性良知与月性良知》,喻阳译,东方出版社1998年版,第3页。

况，或许以它独一无二的特权。"①

实际上，也正是因为良知的存在，才能使我们自觉意识到作为社会中的平等的一员，当我们的行为涉及他人的利益和幸福时，切不可仅仅因为自身的利益而侵害他人，从而以纠正过分偏执的自爱之心。在人之存在的"关系性"境遇中，人们既通过不断扩展的社会关系发展和丰富了自己的情感和能力，同时，如果在平衡人我之间的利益关系中，意识到了以"他者"的立场来审视和评价自身的必要性，由此也就发展出了一种平等和正义的观念，并能自觉到自己的权利和义务。可以说，正是在这种"他者"评价立场的内在化的过程中，总是伴随着相应的道德上的赞同或非难的情感，从而也体现了良知的作用和报偿的方式。因而，一方面，社会总是通过赞许或非难的方式，来表达人们所公认和坚持的道德标准；另一方面，任何具有健全理智的个人，也总是会通过自我的赞同或非难，来得以肯定自身存在的价值和尊严。当个体在履行某种道德义务和责任之后，受到的人们的认可、肯定和赞扬，在获得社会和他人赞誉和现实报偿的同时，内心中也获得了一种价值确认与情感上的满足，而这种满足又往往体现为一种心理上的荣誉感或情感上的尊严感；相反，当行为者因为受到某种否定、谴责和贬斥的评价，因缺乏价值认同而感到自我价值和尊严的丧失，以及由于这种对自尊的伤害或打击，而产生并体验到的内疚、羞耻和悔恨。如果因为自身的不义行为，而成为他人和社会所愤恨的合宜对象，那么内心中所得到的"报偿"就在于，其所体验到的负罪感也使之丧失了自身的价值和尊严，而从所有人的表情中所觉察的，是对他的不义行为的一致谴责。因此，良知的作用和报偿方式，也是由一种基于特定社会结构中的道德评价标准产生的，在人们的行为选择、情感和实践事务之中，因来自社会抑或他人的褒贬评价和自我内心的"审判"，而所能够体验到的心理和情感，尤其是一种人们在履行相应的道德义务和责任之后，因伴随着自我的赞同或非难而产生的荣耻感。这种内在的自律性的裁决，既能有效地阻止人们有意为恶或陷于不义，同时，也能劝导人们积极从善，引导我们求荣避耻而呵护自尊，在强化人们的义务感和责任意识的同

---

① ［美］默里·斯坦因：《日性良知与月性良知》，喻阳译，东方出版社1998年版，第6页。

时，激发人们真正对美德的热爱和追求，并通过成就美德来使自己成为真正"值得"赞扬的对象。

就如休谟所言："一切本性纯朴的人们对背信弃义和奸诈欺诈的反感却是那样强烈，……心灵内在的安宁、对正直的意识、对我们自己行为的心满意足的省察，这些是幸福所不可或缺的因素，将被每一个感觉到它们重要性的诚实的人所珍爱和所培育。"① 同时，作为一种自我作用的动机平衡机制和反身性的评价机制，良知的监督和审判，也会使人们因意识到自己行为的罪恶和不义而产生内心的恐惧，以及一种恶应恶报的意识和害怕遭受惩罚的心理。因而即使最开始有着隐匿罪恶的自信，抑或是不义行为暂时性地获得了胜利，但是，却终究都逃不过良知的审判。这有如陀思妥耶夫斯基《罪与罚》中的主人公，在杀人之后内心始终处于痛苦的矛盾冲突中，而自己原先所拥有的一切美好的感情都随之泯灭，这也是一种比法律惩罚更为严厉的良知和道德的惩罚。因而亦如斯密所言："一个良心深为不安的人所感受到的这种自然的极度痛苦，像魔鬼或复仇女神那样，在这个自知有罪者的一生中纠缠不已，不给他以平静和安宁，经常使他陷入绝望颓废和心烦意乱之中。"② 或许，尽管有人希望通过逃避社会，而不再从人们的表情中觉察到对其罪行的责难，但是，由于孤独是比社会更可怕的境遇，因而也不可能完全使他从这其中成功地解脱出来，为了减轻这种内在的恐惧而在一定程度上抚慰良知的责备，只能够是饱尝那种他们自己也意识到的罪有应得的报复和惩罚。

与强调以自我意识为前提而作为"义务的现实"的良知观念相比，如果从客观的人伦或是伦理关系中，来推演出良知的本源及其作用方式，就在于把它也看作是一种人们对于现实义务的普遍的"共知"与尊重。不过，实际上，在中国传统的儒家学说的体系中，却更多地以个体直觉体认的方式，来强调"致良知"对人生的道德意义，而对个体自身而言，这种对生活意义的体认，最重要的，就当属于成就自我内在的德性和理想的道德人格，因而在某种意义上也可以说，后者作为动力因，可以看作是

---

① ［英］休谟：《道德原则研究》，曾晓平译，商务印书馆2002年版，第135—136页。
② ［英］亚当·斯密：《道德情操论》，蒋自强、钦北愚等译，商务印书馆1997年版，第147页。

"致良知"的最好的道德上的偿报。在王阳明看来,"良知者,孟子所谓'是非之心,人皆有之'者也。是非之心,不待虑而知,不待学而能,是故谓之良知"①。而之所以要强调"致"良知,首先,在于不能仅仅只是满足于"知善知恶",更在于要有"为善去恶"而化知识为德行与品性的实践与行为过程。"致良知实功唯为善去恶"②,因而,"凡人之为不善者,虽至于逆理乱常之极,其本心之良知,亦未有不自知者。但不能致其本然之良知,是以物有不格,意有不诚,而卒人于小人之归。故凡致知者,致其本然之良知而已"③。他认为:"今欲别善恶以诚其意,惟在致其良知之所知焉尔。何则?意念之发,吾心之良知既知其为善矣,使其不能诚有以好之,而复背而去之,则是以善为恶,而自昧其知善之良知矣。意念之所发,吾之良知既知其为不善矣,使其不能诚有以恶之,而覆蹈而为之,则是以恶为善,而自昧其知恶之良知矣。"④ 因此,当良知知之为是、为善而不去行,抑或当它知之为非、为恶却意欲为之,那就是自蔽其良知,"凡处得有善有未善,及有困顿失次之患者,皆是牵于毁誉得丧,不能实致其良知耳。若能实致其良知,然后见得平日所谓善者未必是善,所谓未善者却恐正是牵于毁誉得丧,自贼其良知者也"⑤。由此,"致"既是以成就现实的德性,又是一个从知见行而祛除私欲和物欲,以回归良知之本体的过程。就如亚里士多德所强调的,我们不只是为了了解德性,而是为了使自己有德性,因而人也就必须通过切实的善行,来确证自己的善意与良知,否则人仅有良善的意愿,也就是不完美的。而在王阳明看来,致良知以成就德性的同时,也要祛除私欲而使良知居于主宰性的作用。"良知犹主人翁,私欲犹豪奴悍婢。"这就需要前者起着指挥和检束的作用,而非听任后者的放纵和摆布。因此,"良知昏迷,众欲乱行;良知精明,众欲消化,亦犹是也"⑥。

可见,人正是通过克制和超越本能冲动与私欲,而呈现出自身道德上

---

① 《王阳明全集·大学问》。
② 《王阳明全集·明儒王子阳明先生传》。
③ 《王阳明全集·与陆清伯书》。
④ 《王阳明全集·大学问》。
⑤ 《王阳明全集·启问道通书》。
⑥ 《王阳明全集·传习录拾遗》。

的高贵和卓越。而人要存本心而不失其德性，固然要有知善知恶的道德认知和理性，然而，对道德的"应然"之准则的知，未必就必然能为"实然"的善行和"实有诸己"的德性来提供担保。由此，也就还需要有"好善恶恶"的道德之情，更要有"行著习察"而使之付诸现实的善行、且能习之为常而保持恒久的行为意志，这样，才能构成主体真正的自我和丰满的道德人格，也才能使良知真正成为内在的主宰力量，而获得身心的和谐与内在的安宁。如果说，孟子所言恻隐、羞恶、恭敬、是非之心，皆为人之存在的本然之情，那么，显然任何丧失了这种道德情感上的敏锐性的人，对他者而言，也只能是冷漠无情的旁观者，而这样一种违反人性的冷漠之情，既绝不会引起我们道德上的赞许，也难以想象这样的人，会去关注自己的尊严和价值而成就自身德性，而当缺失了对自我尊严和价值的确认，同样，也就不会自觉地在内心中"为自我立法"和肯定良知的权威。因此，对于那些没有自我意识和缺乏自觉反省的能力，在内心世界中，也没有相应的道德感受和情感反应能力的人而言，即使有普遍的道德准则的教化，也不会深入内心而体现出精神的自律、自主和自得。因此，"好善恶恶"不仅只是包含着理性所能指示出的善恶两分与道德认知，也在于通过情感上的赞同或反对，来促成人们从应然之知向真实的德性与善行的转变。

当然，致良知以成就德性，同样也包含着行为意志上的规定性。意（志）之所向，就是要求人们具有择善去恶的行动能力，因而行为者的"意志的软弱"，也将会制约和阻断行为的选择和德性的实现活动。正因为如此，王阳明亦强调以"立志"来克服意志的软弱性，并认为："志不立，天下无可成之事，……故立志而圣，则圣矣；立志而贤，则贤矣。志不立，如无舵之舟，无衔之马，漂荡奔逸，终亦何所底乎？"[①] 而"志立得时，良知千事万为只是一事。"[②] 应当说，就意志与行为选择的关系而言，在西方哲学中所谓的意志软弱的问题，"这一主题早期版本的最好源头就在柏拉图的《普罗泰戈拉篇》中。"[③] 因为正是在那里，就提出了这

---

① 《王阳明全集·大学问》。

② 《王阳明全集·传习录》。

③ Justin Gosling, *Weakness of the Will*, Routledge, 1990, p. 7.

样一个问题，为什么人们尽管知道什么是好事，但是却不愿意去做；相反，尽管人们知道它们是恶的，但是却又往往"沉迷于其中"。而实际上，亚里士多德也论及不自制和软弱的难题，他认为："困难在于，一个行为上不能自制的人在何种意义上有正确的判断。"① 因而也就有一个人明知道那个行为是恶的，却仍会选择去做的"明知故犯"的现象存在。由于行为者所拥有的关于善恶的知识与特殊境遇之间的差异，显然由于未能对当下的境况做出恰当的判断，而不能使自己的意志以合于理性的方式来做出正确的行为，与此同时，即使是行为者具有善恶的知识，又能对当下的境况做出理性的判断，但是，却又由于行为者的意志难以抵制欲望的诱惑，往往易于受制于本能快乐与激情的摆布，而同样没有服从理性的指引。应当说，德性的获得，既是一种从特定的规范性的知识，向具体的现实行为转化的实现活动，那么，其中起推动作用的，就不仅仅只是认识道德义务要求和情感反应的激励，在这种知行转化的心理过程中，由于"意志"以自由的方式来选择，而作为人类所能经验到的一种普遍现象就是，在许多情况下，正是因为行为者的"意志软弱"，从而导致他即使意识到道德理由的正当性，却仍然因为自身的犹疑、胆怯和惧怕等心理上的阻碍，以至于最终仍无法决然地按照义务的要求来行动。

实际上，认同良知作为一种道德情感，穆勒也明确指出："所有的伦理学家都承认并且哀叹，在一般人的心中，良心能够如此容易的被压制窒息。"② 而亚当·斯密也断言，虽然在所有的场合，良心的影响和权威都是非常大的，然而，"在一些特殊的场合，良心的赞同肯定不能使软弱的人感到满足"，因为"那个与心真正同在的设想的公正的旁观者的表示并非总能单独地支撑其信心"。③ 如果说，在由知见行而成就德性的过程中，因为意志的软弱而产生了某种阻碍，那么，这种意志的软弱同样还体现在对内在良知的持守上。显然，良知不仅仅只是意味着冷静的理性与认知，也需要通过在人类的实践事务和情感反应中的不断的训练而得到培育，同

---

① [古希腊]亚里士多德：《尼各马可伦理学》，廖申白译注，商务印书馆2003年版，第194页。

② [英]穆勒：《功利主义》，徐大建译，上海世纪出版集团2008年版，第29页。

③ [英]亚当·斯密：《道德情操论》，蒋自强、钦北愚等译，商务印书馆1997年版，第163页。

样，也需要得到良性的外在环境和社会条件的支持和鼓励，唯其如此，也才能在个体自我意识的充分发展中，确立一种相对稳固的习性与行为倾向。然而毋庸置疑的是，一旦内在的良知持续得不到所有外在因素的鼓励和支持，也可能会陷入意志彷徨而堕入人性的弱点之中。因为尽管内在的良知总是力图以是否值得或应得赞扬或责备为原则，也有某种以取得独立于社会性的评价，来对自己做出恰当的评价的能力，即努力不使自己满足于没有任何理由的喝彩和称赞，而陷入某种卑鄙和虚伪之中。同时，良知也会适时地纠正来自于外在的某种错误的或不公正的评价，以确信自己绝不是如此不公正地给予自己的责难的合宜对象，然而，就如斯密所指出的："在这里以及其它某些场合，可以这样说，内心的那个人似乎对外界那个人抱有的激情和喧嚷感到惊讶和迷惑。有时伴随激情和喧闹的责备一股脑儿倾泻到我们身上，使自己值得赞扬或应受责备的天生感觉似乎失去作用和麻木不仁；虽然内心那个人的判断或许绝对不会被变动和歪曲，但是，其决定的可靠性与坚定性已大为减损，因而其使我们内心保持平静的天然作用常常受到巨大的破坏"[①]。也正是因为如此，内心中那"半神半人"的人，也会失去坚定性，这种意志的软弱也暴露出了其与"人"的血统部分相联系的人性弱点的一面。因此，当自己的心灵软弱与意志消沉之时，基于对人性以及道德秩序的完美信念，人们自然也就会期待一种更高的报偿原则，来给予内在的良知以鼓励和支持，"这种希望和期待深深地扎根于人类的天性，只有它能支持人性自身尊严的崇高理想，能照亮不断迫近人类的阴郁的前景，并且在今世的混乱有时会招致的一切极其深重的灾难之中保持其乐观情绪"[②]。而也正是这样一个信条，对人类这一总是"不完美的生灵"而言，在使那些软弱的心灵得到慰藉而保持公正报偿信念的同时，似乎也成为一个"不可放弃的条件"。

第三节　"不可放弃"的要求与道德信仰

就人类精神发展而言，对"神"的信仰首先是一种"历时性"的信

[①] [英] 亚当·斯密：《道德情操论》，蒋自强、钦北愚等译，商务印书馆1997年版，第159—160页。

[②] 同上。

仰，其自身也是一个不断发展和变化的过程。然而，在其所呈现的多样性的文化样式与历史流变中，却似乎都承载着一个共同的价值结构与道德上的信念，那就是在实现对人类的赏善罚恶的公正报偿的同时，亦为德性与幸福的一致而提供某种终极意义上的"担保"。而这也同样体现了在人类文明的发展中，人们在精神生活中所呈现的某种"特质"，亦即意识到人作为某种"不完美的生灵"，而总是在意志的方向上对人类之至善的理想和完美的价值目标的追求，这也成为一种"不可放弃"的要求。在宗教的或道德的信仰的历时性嬗变中，如果说原始宗教主要通过使义务感神秘化的方式，以通俗信仰的神灵作为正义与道德的奖赏者和背信与不义的惩罚者，而赋予道德规则以约束性的力量，那么，启示宗教则在从上帝的神圣命令中，来诠释道德准则的绝对有效性，同时也旨在为德性与幸福的一致提供一种道德的补偿。而在人类生活世界不断"祛魅"的理性化进程中，基于自然的人性抑或人类的理性以确立起对道德的信仰，既与依靠神秘或启示的权威所强化的善恶因果律存在着历时性的差异，但是，也同样在凸显人的自主和自律的价值的同时，以确认道德律的有效性和权威，而信守对善恶应得与德福合一的终极信念。不过，确立与世俗生活相容的对公正报偿的信仰，既弱化了美德在宗教与神学背景下得以承诺和兑现的至上前提，也端赖于在公平与正义的社会结构中得到持续的激励，而使美德在现实中兑现其幸福的程度，通过人在自由向善的完美追求中配享幸福，从而也是在确认人生的价值和尊严中来获得其神圣性的理解，由此，也在某种程度上消解道德信仰的世俗冲动力与神圣约束力之间的紧张。

一 "不完美的生灵"与完美的道德信念

正如包尔生所追问的："宗教与道德之间是否有一种内在的联系（即那种事物本性固有的、因而不可分解的联系）？抑或道德与宗教彼此独立，仅仅存在一种偶然的关系？"[①] 应该说，就两者的关系问题而言，人们一直存在着这样的疑问，而最典型的问题主要体现在，没有宗教会不会有道德？道德是否真正需要从宗教的信仰和解释中，来获得实际的意义？

---

① ［德］包尔生：《伦理学体系》，何怀宏、廖申白译，中国社会科学出版社1988年版，第354页。

从历史的事实而言，由于宗教作为人类最古老的习俗之一，既可能先于任何独立和反思性的道德体系而存在，也因为其不仅内含着某些道德性的律令和要求，而且其本身作为实现善恶赏罚的强大的制裁力量，从而亦为道德提供了极为有力的有效支持。那么，这是否也就意味着道德必须要从宗教中来获取其正当和有效性的理解？显然，对那些坚信道德的法则始终与某个神圣的意志统一和同一的人们而言，如果坚持从"神学"的前提性立场出发来演绎道德的正当性，那么，他们就会反对将道德的要素与神圣的意志割裂开来的任何考虑，同时，也坚信，倘若没有那神圣的意志（上帝或神）的命令，也就没有什么在道德上是正当的或必要的，因而一个行为实际上也只有被上帝或神的意志所容许，才是道德的或正当的。由此，在这样的话语和解释体系中，道德从根本上来说，既然以某个神圣的意志和命令为基础，那么宗教也就成为它的正当性和有效性的唯一至上的来源。而与此相反，若是以独立于神圣意志或启示的方式来寻求为人类道德奠基，基于自然的人性抑或是人类的理性的需要，来寻求人类道德的尊严与约束力的来源，那么，他们也就会坚信，始终存在着某种独立于神圣意志的道德真理，不是因为神圣意志的先在至上性，而选择了道德上的绝对服从，而只是因为人类的精神自律和意志的自我立法，而接受道德的约束，从而在指示出那给人类的品性和行为做出善恶裁决的道德原则的来源和效力的同时，以对人性的完善和道德律的敬重与信仰，而重新确立起在人类的德性与幸福、恶行与不幸之间的某种必然的关联。而毋庸置疑的是，后者既是道德哲学的本务与使命，当人们以确证宗教信条作为一种道德功能的结果，也只是因为人类的本性弱点，以及意志对道德完善的渴望而产生时，那么这也就体现了与前者所持有的严格的"神学"立场上的根本性差异。

实际上，从哲学思辨与论证的立场而言，这种对立性的差异，早在柏拉图的对话中就开始呈现出来。在《欧绪弗洛篇》的对话中试图给虔敬下定义，当欧绪弗洛回答，"使不虔敬的事物成为不虔敬的，使虔敬的事物成为虔敬的"衡量的标准或"完美的型"，就在于"凡是令诸神喜悦的就是虔敬的，凡不能令诸神喜悦的就是不虔敬的"。[①] 然而，苏格拉底却

---

① [古希腊]柏拉图：《欧绪弗洛篇》，《柏拉图全集》第 1 卷，王晓朝译，人民出版社 2002 年版，第 239 页。

在质疑中指出:"虔敬事物之虔敬是因为诸神赞许它,还是因为它是虔敬的所以诸神赞许它?"① 由此,他也在推论中辨析了一个根本性的、但是又经常被人们所忽视的区别,那就是:善之为善,也并非是因为诸神的赞许,而是因为它是善的,诸神才赞许它。显然,在道德哲学家的理性确证中,道德上的善或正义,因其自身之故就值得为人所追求,而并非仅仅只是因为其出于神圣的诫命而产生其有效性,因而基于人的理性,就能够确立起普遍有效的道德。而德性与幸福也并不仅仅需要通过神灵的中介而发生联系,因为即使在神、人所不知的情况下,正义和美德自身既使心灵健康,也使生活本身充满价值。显然,这种哲学上的"突破"和道德转向,既使人们获得了对人类处境及其意义的理性认识和新的理解,也使人们在善恶和行为准则的核准上,不再主要依赖于恐惧与迷信的独断。

不过值得注意的是,一方面,当人们认为在善与恶之间没有任何客观的区别时,苏格拉底式的哲学论证,在以"知识即美德"来寻求为道德判断建立某种牢固基础的同时,既认识到在知识的基础上来建立公民德性的必要性,也就赋予了道德准则以合于人类本性的约束性力量,然而,这既是社会的文明和理性化进程为哲学论证所提供助力的结果,同时,却也不能忽视在人为的论证和哲学思辨兴起以前,在人类生活相当长的蒙昧时期,原始的宗教所赋予道德和习俗准则以强制性的约束力量的事实。而在神话世界观占绝对支配地位的生活世界中,原始的思考者既把自然现象看作是神秘力量的体现,也就趋向于用超自然的力量,来解释人的道德意识和现象。"原始人周围的实在本身就是神秘的"②,由于一切存在着的东西都具有神秘的属性,也由于这些神秘的属性就其本性而言,要比我们靠感觉认识的那些属性更为重要,由此也因赋予其神圣的性质,而产生了相应的图腾崇拜与对神灵的信仰。"原始人不仅不认为他所达到的神秘知觉是可疑的,而且还在这种知觉里面(如同在梦里一样)看见了与神灵和看不见的力量交往的更完美的因而也是更重要的形式。"③ 也由于不能把感知的客体与神秘属性区分开来,对他们而言,每一个存在物都具有"神"

---

① [古希腊]柏拉图:《欧绪弗洛篇》,《柏拉图全集》第1卷,王晓朝译,人民出版社2002年版,第244页。
② [法]列维·布留尔:《原始思维》,丁由译,商务印书馆1985年版,第28页。
③ 同上书,第56页。

或"鬼"的精神,或同时具有两者而使自己有灵性,自然地使习俗和义务也被神秘化,而在万物有灵和原始宗教的氛围中得到强化,其有效性所产生的社会秩序的效用,就如斯密所指出的:"在信奉异教的愚昧和无知的时期,看来人们形成他们关于神明的想法极为粗糙,以致不分青红皂白地把人类所有的自然感情都说成是神所具有的,……天然的恐惧感使他把上述感情归于那些令人畏惧的神的旨意。他无法回避这些神,对它们的威力无力抵抗。这些天然的希望、恐惧和猜疑,凭借人们的同情感而广为人知,通过教育而得到确认;人们普遍地讲述和相信众神会报答善良和仁慈,惩罚不忠和不义。"① 因此,神灵发展为诸神,且逐渐把对美德与仁慈的爱好,和对罪恶与不义的憎恨的情感和性质,归附到某些具有卓越的性格而至感钦佩的神明身上,进而使之成为主宰人类命运的完美意志与力量。

另一方面,如果说在社会文明化和理性化的进程中,哲学的论证旨在为道德奠定理性的基础,从而在赏善罚恶而实现正义与道德秩序的问题上,逐渐祛除了那些神秘和巫魅的手段,那么,即使有如柏拉图,使理性完全从无意识的原始水准中超拔出来,而使之成为一种独立的精神功能,因而也在《理想国》中要以理性证明,正义是因其自身之故而值得为人们所追求,将正义与善的生活视为内心的和谐、健康与幸福的生活,而人之德性也就在于人的灵魂的功能的实现。然而,他却同样也选择了以类似于末日审判的"厄尔神话",通过建立美德与灵魂不朽之间的联系,来叙述正义的人不仅在此生能够得到报酬和奖励,更重要的却在于人之死后所能得到的报答。显然,神话叙述中的天堂与地狱的"两分",就在于承诺,正义的人死后要过着完全幸福的生活;而不正义生活的人,死后要受到报复和惩罚。而柏拉图更是如此断言:"这是一个非常美丽的故事,我想你会把它当作虚构,但我会把它当作事实,因为我确实把将要告诉你的话当作真理。"② 而在《斐多篇》中,他也同样强调了对不死的信仰和灵魂的审判,"首先要被交付审判,无论它们生前是否过着一种善良和虔诚

---

① [英]亚当·斯密:《道德情操论》,蒋自强、钦北愚等译,商务印书馆1997年版,第200页。
② [古希腊]柏拉图:《高尔吉亚篇》,《柏拉图全集》第1卷,王晓朝译,人民出版社2002年版,第421页。

的生活。……在那里它们要经历涤罪，或者因为它们曾犯下的罪过而受惩罚，或者因为它们良好的行为而受奖励，每个亡灵都得到它们应得的一份。"然而，他也指出："有理性的人一定不能坚持说我所描述的情景完全是事实。但是我的描述或其他类似的描述真的解释了我们的灵魂及其将来的居所。因为我们有清楚的证据表明灵魂是不朽的，我想这既是合理的意向，又是一种值得冒险的信仰，因为这种冒险是高尚的。"① 因此，正是通过灵魂不朽的论证所确立的对死后生活的信仰，成为现实的人类道德的有力保护者，从而也为实现公正的报偿提供了最后的"担保"。

对柏拉图而言，对不朽信仰的真实的确信，使人们在此生中的道德行为与未来彼岸世界的命运紧密相连。不过，这里的问题也在于，究竟如何理解在柏拉图这里所呈现出来的、这种看起来不是如此协调的两个方面，"柏拉图那里的神话是被置于逻格斯之下，还是神话传达了一个逻格斯达不到的更好的真理"②，抑或是神话论证也成为理性论证的一个必要的补充。应该说，如果像柏拉图在《理想国》中所宣扬的："不是神决定你们的命运，是你们自己选择命运。谁拈得第一号，谁就第一个挑选自己将来必须度过的生活。美德任人自取。每个人将来有多少美德，全看他对它重视到什么程度。过错由选择者自己负责，与神无涉。"③ 因而，作为个人的道德行为的结果及其所伴随而来的善恶的赏罚，其主要取决于个人自身意志的自由选择。正因为如此，对这种理性的力量的强调，也就体现了在希腊启蒙进程中对抗为诸神所主宰的人类命运的倾向。在这一意义上而言，"他想把文明置于一种道德的基础之上所作的努力是十分真诚的。……柏拉图的伦理学象苏格拉底的伦理学一样，完全是以理性的自由为基础"④。然而，柏拉图通过理性来确证正义在人的心灵中的真正作用，也力图构建一个理想的"乌托邦"，却似乎仍难以遮蔽"理性不及"以及诸多现实所带来的挑战。这里有苏格拉底之死所带给他的阴影，如果一个道德的人生活在一个不道德的城邦共同体之中，而完美的理想城邦却又难

---

① [古希腊] 柏拉图：《斐多篇》，《柏拉图全集》第 1 卷，第 127—128 页。
② [德] 托马斯·A. 斯勒扎克：《读柏拉图》，程炜译，译林出版社 2009 年版，第 136 页。
③ [古希腊] 柏拉图：《理想国》，郭斌和、张竹明译，商务印书馆 1986 年版，第 422 页。
④ [德] E. 策勒尔：《古希腊哲学史纲》，翁绍军译，山东人民出版社 1996 年版，第 150 页。

以成为现实,当一个"好人"走上了被告席而被判处死刑,那么,对正义如何可能,以及正义的人总是比不正义的人生活得要好、也要更幸福的有效辩护,也自然地延伸到对来世报偿的完美期待和信念。对无辜的不幸之人而言,面对不公正法律和判决,也许只有延伸到来世的信仰,才能给予他唯一有效的慰藉。由此,他同时也通过被其所重述的神话,确立起了一种在他看来"值得冒险的、高尚的信仰"。而在某种意义上,这种道德与宗教信仰的关系,亦如"康德式"的理论纠结,为此,也就必须要通过"悬设"灵魂不朽和上帝存在,来弥补理性在实现德福一致这一任务上的"无能"。这种"悬设"的作用,就在道德通向宗教中,维系着人们对于德性和幸福之间有效联系的信念,并提供了一种道德上的补偿。这种灵魂不朽的信仰,使人们相信,"人在来世将直接处在神灵的权力之下,而在现世,神灵的权力却还有些鞭长莫及,它们的干预不是经常的,侵越者相信他能隐秘地作恶。然而在死后,他就毫不遮掩地面对审判席,面对死者的判断了,这一图象被许多宗教作为生命逐渐接近的结局描绘过。然后一切都要在那里亮明,一个公正的法官将要判断其功过"①。

因此,就如柏格森在论述道德与宗教时所指出的:"人们喜欢说宗教是道德的良友,因为宗教能引起对于惩罚的畏惧和对于奖赏的希望。这或许是事实,但人们还应补充说,在这个方向上,宗教所做的,不过是许诺用神的正义来伸张和纠正人的正义;宗教把另外的东西,即把当我们离开人之城而在上帝之城中给予我们的那些无限更高的东西,附加到由社会所设立但其应用又远不完善的奖惩上去。"② 因而人类的理智既是人类的特殊能力,在利用客观事物和控制事情上取得了卓著的成就,同时,理智的弱点,也使自然以宗教的畏惧、禁忌和戒律等来作为防范的手段,以抵消理智的消极作用。"她以来生对付死亡,利用这一观念将为死亡所困的智能领域中的事情理顺了。大自然用再生观抵消死亡观,恰好表示她具有的平衡能力,使她不至于偏离自己的轨道。因此,……宗教是大自然对抗智

---

① [德]包尔生:《伦理学体系》,何怀宏、廖申白译,中国社会科学出版社1988年版,第358页。

② [法]亨利·柏格森:《道德与宗教的两个来源》,王作虹、成穷译,贵州人民出版社2000年版,第88页。

能所持的必死观的一种防卫性反应。"① 而对于柏拉图来说，若是将上帝与善的理念等同起来，使人们在美德和知识中领悟对上帝的崇拜，并强调一个人此生的最高使命，也是要竭尽全力接近上帝的完善，这客观上也易导致一种一神论的宗教与信仰。而实际上，我们也可以理解为，随着个人意识的发展和理性的觉省，当人们意识到作为"不完美的"的生灵存在和所处的人类经验世界的不足，也就产生了对实现"完美的"生命的理想与信念。同时，"理性不及"也使人们期待着一种超越性的存在或力量，来完成自然或仅凭借人类的理性手段所不能达到的东西。就如包尔生所指出的："随着生活的发展，意志也被精神化了。在人类发展的最低阶段，人的意志几乎只欲求满足那些动物性的需求。随着文明的进展，它不仅欲求生命，也欲求一个善和美的生命，欲求一个人类的理想。这种人的意志方向上的变化也在超越世界的形式中产生了一个相应的变化：多神教神灵的多样性世界就是较高意志的一个创造。……在神灵中，人对一个美和善的生活的理想被实现了。"② 毋庸置疑，人既有超越动物本能和需求的优越感，也会在至善至美的形象下，显现出诸多人性的弱点，但是，也正是在完美和至善标准的激励下，因不断趋近于完美，而呈现出自身的卓越和高贵。因此，在这种意义上，道德和宗教两者又有着共同的根源，那就是人类意志对完美的渴望。人们以尽善尽美的标准和道德典范，来衡量自己和观照自身，凸显的是人性自身所追求的道德上的卓越；而就人自身的情感、信仰和希望，也会受到完美至高形象的鼓舞和激励而言，体现的则是宗教性的虔诚。正因为如此，我们也才可以理解，人类是唯一的既有理性思维而又志在追求完美的造物，同时，也是唯一因意识到自身的不完美，而又把对自身生存意义的确认，依附于某种程度上违反理性的事物之上的造物。

诚然，就西方社会结构的变迁及其所影响的道德的变化而言，如果说，希腊的启蒙及其理性化，以对既有的神话传统的"否定"精神，使理性成为所有人类美德的根基，也使人们认识到幸福作为至善，在世俗世

---

① [法] 亨利·柏格森：《道德与宗教的两个来源》，王作虹、成穷译，贵州人民出版社2000年版，第116页。
② [德] 包尔生：《伦理学体系》，何怀宏、廖申白译，中国社会科学出版社1988年版，第356页。

界的实践生活中实现这一目的,而志趋于人自身的优良与完善,那么,向基督教世界的转变,又再次完全颠覆和否定了这样的道德和人生价值的信条,在这里,只有对一个超现世的王国的狂热和迷恋。由于对来世的思慕和渴望,取代了尘世生活的价值,因而这种人生价值观的彻底转换,使信仰和服从也就成为人们道德生活中唯一的主题词。意志对完善的渴望,去除了自然人性的发展和完善的前提和基础,而只剩下了在对上帝的意志和诫命的神圣服从中,体现出自己,并把自己领悟为上帝的一个启示,个人也只有在与最高的上帝的联系中,来获得对道德生活的价值体认与正当性的理解。因为道德从根本上以神圣的意志和命令为基础,不仅道德出自于上帝,而且其正当性也只是上帝之所愿。因此,在这里,"欧绪弗洛难题"就被推到另一个极端,而只有神学的道德学,"伦理学基本上是神学性的。也就是说,伦理议题在各个层面上都与上帝息息相关,关乎其性情、旨意、心意和作为"①。因而伦理原则也只是上帝的命令,所有的道德义务与道德律的效准,也只有在神学的框架内得到解释。同时,当我们进而追问"为什么我应当做上帝所命令的"时,就如麦金太尔所言的:"倘若上帝的善使我们服从他的命令是合理的,那么他的力量使我们以服从精神服从他也成为合理的。"② 而"上帝"的力量作为一个有用的、在道德上不可或缺的概念,就在于,它既维系了人们对于德性与幸福联结的信念,同时,也通过把这种希望寄托于彼岸世界,从而为处在混乱与无序的社会状态下的人们,提供了一种"绝望"性的道德补偿。

尽管这种启示的信仰把道德建立在宗教的基础之上,而满足了意志最深沉的渴望,然而,在上帝的眼中唯有信仰与热爱,在满足于在来世的幸福中发现生活的最终目标的同时,却否定了经验与生活世界的价值与真实,也遮蔽了人因自身的自由理性和知识,而在追求至善中所具有的内在价值。由此,道德哲学的职能,也不再是去探求那些出自事物本性的必然的幸福条件,而只是去确认上帝的意志作为区分善恶的最后和唯一根据的同时,使神圣命令的理论得以系统化。然而,当西方社会再次处在经济与社会生活变迁的峰口,而面临着所有的"价值观的转换",当被传统的宗

---

① [英] 莱特:《基督教旧约伦理学》,黄光龙译,中央编译出版社 2014 年版,第 8 页。
② [美] 麦金太尔:《伦理学简史》,龚群译,商务印书馆 2003 年版,第 161 页。

教和教条主义所遮蔽和妨碍的文明潮流,开始破茧而出,国家取代了教会,而成为社会生活的主要组织力量,这时人们已经越来越热衷于使自己沉浸在尘世的事务之中,再次受到启蒙的个人,与启示神学的距离越来越远,并产生了抗拒和轻蔑的心理。因此,当既有的神圣原则与价值体系失去了效力,"上帝已死"而又不至于使人们在对世俗生活目标的欲求中,堕入欲望的洪流而陷入道德的混乱与虚无之中,就有必要在凸显公民与国家关系的社会结构中,去确证世俗社会秩序的可能性,从而在高举人的自由、理性和尊严的内在价值的同时,重新确立起人们对于在世俗生活中道德的信仰。由此,启蒙哲学家也展开了对传统的理性神学与神迹信仰的批判,当霍布斯以健全的人类理性为基础而批判"神迹",认为它"是狡猾的人蒙骗缺乏理智的人的一种骗术——它要么是一种魔术戏法,要么是一种为了达到欺骗的目的而假称神迹的名副其实的技艺"[1],从而也以理性的自我保存法则,来诠释公民的"服从"与世俗国家权力的合法性时,被誉为启蒙运动最后一位伟大的辩护士的康德,则以系统的方式将道德高举为一种内在的善,从而为诠释道德的信仰,提供了一种具有范式意义的"普鲁士的视角"。

康德自己通过对神学的批判,在实践理性领域所确证的道德神学,就在于强调道德必然导致宗教,而不是作为道德的基础。因此,上帝是以道德法则为基础,作为实现道德至善之理想的必要条件而"悬设"存在的。他认为,道德是建立在人之作为自由存在者的概念之上的,因而也只是因为自由,而使自己的理性受法则的无条件制约,"道德也就既不为了认识人的义务而需要另一种在人之上的存在者的理念,也不为了遵循人的义务而需要不同于法则自身的另一种动机"[2]。因此,借助于纯粹的实践理性,道德绝对不需要宗教,而是自给自足的。然而,从道德中毕竟产生了一种目的,尽管不为我们所掌握,但是,却可以用来调整自己的行为并至少与之协调一致,"虽然这只是一个客体的理念,这个客体既把我们所应有的所有那些目的的形式条件(义务),同时又把我们所拥有的一切目的的所

---

[1] [美]施特劳斯:《霍布斯的宗教批判》,杨丽、强朝晖译,华夏出版社2012年版,第181页。

[2] [德]康德:《纯然理性界限内的宗教》,李秋零主编,《康德著作全集》第6卷,中国人民大学出版社2007年版,第4页。

有与此协调一致的有条件的东西（与对义务的那种遵循相适应的幸福），结合在一起并包含在自身之中，也就是说，它是一种尘世上的至善的理念。为使这种至善可能，我们必须假定一个更高的、道德的、最圣洁的和全能的存在者，惟有这个存在者才能把至善的两种因素结合起来"①。因此，作为自己的义务设想的一个结果和终极目的，也由于人的能力并不足以造成作为这一终极目的的至善理想的实现，亦即使德性与幸福（抑或动机与结果）的完全一致，那么，道德就不可避免地要导致宗教，由此，道德也就延伸到了人之外的一个有权威的道德立法者的理念。

因此，"一旦我们把所有的道德责任全都看作是神圣的命令，康德认为这就是宗教。……在康德主义哲学家眼里，这种表面的神圣权威，纯粹是一种现象，或者用我们的话来说是对人类弱点的让步"②。实际上，不只是有如康德从自由理性的存在者对至善理想之实现，而确证道德的信仰，从人类情感的本性而言，人性中的希望和恐惧、对真正的美德的热爱和对罪恶与不义的憎恨，也使人类作为"不完美的生灵"，其自然的情感反应，也产生了对实现"完美"的公正报偿的期待与信念。在某种意义上，亚当·斯密也同样分享了康德的这种"普鲁士的视角"，从而把宗教和信仰亦看作是人类情感和道德功能的结果。在斯密的解释中，一方面，不仅是因为行为动机与结果的"不一致性"所产生的功过判断的偏差，时有使"好人"也蒙受不白之冤的不幸境况的"异常"出现，虽然"人们希望在任何国家里很少发生这种不幸的事情；但是在所有的国家里，它们时有发生，即使在这一通常占支配地位的那些地方也是如此"③。这就有如"不幸的卡拉斯"，对陷入这种不幸境地的人而言，局限于现世的人生观，也许再不能给予慰藉，因而只有通过宗教，以祈求更高的审判而实现公正；另一方面，就人类情感希望给予每种美德以恰如其分的尊重和报答，而使每种罪恶和不义得到恰如其分的憎恶和惩罚的一般倾向而言，尽

---

① [德]康德：《纯然理性界限内的宗教》，李秋零主编，《康德著作全集》第6卷，中国人民大学出版社2007年版，第6页。

② [英]麦克斯·缪勒：《宗教的起源与发展》，金泽译，上海人民出版社1989年版，第9页。

③ [英]亚当·斯密：《道德情操论》，蒋自强、钦北愚等译，商务印书馆1997年版，第149页。

管人类甚至于以改变事态的自然发展,而用某些特殊的手段的方式,来支持美德而反对罪恶,乃至于使应得的报偿超出了不偏不倚的公正程度,然而,人的微弱的努力,毕竟不能完全控制事物的自然进程而得以实现"完美"。"在暴虐和诡计居然胜过真诚和正义时,什么样的义愤不会在每个旁观者的心中激起呢?……我们常常发现自己完全无力加以纠正。因此,当我们对在这个世界上能否找到一种能够阻止非正义的行为取得成功的力量丧失信心时,我们自然而然地会向上天呼吁并希望我们天性的伟大创造者在来世亲自做他为指导我们的行为而制定的各种原则促使我们在今世努力做的事。希望他亲自完成他教导我们着手执行的计划;并希望在来世,根据每个人在今世的所作所为给予报答。这样,我们就会变得相信来世。"① 显然,在这种道德通向宗教的伦理确证中,我们所觉察到的,也是随着社会的理性化和世俗化的进程,当世俗性的话语取代了宗教神学的独断,而成为社会伦理文化的主导时,启蒙的哲学对摆脱宗教教条主义后,以自然人性与世俗性为主导的道德,来取代以宗教为基础的道德和重建新的道德秩序的自信。由此,这种基于人类理性和情感的伦理的确证,也实现了宗教信仰的"世俗化"。

二 道德报偿与理性信仰

正如贺麟先生言:"道德的信仰为对于人生和人性的信仰,相信人生有意义,相信人性之善;对于良心或道德律的信仰,相信道德律的效准、权威和尊严。又如相信德福终可合一,相信善人终可战胜恶人,相信公理必能战胜强权等,均属道德信仰。"因而有道德信仰的人自愿遵循道德的准则,也有着为善去恶的道德勇气,尽管或失败或遭人误解,亦有道德良心的慰藉。而"在某意义上,道德的信仰即是宗教的信仰,因为道德是宗教的核心。离开道德而言宗教,则宗教会变成邪魔外道"。② 因此,道德的信仰与宗教也不是彼此漠不相关,而似乎总是有着某种历史的与逻辑上的内在必然的联系。应当说,与西方社会在最初的理性化的进程中所呈

---

① [英]亚当·斯密:《道德情操论》,蒋自强、钦北愚等译,商务印书馆1997年版,第206页。

② 贺麟:《文化与人生》,商务印书馆1996年版,第93页。

现的这种文化特质与精神气质不同,中国早期文化的发展,尽管在某种程度上也呈现了一个"祛魅"的理性化进程,却并不是在向神话世界观的一种理性的反抗,也没有因为意识到自身的局限性,而转向对某种超越性的存在,亦即一神论的宗教信仰。"在中国的这一过程里,更多的似乎是认识到神与神性的局限性,而更多地趋向于此世和'人间性',对于它来说,与其说是'超越的'突破,毋宁说是'人文的'转向。"① 因此,中国文化"它的价值理性的建立过程,是与对天神信仰的逐渐淡化和对人间性的文化和价值的关注增长联系在一起的"②。在宗教理性化的进程中,从早期的神秘的巫觋文化而孕育出"鬼神"的观念,到逐渐转变为以献祭自然神祇、特别是以祖灵崇拜和信仰为主的祭祀文化,再到在祭祀礼仪的基础上衍生出作为规范系统的"礼",亦即礼乐文化的成型,由此,也奠定了中国文化主流的"儒教"传统而型构出其特有的精神气质。这种气质既明显区别于那些重视来生、追求超自然的满足的取向,因而也与其他的在"人—神"关系的文化模式中来寻求安身立命不同,中国传统的儒教文化,以体现对人间生活和人际关系的热爱,在使宗教伦理化的同时,因为客观的人伦关系至上论的限制,从而倾向于使个人在家族血缘关系的扩展中,来确认人生的价值与意义。

在谈及中西文化的差异时,梁漱溟先生亦指出,宗教问题乃是中西文化的"分水岭",尽管在古代社会彼此都不相远,然而在中西文化发展中,却因在宗教上的殊异,亦使两者社会构造演化之不同。在他看来,中国不是一个"个人本位"的社会,而是一个"伦理本位"的社会,"人一生下来,便有与他相关系之人(父母、兄弟等),人生且将始终在与人相关系中而生活(不能离社会),如此则知,人生实存于各种关系之上。此种种关系,即是种种伦理。伦者,伦偶,正指人们彼此之相与。相与之间,关系遂生。"③ 人伦或伦理关系首先涉及的是家庭关系,儒教传统文化也把家庭视作是人之存在的最重要的形式,而"五伦"关系也得以在此基础上得到扩展。因而以伦理组织社会,正是在这种人伦关系之中,既

---

① 陈来:《古代宗教与伦理:儒家思想的根源》,生活·读书·新知三联书店1996年版,第4页。

② 同上书,第10页。

③ 梁漱溟:《中国文化要义》,上海人民出版社2005年版,第72页。

规定人们的角色及其所应尽的义务的内容,也在这种自然成长起来的家族血缘共同体中,发挥了最大的动力,而虔诚的宗教义务,也仅仅在这种共同体中生成的个人关系内部发挥自己的作用。这种"伦理本位",不仅体现在经济生活中,使财产上"不独非个人有,非社会有,抑且亦非一家庭所有。而是看作凡在其伦理关系中者,都可有份";作用于政治生活,"不但整个政治构造,纳于伦理关系中;抑且其政治上之理想与途术,亦无不出于伦理归于伦理者"。① 因此,甚至于作为政治理想的"天下太平",也就是人人在伦理关系上都各自做到好处,从人人之孝悌于其家庭而使天下自然得其治理,而"家国同构"的模式,也就只有君臣官民之间的伦理义务,而不认识公民与国家之间的关系。同时,伦理亦有宗教之用,"中国人似从伦理生活中,深深尝得人生趣味。……固然其中或有教化设施的理想,个人修养的境界,不是人人现所尝得的。然其可能有此深醇乐趣,则信而不诬。普通人所尝得者不过如俗语'居家自有天伦乐',而因其有更深意味之可求,几千年中国人生就向此走去而不回头了"②。因此,一方面,如果说宗教能够给人生以精神寄托和慰藉,那么,这种家庭伦理就能补足,因为正是在此间找到了人生努力的方向和意义,"所努力者,不是一己的事,而是为了老少全家,乃至为了先人为了后代。或者是光大门庭,显扬父母;或者是继志述事,无坠家声;或者积德积财,以遗子孙。这其中可能意味严肃、隆重、崇高、正大,随各人学养而认识深浅不同。但至少,在他们都有一种神圣般的义务感。在尽了他们义务的时候,睡觉亦是魂梦安稳的";另一方面,如果说中国亦有宗教,那么也是用伦理代替了宗教,而其所确立的,只是祭祖祀天之类的祖灵崇拜和信仰。因而如果说人与鸟兽之相殊,在于人生不以现在为止,且有过去与未来之观念,而宗教有天堂与地狱之"两分",旨在解决此三世问题而寻求人生安顿,那么,中国人则以一家之三世,亦即祖先、自身、儿孙为三世,来求取慰安与寄托,因而过去信仰以寄于祖先父母,现在安慰以寄于家室和合,将来希望则寄于儿孙后代。由此,"中国之家庭伦理,所以成一宗教替代品者,亦即为它融合人我泯忘躯壳,虽不离现实而拓远一步,

---

① 梁漱溟:《中国文化要义》,上海人民出版社 2005 年版,第 74—75 页。
② 同上书,第 77 页。

使人从较深较大处寻取人生意义"①。而这种伦理和信仰，也消解了现世同个人超越现世的规定之间的紧张关系。

就如马克斯·韦伯在对儒教的分析中所指出的："这种伦理中根本没有自然与神、伦理的要求与人类的不完备、今世的作为与来世的报应、宗教义务与政治社会现实之间的任何一种紧张关系，因此也没有任何一种不通过单纯受传统与习惯约束的精神势力来影响生活方式的理由。影响生活方式的最强大的力量是以鬼神（祖灵）信仰为基础的家孝。"② 同时，"对于具体的个人来说，与此相应的理想就是把自己改造成为一种各方面和谐平衡的人，改造成大宇宙的缩影。儒教理想人——君子的'优雅与尊严'表现为履行传统的责任义务。在任何生活状况下仪态得体、彬彬有礼，是（儒教的）核心之德，是自我完善的目标。达到这一目标的适当的手段是，清醒、理性的自制和压抑任何通过不论什么样的激情来动摇平衡的作法。除了摆脱野蛮和无教养状态以外，儒教不希图任何解脱，他所期待的道德报偿是：今世长寿、健康、富贵、身后留个好名儿。同真正的古希腊人一样，儒家也没有任何伦理的先验寄留，没有超凡的神的戒命同被造物现世之间的任何紧张关系，可有对来世目标的任何向往，没有任何原罪概念"③。因此，"罪"这一概念所代表的，只是让高贵的人有着难堪和有失尊严的感觉，所具有的也只是来自于对传统的等级制和家族式权威的冒犯的含义。"儒教是受过传统经典教育的世俗理性主义的食俸禄阶层的等级伦理，不属于这个教育阶层的人都不算数。这个阶层的宗教的（你要愿意，也可以说是非宗教的）等级伦理的影响，远远超出了这个阶层本身，它规定了中国人的生活方式。"④ 同时，由于对现世的绝对肯定，缺乏与超越性的来世之间的紧张关系，也就拒斥了任何冥想与救赎性的信仰。"不管实际情况如何，在历史上，中国人民的最基本的信仰一直是相信祖宗神灵的力量，虽然不是只相信自己的祖灵的力量，但基本上是；相信自己的祖灵起着在天神或上帝面前转达后辈愿望的中介人的作用——这种作用从礼仪和文化上得到了证明——；相信必须无条件地向祖灵贡献牺

---

① 梁漱溟：《中国文化要义》，上海人民出版社2005年版，第78—79页。
② ［德］马克斯·韦伯：《儒家与道教》，王容芬译，商务印书馆1995年版，第288页。
③ 同上书，第281页。
④ 同上书，第6页。

性，以使他们心满意足，保持良好的情绪"①。因此，在韦伯看来，在中国语言中没有"宗教"对应的专门名词，有的只是儒教的"文人的教义"和"礼"。因而儒教与信徒的关系，也更多地体现了"此岸性"的特征，"很可能，中国一切本来意义上的'神明'观都立足于这样一种信仰：至善之人能够免于死亡并在幸福的天堂永远活下去。无论如何，这句话是普遍适用的：信儒教的正统的中国人（不同于佛教徒），在祭祀时为自己祈祷多福、多寿、多子，也稍微为先人的安康祈祷，却根本不为自己'来世'的命运祈祷。"② 因此，儒教有的，也只是对鬼神可能在此岸生活世界中的影响的关心，而长期以来，却总是用一种不可知的否定态度，来对待任何彼岸世界的希望。因而，救世的希望也都落在了此岸的真命天子的身上，而不是对绝对理想的乌托邦的希望，也因为没有对超凡神的信仰，没有任何救赎和救世之说，也就根本没有对超验的价值和命运的任何追求。同时，儒教也缺乏那种西方式的个人祈祷，而有的只是礼仪形式，以及那些君侯与官僚出于对自身政治利益和福利的追逐而祈祷（福），习惯于内省和从自身归因，从而呈现为一种缺少超凡的伦理神的独特结构。

因此，可以说中国的儒家学说，本质上也就是一个注重入世精神的世俗的系统。就儒教的本质而言，韦伯认为，儒教仅仅是人间的"俗人伦理"。一方面，这种伦理强调基于礼治秩序的道德回报，以"礼尚往来"的"互惠"原则，来作为社会伦理的基础，同时，也以对"礼"的完美感知，以集"仁""信""智"与"直"之德性的"中庸之道"的标准，来塑造儒教的理想人格而成就"君子理想"，并通过对教化成人的作用的强调，而保持了一种对于个人的自我完善和世俗社会秩序的乐观理想；另一方面，儒教是肯定和适应世界及其秩序和习俗的，它的本质，只不过是一部对受过教育的世俗人的政治准则与社会礼仪规则的大法典。正因为如此，"儒教伦理中自然没有任何解脱思想。儒家只求从社会的粗俗不堪、丧失尊严的野蛮状态下解脱出来，除此之外，别无他求，诸如从灵魂轮回、彼岸的惩罚（这两样都是儒家中所没有的）、生活（他肯定这一点）、

---

① [德]马克斯·韦伯：《儒家与道教》，王容芬译，商务印书馆1995年版，第141—142页。

② 同上书，第195页。

现世（他想通过自制聪明地把握现世的社会）、恶或原罪（对此他一无所知）等等中解脱出来。'罪'在他眼中只有对一种社会基本义务——孝——的侵害。"① 因此，在韦伯看来，在这种信仰体系和世俗秩序中，也就没有西方那种救世的宗教，来作为有条不紊地指导和规范个人生活的核心力量，因而道德的合法性，也不是从与上帝的最高联系中来获得的，而只是使之具体地受到了泛神论的保障，并在社会生活中产生效力。同时，儒教也从来没有从伦理的角度，对现存的宗教信仰做过任何理性化的尝试，因而也只是使官方的祭祀和家族中的祖先祭祀，看作是维护官僚制权威的要求和实现现存的世俗秩序的有效组成部分。因此，个人生活对宗教的需要，既禁绝了任何先知信仰的出现，也就一直停留在神秘的泛神论和功能神崇拜的阶段，并广泛地根除了其所有狂热的成分。由于儒教的"理性"，是一种秩序的理性而具有和平主义的性质，这种伦理观，深深扎根于现实的亲族血缘与个人的人际关系之中，而相对地拒斥了其他诸如人与上帝的关系，因而也不是新教伦理那种"出世—入世"的精神结构而产生伦理效力的，而只是作为入世的伦理，其所产生的信仰，也仅仅只有对鬼神的畏惧。"中国并不缺少关于鬼神的道义资格，……非理性的司法建立在从汉朝统治下发展起来的一种牢固信仰的基础之上：被压迫者的呼叫会招鬼神来复仇，特别是同那些逼人自杀、逼人忧苦、绝望而死的人复仇。这是官僚制与诉苦权在天上的理想化的投影，同样以这种信仰为基础，陪伴受害者那怒吼的民众（真正的或所谓的被压迫者的陪伴）巨大力量，能迫使任何当官的让步。……有这种功能的鬼神信仰是中国唯一的，但是，却又是十分有效的正式的民众大宪章。"②

作为正统的儒教，使中国人的信仰，并不能产生以寻求宗教作为行为和生活指南的、类似于新教伦理的那种个人生活方式的足够强大的动机。在韦伯看来，儒教与新教的区别，首先体现在"祛魅"的理性化的程度上。如果说，世俗禁欲主义的新教最鲜明的特征，就是根除了巫术，"宗教发展中的这种伟大历史过程——把魔力（magic）从世界中排除出去，

---

① [德]马克斯·韦伯：《儒家与道教》，王容芬译，商务印书馆1995年版，第207页。
② 同上书，第222页。

在这里达到了它的逻辑结局"①，那么，对于儒教而言，却未能从积极的救世作用来触及巫术，甚至可以说，儒教却仍有着最隐秘的倾向，就在于仍然保持着对巫术传统的支持，因而与对彼岸世界的渴慕相比，生活方式受到儒教影响的中国民众，却仍然坚定地站在了巫术观念的一方。与此相反，禁欲的新教伦理在使世界理性化的过程中，摒除了作为达到拯救的手法的魔力，不是要求通过偶尔的善行或是忏悔，来作为对他自身的不完善的一种补偿，以谋求改善获得救赎的机会，而是要求谨遵神的诫命而行动。因此，他所要求的，"不是个别的善行，而是一辈子的善行，并且还要结成一个完整的体系。这里没有天主教那种富于人性的循环，罪恶——忏悔——赎罪——解救——新的罪恶，也没有任何美德可以使整个一生得到平衡，而这种平衡曾经可以通过暂时性惩罚或在教会里得到的恩宠来调节。这样，普通人的道德行为便不复是无计划的、非系统的，而是从属于全部行为的有一致性的秩序。"② 诚然，禁欲的新教伦理迎合了人们的世俗的冲动，将获得恩宠与救赎和世俗职业中的成就联系起来，把完成世俗事物的义务尊为一个人道德行为所能达到的最高形式。因此，不是要求人们以苦修的禁欲主义来超越世俗道德，而是要人完成个人在现世里所处地位赋予他的责任和义务，从而也使人们超越了单纯的冥想和烦琐的仪式，对世俗的欲求目标的追求，也获得了道德上的正当性，"入世修行"和谋利冲动的合法化，也无疑在客观上为资本主义经济的理性化过程和社会财富的累积，提供了最强的冲动力。然而即使如此，道德的偿报却并非止于满足于肉体的享乐和私欲，也并非如同样入世的理性儒教所期待的诸如长寿、富贵、名声、光宗耀祖和福佑子孙后代，因而也不是"对那些通过现存的秩序与之接近的具体的活人或死人的虔敬"③，而只是因为，人在这个尘世生活存在的理由和目的，都仅仅在于"荣耀上帝""为了信仰而劳动"，尽其所能地履行上帝的神圣诫命，而产生的对这种神圣"事业"或"理想"的虔敬。由此，俗世的活动既注入了利益的冲动和驱动力，但同时也与最高的评价相联系而获得了信仰的价值驱动力，并在个人的生

---

① [德] 马克斯·韦伯：《新教伦理与资本主义精神》，于晓、陈维纲等译，生活·读书·新知三联书店1987年版，第79页。

② 同上书，第90页。

③ [德] 马克斯·韦伯：《儒家与道教》，王容芬译，商务印书馆1995年版，第288页。

活中得到激励相容的效果。

彻底的"祛魅"的社会，也意味着向现代性的"世俗时代"的转型。而对于这样一个时代，韦伯曾如此感慨："我们这个时代，因为它所独有的理性化和理智化、最主要的是因为世界已被除魅，它的命运便是，那些终极的、最高贵的价值，已从公共生活中销声匿迹，它们或者遁入神秘生活的超验领域，或者走进个人之间直接的私人交往的友爱之中。"① 因此，世俗化时代"祛魅"太彻底，最为严重的后果，首先就是导致了既有的社会信仰体系的解体，"诸神之争"以及价值多元化，使现世的人都只能感到自己是在面对不同价值之间的斗争；其次，工具主义理性对社会生活一切领域的渗透，也使价值理性日趋式微，从而又走向了另一面，产生了对"现代性的隐忧"。这在查尔斯·泰勒看来，"现代性"成就了个人主义，彰显了个人的自由和权利，"我们生活的这个世界，人们有权利为自己选择各自的生活方式，有权利以良知决定各自接受哪些信仰，有权利以他们的先辈不可能驾驭的一整套方式确定他们生活的形态。这些权利普遍地由我们的法律体系保卫着。原则上，人们不再受到超越他们之上的所谓神圣秩序要求的侵害。"然而，个人主义也衍生了一种道德立场上的浅显的相对主义，而在社会文明化和理性化的同时，也有着某种失落或衰落，"人们不再有更高的目标感，不再感觉到有某种值得以死相趋的东西"②。因此，人们在生活中追求着粗鄙的快乐，对财富的追求，也剥离了原有的宗教和伦理的含义，陷入物欲与情欲的满足之中；再次，工具主义的渗透也有使生活狭隘和平庸化，进而有控制人类生活的危险。一方面，"社会不再有一个神圣结构，一旦社会安排和行为模式不再立足于事物的秩序或上帝的意志，这些社会安排和行为模式在某种意义上就可以嬗变由人"③。而另一方面，工具理性的尺度成为技术进步和繁荣的有效的尺度，但同时也使我们的生活方式，陷入无人情味的技术体系的支配之下，抑或如韦伯所担忧的，这种体系进而正成为一种不可抗拒的力量，决

---

① [德]马克斯·韦伯：《学术与政治》，冯克利译，生活·读书·新知三联书店1998年版，第48页。

② [加]查尔斯·泰勒：《现代性之隐忧》，程炼译，中央编译出版社2001年版，第3—4页。

③ 同上书，第6页。

定着每一个人的生活,从而使人们陷入"铁的牢笼"之中。因此,在泰勒看来,如果说,现代性个人主义的自由,是我们从古老的道德视野中挣脱出来而赢得的,那么,它同时也使我们失去了对生命及其周围存在物之链的目的和意义的理解。同时,工具理性的蔓延,甚至是显得"猖狂"的主导性作用,也会使我们的目的"晦暗",而个人主义和工具主义理性在政治生活上令人恐惧的后果,更是会使公民宁愿享受私人生活的满足,却由于缺失对公共生活的参与热情,而最终导致自由的丧失。

因此,泰勒给"世俗时代"的定义就是:"世俗时代就是这样一个时代,其中所有超越人类繁荣的所有目标的隐没都成为可能。"[①] 人们与超越性存在的关系,也远离了社会生活的中心位置。可以说,追求经济繁荣是好(善),但却也并非我们所要追求的终极目的;相反,当人们陷入偏狭和平庸,而"俗"得只剩下了赤裸裸的物欲,热衷于此世和现实的利益目标的计算和权衡,而不再有着对于"超越性"的宗教信仰或神圣精神的追求,这自然产生了人们对现代性的世俗社会中,人之生存意义的焦虑和思考。因此,当韦伯如此叙述:"最初逃避尘世,与世隔绝的基督教禁欲主义已经统治了这个它在修道院里通过教会早已宣布弃绝了的世界(但总的说来,它还没有影响到尘世的日常生活中自然而发的特点)。现在,它走出修道院,将修道院的大门'呼'地关上,大步跨入生活的集市,开始把自己的规矩条理渗透到生活的常规之中,把它塑造成一种尘世中的生活,但这种生活既不是属于尘世的,也不是为尘世的。这会产生什么样的后果呢?"[②] 那么,在泰勒看来,正是由于过度的"祛魅"和唯我独尊式的人本主义,又在某种程度上关闭了人们朝向"超越"和实现"完美"的大门,也使人的生存意义,变得越来越贫乏。而在叙述西方文化和社会秩序的世俗化的历史,揭示西方宗教信仰的命运中,泰勒甚而追问这一问题:"为什么在现代西方(有多种背景),信仰上帝会变得如此之难?"[③] 也许正因为如此,人们亦为现代性社会的发展方向,纷纷开出了自己的"良方",或强调只有受制于受共同认可的价值和生活形式的约

---

① Charles Taylor, *A Secular Age*, The Belknap Press of Harvard University Press, 2007, p. 19.
② [德] 马克斯·韦伯:《新教伦理与资本主义精神》,于晓、陈维纲等译,生活·读书·新知三联书店1987年版,第119—120页。
③ Charles Taylor, *A Secular Age*, The Belknap Press of Harvard University Press, 2007, p. 539.

束，才能不至于使个人的意义和价值，淹没在技术与物质利益的体系中而工具化；或认为，虽然宗教的根已经慢慢接近于枯萎，"天职责任的观念，在我们的生活中也象死去的宗教信仰一样，只是幽灵般地徘徊着"①。但是，却仍可以通过重拾宗教的"遗产"，让道德与美德重新在宗教信仰中"扎根"，用道德和世界观来武装人们，以克服个人利益至上的物质功利主义；抑或主张让宗教作为伦理学失灵的调整措施和补救，认为"道德行为中的担保和信任仅仅从伦理学中是不能获得的，而只有通过宗教对道德的论证才能获得"，② 也才能为道德和幸福的协调以及道德秩序有效性的实现提供"担保"。

不过，对现代性与世俗社会的反思性批判，却始终无法回避这一"不可逆转"的历史性进程，因而对世俗化的演变的历史重述，以及由此而揭示现代社会的意义危机，实乃也是一种对未来或"应然"生活秩序的想象与期待。而毋庸置疑的是，尽管中西的文化自有其特质和差异性，然而，与西方社会世俗化的历史进程相应，当代中国的社会，可以说也仍然同样处在了这样一种转型的峰口上。在从传统向现代的转变中，在世俗性与超越性追求的问题上也同样自觉到，人们在追求物质利益和社会繁荣的同时，如何消解对道德的失落和生存意义的焦虑，进而确证人们在日常生活中的"信仰"。显然，在传统的中国式信仰中，如果说，儒教不希图任何解脱而求取彼岸价值，因而有"志于道"或"受命于天"，构建了一个世俗与天理（道）的表象上的二维关系。然而，它更多的却是用于诠释人间"王道"的合法性和正当性，而"敬天"也衍变为对世俗的人伦关系的合理性的确认，但是，实际上，随着社会结构的变迁，就如西方社会的超越世界的权威衰落一样，这种传统的伦理权威，在迈向现代社会的开端时，就已经在对传统批判的社会变革和思想洗礼中，被弱化和消解了，而由此衍生的意义和信仰危机，也成为这种历史性的嬗变中人们所关注的焦点和需要解决的难题：如何重构现代性的中国人的信仰和精神气质，而我们又究竟如何确立起新时代的道德信仰？当人们陷入存在和道德

---

① ［德］马克斯·韦伯：《新教伦理与资本主义精神》，于晓、陈维纲等译，生活·读书·新知三联书店1987年版，第142页。

② ［德］彼得·科斯洛夫斯基：《伦理经济学原理》，孙瑜译，中国社会科学出版社1997年版，第31页。

的焦虑,却又执迷于从那些迷信和巫魅的精神手段中,去寻求慰藉,从而用于满足生活中各种实用主义的目的;当人们在社会变革中,充分地释放出自己的利益冲动与激情,却又把俗世的对财富的欲望和满足,看作是自己的"信仰",那么,人们就也同样在信奉"利益至上"的实用主义的同时,却又把道德和美德"劣变"为只是实现其所欲求目标的手段;当人们被一种曲解的荣誉和权力观念所支配,不敬神、畏命,却又会产生对权力的崇拜,而习惯于对权力意志的屈从与谄媚。而更为极端的,就是利用人性的弱点,而使人产生对宗教的狂热,甚至于以"神圣"的名义和帷幕,来掩盖人性的真实而达到罪恶的目的。

因此,如果说中国的文化传统区别于其他文化模式的"精神气质",在于不是去寻求和确证生活之外的更高存在者作为意义的根源,而是在人的生活本身中,去寻求完善和确证自身的意义和价值,那么,在某种意义上,这也契合世俗生活中对于伦理的合理性与道德信仰的确证,不过,其根本性的差异却在于,不再是在人伦关系至上论的社会结构中的相安相慰,而是在现代社会的权利与义务关系的体系中,在保持对应得报偿的道德法则的内心敬畏的同时,使人们在相应的义务和道德责任的承担中,来确证自身的尊严和生活意义。因此,如果说,伦理的本性与合理性,在于确证善恶因果之间的联结而实现个人与社会的至善,因而,"至善的生活,就是要使伦理理念中把握与追求的'善'同世俗生活中现实存在着的'善'合而为一,达到伦理的抽象理念与具体社会生活的统一。而世俗生活中的'善',就表现为通过对伦理理念中的'善'的追求与实践,达到现实生活中的'福'或'德'"[1],从而实现伦理理念中的善,与世俗中的善的具体的历史的统一,那么,对善恶应得或德福因果律的确证与信仰,也就与依靠神秘或启示的权威所强化的善恶因果律,存在着"历时性"的差异。因为后者主要通过对神圣存在和"终极实体"的预设,由于"它的彼岸性,既不是人们在日常生活中所能规范地体验到的东西",同时,也是"无限的、完美的和不可把握的力量",[2] 从而扬弃了人自身所能意识到的偶然性、有限性以及在实现至善上的无力感,并以此作为道

---

[1] 樊浩:《中国伦理精神的历史建构》,江苏人民出版社1997年版,第666页。
[2] [美]斯特伦:《人与神》,金泽、何其敏译,上海人民出版社1991年版,第42页。

德和美德得以承诺和兑现幸福的至上前提。相反，在世俗生活中的道德信仰的理性确证，则在凸显人的自主和理性自律的价值的同时，以确认道德律的有效性、权威和尊严，从而信守对动机与结果的善恶因果性关联，以及其善恶应得与德福合一的信念。也正因为如此，通过人在自由向善的完美追求中来配享幸福，当人们失去了"神圣王国"的背景性承诺与无限性的期待，那么，就端赖于如何在公平与正义的社会结构中得到持续的激励，而使道德和美德在现实中兑现其幸福的程度。

第六章　道德报偿与公民伦理建构的秩序图景

在现代性的世俗化进程及其伦理嬗变中，当人们满足于精神性的"内在超越"，却在对外在利益追求的冲动中变得空疏和无力，也就产生了新的道德需求。如果说既不借助于神学，也不完全乞灵于想象出"另一个世界"，来纠正现实的不义而提供一种道德的补偿，而是从世俗的生活条件本身出发，去证应得报偿的正义与伦理秩序，那么，首要的就端赖于社会结构中正义原则的理性建构及其与社会制度融合的事实，既使公民德性成为彼此可以相互要求和期待的品质，也能在有效抑制不义的冲动和诱惑的同时，确保在正常或绝大多数情况下能"胜过"不义。当成就德性在肯定人们内在的利益的同时，却往往成为了实现外在的利益的绊脚石，对于道德回报的预期，不仅得不到制度正义的慰藉，反而完全让个人成为陌生化社会中道德风险的载体，这也就成为报偿困境的制度事实，以及产生现实的道德焦虑和悲观的来源。因此，如果说公民伦理的建构也以旨在寻求正当与善的契合为核心命题，以制度的正义来作为产生道德约束与激励相容的生活秩序图景的前提，那么"德"与"得"之间的背离，以及诸如"好人难做"的信任风险，也只有在正当与善的有效契合中才能得到消解，"德"与"得"相通的伦理合理性，才能转化为社会生活的现实。而正义的制度和良善的公民既成为一个"良序社会"的支柱，那么生活中首先要有将"恶"拒之于门外的正义，才能自觉出抵制不义的倾向而培育人们有效的正义感，也只有在制度的正义和社会文化氛围中，给予道德和美德以支持和力量，才可期待人们能够在良性的回报中，拒绝冷漠而"彼此善待"，这才是"幸福社会"的真谛。

第一节 伦理建构与"作为一个公民"的伦理

不同的社会结构促生出不同的伦理秩序,其历时性的变迁也会因为人们道德观念的变化,而产生新的道德需求。而其中既有对传统的抗拒,亦有在对传统的批判性接纳中所进行的创造性转化和演绎。然而,不容否认的是,当对外在利益的追求成为一种主导性的力量,而传统的跨越人际利益冲突的文化解释和伦理效力被解构和弱化时,在现代性的复杂而隐匿的社会关系和不断扩展的交往形式中,就产生了新的道德需求。由此而需要的伦理建构,就区别于传统的对于家族血缘共同体的身份认同与情感依恋,以及从"私人的联系"中所获得的相应的道德态度,而是在"作为一个公民"的交往活动中,对某种"普遍性"的道德原则的充分理解和认同,从而坚持超越特殊的人伦关系局限的道德标准。与此相应的是,当公民美德成为与特定的社会结构和规则体系相互适应的、可以在公共生活中彼此要求和相互期待的品质,它涉及的是作为公民个体在彼此尊重中的道德义务的履行与人格的完善,因而不仅有着对基于行为结果的相应的道德责任的承当,也有着对善行的回报的预期和权利的要求。而美德与报偿的有效性,就在于在确认正当性的同时,也能使之成为实现个人合理的生活计划和目标的调节性要素。

一 伦理嬗变与理性建构

如果说,"人们自觉地或不自觉地,归根到底总是从他们阶级地位所依据的实际关系中——从他们进行生产和交换的经济关系中,获得自己的伦理观念"[①],那么,经济生活和社会交往的发展既是人类社会变迁的出发点,也成为了解释道德观念的历时性嬗变的社会背景与首要前提。从这样的方法论立场出发,在"人对人的依赖性"为主的社会状态下,与"以物的依赖性为基础的人的独立性"的社会中,人们的道德观念显然也存在着某种历时性的差异。从"交换手段拥有的社会力量越小""把个人

---

① 《马克思恩格斯选集》第 3 卷,人民出版社 1995 年版,第 434 页。

相互联结起来的共同体的力量就必定越大"① 到以"物的联系"为基础的社会状态下，在从生活领域的"合一"到"分离"的社会发展过程中，由于社会日趋于分化和多元化，基于血缘、家族的道德与社会秩序的生产方式，也发生了相应的变化，而这也就意味着从传统社会到现代性社会的转变。实际上，西方社会伴随着社会结构变迁和个人与社会关系的变化，也不断历经在人生观与价值观上的历史嬗变。这正如包尔生在对这一嬗变的纲要性阐述中所指出的，如果说，古代希腊人以城邦的形式生活，因而也孕生着对在这种社会背景下，作为人生至善目的之实现而强调的德性概念，然而，随着城邦从内部和外部两方面都被毁坏，与城邦共同体相联系的公民德性，也失去了赖以生成的背景和土壤，古代的道德和美德在混乱与无序的社会状态下的衰落，也使人们的人生观，从对尘世生活世界的肯定，转向了对来世永恒生活的思慕和渴望。由此，"由古代世界向基督教世界的转变是欧洲人经历的最伟大革命。它意味着完全推翻他们原有的人生理论，意味着'所有价值的转换'（用尼采的话来说）"②。然而，当西方社会在经济生活与社会交往的发展中，随着人们对世俗事物的狂热追求彻底压制了对来世的思慕，被宗教教条主义所遮蔽和妨碍的文明要素又破茧而出，在重新发现了"个人"的同时，也就迈入了现代生活的门槛。由于整个生活类型的日渐"还俗"，也使"功利"和"权利"成为现代道德生活的中心概念。

　　因此，就如麦金太尔所说："与社会结构性质不同的道德是不存在的。"③ 从历史的视角而言，不同的社会结构孕育着不同的德性，也蕴生着不同的伦理秩序。而实际上，正是从这一方法论的立场出发，麦金太尔同样也以一种历史的批判性的视角，为我们提供了对西方社会伦理嬗变的一种理解。他认为，当社会生活变化时，道德概念也在变化。在英雄社会的背景中，"在一个得到明确界定并具有高度确定性的角色和地位系统里，每个人都有既定的角色和地位。这个系统的关键结构是亲属关系的和

---

① 《马克思恩格斯全集》第46卷（上），人民出版社1979年版，第104页。
② ［德］包尔生：《伦理学体系》，何怀宏、廖申白译，中国社会科学出版社1988年版，第59页。
③ ［美］麦金太尔：《德性之后》，龚群、戴扬毅等译，中国社会科学出版社1995年版，第155页。

家庭的结构。在这样一个社会中,一个人是通过认识到他在这个系统中的角色来认识到他是谁的;而且,通过这种认识他也认识到他应当做什么,每一个其他角色和位置的占有者应把什么归于他"①。因而德性就体现为角色所要求的行为中,而"自我"就作为社会的、而非个人的创造物存在。而随着社会的变迁,血缘关系的社会结构成为更大的城邦国家的一部分,彼时尽管存在着对于德性的新旧观念的紧张和冲突,然而由于德性的概念与城邦共同体不可分离,由此也在实践中得到共同的理解,不过只是道德的权威由家庭和家族转移到了城邦。他认为,即使是在中世纪,也仍然像许多前现代社会一样,通过角色来识别的个人,因而个人也是与社会共同体紧密相连,所以也就始终处在和亚里士多德对话的德性传统中。然而,随着进入现代社会,人们对德性的阐述却背离了这一传统,最重要的是,现代的社会生活也整体丧失了维持传统德性的背景性条件,因而他"不仅仅是主张现在的道德已不是历史上的道德,而且更重要的是强调,历史上那曾是道德的东西在很大程度上必定消失了,而这标志着一种衰退,一种严重的文化丧失"。②

因为由于强调美德的世俗功用性,从而使之在与效用和"外在利益"相联系的同时,却成为不能获得"内在利益"的活动,同时,由于个人生活的"碎片化"而失去了作为生活整体的德性,现代性的"自我"也被消解为一系列角色所要求的分离的领域。当功利和权利取代了传统的德性概念在社会生活中的中心位置,那么,现代语境下的德性概念只是沦为了实现外在利益或功利的手段。因此,虽然作为个人的道德行为者从传统的等级和身份体系中摆脱出来,而凸显了"个人"的价值,这在我们看来,由于人们逐渐摆脱了身份和等级对个人的制约,而获得了独立的人格和自主性,这也是社会历史的进步的体现,然而麦金太尔认为,这种现代性的自我,却是以丧失传统的德性的根基换来的,由于失去社会的规定性,而陷入了道德相对主义的"竞技场"中。由此,也就需要重新确立起新的道德的权威,而人们在面临必须要证明新的道德规则的正确性的理

---

① [美]麦金太尔:《德性之后》,龚群、戴扬毅等译,中国社会科学出版社1995年版,第153页。

② 同上书,第29页。

论压力时，所做的各种合理性的论证，却最终都以失败而告终。正因为如此，他既清楚地认识到在当代西方道德生活中，个人价值的"对抗性"和相对性所导致的危机，然而其所选择的，却是从伦理嬗变的历史重述中，以追溯"德性的传统"及其共同体的方式，来寻求摆脱现代性道德危机的路径。如果说，"关于现代性的批判与其说是对历史的重述，还不如说是关于未来可能生活的想象。在今天，历史不再意味着前现代社会所能够指望的传统和故事，而意味着难以解决的遗留问题"①。那么，我们也可以说，麦金太尔对现代性的道德审视和批判，同样也为当代中国在现代性背景下的道德建构，提供了一种实践性的警示。因为从同样历史性地站在了从传统到现代转向的征途，而必须直面现代性的道德难题而言，在某种程度上又有着问题的"共性"，从而也使他们的伦理解释对当代中国的道德建设而言，提供了某种借鉴而具有参照性的实践意义。一方面，现代性的世俗化生活，显然已然不同于传统的存在方式，且具有某种"抗拒"传统的特性，同时，也亟待确立新的道德和伦理精神，来避免意义的丧失，以及人们在工具理性的过度蔓延中的沉溺与异化；另一方面，当人们对外在利益的要求也似乎正变得压倒一切时，即使"规则"成为当代道德生活的中心，那么问题也在于，如何在"规则"的有效激励和指引下，来培养人们的"伦理气质"，使之在确认因为成就德性而"获得"内在利益的同时，又不至于使德性沦为实现既得利益的工具或"诡计"。

可以说，中西社会结构有着"差异性"的特征，这既孕生了不同的文化传统和伦理气质，也产生了不同的伦理秩序与实现方式。费孝通先生在比较中西社会结构的差异时，就指出，由于社会结构格局的差别，也引起了不同的道德观念。"我们的社会结构本身和西洋的格局是不相同的，我们的格局不是一捆一捆扎清楚的柴，而是好像把一块石头丢在水面上所发生的一圈圈推出去的波纹。每个人都是他社会影响所推出去的圈子的中心。被圈子的波纹所推及的就发生联系。每个人在某一时间某一地点所动用的圈子是不一定相同的。"② 由此，也决定了传统意义上的中国社会结构所具有的特征。首先，这种"差序格局"是由血缘亲属关系及其扩展

---

① 赵汀阳：《现代性与中国》，广东教育出版社2000年版，第1页。
② 费孝通：《乡土中国 生育制度》，北京大学出版社1998年版，第26页。

所构筑的关系网络,在考究人伦秩序的同时,也使每一个人都处于一种不独立、依附性的角色和身份社会体系之中,虽有"自我",却淹没了"个人"。"在这种富于伸缩性的网络里,随时随地是有一个'己'作中心的。这并不是个人主义,而是自我主义。个人是对团体而说的,是分子对团体。在个人主义下,一方面是平等观念,指在同一团体中各分子的地位相等,个人不能侵犯大家的权利;一方面是宪法观念,指团体不能抹杀个人,只能在个人们所愿意交出的一分权利上控制个人。这些观念必须先假定了团体的存在。在我们中国传统思想里是没有这一套的,因为我们所有的是自我主义,一切价值是以'己'作为中心的主义。"[①]而在西方社会学家们看来,传统中国社会结构的特点也在于,"为数众多的中国人一直紧密地组织在一种血缘群体里",以家族而非"个人"为社会的基本单位,"这些家族性群体和土地最紧密地联结在一起,并虔诚地受高度发展的祖先崇拜制度的约束"[②]。正因为如此,我们也就缺失那种在个人与国家的关系中,所产生的权利和义务的规范体系,也就谈不上基于个体独立性人格的公民意识的孕育,而只有一种在由家及国的政治伦理化的治理模式中,所强化的"忠君"与"臣民"意识。而西方社会的公民意识,在基于"需要"的城邦生活框架的基本制度体系之中就有了开端,从而也引导人们从个人和家庭的自我中心,走向一种"作为一个公民"而参与公共生活与合作性实践的伦理,并且即使在专制主义的统治形式之下,也一直得到存续。而传统中国的相对稳定的"家国同构"的社会结构,既模糊了群己之间的界限,由家及国的扩展模式,也使"克己"成了社会生活中最重要的德性。和西方社会的团体格局相比,既不会去理性地追问所接受和选择"服从"的规范体系的合理性基础,也就不会习惯于"克群"以寻求制度的公正与社会的正义,以使之符合社会成员的利益而又不至于侵犯个人的权利。

其次,"差序格局"推崇的是人情伦理,从而在"熟人社会"的习俗机制中,获得的是特殊信任与回报关系。不仅主要依赖于"人情"来维

---

① 费孝通:《乡土中国 生育制度》,北京大学出版社 1998 年版,第 28 页。
② [美]帕森斯:《社会行动的结构》,张明德等译,译林出版社 2003 年版,第 606—607 页。

系相互之间的"利益"的平衡,社会关系上的反应或还报、礼尚往来,也主要是在"人情"观念与人伦关系的境遇中来实现的。同时,"在一个熟悉的社会中,我们会得到从心所欲而不逾规矩的自由。这和法律所保障的自由不同。规矩不是法律,规矩是'习'出来的礼俗"[1]。显然,作为一种"集体行动"的行为方式,这种习俗机制使人们"从熟悉里得来的认识是个别的,并不是抽象的普遍原则。在熟悉的环境里生长的人,不需要这种原则,他只要在接触所及的范围之中知道从手段到目的间的个别关联"[2]。也正因为如此,社会的信任与回报的风险,也主要是通过人伦关系与"集体主义"的惩罚与制裁方式来得到消解的,既不是基于对"契约"的重视,从而产生的相应的责任的承担,以厘清彼此之间的利益和权责关系,也不是主要依赖于法律惩罚与制度正义的方式来得以实现。这就如格瑞夫(Avner Greif)所考证的,如果说,在社会结构上的差异,存在着某种"集体主义"(collectivist)社会和"个体主义"(individualist)社会的分殊,那么前者的特征,就在于每一个个体都主要依靠和特定的宗教的、伦理的或家族相联系,因而其社会结构是"隔离的"(segregated),而在个体主义社会,其社会结构是"整合的"(intergrated),与前者的"集体主义"的惩罚机制(或曰多边惩罚战略)不同的是,它对于背信和不义等行为所采用的,却是一种是"个人主义"的惩罚机制(或曰双边惩罚战略),而这也就促生并要求诉诸正式的普遍性的法律规范,以执行正义来作为社会控制的主要形式。[3] 因此,两种不同的社会结构在社会经济关系的扩展模式,实施惩罚和制裁的方式以及效率含蕴上也有所不同,而显然,传统中国的"差序格局"的秩序生成,主要依赖于前者来实现。

再次,传统社会"差序格局"所维系的是"私人的道德",因其所有的价值标准都不超脱于差序人伦,而缺乏一种"原则的道德"。"在差序格局中,社会关系是逐渐从一个一个人推出去的,是私人联系的增加,社

---

[1] 费孝通:《乡土中国 生育制度》,北京大学出版社1998年版,第10页。
[2] 同上书,第11页。
[3] Avner Greif, "Cultural Beliefs and the Organization of Society: A Historical and Theoretical Reflection on Collectivist and Individualist Societies", *The Journal of Political Economy*, Vol. 102, No. 5, 1994, p. 913. 在他看来,任何社会都存在集体主义和个体主义的要素,这种类型的划分只是突出它们的相对重要性。

会范围是一根根私人联系所构成的网络，因之，我们传统社会里所有的社会道德也只在私人联系中发生意义。"① 因而，"这网络的每一个结都附着一种道德要素，因之，传统的道德里不另找出一个笼统性的道德观念来，所有的价值标准也不能超脱于差序的人伦而存在了。……在这种社会中，一切普遍的标准并不发生作用，一定要问清了，对象是谁，和自己是什么关系之后，才能决定拿出什么标准来"②。由此而滋长的是一种特殊主义，没有发展出抽象而具有普遍性的规则系统，不是对普遍律则的遵守或一视同仁，而是精于或善于区别对待与权变。一方面，即使有所谓的"公共生活"，也只是主要在家族伦理共同体中才具有参与性的实践意义。由于没有一个超乎私人关系的道德观念，即使有如谦谦"君子"，"他的本分不是去承担别人的责任，也不是去关心整体社会的状况，而是专心于与他自己有利害关系的事。这包括两个主要的成分——他作为一个受过教育的君子的自我发展和他与其他人的关系。在与他人的关系方面，主要强调的是某种特定的个人关系"③。而即使有"仁"的观念作为私人关系中道德要素的"共相"，实际上，"仁"与"爱"也大体上沿着人伦关系的扩展而延伸，因而仍然需要回归到具体的伦常关系来说明；另一方面，由于过于偏重"私德"，"人人独善其身"而成就个人的德性的同时，却也一直被指陈国民性中"公德殆阙如"，因而也被认为缺乏公共观念或"人人相善其群"的公德精神。有如梁漱溟先生所言："应承认，公共观念不失为一切公德之本。所谓公共观念，即指国民之于其国，地方人之于其地方，教徒之于其教，党员之于其党，合作社社员之于其社……如是之类的观念。中国人，于身家而外漠不关心，素来缺乏于此。"④ 由此"私德"在家族意识及其人伦纲常的道德教化中得到强化，人们的道德态度和情感，也不可能摆脱人伦际遇的范围，以基于真正独立的"个人"人格和尊严，而获得一种对于生活中的偶然的和陌生化环境的独立性。同时，也由于缺乏超出"私人的联系"的真正意义上的公共生活空间，使公德意识与公共精神成为亟待培育的伦理气质。

---

① 费孝通：《乡土中国 生育制度》，北京大学出版社1998年版，第30页。
② 同上书，第36页。
③ ［美］帕森斯：《社会行动的结构》，张明德等译，译林出版社2003年版，第611页。
④ 梁漱溟：《中国文化要义》，上海人民出版社2005年版，第63页。

因此，从传统到现代的中国社会结构的变迁，既意味着人们的存在方式与生活秩序的转变，也伴随着伦理观念上历时性的变革。社会结构的分化，"模糊"了传统的血缘关系和身份系统。"在许多前现代社会所见到的那种财富、权势和身份关系，在一种颇为严格的等级秩序中结合或分隔的倾向，随着现代化的演进而趋于消失。这种状况首先可在普遍主义与成就这两个标准在所有主要制度领域内占有极高的地位这一点上见到。"[①] 同时，社会领域的分离，也凸显了不同于"私人的联系"的公共生活的实践意义。因而就社会控制的形式与社会秩序的生成方式而言，随着自给自足和封闭性的生活方式的解体，人们广泛地参与社会公共生活，以及对公民权益的要求与日俱增。"在现代社会，许多用以处理这类问题的传统的社会控制机制似乎极少有效。因此，随着新的文治道德秩序要求个人自我控制的程度加强，更为非正式的社会控制形式，如家族、地缘群体、地方上的宗教或世俗领导的压力，在现代化所引生的分化和变迁的环境中则相对无效了。"[②] 因此，尽管基于自然的纽带和情感而联结的共同体及其作用，不可能完全消弭，却在受公开的市场法则所支配的经济联系和陌生化的扩展次序的强力冲击下，不断缩小了它可能生效的边界。在某种意义上，传统中那些不适应于社会变革的成分，甚而成为"抗拒"现代发展的要素，因为后者需要人们所展现的道德态度和精神气质，不再主要是依据于人伦网络而产生的心意感通式的回报，和善于权变的为人与处世方式，从而以自然形式的人情伦理，来作为日常交互活动的基础，而是倾向于遵循人们作为自由与平等的社会成员，在各种身份和地位中都能够理解、认同和普遍生效的规范与准则，尤其是作为一个"公民"，能够在陌生化社会的交互性活动中可以彼此相互要求的有效性要求，从对于他人作为独立人格和权利主体的恰当的尊重和个人尊严的确认中，来呈现自己的情感和行为的合宜性。同时，与传统的道德与德性观念中，偏执于"私德"而缺失与制度的关系维度

[①] [以] S. N. 艾森斯塔德：《现代化：抗拒与变迁》，张旅平等译，中国人民大学出版社 1988 年版，第 9 页。

[②] 同上书，第 28 页。

不同，市场社会由于规则与制度的"供给"，影响到社会公共资源与合作性利益的分配方式和份额，因而在公民意识的觉醒以及对公民身份的确认的同时，也就有了相应的"权利"要求，进而去寻求制度供给的合理性，抑或追问社会正义原则的性质和特征，以及实现正义的程序性要求，以在公平与正义的竞争规则之下解决"获得"的难题。因此，如果说经济生活成为从传统到现代的道德嬗变的前提和出发点，那么，如何在市场社会所确立起来的价值原则的基础上，来构建新的道德权威和伦理秩序，也成为在新的社会学背景下道德哲学所需要叙述的主题和任务。

二 "作为一个公民"的道德需求与报偿观念

不过，即使面对当下境遇中伦理秩序的现代性重构的任务，人们所选择的解释进路也有着理论上的差异。当人们在市场法则和"利益至上"的观念的支配下，在选择追求诸如财富和地位等欲求目标的道路上，往往背弃了美德，而在财富的强大的"溢出"效应中，人们也看到了在社会生活领域中所存在着的各种道德败坏的现象，这些"异常"的事例，无疑也同样渲染了人们那一直存在着的且容易导致道德悲观的疑惑和焦虑。因为就人们的自然情感和倾向而言，人们对美德的热爱和对罪恶的憎恨，希望给予其恰如其分的报答和惩罚，乐善好施的人，应当得到与其善行相称的感激和尊重，惯常于虚伪欺诈的不义者，应当成为人们普遍憎恶和轻视的对象。人们相信拥有美德必因追求自身卓越而获得内在的利益，却也会因为不同的社会结构条件，而与外在的利益处在不同的关系之中。当个人的美德在社会生活中往往失去了与"获得"和美好生活的联系，甚至成为那些背信、不义和伪善者们的牺牲品，而受到嘲讽和作弄，人们也会在感叹正义的"缺席"的同时，加重了人们对自身存在的孤立与无能为力感。显然，这种道德上的焦虑对人的精神生活的影响，也使人们迫切需要去寻求一种新的安全感。而按照弗洛姆的说法，"现代人所有的人际关系特征进一步加深了他的孤立及无能为力感。一个人与他人的具体人际关系已失去了其直接性与人情味特征，而呈现出一种操纵精神与工具性特点。市场规律是所有社会及人际关系的准则。很显然，竞争对手之间的关系必须以人与人之间的相互漠不关心为基础"①。因而，当现代人在获得了自由的同时，却又似乎无法承受因"摆脱束缚、获得自由"所带来的负担，而为了"逃避自由"，或被迫臣服于新的权威主义，或强迫性地从事非理性的活动，抑或仍是选择宗教信仰，以对超越死亡界限所确保的"超验"的善恶平衡，来克服无力感以寻求慰藉。而对于这种"个人孤独化"及其产生的道德焦虑，或许在麦金太尔看来，只是因为失去了传统共同体的价值认同，而生活于其中的社会成员，也不只是具有作为更好的实现个人利益之手段的工具性效用，反之，当现代性的社会进程中的生产和劳动走出家庭，开始为非人格化的资本服务，在使"贪欲"成为生产活动的动力的同时，也使之排除在传统的共同体背景下具有内在利益的实践范围之外。因此，在只承认外在利益的竞争性的现代性生活场景中，德性论的构架失去了传统的背景，而完全依据外在的关系和外在利益来得到说明，然而，"我们可以预料，如果在某个社会，对外在利益的追求变得压倒一切，德性的概念起初可能是其本性被改变，然后可能几近被抹杀，虽然其影像可能还很丰饶"②。因此，这种批判性的立场所提供的指导就在于，要避免道德的堕落和危机，就需要有传统的共同体的社会根基和价值视野，以及嵌入其中的社会成员的共同生活的能力。

实际上，即使在当代中国的社会中，当人们在享受到物质生活的繁荣的同时，却又感觉失去了彼此之间的信任与安全感，因而感叹道德的滑坡与人性的冷漠。因此，不仅在解决意义的危机上，同样有着"复活"传统的文化情结，同时，在实现道德的报偿上，也有在感慨传统的"断裂"的同时，希望以重归于传统的"温情"，来摆脱在"物"的依赖性联系中所呈现的"冷漠"。那么问题在于，传统的伦理是否能够从整体上，作为陌生化世界的社会组织与运行的原则和生活伦理？而其所能生效的交互性的回报原则，尽管人们仍能够觉察到它的存在，又是否能一如既往地成为社会关系的基础和报偿原则？应当说，强调在社会关系上的"反应"或"还报"，也一直是中国传统社会人们在日常交往中的重要原则。如果说，

---

① ［美］弗罗姆：《逃避自由》，刘林海译，国际文化出版公司2000年版，第85页。
② ［美］麦金太尔：《德性之后》，龚群、戴扬毅等译，中国社会科学出版社1995年版，第248页。

"人与人之间的所有接触都以给予和回报等值这一图式为基础"①，那么，这种等值性的回报"图式"，在传统中国的社会性交换中得到了充分的演绎。在《诗经》之中，早就有"投我以木瓜，报之以琼琚""投我以桃，报之以李"之说，并以此来强调相互之间所需要的赠答和报偿的需要。而《礼记》亦载曰："太上贵德，其次务施报。礼尚往来。往而不来，非礼也；来而不往，亦非礼也。人有礼则安，无礼则危。"（《礼记·曲礼》）由此，也就是注重人际交往中的相互对待性，而"施"与"报"，也成为传统社会型构日常生活秩序的一种文化与实践的逻辑。正如杨联陞教授所认为的，"报"是中国社会关系的一个基础，"中国人相信行动的交互性（爱与憎，赏与罚），在人与人之间，以至人与超自然之间，应当有一种确定的因果关系的存在。因此，当一个中国人有所举动时，一般来说，他会预期对方有所'反应'或'还报'。给别人的好处通常被认为是一种'社会投资'，以期将来有相当的还报。"②尽管这种交互性的报偿原则被人们普遍接受，不过因其作用于中国社会之历史远久，且广泛应用于社会制度而影响尤深，所以我们仍需要结合传统社会结构的特性，去解析这种偿报原则之所以发生作用的原理，以及其所呈现出来的局限。

首先，就这种报偿原则的社会道德的意义而言，所主张的礼无不报、报施德怨，却是在家族主义的社会构架之内作用，且包含在"人情"观念之中的。由于这种报偿原则是在家族系统的基础上行使，并使之得以强化的，所以，赏或罚、福或祸，都可以在家族内部得到转移，并在政治和法律制度中体现出来。因而也就有君报赏臣之功，而臣复报君之恩，在官职上，赏亦可以荫补子孙，使后代子孙因受先世的荫庇而叙录为官。在刑罚上，也有因一人犯罪，而使家族所有成员都需共同承担刑责的"族刑"出现。而交互性报偿原则在具体人伦关系中生效，实际上，也强化了这种家族观念。同时，因为伦理本位的社会，也就是"关系本位"，因此，报偿原则也是在"关系"中行使的，从而体现了在彼此交换上的"人情味"和对待上的"特殊性"。就如梁漱溟先生所认为的："中国之伦理只看见

---

① [美]彼得·布劳：《社会生活中的交换与权力》，孙非、张黎勤译，华夏出版社1988年版，第1页。

② 杨联陞：《中国文化中"报"、"保"、"包"之意义》，贵州人民出版社2009年版，第67页。

此一人与彼一人之相互关系，而忽视社会与个人相互间的关系。……这就是，不把重点固定放在任何一方，而从乎其关系，彼此相交换；其重点实在放在关系上了。"① 从伦理情谊出发而组织社会，"彼此相交换"也主要看是否合于"人情"，人际之间的彼此对待，也会因为私人或特殊（亲疏）关系不同，而存在差等次序。因此，在这种伦理本位的文化逻辑下，"做人"也就要依照某种特殊的关系而相互回报。同时，"做人"也只是在这种"私人的联系"中得到充分和有效的激励，一旦超出这种关系的界域，特别是进入到"非私人的联系"所主导的社会交往关系的境遇中，人们就会感到摆脱了既有的道德限制和负累，同时，也会面对着在陌生人社会中如何"做人"的实践难题。

其次，就德怨之报而言，有"无德不报"的报偿观念作为一种集体的无意识的表达，但是，在使怨德之报皆"得其平"的伦理阐释中，却同样也呈现了在人伦与差序格局作用下的局限。《论语》中有言："或曰：以德报怨，何如？子曰：何以报德？以直报怨，以德报德。"（《论语·宪问》）而朱子则指出："在此章之言，明白简约，而其指意曲折反复。如造化之简易知，而微妙无穷，学者所宜详玩也。"② 正因为如此，此章句也引起了人们持久的理论兴趣与论辩。应当说，一方面，就体现在社会性交换中的施、受与报的义务而言，儒家高举了"施惠者"的施恩不图报的理想的君子之德，从而似乎与施恩求报的现实的小人之德划清了界限，但同时也"兼容"报偿生效的现实性的道德标准，因而主要通过强调"受惠者"的"回报"的义务，来维持日常生活中的"相互性"；然而另一方面，在交互性报偿的文化逻辑上，就如费孝通先生所认为的，在《论语》中的德怨之报的论辩，仍然体现了"差序层次"的性质，因为"孔子的道德系统里绝不肯离开差序格局的中心，……孔子并不像杨朱一般以小己来应付一切情境，他把这道德范围依着需要而推广或缩小"③。实际上，对仇怨之报的解释，也确实受人伦关系的局限，并力图以此来赋予其正当性。就如《礼记》中有这样的对话："子夏问于孔子曰：居父母

---

① 梁漱溟：《中国文化要义》，上海人民出版社2005年版，第84页。
② （南宋）朱熹：《四书章句集注》，中华书局1983年版，第157页。
③ 费孝通：《乡土中国 生育制度》，北京大学出版社1998年版，第29页。

之仇如之何？夫子曰：寝苫枕干，不仕，弗与共天下也；遇诸市朝，不反兵而斗。曰：请问居昆弟之仇如之何？曰：仕弗与共国；衔君命而使，虽遇之不斗。曰：请问居从父昆弟之仇如之何？曰：不为魁，主人能，则执兵而陪其后。"（《礼记·檀弓上》）而《大戴礼记》亦有言："父母之仇，不与同生；兄弟之仇，不与聚国，朋友之仇，不与聚乡，族人之仇，不与聚邻。"（《大戴礼记·曾子制言上》）由此亦可见，不同的仇怨，依照人伦关系的不同，也有着不同的态度和对待方式。由于伦理本位的社会结构，使对于仇怨之报也仍会依照伦理亲疏关系的厚薄远近之不同，而赋予不同的正当性的伦理解释，因而也难以孕育和发展出一种普遍性的道德情感和反应性态度。

再次，传统的交互性的报偿原则，更多的是贯彻在"社会性的交换"行为当中，其"相互性"也更多地与特殊主义的文化相适应，并通过"人情"的社会氛围来维持，因而在抑制经济性交换的同时，也阻滞了经济生活中理性主义的发展，以及以"合法性"形式所确保的普遍主义的交换原则的形成。依照韦伯的解释逻辑，经济理性主义的发展虽然部分要依赖于理性的技术和理性的法律，但更重要的是，也取决于人的"伦理气质"，这种伦理精神上的妨害，也会使理性的经济行为的发展遭到严重的、内在的阻滞，而儒教的处世之道，却在一定程度上成为这样一种"精神阻力"。显然，纯粹的经济性的交换，是要拒斥人情的因素和考量的，其"相互性"，也需要形式的法律逻辑来得以保障其有效性。"在一切以合法形式进行的经济交换中，在所有涉及某种既定服务的固定协议中，在所有合法化关系的义务中，法规强迫实施和保证服务和回报服务的相互性。没有这种相互性，社会平衡和凝聚便不复存在。"[1] 然而，传统社会以人情维系的社会性交换，极大地限制了经济性交换及其秩序扩展的潜能。即使意识到"人情"与"王法"之间的紧张性，在许多情况下，却常常选择了迁就于前者。由此，也更多还是陷入到了一种"家长式的断案"，亦即不是按照"一视同仁"的形式规则判案，而是在很大程度上，按照当事人的具体资质和具体状况，依据具体的礼仪来作为衡量的尺

---

[1] [美] 彼得·布劳：《社会生活中的交换与权力》，孙非、张黎勤译，华夏出版社1988年版，第1页。

度，从而不利于产生普遍主义的交换原则。这种社会性交换，既是依人伦关系而产生的义务和道德要求，那么，也就像帕森斯在比较清教和儒教伦理时所指出的，"清教伦理强化了基督教的一般倾向。它同裙带关系和区分亲疏是水火不相容的。儒教伦理则与之正相对立。儒家在道德上支持的是个人对于特定个人的私人关系——在道德上强调的只是这些个人关系。为儒教伦理所接受和支持的这个中国社会结构，是一个突出的'特殊主义'的关系结构。这样，凡私人关系范畴之外的各种关系，在道德上就都是无关紧要的，而且普遍不愿对这些关系承担道德义务"①。然而，在现代性社会中，交换行为越来越受市场的法则所支配，市场制度也使"非私人的关系"成为社会人际关系的主导，一旦突破了传统"人情"的束缚而又缺乏普遍规则的约束力，那么，人们或仍旧习惯于信奉攀附"关系"的"潜规则"，抑或选择"无规则"的投机主义。

特纳说："公民身份的出现在某种程度上是现代性的发展，即从身份到契约的转变。公民身份是各种社会实践的集合，它界定了文化和制度高度分化社会的社会成员身份，在这种社会，社会团结仅仅以一般和普遍主义的标准为基础。"② 当传统的根植于家庭的生活伦理，以"人情"来维系交互性的报偿原则，在向现代社会转型的过程中功能弱化、甚至起着"负作用"时，后者在以形式的法律逻辑，以其普遍性来确保每一个人"作为一个公民"的身份和权利时，"非私人的联系"所形成的公共交往和公共生活领域的凸显，无疑也产生了新的道德需求和报偿观念。就如斯密所指出的，在法律的力量不足以保护每一个社会成员的安全和利益时，人们自然有着基于家族和血缘而集聚的动机和必要性，然而，"在从事商业的国家中，法律的力量总是足以保护地位最低下的国民，同一家庭的后代，没有这种聚居的动机，必然会为利益或爱好所驱使而散居各地。他们彼此对对方来说很快就不再有什么价值；并且，只过几代，他们就不仅失去了相互之间的一切关怀，而且忘记了他们之间具有同一血缘"③。并且

---

① [美] 帕森斯：《社会行动的结构》，张明德等译，译林出版社2003年版，第616页。
② [英] 布莱恩·特纳：《公民身份与社会理论》，郭忠华、蒋红军译，吉林出版集团有限责任公司2007年版，第7页。
③ [英] 亚当·斯密：《道德情操论》，蒋自强、钦北愚等译，商务印书馆1997年版，第288页。

随着社会文明状态的发展，血缘的纽带联结关系也日渐淡薄。此时，在经济联系居于主导地位的社会条件下，如何为道德重新奠基，或世俗的伦理生活秩序如何可能，实际上，这也是市场社会境遇下的伦理学家们，所需要思考的时代性问题。就以承认市场作为"一只看不见的手"而享有历史声誉的斯密而言，其所强调的"情感"，已然不再是对于传统的血缘共同体的依恋，而是对于同样作为自由与平等的社会成员的"他者"的一种普遍的"尊重"。正是在这种普遍的尊重和情感"反应性态度"中，我们不仅发展了一种有效的正义感，而体现出对法律正义的敬畏，也确立了陌生化的社会中所需要的公民美德。而对于康德为道德奠基的理论努力而言，同样也不仅仅只是因为其个人理论上的旨趣，而是要迎合时代的道德需要，选择了通过实践理性的批判而确立道德的形而上学基础。然而，康德道德观点的真正力量，也不只是通过诉诸"普遍性"，从而确立了一个不同于功利主义的伦理类型，而是强调了人作为自由、平等的理性存在物，能选择为自身立法而服从道德法则以实现"自律"。显然，这一理性选择也抛弃了诸如身份关系、社会地位乃至于自然天赋等要素的考虑，而强调的是人作为有人格的人，人的尊严的价值、被尊重和配享尊重的道德需要。"我对别人怀有的、或者一个他人能够要求于我的敬重［对他人表示敬重］，就是对其他人身上的一种尊严的承认。"因此，"每个人都有权要求其邻人的尊重，而且他也交互地对任何他人有这方面的责任"。①

诚然，普遍的尊重和情感反应性态度，也只有在形式的法律逻辑普遍生效的社会结构和条件下，才能得到健全的培育和发展。在康德看来，"公民"作为为了制定法律的目的而联合起来的共同体成员，根据权利而具有三种不可分离的法律属性，亦即：自由（每一个公民，除了必须服从他表示同意或认可的法律外，不服从任何其他法律）；平等（一个公民有权不承认在人民当中还有在他之上的人，除非是出于服从他自己的道德权力所加于他的义务，好像别人有权力把义务加于他）；独立、自主（公民的社会生活并不是由于别人的专横意志，而是由于他本人的权利以及作

---

① ［德］康德：《道德形而上学》，李秋零主编，《康德著作全集》第 6 卷，中国人民大学出版社 2007 年版，第 473 页。

为这个共同体成员的权利)。① 显然,也只有在这些基本的价值得到有效保障的基础上,才能与道德上的自律和德性一起,构成人作为理性存在物的真正的"尊严",并作为文明社会的成员,而获得彼此之间的普遍的"尊重"。而对于传统中国社会的特质而言,一方面,正如梁漱溟先生所认为的:"盖正为社会组织从伦理情谊出发,人情为重,财物斯轻,此其一。伦理因情而有义,中国法律一切基于义务观念而立,不基于权利观念,此其二。"② 因此,"人情"实际上阻碍了以追求形式的普遍有效性的规则的产生,"儒法互用、礼法交融"成为主要的社会治理模式,也对形成社会文化和道德心理产生了某种决定性的作用。而在韦伯看来,儒教也缺乏自然法与形式的法律逻辑,"没有对于每一个人的任何个人自由领域的自然法的承认,就连'自由'这个词,对于(中国)语言来说也是陌生的"③。同时,"中国的世袭制既不能指望它不太能驯服的强大的资本主义利益的出现,也不能指望一个独立的法律家等级出现。不过,似乎能指望神圣的传统性,因为只有这样才能使它的合法性得到保障,同样,也能指望它的行政组织的强力限制。因此,不仅形式司法不发达,而且也没有进行过系统的实质性的法律彻底理性化的尝试"④;另一方面,由于日常交往的伦理模式与实际上的公共生活的重合,也就缺乏培育那些作为公民的道德要求所需要的社会空间,因而也缺乏自由、平等与独立人格的支撑,而孕育出区别于"人情"观念的普遍主义的"尊重"及其反应性态度。

正如有学者所认为的,"只有在公共交往关系与日常交往关系相分野的发展中,一种与感情相别的公共生活中的尊重态度才可能日渐发展。同样明显的是,只要尊重还没有成为社会成员对待不相识的陌生人的生活态度,公民伦理就还不是生活的伦理"⑤。实际上,传统的交互性报偿的实现方式及其伦理模式,也已经无法满足现代社会不断扩展的合作秩序条件下的"道德需求"。而相反的是,在一个以利益为主要导向,充满着陌生

---

① [德]康德:《法的形而上学原理》,沈叔平译,商务印书馆1991年版,第140—141页。
② 梁漱溟:《中国文化要义》,上海人民出版社2005年版,第74页。
③ [德]马克斯·韦伯:《儒教与道教》,王容芬译,商务印书馆1995年版,第198页。
④ 同上书,第200页。
⑤ 廖申白:《公民伦理与儒家伦理》,《哲学研究》2001年第11期。

感、隐匿性和流动性的现代社会境遇中,既有伴随着不同于传统的礼俗社会关系为基础,而呈现的众多的社会参与形式,也为培育以"作为一个公民"的身份,在各种社会合作性实践(经济、政治和文化的实践等)中形成普遍意义的"公民道德",提供了相适应的社会条件。因为这意味着,"只有进入了匿名的大型社会,人们在寻找合适的合作伙伴关系时才不会寻找那些只对特定的人群遵循道德的人。人们将寻找那些采取普遍道德立场、其道德兼顾其行为涉及的所有人的利益,而非特定类型的群体利益的人。只有在这种根本有别于传统社会的社会生活的社会中,才会产生对普遍道德的需求"[①]。而与之相应的是,以"作为一个公民"的身份参与的合作性实践,如果同时也像罗尔斯所言的,就是一种为了相互利益的"合作性冒险",那么,人们就需要关注在既定的社会结构条件下的权利与义务的性质及其内容,同样,他们也会愿意参与对于关涉所有作为社会成员的合作性利益的分配形式及其相应份额的博弈,而这也就产生了对制度安排的正义的道德需求,以及在面对"合作悖论"和社会信任的难题中,倘若他们选择依照正义与道德的原则而行事和有兴趣培育个人的美德,其所能得到的相应的回应和还报,从而在以制度的正义来确保作为公民的社会条件的同时,以激励和促进他们作为社会成员的正义感和善观念的道德能力的发展。唯其如此,在一个正义的社会结构中,作为一个公民,就如同亚里士多德所期待的,"他们应该是以道德优良的生活为宗旨而能治理又乐于受治的人们"[②]。也只有在一种良序的社会条件下,人们才能在确认他们的行为"正当"的同时,同样也激励他们在更广泛的陌生化的社会联系中,以体现人的道德本性的方式,而获得他们所追求的"善"。因此,如果像罗尔斯所构想的,"一个良序社会是一个被设计来发展它的成员们的善,并由一个公共的正义观念有效地调节着的社会"[③],那么,公正的报偿从伦理的合理性而获得其现实性,使我们不是一开始就寄希望于那源自宗教的"本体论"的信任与承诺,也不再是过于依赖既有的传统的"神圣性",而是首先以强调人性的"制度依赖性",来作为

---

① [德] 米歇尔·鲍曼:《道德的市场》,肖君、黄承业译,中国社会科学出版社2003年版,第601页。
② [古希腊] 亚里士多德:《政治学》,吴寿彭译,商务印书馆1983年版,第154页。
③ [美] 罗尔斯:《正义论》,何怀宏等译,中国社会科学出版社2009年版,第358页。

世俗生活秩序中伦理建构的现实切入点。它所体现的是社会结构中正义原则的内容，以及作为一个公民的行为所具有的应得惩罚或报答的性质，从而实现"给予其所应得"的有效性要求。由此，只有以融合于制度的正义作为社会生活秩序的前提，才能合理期待人们通过对"不义"的冲动和诱惑的抗拒，产生对道德的敬畏，也才能在激励人们的向善心、彰显个人的美德和良知的同时，使人们学会尊重"他者"，并以"善意"来回报他人的美惠。

第二节 陌生化社会的报偿困境与道德激励

当市场社会为人类文明的累进和公民物质生活的改善提供了前所未有的条件的同时，对财富的追求，以及财富本身过度的"溢出效用"在所有社会领域中的渗透和蔓延，又潜隐着社会转型中的价值失落、道德败坏的精神危机。而陌生化社会中交互性的公正报偿的实现，也面对着诚实不足、伪装以及缺乏信任的难题。在"道德滑坡"的社会责难中，在一些社会成员和生活领域中所存在的各种道德败坏的现象，既强烈地刺激着人们那敏感、甚至已经开始变得脆弱的道德神经，也极易把他们导向对社会道德状况的一种悲观认知与消极的情绪之中。人们在感慨"诚实无用"的同时，既有着对陌生人的不幸无动于衷的"冷漠"，也有着积极的仁慈和善意时常因为面对不应有的道德风险而"受挫"，甚而陷入"好人不敢做"的报偿困境中。因此，如何化解这一困境而鼓励人们的相互信任和回报的德性，也成为当前公民道德建设的实践难题。然而，如果说我们不能寄希望于重新改造人类的心灵，却能够以"人为"的方式，来给予其"趋善"的方向，那么，就应当在社会的正义与心灵正义的同向性的同构中，来构建道德约束与激励相容的社会秩序生成机制。同时，在对人性欲望的伦理和文化叙述中，化解人们在相互性的回报中所存在的道德焦虑，在建立生活的意义系统的同时，为良性秩序的生成提供价值导向。

一 "好人不敢做"：报偿的现实境遇及其难题

随着近年来众多"好人受冤"或"路人冷漠"的个案，演变为人们广泛关注的公共伦理事件，人们在对这些事件感到困惑的同时，也对于当下从"熟人社会"向"陌生人社会"转变中的道德图景,产生了怀疑和焦虑。在《选择的共和国》中,费里德曼有着对于"陌生人"的社会境遇的经典描述:"在当代世界,我们的健康、生活以及财富受到我们从未而且也永远不会谋面的人的支配。我们打开包装和罐子吃下了陌生人在遥远的地方制造和加工的食品;我们不知道这些加工者的名字或者他们的任何情况。我们搬进陌生人——我们希望是精巧地——建造的房子。我们生活中的很多时间是被'锁'在危险的、飞快运转的机器……里度过的。……我们被机器束缚着,因此我们的生活也掌握在那些制造和运转机器的陌生人手中。"[1] 正因为如此,当我们在充分的社会流动中,以非人情化的方式联结在一起,我们需要有强有力的机制来化解陌生化社会所产生的恐惧,当非人格化的市场自身的力量,尚不足以产生这种确信时,我们就需要外在的法律和强制,来控制社会而提供保障,以让陌生人彼此之间建立起基于法律和契约的普遍信任。显然,这种"陌生社会"的特征,也与费孝通先生对传统的"熟人社会"的描述,形成了鲜明的对比。因为对于后者而言,我们生活在一个无须"选择"的环境中,而由此获得的信任,也是"发生于对一种行为的规矩熟悉到不加思索时的可靠性"[2]。这既意味着一个"礼俗社会"和"法理社会"的区别,也说明了传统社会型的人际关系和对待方式所发生的观念和实践性的变革。由于失去了传统的维持人际的"相互性"和社会信任的背景性机制,人们在认识到传统的交往模式和生活方式所产生的流弊的同时,也产生了在陌生化社会中对公民们的相互信任的极度需求。一方面,基于寻求"互利"的动机,人们有着在陌生化的生活世界中,建立起广泛联系的客观的社会需要;另一方面,人们却似乎又意识到信任在某种程度上所存在的"脆弱性",而对其中所可能伴随着的风险,产生了焦虑和担忧。为此,如果说,这种矛盾性也可以看作是如吉登斯所说的某种"现代性的后果",而我们又抱持着这样的确信,亦即"由现代所开辟的使人获益的可能性,超过了它的负面效应"[3],那么,当它使我们抛离了原有的依赖于"亲密

---

[1] [美]劳伦斯·费里德曼:《选择的共和国:法律、权威与文化》,高鸿钧等译,清华大学出版社2005年版,第82页。

[2] 费孝通:《乡土中国 生育制度》,北京大学出版社1998年版,第10页。

[3] [英]吉登斯:《现代性的后果》,田禾译,译林出版社2000年版,第6页。

关系"的信任生成模式的同时，也使我们产生了如何在依赖于抽象规则体系的陌生化社会中，建立起更为广泛的普遍信任的需要。

然而，在当下中国的陌生化的社会境遇中，人们既能在对个人的个性和利益、个人的权利和价值的追求等问题上，看到伴随着社会的发展所产生的区别于传统观念的变革，但与此同时，人们在道德冷漠的现实中所体验到的，却更多的是人际之间的信任和善意的"脆弱性"的一面，以至于要不要救助那些"陌生人"或选择做一个"好人"，成为当下国人心中纠结的道德问题。在诸如"好人难做"和"扶不起"的实践焦虑中，当仁慈与善意不仅没有得到报答，反而陷入了司法的困境，甚而成为"好人没有好报"的道德悲观的范例，这种情绪在社会成员之间的广泛交流，使人们在更为现实的权衡中，多了一份疑虑，而少了践行善意的意志和勇气。由于在这种社会氛围中不断增加了做一个"好人"的风险和成本，抑或被怀疑动机不纯而贴上了"物质"的标签，抑或被沦为"傻瓜"而受到贬抑和嘲讽，"好人"也就陷入了意志彷徨和自我怀疑之中。因此，在一个崇尚物质而追逐利益的时代中，当"好人"和美德得不到人们应有的尊重和钦羡，反而陷入遭人轻视或漠视的困境，这既历来是道德学家们所抱怨的伦理事实，也自然需要我们去分析造成这种报偿困境的现实与历史的原因。而毋庸置疑的是，如果人们普遍把"诚实"看作"等于吃亏"，抑或是"无用的别名"，"好人"和美德也由此而受到人们的漠视，那么，这既是社会道德价值观的一种扭曲的表现，也可以看作是道德情操败坏的一个显性的社会表征，而这种道德败坏的"失范"效应，是导致"好人"的焦虑和报偿困境的重要原因。

正如亚当·斯密在分析引起道德情操败坏的原因时指出，嫌贫爱富和趋炎附势的心理，成为导致"我们道德情操败坏的一个重要而又最普遍的原因"。由此，其典型的社会表征就体现为，"我们经常看到：富裕和有地位的人引起世人的高度尊敬，而具有智慧和美德的人却并非如此。我们还不断地看到：强者的罪恶和愚蠢较少受到人们的轻视，而无罪者的贫困和软弱却并非如此"[①]。因此，要实现人生所欲求的目标而获得人们的

---

① [英]亚当·斯密：《道德情操论》，蒋自强、钦北愚等译，商务印书馆1997年版，第72页。

尊敬,也有着两条通达我们如此渴望的目的的道路,是学习知识和培养美德,还是取得财富和地位,这在某种程度上既决定了我们的行为选择和生活方式,也会表现为两种不同的品质。"一种是目空一切的野心和毫无掩饰的贪婪;一种是谦逊有礼和公正正直。我们从中看到了两种不同的榜样和形象,据此可以形成自己的品质和行为。"① 而我们同样也可以构想两种形象,来观照当下社会境遇中人们的选择,是做一个具有美德的好人,还是做一个享有成功的富人?是做一个清贫乐道的好人,还是做一个富有而强势的坏人?是做一个积极行善的好人,还是做一个消极冷漠的路人?显然,我们当下的社会条件,极大地满足了人们对财富的渴望和追求,然而,对于一个财富与权力本位思想在某种程度上仍根深蒂固的社会而言,人们对财富和权力的过分钦羡,及其由此而产生某种异常的社会心理和社会风气,使人们容易做出扭曲的判断而倾向于后者,而这种社会心理的累积和社会风气的蔓延,俨然已经成为导致当下"好人"困境以及各种败德现象的重要根源。

人们认为,这也许只是因为财富本身的危险性,它在改善生活的同时,必然也会增加人的诱惑和欲望,人在增强了控制生活世界的能力的同时,也就会伴随着人类对自身成就的傲慢。或许,我们也能把这一道德败坏的根源,归咎为市场社会对于财富追求所产生的"负作用",抑或认为,这也只是创造社会经济繁荣所需要付出的道德代价。然而,如果说富贵乃人之所欲,这也是人之自然欲求的目标和对象,或借用韦伯在对"资本主义精神"的分析时所指出的:"获利的欲望、对营利、金钱(并且是最大可能数额的金钱)的追求,……这样的欲望存在于并且一直存在于所有的人身上,侍者、车夫、艺术家、妓女、贪官、士兵、贵族、十字军战士、赌徒、乞丐均不例外。可以说,尘世中一切国家、一切时代的所有人,不管其实现这种欲望的客观可能性如何,全都具有这种欲望。"② 那么,如果从这一视角来审视道德败坏的原因,就并非只是指向财富和地位本身,而是需要我们去考究人们追求这些欲求目标的态度和方

---

① [英]亚当·斯密:《道德情操论》,蒋自强、钦北愚等译,商务印书馆1997年版,第73页。

② [德]马克斯·韦伯:《新教伦理与资本主义精神》,于晓、陈维纲等译,生活·读书·新知三联书店1987年版,第7页。

式,以及既定的社会结构和文化为这种欲求的表达和目标的实现所能提供的背景性条件。可以说,中国古代的贤哲通过强调"以其道得之",来叙述和引导人们的合理欲求,而在西方道德哲学家们那里,也强调对欲望的某种约束、制衡和引导,因而需要的是社会结构和文化的条件,以及经济行为主体的伦理精神,其所能提供的对贪欲的"一种抑制或至少是一种理性的缓解"。[1] 因此,如果说这种嫌贫爱富和贪恋虚荣的社会心理,只是导致社会道德败坏的一个重要的、基于某种人性弱点的"隐性基因",那么,更为显性的特征就在于,当社会对财富、权力和地位的追求,失去了基于普遍性和正当性规则的约束,进而也失去了与道德和美德的现实关联,从而陷入某种"无规则"、抑或只认同某种"潜规则"的竞争和资源流动中时,也会放大财富的溢出效应,使之成为一种满足欲望而为人们所普遍钦羡的手段。

当社会中大部分人仅仅成为财富和权力的钦佩者和崇拜者,这种社会风气的弥漫,无疑会成为道德败坏现象出现的诱因。也由于一旦过分地彰显和夸大了人际之间在财富、权力和地位上的差异和效应,也使人们极易沉溺于人性的弱点而不能自拔,或把道德仅仅看作是一种获取既得利益的"手段"或是"伪装"。在围绕着社会资源的竞争中,一旦人们都漠视了规则,那些信奉潜规则的投机主义者,往往"胜过"了那些真正有着扎实的专业知识和能力的人而获得了机会,那些精于投机钻营的本领的人,更"胜于"正直而节制的人而获得世俗的成功,就会流行一种唯以功利和结果而论的社会心理学。而同样就对权力和社会地位的欲求而言,当取悦于他人的本领,比有用之才更受重视,"成功和提升并不依靠博学多才、见闻广博的同自己地位相等的人的尊敬,而是依靠无知、专横和傲慢的上司们的怪诞、愚蠢的偏心;阿谀奉承和虚伪欺诈也经常比美德和才能更有用"[2],那么,当这种马屁精式的成功学,为人们所普遍信奉而充斥于社会之中时,我们自然也难以想象社会的道德风气能够得到多大程度的改善,也难以想象,人们会对坚持以自己杰出的职业才能和品性上的卓越,

---

[1] [德]马克斯·韦伯:《新教伦理与资本主义精神》,于晓、陈维纲等译,生活·读书·新知三联书店1987年版,第8页。

[2] [英]亚当·斯密:《道德情操论》,蒋自强、钦北愚等译,商务印书馆1997年版,第74页。

来谋求更高社会地位的信心。由此，人们也不会去关心那些凭借自觉的勤勉和才干，通过在经年的历练和努力中来得到提拔的晋升者；相反，他们会热衷于效仿那些以狡黠诡计、以阳奉阴违的圆滑和结党营私的伎俩来博取成功的人。而这种社会风气一旦流行，也无疑成为滋生在经济和政治生活中腐败的温床。倘若在崇尚这样的人生观和价值观的社会氛围中，我们也就能理解，在面对着缺乏信任的陌生人时，"好人"为何也会被怀疑其动机上的善意，而不做"好人"，为何还会得到某些人心理上的认同。

当然，我们并不否认有"好人"作为道德榜样所给予我们的激励，我们的时代和社会发展，也需要这样的道德精神来引领和推动。然而，和"失范"所产生的破窗效应相比，后者更为广泛地影响着人们的心性和人心。当作"好人"失去了应有的社会敬重和荣誉感，"好人"做了好事，却没得到应有的还报，那些从个案而沦为社会公共伦理事件所产生的集体的焦虑，在社会成员的广泛交流中，也被渲染成一种"负面性"的集体的无意识。尤其是"好人"的可能代价缺乏社会化解机制，一旦成为个人的"不可承受之重"，那么在陌生化社会中，也就普遍产生了退而避之、敬而远之的心理。而即使就在公众对于"扶不扶"这样的行为选择中，当大多数人选择直接避开，或仍在"纠结"和犹疑，抑或首先想到是否留下证据来提供事实佐证时，这在某种程度上，也印证了当下国民中普遍存在的、在实践善意和仁慈德性上的道德焦虑。应当说，在过去的几十年的社会变迁中，我们的社会也孕育了不同时代的道德典范和行为楷模，他们所展现的人格魅力和精神力量，也鼓舞和激励着人们积极践行仁慈德性的意愿。然而，从革命时代的信念和热情，到计划经济时代的集体归属与认同，再到陌生化的市场社会所需要的普遍信任，"好人"精神所赖以孕育和生成的社会条件也发生了变化。"雷锋精神"被誉为时代精神的标杆，它以对待同志要像春天般的温暖，对待敌人要像严冬一样残酷无情的原则，以"自己活着，就是为了使别人生活得更美好"的"大爱"精神激励着人们，这既有着"好人"精神的普遍的伦理内涵，但同时也有着时代所赋予的个性特征，因而即使要发掘它对于当下社会的实践价值，也需要我们重视在社会关系和生活秩序中所发生的客观变化。在当下陌生化的社会境遇中，人际之间即使还没有那种对待"敌人"式的无情，但是，显然也缺乏"同志"之间的那种"温情"，也相对缺少了计划经济时代的那种全能型的单位归属所给予的信任感。由于信任风险和不确定性的存在，时常使"好人"的"大爱"精神受到了阻碍，甚至于还有人们真实的善意和爱心，被某些人在社会慈善的名义中，沦为被利用的牺牲品的个案。在公共生活中，由于缺乏相应的制度安排和文化机制，来监管陌生人的流动领域而成为化解风险的载体，这种制度的缺陷，首先体现在使规范的普遍生效而对社会成员的"确信"问题所提供的保障上，体现在让人们对社会合作体系产生公共信赖，对其效率所产生的信赖上。当伪装和讹诈者得到了现行制度的"纵容"，抑或只是付出了微不足道的代价，那么，这也就相应地加大了"好人"行善的成本，也自然无从谈起有效激起人们的正义感和积极践行仁慈意愿的倾向。同时，制度的缺陷也体现在社会为化解陌生境遇中的信任风险，所提供的与具体境遇相结合的制度设计与安排上，不能只是听任让个人"冒险"而成为可能风险的载体。正因为如此，由于存在制度的缺陷以及普遍信任的缺乏，在使人们增强了对陌生人的戒备的同时，也才会想到需要以有"见证"的善行，来化解"好人"的风险，也才会要求以制度化和公开化的"透明"慈善，来为"好人"的好心提供相应的担保。

应当说，从仁慈与善意的扩展次序而言，固然有着基于血缘的联系所形成的"自然"的次序，然而，在一个陌生化的社会中，超越这种自然的联系而不分差序地展现自己道德上的敏锐性和"仁爱"之心，这才是市场社会的美德要求。不过，这种美德却同样也需要在普遍信任的社会基础上，才能得到培育和鼓励。因此，"好人不敢做"的践行困境，也是社会公共生活领域中"低信任度"的后果和表现。如果说，文化是塑造国民性格的强大力量，而信任作为社会资本，亦即作为在社会或其下的特定群体之中，社会成员之间的信任普及程度的体现，那么，我们的传统文化所濡化的国民性，却似乎存在着一种缺乏对于陌生人的普遍信任的隐性基因。在费孝通先生看来，"在我们传统道德系统中没有一个像基督教里那种'爱'的观念——不分差序的兼爱"[1]，在这一意义上，可以说仁慈的义务也始终没有超出传统差序格局的限制。同时，正如福山所认为的："在中国儒家思想里，找不到目标遍及全人类的道德义务，这点和基督宗

---

[1] 费孝通：《乡土中国 生育制度》，北京大学出版社1998年版，第35页。

教就很不一样,儒家所讲求的义务都是以家庭为圆心,以关系亲疏来界定义务的多寡。"① 因此,在传统的中国社会中,由于自给自足的经济模式和社会文化理想,信任家族以外的人或赋予其责任,无异是一种弱点,加之也因为国家没有正式的社会安全制度,在这样的社会环境下,家族制度成为可以抵御外在多变的环境而不得不采取的必然机制,也使人们唯一能够相信的,就是自己家族的成员。"因为外人(包括官府、官僚、地方机关、士绅等等)对他们并没有互惠的权利义务感情。"② 因此,以家庭为中心的社会结构,在自愿的社会联系方面表现出对陌生人的淡漠,不具有亲属关系的人们,彼此缺乏相互信任的社会基础,而这种"低信任度"的状况,也自然阻滞了社会发展与经济繁荣。相反,陌生化的社会,恰恰是依赖于普遍的信任而型构最基本的社会秩序的,因为在不断扩展的普遍性的经济联系中,"离开了人们之间的一般性信任,社会自身将变成一盘散沙,因为几乎很少有什么关系能够建立在对他人确定的认知上。如果信任不像理性证据或个人经验那样强或更强,也很少有什么关系能够持续下来。"③ 显然,这不仅仅只是对"无情"的货币经济而言,实际上,任何普遍性的社会联系,都依赖于这种信任和信心。因此,"好人不敢做",既可以说是传统文化的某种"断裂"后,依然存在着的一种心理上的定势,因为对陌生人的警惕,使"爱心"仍易局限在家庭和熟人的格局之中,同时,这也是一种新的社会条件下所存在的"文化焦虑"。因此,问题也就在于,在创造社会经济繁荣的同时,如何打破传统的信任生成模式的心理惯性,以对公民道德的培育为立足点,来建立起陌生化社会的公民彼此之间的联属关系和普遍信任。

二 走出冷漠的困境:约束与激励相容的伦理效力

就合作性实践中如何来保证人们之间回报的"相互性"的问题,使陌生化社会中人们之间的相互信任不至于落空,道德学家们一直存在着伦理学上的理论努力,并提供了不同的解释模式。一种基于契约理性的信任

---

① [美] 弗兰西斯·福山:《信任》,李宛蓉译,远方出版社1998年版,第111页。
② 同上书,第105页。
③ [德] 西美尔:《货币哲学》,陈戎女等译,华夏出版社2002年版,第111页。

如何可能？霍布斯提供了一种通过强制性的规范惩罚，来获得公民信任的生成样式。在他看来，人通过社会联合的方式，并不是为了寻求友谊，而只是因为彼此有利，当我们无法预期可以从别人那里获得安全或确保自己的安全，自然就有了相互之间的疑惧而陷入自然状态中。"因为多数人具有恶的品性，一心要用公正的或邪恶的手段来获取自己的利益，而首先履约的人就容易使自己因契约另一方的贪婪而受害。如果另一方以后不大可能履约的话，那这一方就没有理由先行履约。"然而，在社会状态下，"则有人对双方施加强力，而无论哪一方都被契约要求去履行应该做的事；因为他担心另一方可能不履约的原因不再存在了——另一方可以被强迫履约"①。正因为规范惩罚与威慑的存在，在确保了正义的条件性的同时，使守信和履约符合理性的自利，强制权力的存在，也使人们产生了对彼此行为的可预期性而获得安全感。相反，"如果一些比其他人都谦逊的人去实践理性所指令的公平和体谅，而其他人却不这样做，那么，他们当然也不会按照理性去行动了，因为他们获得的不是他们自己的和平，而是轻易的、注定的失败。守法者将成为违法者的牺牲品"。因此，尽管守信的义务，位于无时不在、无处不在的"内在的法庭"或良心中，然而，最重要的社会条件是，"在外在的法庭中，只有当遵守法则带来安全时，才会产生义务"②。显然，对维持公民之间交往的相互性而言，缺失了"信约必须履行"的自然法及其遵守的条件，"人们之间的所有善意和信任就会失去，所有的仁爱也会失去，且不会再有相互的帮助，也没有动力去赢得感恩了"③。

虽然霍布斯有着对人性恶的认知上的偏执，然而他的解释模式，也揭示了在陌生化的公民之间维系回报的"相互性"，从而建立起彼此之间理性的信任的一个必要的社会条件，那就是，合理的强制和法律惩罚的存在，不仅对于公民服从正义原则是必要的，同时，也为公民的相互信任提供了一种有效的担保。没有一种正义的社会秩序作为公民生活的前提，就会因为普遍不确定性的存在，而产生相互的"疑惧"，也不会产生趋于社

---

① [英]霍布斯：《论公民》，应星、冯克利译，贵州人民出版社2002年版，第19页。
② 同上书，第37—38页。
③ 同上书，第30页。

会和平与秩序的个人理性能力的运用，以及持守契约的意志。而与霍布斯的解释模式相应的是，休谟尽管无法认同离开强制权力就无法组织社会的观点，然而，他同样强调，为了维系陌生人之间的回报关系而解决信任难题，我们需要为了社会的需要和利益，而做出一些"人为"的发明与设计。休谟断言，"人类因为天性是自私的，或者说只赋有一种有限的慷慨，所以人们不容易被诱导了去为陌生人的利益作出任何行为"①，虽然人类为了交互的利益而寻求彼此之间的相互性回报，但是，也由于合作性实践中的不确定性的存在，我们不能把这种"相互性"的维系，完全只是建立在期待人性中普遍的仁爱，抑或依靠人们以自觉"感恩"的义务来报答施惠者善意的基础之上。"人类中间的腐败情况是太普遍了，所以一般地说，这种保障是很薄弱的。"② 因此，尽管这并不意味着完全否认慷慨和高尚的友谊以及互助的交往类型的存在，但是，对于以计较利害或以利益的理性权衡为主导的社会交往关系而言，在以"人为"的正义法则作为社会前提的条件下，我们仍然需要引入某种实施机制，来解决信诺的难题，而"许诺"就是为满足社会需要的"人类的发明"，这体现了对于人类计较厉害的交往所施加的一种认可和约束力。正因为如此，我们同样需要履行许诺的法则，如果个人拒绝履行他的许诺，那么将永不能期望再得到别人的信托。同时，要解决人们在公共生活中在共同利益实现上所存在的信任问题，同样也需要通过政府的"发明"，以外在的强制和执行正义来约束人性的弱点而补救弊病。

因此，即使在"权利—义务"关系的话语语境中，如何在实现规范生效的同时，以有效允诺来克服合作性实践中的不确定性和信任难题，也一直是人们关注的焦点。在罗尔斯看来，如果霍布斯的最高专制权力旨在通过保持一种公开的、有效的惩罚体系，来维系合作性实践的稳定性，那么，以相互之间的允诺来探索合作体系的形成，也确实需要面对和解决"确信"问题。因为即使所有的公民都愿意履行其职责，但是，也只有在确信其他人将同样尽责时，才会选择这样做。允诺作为抱有审慎地承担职责的公开意向而做出的行为，在确认他人的意愿的同时，也需要他人知道

---

① [英]休谟：《人性论》下册，关文运译，商务印书馆1997年版，第559页。
② 同上书，第560页。

自己受规则的约束并意愿遵守。因此，一方面，强制实行一种有效的约束性规则是必要的，"在一个较大的共同体中，不可能期望得到那种在相互诚实的基础上建立起来的使强制成为多余的互相信赖"[①]。因而，承认这些限制性的社会安排，以及对其所具有的约束力的信赖，既确保着人们对正义原则的服从，同时，也保证公民们的相互信任不致落空；另一方面，也只有在一个正义的社会结构与制度安排中，才能在有效抑制背信与不义的基础上，使人们真正具有履行职责与信约的正常的理性和正义感，也才能合理期待，人们会在寻求"互利"的同时，也维系着一种彼此也回报"善意"的"相互性"。因而，"每个人都知道（或至少合理地相信）别人具有正义感，因而具有履行真正职责的正常有效的欲望。没有这种相互信赖，诺言就一钱不值。不过，在一个良序社会中，这种知识是现存的：当它的成员们做出允诺时，对他们履行职责的意图就有一种彼此回报的承认，和一种相信这一职责将得到尊重的共有的合理信念。正是这种彼此回报的承认和共同的理解，使一种事业开始并继续维持"[②]。

亦如尼布尔在《道德的人与不道德的社会》中所指出的："社会将公正而不是无私作为它的最高的道德理想，它的目标是为所有人寻求机会的均等。如果不坚持以利益对抗利益，并且，如果不对那些侵犯了其邻居权利的人的自我维护行动加以限制，就不可能实现这种平等和公正。"[③] 因此，选择和道德相容的最低限度的"合理强制"，通过"利益的刺激"来诱导人们对法律的服从，就成为实现社会的公正秩序所必须，而通过制度化的制裁和惩罚方式，以利益来"制衡"人的欲望，也成为"人为"地构建良性社会秩序的一种必要的手段。因此，当下社会的伦理建构中，要解决报偿的现实困境而建立良性的社会秩序，以重新确立起人们对道德的信心。这体现在秩序的生产方式上，既需要开掘个体自身的道德本能，认识到诸如义愤、正义感以及仁慈和友善在秩序生成中的作用，但是，首要的是在这种人性自然的社会本能的基础上，确立起一种"人为的"正义。因此，秩序构建的含义，不仅仅只是意识到它是"长成之物"，同时，它

---

① [美]罗尔斯：《正义论》，何怀宏等译，中国社会科学出版社2009年版，第211页。
② 同上书，第272页。
③ [美]尼布尔：《道德的人与不道德的社会》，蒋庆等译，贵州人民出版社1998年版，第202页。

也是"建造之物"。因为尽管个人有自然的德性践行及其情感表达的冲动，甚至自己意愿付出相应的成本，也要禁止不义而抵制罪恶，抑或做出无谓的牺牲而践行人道主义精神，来展现人性中的光辉。然而，一方面，我们却不能失却在社会和制度层面上的正义安排，在惩罚不义的同时，也不能放弃对仁慈与善意的保护所能提供的社会条件；另一方面，实际上也只有在这样的背景性的社会框架的前提下，才能合理地激发人们去表达道德情感和实践各种德性的欲望。相反，当得不正义之利总是超过遭受不正义所得的害，当伪善和狡诈惯常得到了不公正的制度的慰藉，那么，这也就逐渐侵蚀和磨灭了人性中所需要鼓励的善良。正因为如此，霍布斯才会认为，要以人们对强制力量的畏惧心理，来束缚人们的野心和贪欲，以消除社会合作体系中的不稳定性，减轻人们由于确信问题而存在的恐惧心理。"在世俗国家中，由于建立了一种共同权力来约束在其他情形下失信的人，这种恐惧失约的心理就没有理由了。由于这一原因，根据信约应首先践约的人便是有义务这样做。"[①] 同时，因为强制惩罚威慑力的存在，使人们减弱了期望通过做规范生效的破坏者，来获得更大利益的侥幸心理。而休谟也由此强调，需要通过执行正义，让服从正义成为人们的切近利益，而使违犯正义成为人们辽远的利益，从而对自利的人性产生良性的诱导。而对于罗尔斯而言，即使在一个良序社会中，"必需的刑罚无疑是温和的，而且也许永远不会被使用"[②]，但是，它却仍然是保证人类正常生活秩序的一个"必要条件"。因此，通过惩罚不义来确立正当，通过抑制罪恶来弘扬善良，这不仅仅只是道德理论的使命而需要确证的合理性，也不只是个体自觉的道德责任，更是社会的责任和使命。

鉴于传统中国社会没有孕育出成熟的公共生活的社会条件和文化土壤，在当下社会发展的境遇中，与有"刑"无"法"的传统文化个性相比，现代公民伦理的建构，更依赖于社会成员对"法律"的普遍信赖，这就有对其公平与正义的"法"的实质性的价值诉求，也有对公正的"罚"的程序正义的要求，以及由此在确认公民身份的基础上，来逐渐培育的社会的确信程度。如果说，当下社会中"好人难做"呈现的伦理紧

---

① [英]霍布斯：《利维坦》，黎思复、黎廷弼译，商务印书馆1997年版，第104页。
② [美]罗尔斯：《正义论》，何怀宏等译，中国社会科学出版社2009年版，第211页。

张，既需要有制度的正义对不义和狡诈者的有效遏制，来维护合法而确证正当，那么，同样也要求通过制度的有效激励，来对缺乏公共生活规则与秩序的现状，提供纠正和诱导，以支持和鼓励健全的公民理性和良序的公共生活的发展。在罗尔斯看来，当制度正义时，"那对参与着这些社会安排的人们就获得一种相应的正义感和尽到他们自己的努力来维护这种制度的欲望"[①]，从而使人们在总体上不再通过人际之间的友情，而是通过公民彼此之间对正义原则的认同和接受，来产生连属关系。同时，这也并不意味着良序社会的制度与实践的"固化"，而是也需要有着对现状的评估，和对现存制度采取相应的调整，或做出某些创造性的安排，来更好地满足使社会趋近正义的需要。实际上，就激励人们在互利基础上来肯定回报性的善意而言，也确实需要在实践中做出创造性的社会安排，来提供规范和引导。在很多人看来，陌生化社会中"好人不敢做"的困境，也折射了对于制度安排的现实需要。由此，在社会生活中，也出现了诸如"道德银行"等对道德回报的制度化的尝试，通过"好人救助基金"，来倡议建立道德成本和风险的补偿性制度，以期树立人们的诚信观念，化解不确定性风险而引导人们崇信向善。或许在人们看来，这也只是一种在当前缺乏支持一种健全的公共生活的文化基础和社会氛围中，所能采取的一些权宜性的办法。不过，这也确实启示我们对于制度安排所具有的伦理效力的期待，在很大程度上，具体的制度安排所提供的，更多只是现实的道德标准，它的积极作用，也在于为人们企及更高的理想的道德标准，提供社会前提条件和助力。因此，这并不意味着取消了个人对于更高的道德境界的追求，而只是为人们提供趋近于完善与正义的最基本的背景性条件。

如果说，制度的伦理效力，在于既能约束人性的恶，也能激励人们的善行，从而成为走出报偿困境的现实路径，那么，在主要以利益和经济冲动为联结动力的陌生化社会中，一种能合理叙述人们的欲望和提供生活意义的文化价值系统，同样也成为公民伦理建构和良序社会实现的必要条件。正如贝尔所言："每个社会都设法建立一个意义系统，人们通过它们来显示自己与世界的联系。……这些意义体现在宗教、文化和工作中。在这些领域里丧失意义就造成一种茫然困惑的局面。这种局面令人无法忍

---

① [美] 罗尔斯：《正义论》，何怀宏等译，中国社会科学出版社2009年版，第359页。

受，因而也就迫使人们尽快地去追求新的意义，以免剩下的一切都变成一种虚无主义或空虚感。"① 确实，在"利益至上"的社会文化氛围中，人们会剥离生活本身对于意义和价值的追寻，当经济冲动成为社会进步的唯一主宰和至高标准，人们也会沉溺于本性的放纵，而失去了追求德性的倾向和意志。因此，在现实生活中所出现的道德无序与报偿的困境，固然是因为缺乏健全制度的有效支持，缺失充分地培育公民生活的社会条件，但与此同时，作为一个公民所应具有的规则意识、契约精神和诚信态度，这些"精神气质"也需要有相应的"文化力"的支持来养成。可以说，一个社会的文化价值观念，是处于一定社会环境中交往活动的参与者，在面对事实领域与价值世界的纷争而协调意见和协同行动时，所必需借以参照的观念系统，因而这也是实现公正的道德报偿所需要考虑的社会要素。如果说，制度性的规范约束系统，为行动提供行为的选择集合和参照结构的话，那么，文化价值观念系统，则为人们提供了合理性辩护和意义的解释资源，它亦可以通过支持或谴责某一行为，而起到引导行为和整合社会秩序的作用。实际上，就如韦伯在西方文化背景下阐述的新教伦理所具有的价值内涵与精神结构，它也为我们提供了一个道德约束与激励相容的解释范例。因为这种价值观结构，既肯定了人们的欲望的合法表达和道德上的正当，在释放了人们的利益冲动而迎合了世俗化时代的需要的同时，也以特有的信念来给予有效的约束和激励，进而形成了特有的"精神气质"，尽管最终是以超越性的方式来实现，但同时也使人们在日常的生活中确证了自身的价值和意义。

  当然，这种信念和文化力，是在西方社会的文化背景下，通过宗教的形式来提供的，对于我们当下社会而言，并没有能够直接借鉴的实践意义。因为我们没有西方式的宗教与传统，也没有"上帝之城"与人间世的巨大"鸿沟"的存在，并在得以用此来观照人性的罪恶和愚蠢的同时，又能作为鞭策人们努力向善的动力。然而，如果说在当下社会所需要确立的，是一种作为公民身份的"精神气质"，是需要在陌生化社会中的彼此尊重，抑或像罗尔斯所构想的，人们既能在合作性实践中按照正义原则去

---

① [美] 丹尼尔·贝尔：《资本主义文化矛盾》，赵一凡等译，生活·读书·新知三联书店1989年版，第197页。

行动，在确认"正当"的同时形成有效的正义感，也具有在实现自身合理生活计划中的善观念的能力，那么，这种现代性的"精神气质"，显然已经不能在整体上从传统的文化系统中"濡化"而生。因为，作为传统文化中最重要的支柱性的要素，亦即家族本位的结构，在社会的变迁中被"解构"了，因此，这自然也引起了人们的精神结构与文化价值观念的变革。从这一意义上来说，我们既保留了传统文化对于国民性格的塑造所承继的隐性基因，但是，也亟待在公民伦理的现代性建构中，获得新的人格类型和"精神气质"。而对于激励这种人格类型所要求的文化价值结构而言，首先要在肯定人们的欲望表达的合法性和正当的同时，在对利益冲动和欲望的文化叙述中，引申出"精神需求"对于人之存在的意义。在肯定人们的经济冲动和正当的物质利益追求的同时，以"如何获得"的文化价值导向，来引导人们从欲求目标出发，自觉地走向对美德的精神追求。因此，这种文化激励机制，也并不过于渲染利益冲动和精神需求之间的拒斥和对立。同时，如果说，哲学家以高举"要有勇气使用你自己的理智"作为启蒙的格言，而这种启蒙的伦理学意义，在于不再只是通过人格化上帝之存在的本体论承诺，而是从人的自身存在的价值和尊严，来确证道德的根据和理性的信仰。那么，在我们看来，这也说明了人类生活的意义与价值，同样也可以在人性与社会的完善性当中，去寻找和确证，那就是：在正义社会秩序的追求中使用自己的理智而体现自由，在"正当"的生活方式的选择中赢得人格上的尊重，在合理的生活计划的实现中确认自己的自尊，在社会成员之间的"彼此善待"中来获得快乐和幸福。

第三节 一种新的秩序图景：从正义社会到幸福社会

不可否认，市场本身具有秩序功能，然而，道德也在实现个体利益和相互性利益之间的非强制性和解中，承载着更为重要的使命。在世俗社会秩序的乐观理想中，人们一直期待在个人自由、经济富裕和公民美德之间构建一种和谐的秩序图景，希望"市场奇迹"能在创造经济繁荣的同时，又能诱导人们的自利心，从而产生一种自我生效而维系社会的"相互性"与合作秩序的力量。然而，一方面，仅被"启蒙"了利益心的个人，在热衷于追求自身利益、抑或痴迷于财富过度享有的同时,也开始表现出了对精神上的奖赏或惩罚的淡漠,甚而背弃了美德之路;另一方面,仅以自利为导向的行为逻辑,也始终无法有效地弥合在理性自利与公共利益之间所存在的鸿沟。因此,如果说市场并非"道德虚无区",那就需要我们辨识出其所存在的道德维度及其对美德的诉求。我们必须追问的是,它是否能公平地对待其中的每一位参与者,同时,当人们做出"道德的"选择时,又能否"胜过"不义而合于其合理生活计划的追求。对于一个正义社会而言,如果恶行应得惩罚是一种"权利"的主张和诉求,就应当运用法律的威力来约束和惩罚不义,这是每个政府和国家殚精竭虑,也能做到的"义务"。但是,一个良序社会也不能只是满足于消除社会中的"不义者",而忽视激励人们践行仁慈义务的道德要求。因为只有在善行的回报与双向激励中,才能打开通向幸福社会的大门,在这种"肯定的"意义上来实现好人"不坏",不仅是摆脱道德冷漠世界的需要,也是走向人类幸福生活的一个"不可或缺"的条件。

一 公民美德与市场秩序:自由秩序图景的内在批评与镜鉴

正如康德曾言:"启蒙就是人从他咎由自取的受监护的状态走出。受监护状态就是没有他人的指导就不能使用自己的理智的状态。"[①] 之所以是咎由自取,就在于不是因为缺乏理智,而是人缺乏使用自己的理智的决心和勇气,大多数人因为懒惰和怯懦,而意愿停留在受监护的状态之中。显然,没有启蒙就没有个体独立的人格和自由,也就没有作为一个公民而产生彼此尊重的态度,以及以正确的理性来追求社会的正义和人类生活的至善。应当说,当西方社会在启蒙的社会进程中,受到启蒙的个人,因为逐渐摆脱了旧有的权威和宗教教条主义的束缚,从而以对世俗世界的肯定,来描述一种社会秩序的理想图景,那就是,即使没有了上帝权威的照管和协助,个人追求理性的自利,也能在结果上大体实现社会的秩序与和谐。实际上,当西方社会开始迈入世俗化的大门,"社会秩序何以可能"就成为一个中心问题,而霍布斯的"每一个人对每个人的战争"的著名

[①] [德]康德:《康德著作全集》第 8 卷,李秋零主编,中国人民大学出版社 2010 年版,第 40 页。

断语，就是对这一问题所做出的一个形象而深刻的描述。为此，他也竭力描述了"自然状态"的特征，来解释人类生活向"社会状态"转化的必要性和条件。不过，这种秩序问题上的"乐观"，却与其对人性的"悲观"描述形成了鲜明的对照。因为在前社会的条件下，人为求利而竞争，为自保而相互猜忌，以及为了求名誉而进行侵犯。"旧道德哲学家所说的那种极终的目的和最高的善根本不存在。欲望终止的人，和感觉与映象停顿的人同样无法生活下去。幸福就是欲望从一个目标到另一个目标不断地发展，达到前一个目标不过是为后一个目标铺平道路。所以如此的原因在于，人类欲望的目的不是在一顷间享受一次就完了，而是要永远确保达到未来欲望的道路。"① 为此，重要的是，要找到一种有效的办法和手段，来调整和制衡人性的欲望，使之得以超越那些易导致战争状态的欲望。不过，这不需要再借助于超人力量的干预，因为人对死亡的畏惧和对舒适生活的欲求，而愿意接受理性指示的和平生活法则，与其陷入危及生命的持久战争与冲突，也宁愿选择让渡自己的权利而服从于利维坦的统治之下。

可以说，霍布斯的"秩序"问题的解决方案，也启示了后来的哲学家们。一方面，"可以预料，为个人权利服务的社会的、道德的以及政治的法规和制度比柏拉图和亚里士多德的乌托邦蓝图更行之有效，因为个人权利本身来自最强有力的自私的情感和欲求"，同时，"因为道德自律和蔑视自私的传统学说的基础已经动摇，所以人类通向使自我利益合法化或得以确认的新道路已经被打开"②。如果说，不存在通过宗教戒律和道德说教来改造人的自私本性的可能，但是，却似乎让人们看到了不需要让人的行为和努力偏离对个人幸福的追求，也能在对自我利益追求的基础上来寻求社会秩序的渴望；另一方面，唯有通过"看得见"的权力威慑，来建立相互信任而解决社会稳定性问题相比，在没有国家外在强制的条件下，是否能依靠个体明智的自我利益的权衡，来维系公民之间的相互性而获得合作秩序？显然，休谟承袭了这一理论兴趣和解决秩序问题的指向。

---

① ［英］霍布斯：《利维坦》，黎思复、黎廷弼译，商务印书馆1997年版，第72页。
② ［美］克罗波西、施特劳斯主编：《政治哲学史》，李洪润等译，法律出版社2009年版，第399页。

在他看来，尽管政府因为对人类有利而成为一种必需的发明，但是，即使没有国家权力的完整性，却也能在较小的人类合作体系中，产生自我生效的秩序力量。同时，与霍布斯所描述的因为人人都有自我保存的权利，从而导致充满欺诈和暴力的"自然状态"不同，洛克却认为："那是一种完备无缺的自由状态，他们在自然法的范围内，按照他们认为合适的办法，决定他们的行动和处理他们的财产和人身，而毋需得到任何人的许可或听命于任何人的意志。"① 因此，这种"自然状态"，并非是彼此敌对而充满恐惧的"战争状态"。"尽管有些人把它们混为一谈。它们之间的区别，正像和平、善意、互助和安全的状态和敌对、恶意、暴力和互相残杀的状态之间的区别那样迥不相同。"② 因为有一种为人人所应遵循的自然法，对它起着支配性作用，"人们既然都是平等和独立的，任何人就不得侵害他人的生命、健康、自由或财产"③。正因为如此，大多数人在行使其追求个人幸福的自然权利时，也就有义务去尊重别人的权利。所以，我们并不是彼此伤害和毁灭，反而可能在这种自然的平等的基础上，衍生出相互性的正义和仁爱。显然，这种观点，也启发了这样一种自由秩序的构想，那就是，个人理性地追求自身利益，也能实现一种社会的合作秩序与和谐。

因此，洛克以较之于霍布斯对于人性更为乐观的预设，给予了人的理性行为能力以更高的期望。这种秩序构想，也加强了人们对以自利和个人幸福为导向的行为，与社会合作的要求之间存在可调和性的希望。而与洛克通过"自然权利"来为个人利益的追求提供合理性的辩护不同，曼德维尔在其著名的"蜜蜂寓言"中，通过宣扬"私人恶德即公众利益"的信条，以一种霍布斯式的对人性的极端描述方式，来表达人们彼此即非真正的善意，也能产生对社会有利的后果的观点，进而产生了广泛的影响。他认为，"使人变为社会性动物的，并不在于人的追求合作、善良天性、怜悯及友善"，相反，"人的那些最卑劣、最可憎恨的品质，才恰恰是最不可或缺的造诣，使人适合于最庞大（按照世人的标准衡量）、最幸福与

---

① ［英］洛克：《政府论》下篇，叶启芳、瞿菊农译，商务印书馆1996年版，第5页。
② 同上书，第14页。
③ 同上书，第6页。

最繁荣的社会"①。因此，人们在社会分工和职业劳作中所有呈现的勤勉和正直，也都不过只是实现真正自利的欺骗和"伪装"，以满足彼此之间的虚荣和贪婪，而正义的惩罚虽有不偏不倚的表象，却也只是佯装，而其实仅出于个别的私利。然而，这样的社会虽然充满了恶意，却也使之成为乐园，那荒唐万分的"恶德"，却在推动贸易的车轮前进的同时，也给人们的生活带来了便利。显然，在他看来，这也就是"现实的人"的本性。人乃是一种精明、自私而顽固的存在物，而不能单纯依靠强力来使其获得切实的改善。"任何人若不同时向人们提供一种能为他们享用的替代品，作为对冒犯他们天然性向的奖励，那么，他依然不大可能说服人们对抗自己的天然性向，或将他人利益置于自身利益之上，因为人们若这样做，势必会悖逆自己的天性。"② 因而一切力图通过征服和克制私欲来寻求社会秩序的努力，都是不可能完成的艰巨任务，而如果人类的私欲被彻底地根绝，那么，商业社会也将会失去动力而终结。为此，曼德维尔意图表达这样一个市场社会的"悖论"，亦即，"既享受一个勤勉、富裕和强大的民族所拥有的一切最优雅舒适的生活，同时又具备一个黄金时代所能希望的一切美德与清白，此二者不可兼得"③。

然而，作为以一只"看不见的手"，来描绘个人利益的追求与社会利益之和谐秩序图景的斯密而言，他认为，曼德维尔的体系，似乎要完全抹杀罪恶和美德之间的区别，"这位作者的见解几乎在每一个方面都是错误的"④，因而这个学说体系的倾向，也是十分有害的。虽然对人类天性观察的某些表现，似乎也近似于曼德维尔的见解，然而，却只是被其过分的夸张，披上了某种像是"真理"的外衣以欺骗世人。因为在他的逻辑中，所有的美德只是一种对人类的欺诈和蒙骗，人们争相仿效的美德，也只是谄媚和虚荣"苟合"的产物。在斯密看来，尽管富有公益精神的行为，也可能来自于自爱之心，但是，却不能将人类所有的激情的根源，都

---

① ［荷］伯纳德·曼德维尔：《蜜蜂的寓言》，肖聿译，中国社会科学出版社2002年版，第1页。
② 同上书，第32页。
③ 同上书，第3页。
④ ［英］亚当·斯密：《道德情操论》，蒋自强、钦北愚等译，商务印书馆1997年版，第406页。

"还原"为一种简单性的自爱,也并不能由此就否定美德存在的真实。首先,因为尽管美德和虚荣心,都可能是出于对成为令人尊敬和赞赏的对象的喜爱,从而有些许"类似",然而,两者的本质区别在于,前者是以对真正值得尊敬和赞赏的品质的热爱,来获得他人的尊敬与自我的认同,这也是人们有"正当资格"获得的东西,体现的是人性中最高贵和最美好的情感,而不像后者,是在要求其没有正当权利去要求的东西,而只是使自己陷入卑劣、幼稚和浅薄之中;其次,对于人类美德的要求,也并不是要求对人们所要控制的激情完全无动于衷,而只是要约束激情的程度,使之合宜而不至于伤害个人,扰乱或冒犯社会。由此,斯密认为,曼德维尔的善恶不分的理论,其错误就在于把美德看作是对所有人类激情的根绝,而不是去追问其强弱与方向所体现出来的合宜性。因此,这样的体系所宣扬的信条,"它或许并未引起更多的罪恶,但是,它起码唆使那种因为别的什么原因而产生的罪恶,表现得更加厚颜无耻,并且抱着过去闻所未闻的肆无忌惮的态度公开承认它那动机的腐坏"[①]。显然,对于斯密而言,一方面,他也强调了人们在基于分工和契约的相互交换倾向的基础上,通过刺激人们的自利心,来促成社会合作利益实现的前景,尽管人天性是自私的和贪婪的,然而一只"看不见的手"引导他们,从而不知不觉地增进了社会利益;另一方面,他也强调,人们在自由地追逐个人利益的社会竞争中,需要以正义以及尊重"他者"的情感和反应性态度,来限制自己的行为,从而体现了对公民美德的道德诉求。

当人们热衷于一只"看不见的手"的形象描绘时,这也大大增强了对基于自利来实现社会秩序的乐观期待。不过,不论是人们在理论上的演绎,还是时代与社会经济的发展,却都在某种程度上逐渐偏离了"真实的"斯密,以及他对这一秩序图景所施加的各种限定。就前者而言,人们过于关注斯密体系中那些似乎缺乏友善和伦理的人类行为与动机的描述,而钟爱于他所叙述的"自利心"与精明,也就忽视了同情共感在社会秩序型构中的作用。实际上,对于真实的斯密而言,就如森所言:"这并不表明,他就由此认为,对于一个美好的社会来说,仅有自爱或广义解

---

① [英]亚当·斯密:《道德情操论》,蒋自强、钦北愚等译,商务印书馆1997年版,第413页。

释的精明就足够了。亚当·斯密恰恰明确地站到了另外一边,他并没有满足于把经济拯救建立在某种单一的动机之上。"① 因此,他既没有赋予自利的追求以一般意义上的优势,反而却强调了他所关注的事情具有的"时代性",进而担心其理论的"时间性"被人们所误解。而当人们不能超越"屠夫和酿酒师"的故事时,也就逐渐"曲解"了斯密的真义。在森看来,这种曲解,也相应地加深了经济学的贫困化。对于后者而言,市场既是商业社会的核心,斯密面对其所引起的经济变革,也认识到道德对于实现社会秩序的必要,这种渴望,也始终没有因为自利的动机而被弱化,相反,它会促使人们在努力实现自身欲求目标的同时,去追求社会的和谐与秩序。正如他自己所言,就旁观者和当事人的情感而言,"两种情感相互之间可以保持某种对社会的和谐来说足够的一致。虽然它们决不会完全协调,但是它们可以和谐一致,这就是全部需要或要求之所在"②,这也可以说是"看不见的手"的道德意蕴。显然,也不同于后来人们对其所做的"简化",因为这种简化只会使人们越来越倾心于市场本身所具有的秩序力量,相信市场的"奇迹",就在于仅以物质利益为导向,就能激励人们以对社会有益的方式来使用其经济手段,甚而也无须外在性的强制和干预。"合作性交换行为环环相扣、无穷无尽的市场不仅会提供一种无偿的经济协调机制,而且会通过温和强制确保市场参与者成为和平的公民,他们以道德上可以接受的方式去追逐自己的利益。"③

诚然,这一秩序构想也随着理论的演绎与社会经济的发展,而受到了更多的挑战。随着人们在理论上剥离了市场参与者所要求的"伦理气质"要素,而把人"简化"为理性的效用最大化者,现代经济学"技术上的"的发展,却发现了一个自由秩序构想所面对的解释难题,亦即,在某些情况下,理性地遵循自利并非导向公共利益的"最优",而只能是"次优"的结果,"在这种情况下,'自利逻辑'就导致在理性行为人的愿望与其

---

① [印] 阿马蒂亚·森:《伦理学与经济学》,王宇、王文玉译,商务印书馆2000年版,第28页。

② [英] 亚当·斯密:《道德情操论》,蒋自强、钦北愚等译,商务印书馆1997年版,第22页。

③ [德] 米歇尔·鲍曼:《道德的市场》,肖君、黄承业译,中国社会科学出版社2003年版,第11页。

通过自身行为和决策实际达到的结果之间产生了一道鸿沟"①。而这种"两难困境",也成为人们探究"秩序问题"的一个新的范例。因为它似乎再现了人类在合作问题上那令人沮丧的前景,也似乎向理性自利的人能够获得理性结果这一基本信条发起了挑战。在人们看来,这一"难题"也成为"看不见的手"的对立面,构成了对自由秩序图景的"内在批评"。但是,实际上,这似乎又让我们回到了霍布斯的秩序理论的核心问题。因为人们如果自发地合作,而不是相互掠夺、先发制人,彼此都能得到更大的好处,然而,由于自利的行为能从他人的合作意向中受益,因此不管他人如何行动,"理性傻子"都会采取掠夺而非合作的策略,才会使自己得到更大的利益。与人们确信自利的理性追求将导致人们选择"合作"的行为方式相反,当自由市场没有足够的力量,来确保人们采取可靠的符合道德的行为,那么,以纯粹自利为导向的人们,将在各种破坏性诱因的激励下,采取背信和不合作行为。当人们考虑选择作为机会主义者,当有利可图时就会善于"伪装"和欺骗,"总会出现某些'天赐良机',人借此可以逃避参加共同任务或以牺牲别人为代价而自己相对不冒风险地致富。如果把市场视作或多或少孤立的个人之间进行交易的定序,它便无法'生产出'道德和美德,而是本身依赖于道德和美德"②。为此,囚徒困境的逻辑结构,也成为人们探究人类互动中合作与秩序实现的思考范型,启示着人们对于市场参与者的"理性"决策、个人利益和道德之间内在联系的认识,并努力寻求摆脱这一合作困境的出路。同时,这一"内在的批评"也使人们认识到,这一难题产生了一种根本性的"道德需要",那就是,在一个以自利为导向的社会中,是否可能将他人的利益和社会公益也作为个人行为的目标,抑或是否可能存在着从他人的目标出发,来评价行为者自身的行为目标?当人们只是关注个人利益的实现,甚或趋向于采取违背他人或社会利益的互动中,又是否能够满足这一需要?欺骗、搭便车和坐享其成的出现,使合作性互动受到阻碍,也带来一种最优化结果的市场互动的失败。高塞尔说:"亚当·斯密提示我们的条件

---

① [德]米歇尔·鲍曼:《道德的市场》,肖君、黄承业译,中国社会科学出版社2003年版,第22页。

② 同上书,第27页。

中,外在性是缺乏的,这样市场确保了每一个人的自由,以最大化的行为导致一个最优的结果。霍布斯引入了主权者,他约束每一个人的选择,以使最大化的行为产生一个看似最优的结果,即使在外在性出现的情况下。"① 因此,前者提供了对于自然互动问题的无成本的解决,而后者诉诸权威和强制来确保"服从"的政治方案,即使权力没有腐败,这也是一种代价高昂的解决方案。而如果要在外在性的条件下实现市场秩序,那么,我们就需要考虑用公正的合作这一只"看得见的手",来代替"看不见的手",从而实现如在完美竞争市场条件下所提供的秩序理想。同时,要解决这一秩序问题,在很大程度上,仍旧是要回应霍布斯问题所提出的挑战:怎样使一个理性自利的行为符合道德规则,在没有利维坦的威慑和惩罚的条件下,能否基于个体的理性而产生一种自我实施机制来解决这一难题,通过"道德装置"来减少政治强制的成本?他认为,关键在于,我们需要论证接受对于一个人的最大效用的直接追求的一种道德约束的合理性,而道德作为一种对个体利益追求的理性和公正的约束而产生,也是每一个理性的人所必须接受的。为此,他以"有约束的效用最大化者"的倾向来作为实践正义原则的行为类型,并认为其在与有着同样倾向的人的互动中,有理由倾向于遵守正义原则的要求,而"内化"互利的观念。"傻子和狡猾的恶棍,看到从例外中得到的好处,从违背诚实和服从中得利,但是并没有看到超越这些利益的方面,而不会获得这种倾向。那些无赖的确被认为是在明智地行动,但在我们中间,如果我们不被他们的狡猾辩词腐蚀的话,他们只不过是傻瓜。"② 由此,高塞尔在严谨的推理所主张的效用原则下,跨越合作困境的努力,实际上仍然援引了那隐匿于其中的道德诉求,如作为公平起点的"勿作恶"的"洛克式"限制性条款,对权利的尊重和合作性实践的坚持,以及培养一种抑制直接的最大化的"行为倾向"。这在某种程度上,也就必然延伸出需要超越某种过分"简化"的狭隘的人性观念。就像阿克塞尔罗德所说,合作的出现,需要我们培育"公民的偏好",使之"不仅有他们自己的个人利益,还至少在某

---

① David Gauthier, *Morals by Agreement*, Oxford: Oxford University Press, 1986, p. 164.
② Ibid., p. 182.

种程度上结合了他人的利益"。① 这也就意味着，现实的合作体系中的人们，也需要考虑到诸如社会认同和尊重的"伦理相关"的目标，有着对背信和不义的"反应性态度"，由此，也就不仅仅只是"理性傻子"，抑或是追求自利最大化的偏执狂而沦为真实的"囚徒"。

而在罗尔斯看来，自由秩序图景必须以公民的正义感的道德能力为前提。为此，霍布斯的秩序方案，只是通过诉诸自我利益的基础而不能令人满意，因为其世俗的道德体系，既排除了对于人们参与合作的公平与正义感的关切，也没有为真正"服从"的道德义务观念留下空间。同时，罗尔斯也认为，高塞尔所做的，只是力图"从合理的［理念］中推导出理性的［理念］"，来抵御道德怀疑论，也就是说，"如果某些明确的正义原则可以从偏好、决定、或适当规定的环境中纯合理的行为主体之一致中推导出来，那么，理性的就最终有了一个坚实的基础"②。然而即使高塞尔作为这一理论意图的范例而采用了严格的推理形式，也不会取得成功，而且，"只要它们看起来是成功的，它们就在某一点上依赖于那些表达着理性的［理念］本身的条件"③。由此，罗尔斯通过区分"理性的"和"合理的"概念的含义，认为这两者之间首先存在重要的区别，不能认为存在相互的推导，特别是不能从后者来推出前者。"合理的人"所缺乏的，恰恰是作为理性能力之基础的那种"道德敏感性"，亦即当人们参与合作性实践时，将会按照可以理性期待同样平等的他人也会认可的条件来行为的欲望，抑或缺乏康德所说的那一种"道德人格素质"，因为"合理的人"能够理解道德法则的意义和内容，却不会受道德法则的支配，而当他们唯独只对自己的利益感兴趣时，也就临近了"精神病态"。而"理性的人"，有着尊重公平且与他者在所接受的项目上进行合作的能力，其所坚持的"相互性"，意味着既不是为普遍的善（利他主义）所驱动，也不同于使每一个人都可得利的"互利"理念，而是相信在合作性实践中，每一个人都能"与别人一道得利"。当然，在正义的良序社会中，"理性的"和"合理的"也是相互补充的，它们分别与正义感的能力和善观念的能力相联系，一起构成了现代社会合作性

---

① ［美］罗伯特·阿克塞尔罗德：《合作的进化》，吴坚忠译，上海世纪出版集团2007年版，第94页。
② ［美］罗尔斯：《政治自由主义》，万俊人译，译林出版社2000年版，第53页。
③ 同上书，第55页。

实践的参与者所特有的"精神气质"。如果说，前者是理解公平正义原则、并具有在通常情况下能按照正义原则来行动的有效欲望，那么，后者则是人们合理追求一种尊重我们自己有价值的人生观的能力。而罗尔斯也相信，只有在一个良序社会中，实现正当与善的有效契合，才能消除被"一般化"了的囚徒困境两难推理的危险。

对于实现"美好生活"而言，亚当·斯密并没有只是赋予"看不见的手"以纯粹经济上的含义，尽管他强调了通过激励人们的利益冲动而产生财富累进的驱动力，但是，因为人们也渴望安全，也希望有好的政府，并希求良好的社会"治理"，以不断趋近于自然的正义准则的法律，通过执行正义而实现公正的判决。因此，他也更是对成为一个"有德性的人"，寄予了厚望和重要的使命，因为从一开始对市场合作秩序的自生性扩展所产生的乐观和信心，也最终隐含着对人们因为过度追求财富而易导致道德情操的败坏，产生了忧虑，因为追求财富的人们，也时常背弃了通往美德的道路。而对于罗尔斯而言，"美好社会"的含义，也并不是想象为普遍的仁慈和慷慨无私，将引导每一个人都把他人的利益，看作是他自己的利益。这在休谟看来，正义也将被这样一种广博的仁爱所中止，而归于"无用"，社会也就无须产权和责任的划分与界限。而对高塞尔来说，这也同样就不存在还需要通过"合作"这一只"看得见得手"，来约束搭便车、欺骗或是寄生者。如果说，人类社会就是为了相互利益的"合作性冒险"，因而成为"正义的领域"，那么在罗尔斯看来，"理性的社会"既不是一个圣徒的社会，期待着人们普遍地都受利他主义所驱使，也不是一个以自我为中心的社会，人们都只是为自己的情感和目的所支配。如果说，这种日常生活世界，就是正义所产生的环境，那么，当我们和陌生的"他者"一起投入到社会公共的合作性实践中时，也就需要有作为公民"个人美德"的那种理性的道德能力。"美好的社会"不仅有着正义的社会秩序，人们也能在社会背景框架下，运用自己的理智而发展自己的道德能力，"而且这些道德能力的发挥，在任何既定时刻都可以与一种决定性的善观念相配合"[①]。幸福与善的一致性，也以作为公民美德的道德能力的实现为前提。唯其如此，才能在塑造现代性公民的"精神气

---

① [美]罗尔斯：《政治自由主义》，万俊人译，译林出版社2000年版，第321页。

质"的同时，维系社会合作的稳定性，也才能在抵制不义的诱惑而增加其成本的同时，使正义"胜过"不义，而这其实也就是"德福一致"的本义。

二 当代中国的道德图景：幸福社会如何可能

就当代中国社会的道德图景而言，应当说，随着社会从传统到现代的转型，市场经济的确立和发展，既使社会的生产和生活方式发生了巨大的变革，也必然伴随着人们的道德观念和伦理秩序的实现方式的历史性嬗变。一方面，这种社会转型，既是传统经济向着"市场经济"作为"效率工具"的过渡，以肯定最大限度的追求个人利益目标的经济冲动力，而"启蒙"了的利益心，同样激活了人们禁锢已久的激情，使社会焕发了前所未有的生机与活力，也必然使传统的价值观念受到冲击和挑战。由于正当的个人利益逐渐获得了道德上的认可，个人的权利和价值日益受到了社会的尊重，人们对合理生活计划的确认所形成的"善观念"日趋多元化，从而也亟待形成一种体现公平与正义的有效的社会协调和控制机制；另一方面，这种社会转型的含义，却又并非仅仅只是通过承认市场作为效率工具，而呈现出社会和经济生活上的开放性和发展潜力，也更是意味着从"传统社会"向着一种"市场社会"的转型，因而也就需要有一个与之相适应的道德基础，以及与这种道德需求相一致的、区别于传统社会的现代法治秩序的形成。而在这种"历时性"的建构中，当下中国社会的道德与秩序图景，呈现了一种我们需要理性正视和反思的境况，这也成为人们普遍关注的焦点。正如有学者所概述的，当前社会生活中所出现的道德事件，无论是对道德楷模的赞言，还是对社会败德现象的批评，"勾勒出'感动与疼痛并存，谴责与反思交织，忧虑与希望同在'的图景。……论辩各方对道德问题超乎寻常的关注和唇枪舌剑，折射了中国社会深厚的道德底蕴和中国人浓重的道德责任心结。从一定意义上说，一个社会真正危险的道德状况，不是人们对败德现象的义愤，而是对道德滑坡的冷漠"[1]。可以说，与道德楷模和正向的道德激励对人们所产生的作用相比，一方面，我们不能忽视，正是那些败德现象的存在，给社会民众所

---

[1] 秋石：《认清道德主流 坚定道德信心》，《求是》2012年第4期。

带来的极大的道德压力,当人们感慨"缺德的人比缺钱的人还多","坏人不坏"的社会心理暗示,会使人们认为社会在滑向一个低信任度和缺德的深渊;另一方面,当美德得不到报答,"好人不好"的现实境况,也会使人们表现出集体性的道德冷漠,从而加剧人们评价社会道德状况的悲观和消极的情绪。正因为如此,在我们看来,实现公正的道德报偿,才成为了当下社会建构良性秩序和解决道德困境,以实现幸福社会之可能的要旨所在。

无论是以对道德律所具有的敬畏进而实现公正的报偿,还是对于实现幸福生活之可能的社会前提,首先都需要我们审视我们时代的"精神状况",而认识到作为人性最强动力的财富,对于人生目的和幸福社会的意义之所在。显然,对于个人而言,适度的财富成为个人创造美好生活的条件。在此意义上,亚里士多德显然早就已经洞察到,幸福固然需要适度的财富,但同时,它也只是作为做出高尚[高贵]的事情的外在的手段。它本身既不构成幸福,相反,在财富上失去了中道,也就意味着具有了奴性而失去了人的自由,所以,财富作为生活的手段,"对财物使用得最好的人是具有处理财物的德性的人"①。因此,在哲人们看来,适度的财富,既可以避免因为过度享有而诱生出放纵、傲慢和不节制,也可以避免因为极度匮乏而伴随着的痛苦、不幸和导致占有意识的丧失。实际上,幸福的社会的构建,同样也必须以财富作为根基,只有具有了相应的物质基础,才能使幸福社会从可能性转化为现实。然而值得注意的是,一方面,就如斯密所言:"也许值得指出,不是在社会达到绝顶富裕的时候,而是在社会处于进步状态并日益富裕的时候,贫穷劳动者,即大多数人民,似乎最幸福、最安乐。在社会静止状态下,境遇是艰难的;在退步状态下,是困苦的。进步状态实是社会各阶级快乐旺盛的状态。静止状态是呆滞的状态,而退步状态则是悲惨的状态。"② 因此,社会必须谋求经济的发展和财富的累进,也必须以公民的幸福生活为目的;另一方面,人们同时也发现,还存在着某种"不幸福的增长"。这既可能是因为,人们仅仅根据图

---

① [古希腊]亚里士多德:《尼各马可伦理学》,廖申白译注,商务印书馆2003年版,第96页。

② [英]亚当·斯密:《国民财富的性质和原因的研究》上卷,郭大力、王亚南译,商务印书馆2007年版,第75页。

利性的物质交换而得以维系着一种互利的关系,却由于缺乏彼此的"善意"与回报,在彼此冷漠对待的陌生社会中,也体验不到幸福和愉悦。同时,由于财富的增加并不必然导致幸福的增长,尤其是当社会财富的增长如果伴随着严重的两极分化,其所能影响和控制的要素和资源,在社会各领域的竞争中,失去了公平与正义的制度的有效维护,人们不但没有从绝对的财富增长中体验到幸福,反而更多的是从相对的财富收入显性的人际差异中,感受到了社会和生活中各种"不公正"的方面。正因为如此,幸福的生活就更需要有"公正"的原理,来提供背景性的规范约束和伦理上的保证。

对一个"欲望着"的世俗社会而言,正确的财富观,对人们所选择的生活方式和行为方式具有重要的意义。当自然利用人性以为财富能带来真正满足的弱点,刺激人们的欲望以推动社会物质财富累进的同时,却也隐现着因虚荣和贪婪、伤害和欺骗等导致道德败坏的危机。就当前社会生活中所体现出来的道德问题而言,尤其是人们在对待财富的态度上,若信奉的是"利益至上"的信条,唯利是图、甚至于漠视他人的生命、财产和安全,就会使人们在感叹道德滑坡的同时,也失去对道德的敬重和信赖。因此,这种利益攫取的态度,使人们失去了应有的节制,而迷失在物质财富的诱惑与累积当中。这也使人想到了亚里士多德所叙述的"寓言中的米达斯"式的贪婪,在他看来,人们在对待财富的立场上,"其执迷之尤者便信奉钱币就是真正的财富,而人生的要图在于保持其窖金,或无止境地增多其钱币。人们所以产生这种心理,实际上是由于他们只知重视生活而不知何者才是优良生活的缘故;生活的欲望既无穷尽,他们就想像一切满足生活欲望的事物也无穷尽。又有些人虽已有心向往'优良'(道德)生活,却仍旧不能忘情于物质快乐,知道物质快乐需要有财货为之供应,于是熟悉致富技术,而投身于赚钱的事业。这就是致富的第二方式所以成为时尚的原因"[①]。由于人生的快乐有赖于充足的物质供应,因此,人们热衷于致富术,就在于相信,"倘使凭借一门致富技术还不能完全如愿地达到目的,他们就把一切才德(职能)反乎自然的正道而应用到致富这一目的上。……世间一切事业归根到底都无非在于致富,而致富恰正

---

① [古希腊]亚里士多德:《政治学》,吴寿彭译,商务印书馆1983年版,第29页。

是人生的终极"①。由此，按照这种实践目的的逻辑来理解，似乎培育"勇德"的本意，就只是教育人勇于赚钱，医者的"仁心"只是成为取得财富的帷幕，而"诚实"也只是成为获取更多财富而屡试不爽的"诡计"。也由于人们在生活的具体的职业活动与实践中，忘却了自身所要实现的卓越和所要达到的真正目的，当把一切才德都完全运用于致富技术之时，也就使之完全"异化"，而沦为了实现追求财富的有效的工具和手段。当人们一切都反其道而行之，财富本乃身外之物而作为实现人生目的的手段，却衍变成为一件不断蛊惑人性贪欲而具有魔力的"斗篷"，人也就陷入物欲的牢笼之中而不能自拔。正是在这一意义上，当财富劣变为人们所追求的"至上"目的，人们也就汲汲营营地忙碌于"生存"，幸福也成为当下的享乐，而"遗忘"了超越于生存、通过成就德性以实现人自身的优越，以及寻求一种可"获得性"的幸福生活的真正目的和意义。

幸福生活的真义，首先在于不把人性中最强动力的财富冲动，"异化"为人生的终极目的。反之，在现实的境遇中，当人们痴迷于外在财富的过度享有时，失去了对于财富的德性，也就容易被诱惑所驱使而践踏法律和道德的底线，以对自己的过度偏爱而通过牺牲他人来满足自己的利益。正因为如此，幸福社会作为"可能生活"样式而具有现实性，就必然需要以个人美德来作为伦理精神气质的支持。实际上，在市场导向的商业社会中，就像亚当·斯密所认为的，顺从利己心的要求而对自己幸福的关心，要求我们具有"谨慎"的美德，同时，也需要我们有对别人幸福的关心，而具有"正义"和"仁慈"的美德。如果说，前一种美德约束我们以免受到伤害，在收敛自爱的傲慢之心的同时，也保持着对公正法则的敬畏，那么后一种美德，则敦促我们促进他人的幸福，并保持着道德上的敏锐性。这样，我们既"为我们作出有损于自己幸福的蠢事和对这种幸福的疏忽感到羞愧，或许也为我们对他人幸福更大的冷淡和漠不关心感到羞愧"。② 在斯密看来，恪守正义之德，既是对基于产生伤害的恶行的避免，也是社会和秩序得以存在和维系的根基。"无论在什么方面，甚至在没有

---

① [古希腊]亚里士多德：《政治学》，吴寿彭译，商务印书馆1983年版，第29页。
② [英]亚当·斯密：《道德情操论》，蒋自强、钦北愚等译，商务印书馆1997年版，第342页。

法律能合宜地提供保护的情况下,不危害或不破坏我们邻人幸福的某种神圣的和虔诚的尊重,构成了最清白和最正直的人的品质;这种品质若在某种程度上还表现出对他人的关心,则其本身总是得到高度尊重甚至崇敬。"[1] 只有基于对他人的情感的尊重、关心和善意,我们才能不会对他人的幸福无动于衷,而只有同情自己的自私和冷漠,这样的社会,也才会因为人们彼此的善意和回报,而令人愉悦和幸福。因此,这种正义与仁慈的区分,也就意味着一个"正义的社会"和一个"幸福的社会"的区别。从作为禁止伤害和作恶的消极正义的美德来说,人们可能只是通过某种"不作为"的方式而谨守正义的全部法规,如果人们都只是满足于以恪守底线,来对他人遵守正义法则,虽然获得了社会秩序之可能的条件,然而也可能感到,自己只是生活在一个互不关心的冷漠社会之中,而社会也只会演变为一个刻薄而严酷的利益的竞技场。相反,正是因为有了仁慈和善意的积极的美德,才会像斯密所说:"所有不同的社会成员通过爱和感情这种令人愉快的纽带联结在一起,好像被带到一个互相行善的公共中心。"[2] 由此,这也提示我们,当现实境遇中的人们缺乏对他人和社会的道德敏感性,以实践上的"不作为"的消极方式,来容忍和漠视他人的不幸或不义,这种人际道德关系上的孤立和淡漠的状态,显然也不是幸福社会的应有之义。

当然,现实社会中也只有首先不姑息恶行,才能引导人们去谨守正义之德,并激励人们积极表达仁慈和善意。正因为如此,当不义和恶行因为触犯了有关正义的各种法律,那么法律的威力应当被用来约束或惩罚违法行为,使遵守正义法则成为人们的真实的利益,让投机钻营的机会主义者增加心理和社会成本,让"伪装"和狡诈者们丧失声誉和地位而失去人们的信赖,更要让那些因褊狭的私利而漠视他人生命且导致真实伤害的作恶者,付出其所应得的代价。为此,每个政府或国家的殚精竭虑的"义务",也就在于运用社会强制力量来产生严格的约束力,使人们慑于惩罚力量的威力,而不敢相互危害或破坏他人的幸福。然而,我们也不能够让

---

[1] [英]亚当·斯密:《道德情操论》,蒋自强、钦北愚等译,商务印书馆1997年版,第282页。

[2] 同上书,第105页。

善意与仁爱，完全只是依赖于人们自然的情感和自发性的动机，而是同样也需要获得公正的社会结构的支持和鼓励，且"极力要求"得到相应的报答。因此，如何在一个公正的社会背景框架中，使恶行应得惩罚，而仁善得到报答，在一定程度上矫正诸如坏人不坏（无德者却有福）、好人不好（有德者无福）的类似事实，这也是社会的公正与个人美德如何有效契合的一个重要的方面。在罗尔斯的逻辑中，只有在一个正义的社会结构中，才能够期待培育和鼓励具有正义感的行为主体，同时，一个正义的社会，也只有依靠具有现代性的"精神气质"，亦即那些拥有公民道德能力的行为者，才能成功地建构，那么我们同样也可以理解为，这种社会结构之所以成为"公正"的，就在于它需要以某种"人为"的方式，来满足这样一个人类生活所不可化约的原理，"让善的得到善的，让恶的得到恶的"[1]，亦即确立起在善与恶、德与福之间现实的果报性关联。在这样的社会结构中，"正当"与"好"（善）的一致，也就是德福的一致，就如罗尔斯所言："在一个良序社会中，作一个好人（而且具体地说具有一种有效的正义感）对一个人的确是一种善；其次可以说，这种形式的社会是一个好社会。"[2] 因此，尽管社会利益的分配不会直接依据于人们的德性，但是，德性不仅因为通过在人性中的真实的展现，而体现出自身的尊严和卓越，因其自身的价值而在人们的合作性互动中彼此欣赏，相互尊重而值得为人们所追求，同时，也使人们意识到，必须以现实化的"德行"，来赢得尊重和赞赏。"好有好报；如果被同道热爱是我们热望达到的最大目的，那么，达到这个目的之最可靠的方法，是用自己的行为表明自己是真正热爱他们的。"[3] 因而在具体的生活境遇中，人们实践诸如诚实、正义和仁慈之德，也成为他们实现合理生活计划的一种可靠的和"几乎"不可能失败的方法。正当的约束性条件与合理的生活计划是一致的，这样，为善的"优点"，就不仅仅只是最好地实现了人自身的道德本性，也在于它的"后果"，乃是改善我们生活境遇和获得正当利益的最为有效的手段和方法。人们合理的相互要求的道德德性，也契合于他们的

---

[1] 赵汀阳：《论可能生活》，中国人民大学出版社2010年版，第162页。
[2] ［美］罗尔斯：《正义论》，何怀宏等译，中国社会科学出版社2009年版，第456页。
[3] ［英］亚当·斯密：《道德情操论》，蒋自强、钦北愚等译，商务印书馆1997年版，第292页。

"好生活"观念。因此,如果说幸福生活需要"公正"原理来提供担保,那么,正当与善契合的价值结构在多大程度上成为制度化的事实,就成为实现这一"可能生活"的最重要的优先性社会条件。只有在这样的条件下,人们才会产生向善的意志和勇气,社会也才有趋于良性秩序的可能。

从"悬设"上帝的理论图式中,我们也看到了对于德福一致问题的一种终极性的解决方案。在斯密看来,一方面,当我们观察生活世界中芸芸众生处境顺逆的那些一般准则时,就会发现:"尽管世界万物看来杂乱无章,但是,即使在这样一个世界上,每一种美德也必然会得到适当的报答,得到最能鼓励它、促进它的那种补偿;而且结果也确实如此,只有各种异常情况同时发生才会使人们的期望落空。"[1] 因此,在对美德的真正热爱和追求中,其所伴随的世俗功用的性质,也成为社会生活中的"常规";另一方面,惩恶赏善的道德准则,也被合理地看作是"上帝"的法则,这既赋予了它"神圣性"的意义,同时,也由于确信"公正的神"的存在,最终将通过超验世界的平衡,来惩罚罪恶和报答良善,从而在纠正道德报偿的各种"异常"现象的同时,为实现"德福一致"提供担保。而康德同样也是通过"悬设"上帝,来矫正报偿的"异常"以实现社会的公正。在对上帝的属性维度的解释中,康德也特别强调了其三种重要的特性。他认为,世界上有三种与目的相悖的东西,第一种是道德上与目的相悖的,亦即真正的恶(罪);第二种是自然的与目的相悖的,亦即灾祸(痛苦);第三种就是世界上的犯罪与惩罚的不相称,亦即:恶没有得到应得的恶报。正因为如此,与之相对应,上帝作为最高的智慧者的特性也就有三种:作为立法者(造物主)的神圣,作为统治者(维持者)的仁善,以及"与世界上放荡的人不受惩罚和他们的犯罪之间的不和谐所表现出的弊端相比,世界创造者作为审判者的正义"。[2] 因此,对康德而言,虽然人为自身立法而具有服从道德法则的动机,然而,却通过把这种道德法则也看作是上帝的诫命,而赋予了其神圣性,而且他也特别强调了这三种特性的顺序,认为这三种特性共同构成了道德上的上帝概念,而不能改

---

[1] [英]亚当·斯密:《道德情操论》,蒋自强、钦北愚等译,商务印书馆1997年版,第205页。

[2] [德]康德:《论神义论中一切哲学尝试的失败》,《康德著作全集》第8卷,李秋零主编,中国人民大学出版社2010年版,第260页。

变它们之间的次序。因为,"如果立法甚至屈居仁善之后,就不再有立法的尊严和义务的固定概念了。人虽然首先期望幸福,但却发现并且满足于(尽管是不情愿的)配享幸福,即自己自由的运用与神圣法则相一致,在创造者的意旨中是他仁善的条件,因而必然先行于仁善"。同时,正义也以仁善为前提条件,但是却与仁善又有着本质的区别,尽管都体现了上帝的智慧,然而,"就连对缺少在人们此世分摊的命运中表现出来的正义所做的报怨,也不是针对好人过得不好,而是针对恶人过得不坏(尽管如果让恶人过得好,对比还将加大这种不满)。因为在一种神的统治中,就连最好的人也不能把自己的幸福生活的愿望建立在神的正义上,而是必须在任何时候都把它建立在神的仁善上,因为只是履行了自己责任的人,不能对神的善行提出合法的要求"①。因此,康德也同样通过区分上帝的正义与仁慈,来强调了实现对恶人施加惩罚的"正义",以矫正恶人不坏,以及对好人所给予的"奖赏",来纠正好人不好,在使人们保持着对道德法则的敬畏中,也就实现了一种"恶有恶报、善有善报"的社会公正的道德理想。

事实上,即使是当代西方社会面对因为过度"祛魅"而所呈现的道德问题,当人们对基于人的自利的相互作用而产生有效的道德义务丧失信心时,也有在对自由秩序图景的批评中,希望通过重拾宗教文化的"遗产",用这种世界观重新武装人们,来克服过度的"物质主义"。正如科斯洛夫斯基所指出的,宗教对于实现社会经济秩序是"不可放弃"的要求,如果说,柏拉图是通过以善的理念和叙述死亡法庭对待灵魂的神话方式,那么康德则以实践理性的要求,使"上帝"存有在道德与幸福的协调中重新建立起信任,"宗教向主体担保,道德和幸福是长期一致的,"因此,唯有通过宗教传播的"本体论最初的信任",② 为道德行为的预付代价提供超越的"报酬"担保,才能够获得一种普遍遵守道德规则的动机。然而,面对现实世界与价值世界的某种紧张关系,我们既没有西方式的宗教与文化传统,也就没有像康德等哲学家在理论上援引"上帝"来

---

① [德]康德:《论神义论中一切哲学尝试的失败》,《康德著作全集》第8卷,第260—261页。
② [德]科斯洛夫斯基:《伦理经济学原理》,孙瑜译,中国社会科学出版社1997年版,第31—33页。

解决这一问题的便利。不过，当中国的文化没有把对于人生价值的理解寄托于人格化的上帝，而更多地从人性与人心当中去掘发和实现时，亦有哲学家照察于时代精神的堕落和社会之流弊，力图通过诠释中国文化的"特质"，来唤起人们的价值和文化意识，以期在新的时代能够正视人性之尊严，同时，也有尝试在中国文化语境下，来回应康德对于"德福一致"问题的解决方案。在牟宗三先生看来，把实现德福一致亦即"圆善"之所以可能的根据，放在一个起于情识决定而有虚幻的上帝上，是一大"歧出"，而依中国儒释道三教的传统，既都有对"无限智心"的肯定（实践的肯定），却又都未将之人格化，也就可期对德福一致之可能，有一个"彻头彻尾是理性决定"的说明模式。由此，他通过解释三教之"无限智心"的意蕴，在证成三者都未被人格神化而同一的基础上，以说明"无限智心"可开德福一致圆满之机，进而借由对释、道和儒之"圆教"模式的说明，最后归于儒家圆教之境，来阐释德福一致的本义，以使人明彻其一致之真实的可能。"德福一致是圆善，圆教成就圆善"[1]，因此，"只有在非分别说的只此便是天地之化之圆实教中，德福一致之圆善才真是可能的。因为在神感神应中……，心意知物浑是一事。吾人之依心意知之自律天理而行即是德，而明觉之感应为物，物随心转，亦在天理中呈现，故物边顺心即是福。此亦可说德与福浑是一事"。因而，"一切存在之状态随心转，事事如意而无所谓不如意，这便是福。这样，德即存在，存在即德"[2]。

当牟宗三先生断言："德福一致浑圆事，何劳上帝作主张。"[3] 一方面，他强调的是，当"无限智心"不对象化为人格神而沦为情识崇拜祈祷的对象，而是落实于人而为人所体现，则德福一致问题的解决成为可能；另一方面，虽然确证实践以成就德性亦即人之幸福，然而"圆教"使"圆善"为可能，只有"圆圣"体现之使圆善为真实可能，而人之实践之造诣，虽依据器之不同以及特殊境况之限制而各有等级差别，然而，证成通达贤圣的理想之境而实现德福一致，更多地却是要通过对儒学即道

---

[1] 牟宗三：《圆善论》，台北联经出版事业股份有限公司2003年版，第264页。
[2] 同上书，第315—316页。
[3] 同上书，第325页。

德宗教的创造性解释，来指示出人类精神的方向，和拓展出人之安身立命的意义世界。同时，通过发掘中国文化的积极的价值意蕴，来应对工具理性和个人主义的泛滥，以及无节制的情欲放纵和社会的庸俗化趋势，从而为生命的安顿寻求超越性的根据，使之不至于落入虚无主义的深渊。就当代中国社会的现实境遇而言，如果说，在社会生活领域中的道德问题的出现，既有市场社会体制滞后和不完善的现实原因，同样，也有因为对价值与德性的忽视，而在某种程度上呈现出的文化与精神"弊病"，抑或因为道德理想与信念的缺失，人们易于迷失在贪婪的攫取欲中，那么，我们在同样照察到此社会弊病的同时，也就不能只是因为世俗生活将落入所谓现代性的"陷阱"，而徒增感喟，而是需要在"识病"、抑或在正视当前社会现实境遇中的道德问题的前提下，来寻求"治病"抑或治理之方策，从而获得使其表现为一种健康与良序社会的途径，这也成为当下必要而又急切的现实课题。显然，人作为自然的存在而需要追求幸福，而人作为理性的存在，也更需要通过追求德性，来彰显人自身的人格尊严和卓越。如果说，这种两重性的"真实的"人性，成为实现德福一致的人之存在和完满的根据，那么，在当下社会，构建一个体现德福一致之价值原理的公正的社会结构，从而为这种"完满"的人性发展，提供良好的社会条件，而避免两者过分的隔绝和分离，也成为实现幸福社会的制度前提。同时，在从传统的"熟人社会"文化向"陌生人社会"文化的转变中，不仅只是要实现传统文化的创造性转化，也要形成一种适应时代之精神要求的文化理想和价值系统，来"濡化"所有的社会成员，从而形成一种善恶果报、德福相即的"知识"和"信念"，使其生活和精神，不至于流于物欲与堕落而赋有意义。在这种文化和精神氛围中，人们能够体认到，成就德性而成为"好人"，也是生活幸福的要义。由此，"美好生活"的理想，就不只是一个"未来的未实现"而徒有憧憬与向往，而是一种在道德价值的实现中，可以趋近的生活样式，而幸福社会之可能，也并非就只是在憧憬一个不可企及的理想的"乌托邦"。

结　语

诚如包尔生所言："在上帝和人面前，德性是受到赞扬的，而邪恶却是被蔑视和谴责的。"[①] 显然，如果善良的人得不到人们的爱，公正的人得不到人们的尊敬，而不义和恶行却能得到社会成员的容忍和姑息，抑或是非正义的制度的慰藉，那么，德性也将会失去它的吸引力，人们也将会逐渐磨灭和失去追求德性的意志和勇气。因此，赋予罪恶和美德以某种"应得"，这既是体现着人自身的本性与价值，也确认着对社会的合理性与生活意义的追寻。尽管这个生活世界中，总是会有某些"不公平"，抑或也会有多于或少于其应得赏罚的某些"例外"出现，然而，伦理学的使命，却总是需要在确证赏善罚恶的道德准则及其效力的同时，使之成为社会秩序的原理和生活世界的"常规"。唯其如此，人们在保持对实现公正报偿的道德确信的同时，也才能正常运用自己的理智，并使之成为自为的道德律令，而真正体现对美德的热爱和追求；反之，当美德没有得到报答而无辜时被惩罚时，人们就会逐渐失去对法律正义和道德的尊重和信任，而衍生为社会焦虑和悲观主义的来源。由此，在当下道德败坏与社会冷漠的普遍责难中，道德报偿的命题，也不只是学者思辨"详玩"的对象，更是缘起于现实生活境遇中对实现公正报偿的有效性的道德"需求"。唯有使正义、仁爱和善行受到法律的保护和社会的尊重，使违法、不义和道德败坏者受到法律的惩罚和社会的唾弃，才能够在激励良善人性的同时，消减陌生化社会人际之间的怀疑与冷漠，美好生活和幸福社会的秩序图景，才能从可能转变为现实。

[①] [德] 包尔生：《伦理学体系》，何怀宏、廖申白译，中国社会科学出版社1988年版，第344页。

人既是"不完美"的生灵，但也是志趣于"优良"的社会存在物。在康德看来，人理应有德性，作为意志的一种道德力量，其获得的方式就在于，"通过对我们心中的纯粹理性法则之尊严的沉思，但同时也通过练习来振奋道德的动机"[①]。如果说，人类彰显其高贵和尊严的"技艺"，就在于运用自己的理性而"显现"良善的意志和勇气，那么，也就应当在对道德原则的敬重和持续的实践中，来使自己"获得"德性。然而，在现代多元化和陌生化的社会境遇中，实际上，这种人性之良善的"显现"，也只有在一个公正的社会结构条件下，才能得到充分的实现。一方面，因为只有在公正的良序社会中，才能合理期待人们有着有效的正义感，而具有培育德性的动机，在援引正义和道德的行为指令的同时，把德性看作是可以合理地相互要求的品质；另一方面，在"好生活"观念的多元冲突与竞争中，也只有在公正的社会秩序的条件下，人们才能够出于对平等人格和权利的尊重，在确证正当与各自的"好生活"观念的有效契合中，产生真正的信任与合作，从而在合作性实践中维持彼此基于互利和善意的"相互性"。因此，如果说现代社会在良性秩序的生产方式上，既需要开掘个体自身的道德本性，而使人性之同情、正义和仁爱成为"长成之物"，那么，同样也需要以"人为"构建的方式，以制度的正义在生活世界中确立起"善善恶恶"的因果性关联，以鼓励美德和报答良善，抑制不义和惩罚罪恶，在避免德性与俗世的成功和幸福巨大的不一致的同时，也为人性之善的"显现"和成长提供社会条件。

　　对于一个"欲望着"的生活世界而言，伦理的智慧也在于揭示人的存在的价值合理性，解决"如何获得"这一理想与现实的难题。因而，一方面，伦理权威和道德激励缺乏世俗的动力是难以运作和实现的，既定社会的文化与伦理所追求的，也并非只是使道德成为一个人人敬羡的"金苹果"，同时，也是对现实生活中"德者，得也"的假设和承诺；而另一方面，道德要求体现的是对人自身所具有的人格、尊严和幸福的确认和追求，是对生活目标和实现生活计划的价值选择。因此，我们需要的文化理想和精神氛围，是在叙述人们的合理"欲望"的同时，所确立的生

[①] ［德］康德：《道德形而上学》，李秋零主编，《康德著作全集》第6卷，中国人民大学出版社2007年版，第410页。

活样式和道德信念，就在于使人们在世俗社会生活中，以合理生活计划和"好生活"观念的实现，来确证人们的尊严和生活的价值。在这一意义上，社会的文化价值系统，无疑也在潜移默化中承载着"濡化"所有社会成员的"精神气质"的使命。而只有真正型构出适应现代社会要求的主体性的"精神气质"，才能为美好生活和良序社会提供持续的内在动力。如果说，公正的社会秩序所提供的约束与激励，在于使人们产生这样的道德确信，亦即，欺骗、伪装和不义不会成为任何个人的真实利益，而诚实、正义和仁爱，也不会妨害任何个人的正当利益，那么，其和文化价值系统共同濡化的社会成员所秉持的公正报偿的信念，就在于确信，罪恶总是反复无常的，而只有具有美德的人，才能对彼此的品行有充分的信任，并能够在彼此善待中，来分享生活的意义和价值。同时，如果说仅仅对惩罚正义的偏爱，不能给我们提供一种完善的社会秩序，那么，我们既有"义务"来强制人们承担部分仁慈的义务，以达到积极劝善的目的，同时，也要给道德和良知以鼓励，使那些出于良善意愿的"份外"德行得到报答，以保持着人们向善追求的信念和信心。因此，道德报偿理论也意在诠释这样一个具有恒久意义的秩序法则，那就是，在社会交往中，只有不是出于"伪装"和便利，而是以对美德的尊敬和赞同为基础，才能真正产生出人际与社会的和谐与秩序；如果仅仅有着人们的自爱之心，那将是一个道德冷漠的世界，倘若缺乏正义、仁爱与善意，那么拥有一个自由和谐与繁荣幸福的社会是不可能的。

参考文献

中文文献：

《马克思恩格斯选集》第1—4卷，人民出版社1995年版。

《马克思恩格斯全集》第46卷，人民出版社1979年版。

［爱尔兰］凯利：《西方法律思想简史》，王笑红译，法律出版社2002年版。

［丹］努德·哈孔森：《立法者的科学》，赵立岩译，浙江大学出版社2010年版。

［德］包尔生：《伦理学体系》，何怀宏、廖申白译，中国社会科学出版社1988年版。

［德］彼得·科斯洛夫斯基：《伦理经济学原理》，孙瑜译，中国社会科学出版社1997年版。

［德］E. 策勒尔：《古希腊哲学史纲》，翁绍军译，山东人民出版社1996年版。

［德］黑格尔：《法哲学原理》，范扬、张启泰译，商务印书馆1961年版。

［德］黑格尔：《历史哲学》，王造时译，生活·读书·新知三联书店1956年版。

［德］卡西尔：《人论》，甘阳译，上海译文出版社1985年版。

［德］卡尔·雅斯贝尔斯：《大哲学家》，李雪涛译，社会科学文献出版社2005年版。

［德］康德：《实践理性批判》，邓晓芒译，人民出版社2003年版。

［德］康德：《纯粹理性批判》，邓晓芒译，人民出版社2004年版。

［德］康德：《道德形而上学原理》，苗力田译，上海人民出版社

2002年版。

［德］康德：《法的形而上学原理》，沈叔平译，商务印书馆1991年版。

［德］康德：《康德著作全集》第6卷，李秋零主编，中国人民大学出版社2007年版。

［德］康德：《康德著作全集》第8卷，李秋零主编，中国人民大学出版社2010年版。

［德］米歇尔·鲍曼：《道德的市场》，肖君、黄承业译，中国社会科学出版社2003年版。

［德］马丁·布伯：《人与人》，张健、韦海英译，作家出版社1992年版。

［德］马克斯·韦伯：《新教伦理与资本主义精神》，于晓、陈维纲等译，生活·读书·新知三联书店1987年版。

［德］马克斯·韦伯：《儒家与道教》，王容芬译，商务印书馆1995年版。

［德］马克斯·韦伯：《经济与社会》，林荣远译，商务印书馆1997年版。

［德］马克斯·韦伯：《学术与政治》，冯克利译，生活·读书·新知三联书店1998年版。

［德］托马斯·A. 斯勒扎克：《读柏拉图》，程炜译，译林出版社2009年版。

［德］西美尔：《货币哲学》，陈戎女等译，华夏出版社2002年版。

［法］亨利·柏格森：《道德与宗教的两个来源》，王作虹、成穷译，贵州人民出版社2000年版。

［法］列维·布留尔：《原始思维》，丁由译，商务印书馆1985年版。

［法］卢梭：《社会契约论》，何兆武译，商务印书馆2003年版。

［古希腊］柏拉图：《柏拉图全集》第1卷，王晓朝译，人民出版社2002年版。

［古希腊］柏拉图：《柏拉图全集》第2—4卷，王晓朝译，人民出版社2003年版。

［古希腊］柏拉图：《理想国》，郭斌和、张竹明译，商务印书馆

1986年版。

〔古希腊〕荷马：《伊利亚特》，陈中梅译注，译林出版社2012年版。

〔古希腊〕荷马：《奥德赛》，陈中梅译注，译林出版社2012年版。

〔古希腊〕赫西俄德：《工作与时日 神谱》，张竹明、蒋平译，商务印书馆1991年版。

〔古希腊〕色诺芬：《回忆苏格拉底》，吴永泉译，商务印书馆1986年版。

〔古希腊〕索福克勒斯：《俄狄浦斯王》，《罗念生全集》第2卷，上海人民出版社2004年版。

〔古希腊〕希罗多德：《历史》，王以铸译，商务印书馆1997年版。

〔古罗马〕西塞罗：《国家篇 法律篇》，沈叔平、苏力译，商务印书馆2002年版。

〔古希腊〕亚里士多德：《尼各马可伦理学》，廖申白译注，商务印书馆2003年版。

〔古希腊〕亚里士多德：《大伦理学》，《亚里士多德全集》第8卷，苗力田主编，中国人民大学出版社2009年版。

〔古希腊〕亚里士多德：《政治学》，吴寿彭译，商务印书馆1983年版。

〔古希腊〕亚里士多德：《诗学》，陈中梅译，商务印书馆1996年版。

〔古希腊〕亚理斯多德：《修辞学》，罗念生译，上海人民出版社2006年版。

〔荷〕伯纳德·曼德维尔：《蜜蜂的寓言》，肖聿译，中国社会科学出版社2002年版。

〔加〕查尔斯·泰勒：《现代性之隐忧》，程炼译，中央编译出版社2001年版。

〔美〕博登海默：《法理学：法律哲学与法律方法》，邓正来译，中国政法大学版社1998年版。

〔美〕伯格：《尼各马可伦理学义疏》，柯小刚译，华夏出版社2011年版。

〔美〕彼得·布劳：《社会生活中的交换与权力》，孙非、张黎勤译，华夏出版社1988年版。

［美］芭芭拉·赫尔曼：《道德判断的实践》，陈虎平译，东方出版社2006年版。

［美］丹尼尔·贝尔：《资本主义文化矛盾》，赵一凡等译，生活·读书·新知三联书店1989年版。

［美］弗兰西斯·福山：《信任》，李宛蓉译，远方出版社1998年版。

［美］弗罗姆：《逃避自由》，刘林海译，国际文化出版公司2000年版。

［美］弗吉利亚斯·弗姆：《道德百科全书》，戴扬毅等译，湖南人民出版社1988年版。

［美］弗兰克·梯利：《伦理学导论》，何意译，广西师范大学出版社2001年版。

［美］怀特：《幸福简史》，杨百朋、郭之恩译，中央编译出版社2011年版。

［美］哈特：《惩罚与责任》，王勇等译，华夏出版社1989年版。

［美］赫希曼：《欲望与利益》，李新华、朱进东译，上海文艺出版社2003年版。

［美］克罗波西、施特劳斯主编：《政治哲学史》，李洪润等译，法律出版社2009年版。

［美］罗尔斯：《正义论》，何怀宏等译，中国社会科学出版社2009年版。

［美］罗尔斯：《政治自由主义》，万俊人译，译林出版社2000年版。

［美］罗尔斯：《作为公平的正义：正义新论》，姚大志译，上海三联书店2002年版。

［美］罗尔斯：《道德哲学史讲义》，张国清译，上海三联书店2002年版。

［美］劳伦斯·费里德曼：《选择的共和国：法律、权威与文化》，高鸿钧等译，清华大学出版社2005年版。

［美］列奥·施特劳斯：《自然权利和历史》，彭刚译，生活·读书·新知三联书店2003年版。

［美］罗伯特·阿克塞尔罗德：《合作的进化》，吴坚忠译，上海人民出版社2007年版。

〔美〕麦金太尔:《伦理学简史》,龚群译,商务印书馆 2003 年版。

〔美〕麦金太尔:《德性之后》,龚群、戴扬毅等译,中国社会科学出版社 1995 年版。

〔美〕默里·斯坦因:《日性良知与月性良知》,喻阳译,东方出版社 1998 年版。

〔美〕诺奇克:《无政府、国家与乌托邦》,何怀宏等译,中国社会科学出版社 1991 年版。

〔美〕纳斯鲍姆:《善的脆弱性》,徐向东、陆萌译,译林出版社 2007 年版。

〔美〕尼布尔:《道德的人与不道德的社会》,蒋庆等译,贵州人民出版社 1998 年版。

〔美〕帕森斯:《社会行动的结构》,张明德等译,译林出版社 2003 年版。

〔美〕帕尔玛:《为什么做个好人很难?伦理学导论》,黄少婷译,上海社会科学院出版社 2010 年版。

〔美〕庞德:《法律与道德》,陈林林译,中国政法大学出版社 2003 年版。

〔美〕乔治·施蒂格勒:《经济学家与说教者》,贝多广等译,上海三联书店 1990 年版。

〔美〕乔治·H.米德:《心灵、自我与社会》,赵月瑟译,上海译文出版社 1992 年版。

〔美〕所罗门:《大问题:简明哲学导论》,张卜天译,广西师范大学出版社 2004 年版。

〔美〕萨拜因:《政治学说史》,盛葵阳、崔妙因译,商务印书馆 1990 年版。

〔美〕桑德尔:《自由主义与正义的局限》,万俊人等译,译林出版社 2001 年版。

〔美〕施特劳斯:《霍布斯的宗教批判》,杨丽、强朝晖译,华夏出版社 2012 年版。

〔美〕斯特伦:《人与神》,金泽、何其敏译,上海人民出版社 1991 年版。

［美］托马斯·内格尔：《人的问题》，万以译，上海译文出版社2000年版。

［英］边沁：《道德与立法原理导论》，时殷弘译，商务印书馆2000年版。

［英］伯纳德·威廉斯：《道德运气》，徐向东译，上海译文出版社2007年版。

［英］布莱恩·特纳：《公民身份与社会理论》，郭忠华、蒋红军译，吉林出版集团有限责任公司2007年版。

［英］弗兰西斯·哈奇森：《道德哲学体系》，江畅等译，浙江大学出版社2010年版。

［英］霍布斯：《利维坦》，黎思复、黎廷弼译，商务印书馆1997年版。

［英］霍布斯：《论公民》，应星、冯克利译，贵州人民出版社2002年版。

［英］亨利·西季维克：《伦理学方法》，廖申白译，中国社会科学出版社1993年版。

［英］哈耶克：《法律、立法与自由》，邓正来等译，中国大百科全书出版社2000年版。

［英］哈耶克：《致命的自负》，冯克利等译，中国社会科学出版社2000年版。

［英］吉登斯：《现代性的后果》，田禾译，译林出版社2000年版。

［英］坎南：《亚当·斯密关于法律、警察、岁入及军备的演讲》，陈福生、陈振骅译，商务印书馆2005年版。

［英］肯·宾默尔：《博弈论与社会契约》第1卷，王小卫、钱勇译，上海财经大学出版社2003年版。

［英］洛克：《政府论》，叶启芳、瞿菊农译，商务印书馆1996年版。

［英］洛克：《人类理解论》，关文运译，商务印书馆1983年版。

［英］洛克：《论宗教宽容》，吴云贵译，商务印书馆1998年版。

［英］罗素：《西方哲学史》，何兆武、李约瑟译，商务印书馆1982年版。

［英］路易斯·P. 波伊曼：《宗教哲学》，黄瑞成译，中国人民大学

出版社 2006 年版。

［英］莱特：《基督教旧约伦理学》，黄光龙译，中央编译出版社 2014 年版。

［英］雷·蒙克、弗雷德里克·拉斐尔等：《大哲学家》，韩震、王成兵等译，海南出版社、内蒙古人民出版社 2004 年版。

［英］穆勒：《功利主义》，徐大建译，上海世纪出版集团 2008 年版。

［英］麦克斯·缪勒：《宗教的起源与发展》，金泽译，上海人民出版社 1989 年版。

［英］梅因：《古代法》，沈景一译，商务印书馆 1996 年版。

［英］泰勒：《柏拉图：生平及其著作》，谢随知等译，山东人民出版社 1991 年版。

［英］休谟：《人性论》，关文运译，商务印书馆 1997 年版。

［英］休谟：《道德原则研究》，曾晓平译，商务印书馆 2002 年版。

［英］亚当·斯密：《道德情操论》，蒋自强、钦北愚等译，商务印书馆 1997 年版。

［英］亚当·斯密：《国民财富的性质和原因的研究》，郭大力、王亚南译，商务印书馆 2007 年版。

［印］阿马蒂亚·森：《伦理学与经济学》，王宇、王文玉译，商务印书馆 2000 年版。

［以］S. N. 艾森斯塔德：《现代化：抗拒与变迁》，张旅平等译，中国人民大学出版社 1988 年版。

耿宁：《欧洲哲学中的良心观念》，孙和平译，《浙江大学学报》，1997 年第 4 期。

陈来：《古代宗教与伦理：儒家思想的根源》，生活·读书·新知三联书店 1996 年版。

慈继伟：《正义的两面》，生活·读书·新知三联书店 2001 年版。

费孝通：《乡土中国 生育制度》，北京大学出版社 1998 年版。

樊浩：《中国伦理精神的历史建构》，江苏人民出版社 1997 年版。

高兆明：《制度公正论》，上海文艺出版社 2001 年版。

贺麟：《文化与人生》，商务印书馆 1996 年版。

何怀宏：《良心论》，上海三联书店 1994 年版。

孔广森：《大戴礼记补注：附校正孔氏大戴礼记补注》，中华书局2013年版。

梁漱溟：《中国文化要义》，上海人民出版社2005年版。

廖申白：《公民伦理与儒家伦理》，《哲学研究》2001年第11期。

牟宗三：《圆善论》，台北联经出版事业股份有限公司2003年版。

王守仁：《王阳明全集》，上海古籍出版社1992年版。

杨联陞：《中国文化中"报"、"保"、"包"之意义》，贵州人民出版社2009年版。

杨伯峻：《论语译注》，中华书局2009年版。

朱熹：《四书章句集注》，中华书局1983年版。

周辅成编：《西方伦理学名著选辑》，商务印书馆1996年版。

赵汀阳：《论可能生活》，中国人民大学出版社2010年版。

外文文献：

Adam Smith, *Lectures on Jurisprudence*, Oxford University Press, 1978.

Amartya K. Sen, "Rational Fools: A Critique of the Behavioral Foundations of Economic Theory," *Philosophy and Public Affairs*, Vol. 6, No. 4 (Summer, 1977), 317–344.

Avner Greif, "Cultural Beliefs and the Organization of Society: A Historical and Theoretical Reflection on Collectivist and Individualist Societies", *The Journal of Political Economy*, Vol. 102, No. 5 (Oct., 1994), 912–950.

Charles Taylor, *A Secular Age*, The Belknap Press of Harvard University Press, 2007.

David Gauthier, *Morals by Agreement*, Oxford University Press, 1986.

David Gauthier, *Moral Dealing: Contract, Ethics and Reason*, Cornell University Press, 1990.

David P. Gauthier, "Morality and Advantage", *The Philosophical Review*, Vol. 76, No. 4 (Oct., 1967), 460–475.

Devin Stauffer, *The Unity of Plato's Gorgias*, Cambridge University Press, 2006.

Daniel Statman (ed.), *Moral Luck*, State University of New York Press,

1993.

Daniel M. Hausman and Michael S. McPherson, *Economic Analysis, Moral Philosophy, and Public Policy*, Cambridge University Press, 2006.

David Sachs, "A Fallacy in Plato's Republic", *The Philosophical Review*, Vol. 72, No. 2 (April, 1963), 141–158.

Ernest Van Den Haag, *Punishing Criminals: Concerning Very Old and Painful Question*, New York: Basic Books, 1975.

Frederick Rosen, *Classical Utilitarianism from Hume to Mill*, Routledge, 2003.

Georgel. J. Stigler, *Economics or Ethics? The Tanner Lectures on Human Values*, Delivered at Harvard University, 1980.

Justin Gosling, *Weakness of the Will*, Routledge, 1990.

Joel Feinberg, *Doing and Deserving*, Princeton University Press, 1970.

John Rawls, "Two Concepts of Rules", *The Philosophical Review*, Vol. 64, No. 1 (Jan., 1955), 3–32.

Jon Elster, "Rationality, Morality, and Collective Action", *Ethics*, Vol. 96, No. 1 (Oct., 1985), 136–155.

Jon Elster, "Social Norms and Economic Theory", *The Journal of Economic Perspectives*, Vol. 3, No. 4 (Autumn, 1989), 99–117.

Nafsika Athanassoulis, Morality, *Moral Luck and Responsibility*, Palgrave Macmillan, 2005.

P. F. Strawson, *Freedom and Resentment and other Essays*, Routledge, 2008.

Raymond J. Devettere, *Introduction to Virtue Ethics: Insights of the Ancient Greeks*, Georgetown University Press, 2002.

Serena Olsaretti (ed.), *Desert and Justice*, Oxford University Press, 2003.

Samuel Fleischacker, *A Short History of Distributive Justice*, Harvard University Press, 2005.

Terence Irwin, *Plato's Ethics*, Oxford University Press, 1995.

后　记

　　本书系笔者主持完成的国家社会科学基金青年项目（项目批准号：12CZX060）的最终成果。自课题立项以来，我一直在理论焦虑中前行，因为提出"道德报偿"这一论题，显然需要面对不少理论上的难题和挑战。虽然其所关涉的主要问题，也一直是古今中外的思想家和伦理学家们所关注和研究的重要问题，然而，要尝试对这一论题进行全面系统的理论论证，并无直接的理论解释框架提供借鉴，由此也深知自己要在这一问题域中做出一些创新性的理论努力，是如此艰难和不易。虽有前期性的思考和些许相关的研究成果作为基础，使得自己在课题论证阶段尚抱持着理论上的信心，然而随着研究的逐渐深入，也曾因为理论细节论证上的困难，产生犹疑而不敢前行。不过，自己却也尚知人倘无持久之心志，则事事皆难成。幸有这种内在的激励和外在的鞭策，也终于完成了这项研究任务。

　　目前所呈现的研究成果，也只能说仍只具有"暂时"的性质。虽然得到了课题鉴定的匿名专家们所给出的"良好"评价，对道德报偿命题的提出和研究，也大都给予了相应的肯定，然而却也指出了其所存在的不足之处。因为该成果的突出特点，主要是以西方伦理思想史中的基本理论和文献资料，来为论题提供理论佐证的，同时，却也凸显了该成果尚存在的不足之处。因为该成果对我国伦理思想史中的文献资料和观点虽有涉及，却仍显不足。在此，也要感谢评审专家们对成果所给出的意见，而这也将成为该论题在今后需要继续完善和努力的理论方向。此外，课题成果也难免存在一些其他的欠缺，在论证的诸多环节中，甚至也可能存在粗漏之处而尚不能自查。因此，该成果也有待更多的学者的批评和读者的检阅，期待能够在引起人们的理论共鸣的同时，继续推进和完善这一论题的研究。

后 记

本书是我从事理论研究工作以来的一个阶段性成果。在我的伦理学专业的学习和研究生涯中，也幸有诸多良师益友所给予我的关心、指导和帮助。首先要感谢我的老师所给予我的学术上的引领和指导。在该成果完成之际，我的博士导师章海山老师，在80岁高龄仍对书稿全文进行了仔细审阅，并给予我支持和鼓励。同时在课题的论证和完成的过程中，也要特别感谢詹世友老师给我提供的诸多帮助和指导，感谢南昌大学哲学系的杨柱才老师、杨雪骋老师、徐福来老师、程党根老师，他们在课题完成的过程中所提出的意见和建议，感谢课题组成员对课题的完成所给予的支持，感谢我的研究生黄玮恬同学对书稿的校对，感谢中国社会科学出版社的韩国茹老师，对书稿的细心审阅和编辑，也要感谢我的家人一直以来对我的理解和支持。

本书的出版得到国家社会科学基金项目的资金资助，同时，也期待该书的出版将成为自己从事理论研究的又一个新的起点。

费尚军

2019年1月2日于南昌